16.00

VOCABULAIRE
FRANÇAIS-ANGLAIS
DES RELATIONS PROFESSIONNELLES

GLOSSARY OF TERMS
USED IN INDUSTRIAL RELATIONS
(ENGLISH-FRENCH)

Gérard DION
de la Société Royale du Canada

VOCABULAIRE
FRANÇAIS-ANGLAIS
DES RELATIONS PROFESSIONNELLES

GLOSSARY OF TERMS
USED IN INDUSTRIAL RELATIONS
(ENGLISH-FRENCH)

Deuxième édition revue et augmentée
Second Edition Revised and Enlarged

LES PRESSES DE L'UNIVERSITÉ LAVAL
QUÉBEC 1975

Première édition	1972
First Printing	1972
Seconde édition	1975
Second Printing	1975

ISBN 0-7746-6733-8

PRINCIPAUX COLLABORATEURS

André ROY
ancien secrétaire général de la C.T.C.C.,
ancien membre de la Commission des relations de travail (Québec)

Frances O'MALLEY
Division de l'Annuaire
du Canada, Statistique
Canada

Roger CHARTIER
ancien professeur,
département des relations
industrielles de Laval

Léo ROBACK
professeur,
département des relations
industrielles de Montréal

Étudiants en relations industrielles de Laval qui ont participé à diverses équipes de travail: Pierre Dionne, Pierre Brien, Jean-Pierre Beaulieu, Lionel Chouinard, Hilaire Rochefort, Pierre Gingras, Danielle Roy.

Conseillers: Robert Auclair, ministère du travail (Québec); Albert Beaudet, Bureau de la traduction, Gouvernement du Canada; Jean-Charles Bonenfant, Faculté de droit, Université Laval; Phil Cutler, D. Dr., avocat, spécialiste en relations industrielles; Raymond Gérin, Direction générale des relations de travail, ministère de la fonction publique (Québec); H. Carl Goldenberg, sénateur; Shirley B. Goldenberg, Département d'économique, Université McGill; Gérard Hébert, Département des relations industrielles, Université de Montréal; Ivan Legault, ministère de la main-d'oeuvre et de l'immigration (Ottawa); Fernand Morin, Conseil consultatif du travail et de la main-d'oeuvre; Jean H. Picard, président, Textile Sales Limitée; Félix Quinet, Bureau de recherches sur les traitements, Commission des relations de travail dans la Fonction publique (Ottawa).

Micheline Gravel et Denise Gignac ont assuré le travail de dactylographie.

La préparation de cet ouvrage a été possible grâce à une subvention accordée par le Conseil canadien des Recherches en sciences sociales et provenant de fonds fournis par le Conseil des Arts du Canada. La seconde édition a bénéficié d'une aide du Ministère du travail du Canada.

INTRODUCTION À LA DEUXIÈME ÉDITION

L'accueil empressé que le public a réservé au *Vocabulaire français-anglais des relations professionnelles* démontre bien que cet ouvrage répondait à un besoin dans notre milieu. Moins de huit mois après sa parution, la première édition était déjà épuisée.

Ainsi que nous l'avions exprimé dans notre introduction, nous étions bien conscient de ses imperfections et de la nécessité d'y apporter de subséquentes améliorations. Nous avons attendu pour préparer une nouvelle édition de recevoir des réactions de la part des usagers et des spécialistes. Elles nous sont venues avec autant de compréhension que de bienveillance.

On trouvera dans cette seconde édition près de mille termes qui ont été ajoutés, les uns étant simplement d'autres équivalents anglais ou français à des mots déjà inscrits, les autres étant des additions nouvelles dans les deux langues. Nous avons aussi amélioré la présentation alphabétique de façon à faciliter davantage la consultation.

Nous tenons à remercier d'une façon particulière M. Philippe Desjardins, président du Comité de linguistique de Radio-Canada et chef des Services de traduction, qui s'est imposé le travail long et fastidieux de revoir en entier notre texte et qui nous a fait bénéficier de son savoir et de son expérience en la matière.

Grâce à cette précieuse collaboration, nous sommes maintenant en mesure de présenter cette nouvelle édition revue, corrigée et augmentée. Nous espérons ainsi continuer à rendre service à tous ceux qui sont engagés dans le domaine des relations professionnelles.

Gérard DION

juin 1974

6

INTRODUCTION TO THE SECOND EDITION

The enthusiastic reception which greeted the *Glossary of Terms Used in Industrial Relations* is a definite indication of the need for such a reference work in our milieu. Less than eight months after its appearance, the first edition was already out of print.

As indicated in the introduction, the author was aware of its shortcomings and of the necessity of improving the original text. Before preparing a new edition, however, it seemed advisable to await the reaction of users and specialists. Their comments have been both precise and encouraging.

Approximately one thousand expressions have been added to the second edition. Some are simply additional English or French equivalents for words already included; others are entirely new expressions in one language or the other. The alphabetical presentation has also been improved in order to further facilitate consultation.

The author would particularly like to express his thanks to Mr. Philippe Desjardins, Chairman of the "Comité de linguistique de Radio-Canada" and Head of its Translation Services. Mr. Desjardins undertook the long and painstaking task of rereading the entire manuscript, thus contributing his vast knowledge and experience to the study.

As a result of this generous assistance, it is now possible to present a new revised and augmented edition. It is hoped thereby to continue rendering service to all those engaged in the field of Industrial Relations.

Gérard DION

June 1974

INTRODUCTION

Ce *Vocabulaire des relations professionnelles* que nous livrons au public n'est qu'une partie d'un ouvrage beaucoup plus considérable que nous avons entrepris depuis de nombreuses années: le *Dictionnaire canadien des relations du travail*.

Nous avons décidé d'en faire une publication spéciale, car le simple *Vocabulaire* avec ses quatre mille termes et leurs équivalents anglais, même s'il n'est pas exhaustif, répond déjà à un besoin pressant de notre milieu.

Bien avant que le français-langue-de-travail au Québec devienne un slogan politiquement rentable, nous étions déjà convaincu qu'il était d'abord indispensable de fournir aux personnes engagées dans le domaine des relations du travail un instrument qui leur permettrait de connaître les termes utilisés.

Nous nous sommes alors attaché à cette tâche longue et délicate et nous sommes le premier à en reconnaître les imperfections. Un travail semblable n'est jamais achevé. Mais vient un moment où il faut quand même faire une pause et donner aux autres la possibilité de partager le fruit de ses efforts, quitte à y apporter par la suite les corrections et les compléments qui s'imposeront. À vouloir réaliser la perfection dans un domaine où elle n'existe pas, on ne ferait jamais rien.

Nous n'avons aucune prétention en linguistique: cette science n'est pas notre spécialité. C'est simplement à titre de professeur de relations professionnelles cherchant à rendre service à tous ceux qui travaillent au Canada que nous avons préparé cet ouvrage.

Le champ des relations du travail est vaste. Il englobe plusieurs disciplines et techniques. Dans la nomenclature des mots et des expressions que nous avons inclus au *Vocabulaire,* c'est intentionellement que nous nous sommes refusé à être sélectif et normatif.

Dans tout langage en pleine évolution, il existe un nombre considérable d'expressions nouvelles plus ou moins équivalentes qui cherchent à exprimer une réalité mouvante et changeante. Elles ne sont sûrement pas toutes aussi heureuses les unes que les autres. Nous avons évidemment nos propres préférences, comme chacun peut les posséder. C'est à dessein que nous ne les avons pas manifestées. De même nous n'avons pas voulu, ainsi que certains nous l'avaient suggéré, nous borner à présenter un vocabulaire de "termes choisis" qui auraient pu faire les délices d'une chapelle de linguistes, mais qui auraient aussi été vigoureusement mis en doute ou contestés par une chapelle rivale. Pour rendre *opting out,* pourquoi nous serions-nous limité à une seule expression alors que l'on parle de "retrait facultatif", "option de retrait", "désengagement"? Nous avons surtout visé à fournir un instrument pratique et utile aux usagers de langue française et de langue anglaise. C'est la raison qui nous a amené à retenir tous les termes courants qui ne nous paraissaient pas manifestement fautifs, au risque de déplaire aux puristes, et laissant délibérément à l'usage et au temps le soin de décider de leur sort.

Comme il n'existe pas de vocabulaire français-anglais des relations professionnelles, nous avons fait appel à notre propre expérience et nous avons puisé dans les publications canadiennes, françaises, belges et internationales, spécialement celles de l'O.I.T. et de l'O.C.D.E. Nous avons aussi pris la précaution de consulter de nombreux spécialistes dont on trouvera la liste ailleurs ainsi que, à l'occasion, plusieurs autres collègues.

À tous ces collaborateurs et conseillers, nous adressons nos remerciements. Nous voulons cependant mentionner d'une façon spéciale le nom d'André Roy qui depuis deux ans a été associé de près à notre travail, ceux de Frances O'Malley, de Roger Chartier et de Léo Roback qui ont revisé avec soin la partie anglaise du *Vocabulaire.*

Sans cette collaboration, nous n'aurions pu mener notre travail à bonne fin. Il est évident que nous restons le seul à assumer pleinement la responsabilité de cet ouvrage.

Gérard DION

QUÉBEC, février 1972

INTRODUCTION

This *Glossary of Terms Used in Industrial Relations* now being offered to the public is only part of a much larger work which has been underway for many years: the *Dictionary of Industrial Relations.*

We have decided to make this of a separate publication because the *Glossary,* with its four thousand words and their English equivalents, even though by no means exhaustive, will meet a present and growing need in our society.

Long before "French as the working language in Quebec" became a politically effective slogan, we were already aware that it was of prime importance to provide people in the industrial relations field with some way of knowing the terminology in use.

Consequently, we took up this long and delicate task and are the first to realize its imperfections. A work such as this is never-ending. However, there comes a time when one must call a halt and let others share in the fruits of the work so far, subject of course to subsequent insertions of the corrections and additions which will doubtless be required. Working constantly towards a definitive study in a field where perfection is impossible would accomplish nothing.

Linguistics not being our specialty, we make no pretense at being anything but a professor of industrial relations trying to help those in this field in Canada.

The field of industrial relations is wide-ranging, covering many disciplines and techniques. In our choice of words and phrases for the *Glossary,* we have deliberately refrained from being too selective or dogmatic.

In every evolving language, there are many new expressions, more or less equivalent, each trying to express or describe a swiftly changing reality. Certainly, all are not equally appropriate and obviously, we have our own preferences as do others. Again deliberately, we have tried not to let them show. In the same way, we did not wish to limit ourselves, as it had been recommended we do, to publishing a glossary of "selected-terms" which might well have delighted one group of linguists but which would undoubtedly have been vigorously questioned or opposed by another. For example, why should *opting out* be restricted to a simple phrase when "retrait facultatif", "option de retrait" and "désengagement" are all in common use? We have tried above all else to fashion a practical and useful tool for both English and French-speaking users. This alone tells us to retain all current expressions which are not obviously incorrect, at the risk of displeasing some purists, and quite intentionally leaving usage and time to determine their fate.

As there has been up until the present time no French-English vocabulary in industrial relations, we have drawn on our own experience and made extensive use of Canadian, French and Belgian publications, as well as those from international sources such as the ILO and OECD. We have also taken the precaution of consulting a number of specialists, whose names are listed elsewhere, as well as a number of other colleagues from time to time.

To all our contributors and advisors, we extend our thanks. However, we should like to make particular mention of André Roy who has been closely associated with the work for the past two years, and Frances O'Malley, Roger Chartier and Léo Roback who revised the English part of the *Glossary*.

Without their cooperation, we would have been unable to bring our work to such a satisfactory conclusion. However, the author accepts sole responsibility for this work.

Gérard DION

QUÉBEC, February 1972

11

TABLE DES MATIÈRES
CONTENTS

NOTES EXPLICATIVES — EXPLANATORY NOTES

/ /	Mots qui peuvent être omis - *Words that might be omitted*
[........]	terme impropre ou fautif, à proscrire - *Incorrect expression*
ital. Noir - ital. Bold	terme qui n'a pas d'équivalent français ou qui est toléré - *Expression commonly used untranslated*
(c)	canadianisme - *Canadianism*
[.....(c)]	canadianisme à proscrire - *Incorrect Canadianism*
(néol.)	néologisme - *Neologism*
syn.	synonyme - *Synonym*
m	masculin - *Masculine*
f	féminin - *Feminine*
fp	féminin pluriel - *Feminine plural*
mp	masculin pluriel - *Masculine plural*
(fam.)	familier - *Colloquial*
(?)	terme suggéré - *Suggested expression*

À la suite du terme français et de son équivalent anglais, on trouvera parfois des mots apparentés. Lorsque ces derniers sont synonymes, ils sont précédés de l'indication *Syn*. Le ● indique que les mots suivants sont simplement apparentés.

Related expressions have sometimes been added following the French term and its English equivalent. Synonyms are thus indentified by the abbreviation Syn. The ● indicates that the words following are related only.

I

VOCABULAIRE FRANCAIS - ANGLAIS

DES

RELATIONS PROFESSIONNELLES

A

abandon (taux m **d')** — *quit rate; drop–out rate*

abandon m **volontaire d'emploi** — *resignation; voluntary separation; quit; voluntary termination of employment*
Syn. – Démission; départ volontaire

abondance (société f **d')** — *affluent society*

abrogation f **de convention** — *abrogation of agreement; termination of agreement*
Annulation de contrat; annulation d'accord; résiliation

abrogation f **de décret** — *abrogation of decree*

absence f — *absence*
Absentéisme; retard; retardatisme; taux d'absentéisme; prime d'assiduité

absence (attestation f **d')** — *proof of absence; certificate of absence*

absence (autorisation f **d')** — *leave /of absence/; absence with leave; authorized absence*

absence f **autorisée** — *authorized absence; absence with leave; leave /of absence/*
Syn. – Autorisation d'absence; permis d'absence; congé autorisé

absence–maladie f — *absence due to illness; sickness absenteeism*

absence f **non autorisée** — *unauthorized absence; non-authorized absence; absence without leave*

absence (permis m **d')** — *leave /of absence/; authorized leave; absence with leave*

absence f **pour fins syndicales** — *union leave*
Congé pour activités syndicales

absence f **rémunérée** — *paid leave /of absence/; leave /of absence/ with pay; paid holiday*
Syn. – Congé avec solde; congé payé; congé rémunéré

[absence f **syndicale (c)]** — *union leave*
Absence pour fins syndicales

absentéisme m — *absenteeism*
Prime d'assiduité; retardatisme; absence; taux d'absentéisme; retard

absentéisme (taux m **d')** — *rate of absenteeism*

abstention f — *abstention*
Abstentionniste

abstentionnisme m — *abstentionism*

abstentionniste m — *abstentionist*
Abstention

abus m **de droits** — *abuse of rights; abuse of privileges; misuse of law; breach of law*

accélération f — *speed–up*
Syn. – Cadence accélérée; rythme accéléré; cadence infernale

accès m **aux livres** — *access to books and records*

accès m **aux terrains et locaux de l'entreprise** — *access to company premises; access to company property*

[accession f **]** — *accession*
Accroissement du personnel

accident m **de trajet** — *travel accident; travel injury*
Syn. – Accident en cours de route ● Accident du travail

accident m **du travail** — *work accident; work injury; occupational accident; industrial injury; workman's accident*
Accident de trajet; taux des accidents du travail

accident m **en cours de route** — *accident while on travel status*
Syn. – Accident de trajet

accidents du travail (assurance f **contre les)** — *workmen's compensation insurance*

accidents du travail (Commission f **des) CAT** — *Workmen's Compensation Commission – WCC; Workmen's Compensation Board – WCB*

accidents du travail (indemnisation f **des)** — *workmen's compensation*

accidents du travail (Loi f **des)** — *Workmen's Compensation Act*

accidents du travail (réparation f **des)** — *workmen's compensation*

accidents du travail (taux m **de fréquence des)** — *work injury frequency rate; industrial accident frequency rate; work accident frequency rate*

accidents du travail (taux m **de gravité des)** — *work injury severity rate; work accident severity rate*

accidents du travail (taux m **des)** — *industrial accident rate; work injury rate*

accidents (prévention f **des)** — *accident prevention; industrial safety*

acclamation (élu par) — *elected by acclamation*

[accomodation f **]** — *accomodation*
Hébergement; logement

accommodement m — *arrangement; accommodation; modus vivendi*
Syn. – Modus vivendi ● Accord; compromis; arrangement; composition; concession; contrat; entente; convention collective

accord m — *agreement; settlement*
Entente; contrat; arrangement; compromis; accommodement; convention; composition; modus vivendi; convention collective; transaction; concession

accord (annulation f **d')** — *nullification of agreement; cancellation of agreement; nullifying of agreement*

accord m **d'arbitrage** — *submission agreement; agreement to submit to arbitration*

accord m **de compérage (néol.)** — *sweetheart agreement*
Syn. – Compérage; collusion ● Coalition; conspiration; contrat bidon

accord m **de compétence** — *jurisdictional agreement*
Syn. – Accord de juridiction

accord m **de contrebande** — *bootleg contract*
Syn. – Accord illicite; accord en cachette; contrat illicite; entente clandestine

accord m **de juridiction** — *jurisdictional agreement*
Syn. – Accord de compétence

accord (dénonciation f **d')** — *cancellation of agreement*

accord m **de non–maraudage (c)** — *no–raiding agreement; no–raiding pact*

accord m **d'entreprise** — *company-wide agreement*

accord m **de principe** — *agreement in principle*
Entente officieuse; protocole; *gentleman's agreement*

accord m **de productivité** — *productivity agreement*

accord m **d'établissement** — *plant agreement*
Syn. – Convention collective particulière; accord d'usine; accord local

accord m **d'usine** — *shop agreement; local agreement*
Syn. – Accord d'établissement

accord m **écrit** — *written agreement*
Syn. – Contrat écrit

accord m **en cachette (c)** — *bootleg contract*
Syn. – Contrat illicite; entente clandestine; accord illicite; accord de contrebande

accord m **illicite** — *bootleg contract*
Syn. – Accord de contrebande; accord en cachette; contrat illicite; entente clandestine

accord m **local** — *local agreement*
Syn. – Convention collective particulière; accord d'usine; accord d'établissement

accord m **préliminaire** — *preliminary agreement; tentative agreement*

accord m **provisoire** — *interim agreement; provisional settlement*

accord (résiliation f **d')** — *cancellation of agreement*

accord m **verbal** — *oral agreement; verbal agreement*
Syn. – Contrat verbal

accréditation f — *certification; accreditation*

accréditation f **patronale** — *employers' certification; employers' accreditation*

accréditation (requête f **en) (c)** — *application for certification*

accréditation (retrait m **d') (c)** — *decertification*

accréditation f **syndicale (c)** — *union certification*

Reconnaissance syndicale; requête en accréditation; demande d'accréditation syndicale; association accréditée; syndicat accrédité; obligation de négocier; doctrine Globe

accréditation syndicale (demande f **d') (c)** — *application for union certification*

accréditation syndicale (révocation f **d') (c)** — *decertification; cancellation of certification*

accroissement m **différé de salaire** — *deferred wage increase*

Syn. – Augmentation différée de salaire

accroissement m **du personnel** — *accession*

accroissement du personnel (taux m **d')** — *accession rate*

accueil m — *induction*

Introduction au travail; initiation au travail

accueil (manuel m **d')** — *employee handbook; induction handbook*

accumulation f **/des années/ de service** — *accumulation of seniority*

Syn. – Accumulation /du temps/ d'ancienneté

accumulation f **/du temps/ d'ancienneté** — *accumulation of seniority*

Syn. – Accumulation /des années/ de service

accusation f — *charge*

Plainte; grief; différend; litige; mésentente; dispute; conflit; poursuite

achat (pouvoir m **d')** — *purchasing power; real wage*

acheminement m — *routing; dispatching*

à-côté m — *sideline*

Syn. – Occupation secondaire; emploi parallèle; travail noir; cumul d'emplois; jobine

[*across-the-board*] — *across-the-board*

Général et uniforme

acte m **de procédure** — *proceeding*

acte m **professionnel** — *professional service; professional act*

acte (rémunération f **à l')** — *fee-for-service*

actif m — *assets*

Avoir

action f — *share; stock*

Syn. – Part

action f — *action; lawsuit*

Syn. – Poursuite ● Grief; litige; conflit; dispute; différend; accusation; plainte; mésentente

action f **antisyndicale** — *anti–union practice; anti–labour practice*

Formule de la Mohawk Valley; action syndicale; activité syndicale; antisyndicalisme

action f **bilatérale** — *bilateral action; joint action*

Action unilatérale

action f **concertée** — *joint venture*

action f **directe** — *direct action*

action f **professionnelle** — *professional action; professional activity*

Activité professionnelle

action f **syndicale** — *union activity*

Syn. – Activité syndicale ● Action antisyndicale

action f **unilatérale** — *unilateral action; undercutting*

Undercutting; action bilatérale

actionnaire m — *shareholder; stockholder*

actionnariat ouvrier (régime m **d')** — *co–partnership; employee stock purchase plan; workers' stock ownership*

actionnariat (prime f **d')** — *stock bonus plan*

actionnariat privilégié (régime m **d')** — *stock purchase plan*

actionnariat (régime m **d')** — *stock plan; employee stock ownership plan*

actions (société f **en commandite par)** — *partnership limited by shares*

activité f **économique** — *economic activity*

activité f **professionnelle** — *professional duties; professional activity; vocation*

Action professionnelle

activité (salaire m **de non–)** — *non–activity wage*

activité f **syndicale** — *union activity*

Syn. – Action syndicale

activité syndicale (congédiement m **pour)** — *dismissal for union activity; union activity discharge*

activité syndicale (congé m **pour)** — union leave

activité (taux m **d')** — labour force participation rate — LFPR

adaptation f — adaptation; adjustment

adaptation (période f **d')** — break–in time; break–in period

adaptation f **professionnelle** — occupational adaptability; occupational adjustment

Orientation professionnelle; réadaptation professionnelle; recyclage; rééducation professionnelle

adhérent m — /union/ member

Syn. – Syndiqué; membre ● Membre actif; membre en règle

adhésion (droits mp **d')** — initiation fees

adhésion (maintien m **d')** — maintenance of membership

adhésion f **obligatoire** — compulsory membership; obligatory membership

Syn. – Affiliation obligatoire

adhésion syndicale (formule f **d')** — union membership application form; application card

adhésions syndicales (limitation f **des)** — limitation of membership

adjoint m — assistant

Assistant; substitut

adjonction f **de main–d'oeuvre non qualifiée** — dilution of labour

[adjudication f **]** — adjudication; award

Décision; sentence

administrateur m — administrator; director

Directeur; gérant

administrateurs de personnel de Montréal (Association f **des) AAPM** — Montreal Personnel Association – MPA

administration f — administration; management

Gestion; direction; management

administration f **centrale** — head office

Syn. – Siège social

administration (conseil m **d') — board of directors

administration f **de la convention collective** — administration of agreement

Application de la convention collective

administration f **des salaires** — wage and salary administration

[administration f **du personnel]** — personnel administration; personnel management

Gestion du personnel; direction du personnel

admissibilité f — eligibility; qualifications

admissibilité f **à un emploi** — job eligibility

admissibilité (date f **d')** — date of eligibility; admissibility date

admissibilité (liste f **d')** — eligibility list; admissibility list; eligible list

adresse f — adroitness; dexterity; skill

adultes (éducation f **des)** — adult education; continuing education

affaire f — business

Entreprise; ouvrage

affectation f — assignment

Syn. – Attribution d'un travail ● Distribution du travail; partage du travail; étalement du travail; répartition du travail

affectation f **des ressources** — resource allocation; allocation of resources

Syn. – Allocation des ressources; répartition des ressources

affectation f **fractionnée** — split–shift assignment

Quart fractionné; quart brisé; horaire brisé

affectation f **particulière** — special duties; extra service; special task

Attribution de tâches exceptionnelles; service exceptionnel

affichage m — posting

affichage m **des emplois** — job posting; notice of job openings

Syn. – Avis d'emplois vacants

affichage (droit m **au tableau d')** — posting privileges; bulletin board privileges

affichage (durée f **de l')** — period of posting

affichage (tableau m **d')** — bulletin board

affiche f — poster; notice

[affidavit m **] —** *affidavit; sworn statement*
Déclaration sous serment

affiliation f **—** *affiliation*

affiliation (maintien m **d') —** *maintenance of membership*

affiliation f **obligatoire —** *obligatory membership; compulsory membership*
Syn. – Adhésion obligatoire

affiliation f **syndicale —** *union allegiance*

affluence (heure f **d') —** *peak hour; rush hour*

âge m **minimal —** *minimum age*
Syn. – Age minimum

âge m **minimum —** *minimum age*
Syn. – Age minimal

âge m **normal de la retraite —** *normal retirement age; usual retirement age; standard retirement age*

agence f **gouvernementale —** *government agency; administrative agency*
Syn. – Bureau administratif; office; service gouvernemental

agencement m **—** *format*

[agenda m **] —** *agenda*
Ordre du jour

agenda m **—** *calendar; datebook; diary*

agent m **—** *agent*
Fondé de pouvoir; mandataire; représentant

agent m **d'affaires syndical (c) —** *business agent*
Syn. – Agent syndical ● Permanent syndical; délégué syndical; dirigeant syndical; représentant syndical; libéré; délégué d'atelier; militant syndical; fonctionnaire syndical

agent m **de maîtrise —** *management personnel; front line supervisor; foreman; /first/ line supervisor*
Maîtrise; contremaître; surintendant; superviseur; chef d'équipe; chef d'atelier; cadre

agent m **de négociation (c) —** *bargaining agent*
Syn. – Agent négociateur

agent m **de section locale —** *local union officer*
Militant de base

agent m **de sécurité —** *security guard; plant protection employee*
Syn. –Gardien

agent m **du personnel —** *personnel officer*

agent m **négociateur (c) —** *bargaining agent*
Syn. – Agent de négociation

agent m **provocateur —** *agent provocateur*
Fauteur de troubles; agitateur

agent m **syndical —** *business agent*
Syn. – Agent d'affaires syndical ● Représentant syndical; délégué syndical; dirigeant syndical; permanent syndical; libéré; délégué d'atelier; militant syndical; fonctionnaire syndical

agents mp **économiques —** *economic agents*

agitateur m **—** *agitator; troublemaker; activist*
Syn. – Fauteur de troubles ● Agent provocateur

agitation f **ouvrière —** *labour unrest*

agrégat m **—** *aggregate*

aide m **—** *helper*

aide f **sociale —** *social assistance; welfare; social aid*
Syn. – Assistance sociale ● Assurance sociale; allocation sociale; sécurité sociale

aide sociale (système m **d') —** *social aid system; welfare system*

aire f **d'ancienneté —** *seniority area; seniority unit*
Syn. – Unité d'ancienneté; champ d'ancienneté ● Ancienneté; classement selon l'ancienneté

aire f **du marché du travail —** *labour market area*
Syn. – Zone du marché du travail; étendue du marché du travail

ajournement m **—** *adjournment; postponement*

aliénation f **—** *alienation*

aliénation f **d'entreprise —** *change of /company/ownership; transfer of company–ownership*
Compagnie–successeur

allégeance f **—** *allegiance; loyalty*
Syn. – Appartenance syndicale

allégeance f **syndicale —** *union allegiance*

Alliance for Labor Action — *Alliance for Labor Action*

Alliance f   **internationale ouvrière – AIO** — *International Working People's Association – IWPA*

allocataire m   — *beneficiary*

allocation f   — *allowance; benefit*
Indemnité; prime; prestation; gratification; boni; revenant–bon

allocation f   **complémentaire** — *supplementary benefit*
Prestations supplémentaires d'assurance–chômage; assistance–chômage

allocation f   **d'automobile** — *automobile allowance; car allowance*

allocation f   **de chômage** — *unemployment benefit*
Prestations d'assurance–chômage; assistance–chômage; assurance–chômage

allocation f   **de déménagement** — *moving allowance*
Indemnité de déménagement

allocation f   **de déplacement** — *travel allowance; transportation allowance; deadheading allowance; travel pay*
Syn. – Allocation de trajet ● Allocation de voyage; frais de voyage

allocation f   **de grève** — *strike pay; strike benefit*
Indemnité de grève; caisse de grève; assurance–grève; fonds de grève; fonds de défense professionnelle

allocation f   **de logement** — *housing allowance*
Indemnité de résidence

allocation f   **de maternité** — *maternity allowance; maternity pay*

allocation f   **de prospection** — *prospecting allowance*

allocation f   **de repas** — *meal allowance*

allocation f   **de séjour** — *living allowance*
Syn. – Frais de séjour

allocation f   **de service judiciaire** — *jury–duty pay*
Indemnité de service judiciaire

allocation f   **des ressources** — *allocation of resources; resource allocation*
Syn. – Répartition des ressources; affectation des ressources

allocation f   **de subsistance** — *subsistence allowance*
Indemnité de séjour; indemnité de résidence; indemnité d'éloignement; allocation de séjour; frais de voyage

allocation f   **de trajet** — *travel allowance; travel pay*
Syn. – Allocation de déplacement ● Allocation de voyage; frais de voyage

allocation f   **d'études** — *training allowance; educational allowance*

allocation f   **de voyage** — *travel allowance; trip allowance*
Allocation de trajet; allocation de déplacement; frais de voyage; indemnité de séjour

allocation f   **d'invalidité** — *disability benefit; disability pay; disability allowance*
Syn. – Indemnité pour incapacité

allocation f   **d'outillage** — *tool allowance*

allocation f   **pour frais de représentation** — *entertainment allowance*
Syn. – Frais de représentation

allocation f   **sociale** — *social allowance; social welfare benefit*
Assurance sociale; assistance sociale; aide sociale

allocation f   **vestimentaire** — *clothing allowance*

allocations fp   **familiales** — *family allowances*
Syn. – Prestations familiales

allure f   — *pace*
Cadence; rythme

allure f   **de référence** — *normal performance; rating; standard pace*
Syn. – Allure normale ● Rythme normal de production; notation

allure (jugement m   **d')** — *rating /of work pace/; performance rating*

allure f   **normale** — *normal pace*
Syn. – Allure de référence ● Rythme normal de production

alternance (cycle m   **d')** — *rotating shift pattern*

amalgamation f   **de syndicats (c)** — *union amalgamation*
Fusion syndicale; regroupement

amélioration f   **des tâches** — *job improvement*

amélioration (facteur m **d')** — *improvement factor*

aménagement m — *plant layout*
Implantation d'une usine; plan d'aménagement

aménagement m **du territoire** — *regional planning; regional development*

amende f — *fine; docking*
Amende légale; pénalité

amende f **légale** — *penalty; fine*
Amende; pénalité

amende f **pour rupture de contrat** — *fine for breach of contract*

amende f **pour violation de contrat** — *fine for violation of contract*

amendement m — *amendment*
Sous–amendement; modification

amendement m **(sous–)** — *sub-amendment*

American Arbitration Association –
AAA — *American Arbitration Association – AAA*
National Academy of Arbitrators

American Management Association –
AMA — *American Management Association – AMA*

amiable compositeur m — *arbitrator*
Arbitre; conciliateur; médiateur; assesseur

amortissement m — *depreciation; amortization*
Dépréciation

amplitude (prime f **d')** — *split–shift pay; split–shift premium*

analyse f **coûts–avantages** — *cost-benefit analysis*
Syn. – Analyse coûts–bénéfices; analyse coûts–profits

analyse f **coûts–bénéfices** — *cost-benefit–analysis*
Syn. – Analyse coûts–avantages; analyse coûts–profits

analyse f **coûts–profits** — *cost-benefit analysis*
Syn. – Analyse coûts–bénéfices; analyse coûts–avantages

analyse f **de la décision** — *decision analysis*

analyse f **des aptitudes** — *skills analysis*

analyse f **des écarts** — *variance analysis*

analyse f **des emplois** — *job analysis*
Syn. – Analyse des postes de travail; analyse des tâches

analyse f **des postes de travail** — *job analysis*
Syn. – Analyse des emplois; analyse des tâches

analyse f **des tâches** — *job analysis*
Syn. – Analyse des postes de travail; analyse des emplois

analyse f **de variance** — *variance analysis*

anarchisme m — *anarchism*
Syndicalisme anarchiste; anarcho–syndicalisme

anarcho–syndicalisme m — *syndicalism*
Syndicalisme anarchiste

ancienneté f — *seniority*
Aire d'ancienneté; unité d'ancienneté; champ d'ancienneté; année d'expérience; année de service; crédits de service

ancienneté (accumulation f **/du temps/ d')** — *accumulation of seniority*

ancienneté (aire f **d')** — *seniority area; seniority unit*

ancienneté (blocage m **de l')** — *seniority freeze*

ancienneté (calcul m **de l')** — *computation of seniority*

ancienneté (champ m **d')** — *sphere of seniority; seniority area; seniority unit*

ancienneté (classement m **selon l')** — *seniority rating; rating by seniority*

ancienneté f **de département** — *departmental seniority*

ancienneté f **d'entreprise** — *company seniority; corporation seniority*

ancienneté f **de poste** — *job seniority*

ancienneté f **d'établissement** — *plant seniority*

ancienneté (droit m **d')** — *seniority right*

ancienneté (gel m **de l')** — *seniority freeze*

ancienneté (liste f **d')** — *seniority list; seniority roster*

ancienneté (prime f **d')** — *seniority bonus; seniority benefit; longevity pay*

ancienneté f **privilégiée** — *preferred seniority; preferential seniority; super- seniority*

ancienneté f **professionnelle** — *occupational seniority*
Crédits de service; années de service; années d'expérience

ancienneté (rang m **d')** — *seniority standing*

ancienneté (unité f **d')** — *seniority area; seniority unit*

ancienneté (unité f **"promotionnelle" d')** — *promotional seniority area*

ancienneté (unité f **rétrogressive d') (néol.)** — *demotional seniority area; demotional seniority zone*

animateur m — *leader*
Leader

animation f — *animation*

année f **budgétaire** — *fiscal year*
Syn. – Année financière; année sociale; exercice financier

année f **civile** — *calendar year*

[année f **de calendrier]** — *calendar year*
Année civile

année f **de référence** — *reference year; base year*
Syn. – Période de référence

année f **de référence pour congés payés** — *reference year for vacation with pay; base year for vacation with pay*
Syn. – Période de référence pour congés payés ● Congé annuel payé; vacances

année f **d'imposition** — *taxation year*

année f **financière** — *fiscal year*
Syn. – Année budgétaire; année sociale; exercice financier

[année f **fiscale]** — *taxation year; fiscal year*
Année d'imposition

année f **sabbatique** — *sabbatical year*

année f **sociale** — *company year*
Syn. – Année budgétaire; année financière; exercice financier

années fp **de service** — *years of service; seniority*
Crédits de service; ancienneté professionnelle; années d'expérience; ancienneté; aire d'ancienneté

années fp **d'expérience** — *years of experience*
Années de service; crédits de service; unité d'ancienneté

annexe f — *annex; appendix*
Avenant

annuité f — *annuity*

annulation f — *cancellation*

annulation f **d'accord** — *nullification of agreement; cancellation of agreement; nullifying of agreement*
Syn. – Annulation de contrat ● Résiliation; résiliation d'accord

annulation f **de contrat** — *cancellation of contract; withdrawal of agreement*
Syn. – Annulation d'accord ● Résiliation

anomie f — *anomie; normlessness*

antisyndicale (action f **)** — *anti–union practice*

antisyndicalisme m — *anti–union activities; anti–labour activities*
Pratique illégale; action antisyndicale; formule de la Mohawk Valley

appartenance f **syndicale** — *union allegiance*
Syn. – Allégeance

appel m — *appeal*

appel (Commission f **publique d')** — *Public Review Board – PRB*

appel (délai m **d')** — *call time*

appel nominal (vote m **par)** — *roll call vote*

appel (sentence f **sans)** — *final award; binding award*

appellation f **d'emploi** — *job title*

appellations d'emploi (Dictionnaire m **des)** — *Dictionary of Occupational Titles – DOT*

[application f **]** — *application*
Demande d'emploi

application (champ m **d')** — *coverage; scope; jurisdiction*

application de la convention (champ m **d')** — *agreement coverage; scope of agreement*

application f **de la convention collective** — *administration of agreement; implementation of agreement*
Administration de la convention collective

application professionnel (champ m **d')** — *occupational coverage; professional jurisdiction*

application territorial (champ m **d')** — *geographical jurisdiction; geographical coverage; area jurisdiction; territorial coverage*

appoint (revenu m **d')** — *casual earnings*

appoint (salaire m **d')** — *casual earnings; moonlight pay; supplementary earnings*

[appointement m **]** — *assignment; appointment*
Affectation; rendez-vous

appointements mp — *fixed salary*
Syn. – Salaire fixe ● Salaire; émoluments

appréciation (critère m **d')** — *yardstick*

appréciation f **des performances** — *performance appraisal*

appréciation f **du personnel** — *personnel appraisal; employee performance review; personnel rating*
Évaluation du mérite personnel; notation du personnel

apprenti m — *apprentice*

apprenti (salaire m **d')** — *apprentice rate*

apprentissage m — *apprenticeship*
Entraînement; formation; recyclage

apprentissage (contrat m **d')** — *indentured apprenticeship; contract of apprenticeship; training agreement; indenture*

apprêt (travail m **d')** — *make–ready activities; make–ready work*

apprêts mp — *make–ready activities; make–ready work*
Syn. – Travail d'apprêt

approbation f — *approval*

aptitude f — *aptitude; inherent capacity; ability*
Habileté; dextérité

aptitude professionnelle (certificat m **d')** — *certificate of proficiency*

aptitude (test m **d')** — *aptitude test*

arbitrabilité f **(néol.) (c)** — *arbitrability*

arbitrage m — *arbitration*
Conciliation; médiation; conseil d'arbitrage

arbitrage (accord m **d')** — *submission agreement; agreement to submit to arbitration*

arbitrage (conseil m **d')** — *council of arbitration; arbitration board*

arbitrage m **exécutoire** — *binding arbitration*

arbitrage m **non exécutoire** — *non–binding arbitration*

arbitrage m **obligatoire** — *compulsory arbitration*

arbitrage (relation f **d')** — *trade–off*

arbitrage (rôle m **d')** — *arbitration roll; arbitration roster*

arbitrage (salaire m **fixé par)** — *wage award*

arbitrage (tribunal m **d')** — *arbitration board; arbitration tribunal*

arbitrage m **volontaire** — *voluntary arbitration*

arbitre m — *arbitrator; referee; umpire*
Conciliateur; médiateur; assesseur; amiable compositeur; conseil d'arbitrage

arbitre m **ad hoc** — *ad hoc arbitrator; special arbitrator*
Syn. – Arbitre temporaire; arbitre spécial

arbitre (attributions fp **de l')** — *mandate of the arbitrator; powers of the arbitrator*

arbitre (compétence f **de l')** — *jurisdiction of arbitrator*

arbitre m **de griefs** — *adjudicator; arbitrator on grievances*

arbitre (mandat m **de l')** — *mandate of the arbitrator; powers of the arbitrator*

arbitre m **permanent** — *permanent arbitrator; permanent umpire*

arbitre (pouvoirs mp **de l')** — *powers of the arbitrator*

arbitre m **spécial** — *special arbitrator; ad hoc arbitrator*
Syn. – Arbitre temporaire; arbitre ad hoc

arbitre m **temporaire** — *ad hoc arbitrator*
Syn. – Arbitre ad hoc; arbitre spécial

arrangement m — *arrangement*
Accommodement; compromis; entente; accord; composition; concession; contrat; convention; modus vivendi; convention collective; transaction

arrêt m — *court order; judgment; decree*
Décision; sentence; ordonnance; jugement; délibéré

arrêt m **de travail** — *work stoppage*
Cessation de travail; grève; débrayage

arrêt technologique (période f **d')** — *down time; down period*

arrêté m **en conseil (c)** — *order–in–council*
Syn. – Arrêté ministériel ● Règlements

arrêté m **ministériel** — *order–in–council*
Syn. – Arrêté en conseil

article m — *article; commodity; goods*
Syn. – Biens commerciaux

article m — *section; provision*
Clause; stipulation; disposition

articles mp **interdits** — *hot cargo; hot goods*
Syn. – Articles intouchables; articles mis à l'index ● Produit boycotté

articles mp **intouchables** — *hot cargo; hot goods*
Syn. – Articles interdits; articles mis à l'index ● Produit boycotté

articles mp **mis à l'index** — *hot cargo; hot goods*
Syn. – Articles interdits; articles intouchables ● Marchandise boycottée; produit boycotté; boycottage secondaire; clause de refus de travail; grève de solidarité; grève de sympathie

artisan m — *craftsman; artisan; self–employed worker; skilled tradesman*
Patron–artisan; propriétaire–actif

artisan m **(patron–)** — *working employer*

assemblée (liberté f **d')** — *freedom of assembly; right of assembly*

assesseur m — *assessor; lay member of tribunal*
Arbitre; médiateur; conciliateur; amiable compositeur

assiduité f — *regular attendance; assiduity; regularity of attendance*

assiduité (prime f **d')** — *attendance bonus*

assignation f — *summons; subpoena;*
Syn. – Citation

[assignation f **]** — *assignment*
Affectation; attribution d'un travail

assistance–chomage f — *unemployment assistance*
Prestations supplémentaires d'assurance–chômage; salaire annuel garanti; allocation complémentaire; allocation de chômage

assistance f **sociale** — *welfare; social assistance*
Syn. – Aide sociale ● Assurance sociale; allocation sociale; sécurité sociale

assistance sociale universelle (régime m **d')** — *universal social assistance plan*

assistant m — *assistant*
Adjoint; substitut

assistant–contremaître m — *straw boss; sub–foreman; assistant foreman*
Syn. – Sous–contremaître

association f — *association; organization*
Organisation; mutuelle

association f **accréditée (c)** — *certified association; certified union; accredited association*
Syndicat accrédité; accréditation syndicale; requête en accréditation

Association (American Arbitration) AAA — *American Arbitration Association – AAA*

Association (American Management) AMA — *American Management Association – AMA*

Association f **canadienne de la construction – ACC** — *Canadian Construction Association – CCA*

association (contrat m **d')** — *partnership agreement*

association f **de bonne foi (c)** — bona fide *organization*
Syn. – Association de fait ● Bonne foi

association f **de fait** — bona fide *organization*
Syn. – Association de bonne foi ● Bonne foi

association f **d'employeurs** — *employers' association; employers' union; employers' organization*
Syn. – Association patronale; syndicat patronal; organisation d'employeurs

Association f **des administrateurs de personnel de Montréal – AAPM** — *Montreal Personnel Association – MPA*

association f **de salariés** — *employees' association; union*
Syndicat

Association f **des manufacturiers canadiens – AMC** — *Canadian Manufacturers Association – CMA*
National Association of Manufacturers

Association f **des marchands détaillants du Canada – AMDC** — *Retail Merchants' Association of Canada – RMAC*

association f **de travailleurs** — *workers' association; union*
Syndicat ouvrier

association (droit m **d')** — *freedom of association; right of association; right to organize*

Association f **européenne du libre-échange** — *European Free Trade Association*

Association f **internationale des relations professionnelles – AIRP** — *International Industrial Relations Association – IIRA*

Association f **internationale pour la protection légale des travailleurs – AIPLT** — *International Association for Labour Legislation – IALL*

association f **patronale** — *employers' association; employers' organization; employers' union*
Syn. – Association d'employeurs; syndicat patronal; organisation d'employeurs

association f **professionnelle** — *professional association; trade association*
Syndicat; corps de métier

association f **reconnue** — *recognized association*

association f **représentative** — *representative association*

association f **sans but lucratif** — *non–profit organization*

associations indépendantes (Fédération f **canadienne des) FCAI** — *Canadian Federation of Independent Associations — CFIA*

associés mp — *partners*

assujetti à — *subject to; covered; subjected to; governed by*
Syn. – Régi par

assurance f — *insurance*

assurance–accident f **du travail** — *workmen's compensation insurance*
Syn. – Indemnisation des accidents du travail; assurance contre les accidents du travail; réparation des accidents du travail

assurance f **à cotisations** — *contributory insurance; participatory insurance; shared–cost insurance*
Syn. – Assurance contributive; assurance à quote–part

assurance f **à primes** — *premium insurance*

assurance f **à quote–part** — *shared cost insurance*
Syn. – Assurance à cotisations; assurance contributive

assurance–chômage f — *unemployment insurance*
Assistance–chômage; allocation de chômage; prestations d'assurance–chômage; prestations supplémentaires d'assurance–chômage; Commission d'assurance–chômage

assurance–chômage (Commission f **d') CAC** — *Unemployment Insurance Commission – UIC*

assurance–chômage (compte m **d')** — *unemployment insurance account*

assurance–chômage (Loi f **sur l')** — *Unemployment Insurance Act*

assurance–chômage (prestations fp **d')** — *unemployment insurance benefits*

assurance–chômage (prestations fp **supplémentaires d') PSAC** — *supplementary unemployment benefits – SUB*

assurance f **collective** — *group insurance*
Syn. – Assurance–groupe

assurance (contrat m **d')** — *insurance contract*

assurance f **contre les accidents du travail** — *workmen's compensation insurance*
Syn. – Indemnisation des accidents du travail; réparation des accidents du travail; assurance–accident du travail

assurance f **contributive** — *contributory insurance; participatory insurance; shared–cost insurance*
Syn. – Assurance à cotisations; assurance à quote–part

assurance f **de groupe** — *group insurance*
Syn. – Assurance–groupe; assurance collective

assurance f **facultative** — *voluntary insurance; optional insurance; voluntary coverage*
Syn. – Assurance volontaire

assurance–grève f — *strike insurance*
Allocation de grève; indemnité de grève; caisse de grève; fonds de grève; fonds de défense professionnelle

assurance–groupe f — *group insurance*
Syn. – Assurance collective; assurance de groupe

assurance–hospitalisation f — *hospital insurance*

assurance–incapacité f — *disability insurance*
Syn. – Assurance–invalidité

assurance–invalidité f — *disability insurance*
Syn. – Assurance–incapacité

assurance–maladie f — *health insurance; medicare*

assurance–maternité f — *maternity insurance*

assurance f **obligatoire** — *compulsory insurance*

assurance f **privée** — *private insurance*

assurance f **réversible** — *survivors' benefits*
Prestations de réversion; pension de réversion; prestations aux survivants

assurance–salaire f — *salary insurance; lost–wages insurance; sickness–insurance benefit*

[assurance–santé f **]** — *health insurance; medicare*
Assurance–maladie

assurance f **sociale** — *social insurance*
Assistance sociale; aide sociale; allocation sociale; sécurité sociale

assurance–vie f — *life insurance*
Syn. – Prestation–décès

assurance–vieillesse f — *old age insurance*
Pension de vieillesse

assurance f **volontaire** — *voluntary insurance; optional insurance; voluntary coverage*
Syn. – Assurance facultative

assuré m — *insured; assured*

assuré m **cotisant** — *subscriber; policy–holder*
Cotisant

assuré m **indigent** — *welfare case; non–paying assured*

atelier m — *workshop; shop; shop floor*
Usine; fabrique; manufacture; établissement; entreprise

atelier m **amovible** — *runaway shop*

atelier (chef m **d')** — *shop manager; /shop/ foreman; first line manager; departmental head*

atelier (délégué m **d')** — *departmental steward; shop steward*

atelier m **de pressurage** — *sweatshop*

atelier m **familial** — *family shop; home workshop; domestic workshop*

atelier m **fermé (c)** — *closed shop*
Sécurité syndicale; clause de sécurité syndicale; exclusivité syndicale

[atelier m **fermé avec syndicat fermé]** — *closed shop with closed union*
Atelier fermé discriminatoire

atelier m **fermé discriminatoire (c)** — *closed shop with closed union*

[atelier m **fermé modifié]** — *modified closed shop*
Atelier fermé tempéré

atelier m **fermé tempéré (c)** — *modified closed shop*

atelier m **ouvert (c)** — *open shop*

atelier m **préférentiel (c)** — *preferential shop*
Clause de sécurité syndicale; préférence syndicale

atelier m **protégé** — *sheltered workshop*

atelier (règlement m **d')** — *shop rules; plant rules*

atelier syndical (attestation f **d')** — *union-shop card*

atelier m **syndical imparfait (c)** — *modified union shop*

atelier m **syndical parfait (c)** — *full union shop; complete union shop*

atelier m **syndical proportionnel (c)** — *percentage shop*

atelier m **syndiqué** — *unionized shop; organized shop*

attaché m **des questions du travail** — *labour attaché*
Syn. – Conseiller du travail

attente (période f **d')** — *waiting period*

attentiste m — *fence sitter*

attestation f — *attestation; certificate; testimonial*

attestation f **d'absence** — *proof of absence; certificate of absence*

attestation f **d'atelier syndical** — *union-shop card*
Label; étiquette syndicale; insigne syndical

attestation f **de compétence** — *qualification certificate*
Certificat de qualification; carte de qualification; carte de classification

attestation f **de travail** — *work certificate*
Certificat de travail

attitude f — *attitude*

attitude (test m **d')** — *attitude test*

attribution (conditions fp **d')** — *eligibility requirements; qualifications*

attribution/s/ (conflit m **d')** — *jurisdiction/al/ conflict; jurisdiction/al/ dispute*

attribution des tâches (conflit m **d')** — *work assignment dispute; borderline dispute*

attribution f **de tâches exceptionnelles** — *extra-duty assignments*
Affectation particulière; service exceptionnel

attribution f **d'un travail** — *work assignment*
Syn. – Affectation ● Distribution du travail; partage du travail; étalement du travail; répartition du travail

attributions fp **de l'arbitre** — *mandate of the arbitrator; powers of the arbitrator*
Syn. – Pouvoirs de l'arbitre; mandat de l'arbitre

attributions fp **patronales** — *management prerogatives*
Syn. – Droits de la direction; prérogative patronale

[attrition f **]** — *attrition*
Usure des effectifs; réduction naturelle des effectifs; érosion des effectifs; départs naturels

audience f — *hearings*

audition f — *hearing*

audition (scrutin m **d'avant–)** — *prehearing vote*

auditoire m **contraint** — *captive audience*

augmentation f **automatique de salaire** — *statutory increase*
Syn. – Augmentation statutaire de salaire

augmentation f **de salaire** — *wage increase*
Syn. – Majoration de salaire; hausse de salaire

augmentation f **de salaire au mérite (c)** — *merit increase*

augmentation de salaire (courbe f **d')** — *salary progression curve*

augmentation f **de salaire de rattrapage** — *catch–up increase; equalization increase*
Rattrapage; salaire de rattrapage

augmentation f **de salaire type** — *pattern wage increase*

augmentation f **différée de salaire** — *deferred wage increase*
Syn. – Accroissement différé de salaire

augmentation f **forfaitaire de salaire** — *package increase; lump–sum increase*
Offre globale; proposition globale; enveloppe globale

augmentation f **générale de salaire** — *general wage increase; across–the– board increase*

augmentation f **jumelée de salaire** — *tandem increase*

augmentation f **statutaire de salaire (c)** — *statutory increase*
Syn. – Augmentation automatique de salaire

autarcie f — *self–sufficiency; autarky*

auteur (droits mp **d')** — *copyright*

autoaffectation f — *self–assignment*

autofécondation f — *inbreeding*

autofinancement m — *self–financing; plough–back*

autofinancement m **brut** — *gross self–financing; gross plough–back*

autofinancement m **net** — *net self– financing; net plough–back*

autogestion f — *self–management*
Cogestion; participation à la gestion

automation f — *automation*
Automatisation; industrialisation; production à la chaîne; production en masse; mécanisation

automation (fonds m **de compensation pour)** — *automation fund*

automatisation f — *automation*
Automation

automatisation (degré m **d')** — *degree of automation*

automobile (allocation f **d')** — *automobile allowance; car allowance*

autonomie f — *autonomy*

autonomie f **locale** — *local autonomy*

autonomie f **syndicale** — *union autonomy*

auto–réalisation f — *self actualisation*

autorisation f **d'absence** — *leave /of absence/; authorized absence; absence with leave*
Syn. – Absence autorisée; permis d'absence; congé autorisé

autorisation f **de précompte** — *check–off authorization; check–off assignment*
Précompte syndical; précompte spécial; précompte volontaire; précompte révocable; précompte irrévocable; retenue syndicale; cotisation

autorité f **compétente** — *proper authority*

autorité f **formelle (néol.)** — *formal authority*

autorité f **hiérarchique** — *line authority*

autorité f **informelle (néol.)** — *informal authority*
Leader

autorité (ligne f **d')** — *line of authority; line*

auxiliaire m — *ancillary employee; auxiliary employee; casual employee*
Occasionnel; personnel de soutien; personnel auxiliaire

avance f **sur salaire** — *advance on wages; advance against wages; wage–loan; pay advance*
Salaire anticipé; paie anticipée

avancement m — *promotion; advancement; rise*
Promotion; mutation; permutation; rétrogradation; déclassement professionnel

avancement m **de la retraite** — *early retirement*
Syn. – Préretraite; retraite anticipée

avancement m **temporaire** — *upgrading*

avantage m — *benefit; advantage*

avantages mp **accessoires** — *fringe benefits; related benefits*
Syn. – Avantages sociaux; avantages d'appoint; compléments sociaux; avantages annexes; avantages hors salaire

avantages mp **annexes** — *fringe benefits*
Syn. – Avantages sociaux; avantages accessoires

avantages mp **d'appoint** — *fringe benefits*
Syn. – Avantages accessoires; avantages sociaux; compléments sociaux; avantages annexes; avantages hors salaire

avantages mp **hors salaire** — *fringe benefits*
Syn. – Avantages sociaux; avantages d'appoint; avantages accessoires; compléments sociaux

ng m — *brainstorming*
ue–méninges; conférence–choc;
d'idées; creuset à idées

m — *braintrust*
experts

nvention f **collective par)**
ry–wide agreement

gociation f **par)** — *indus-*
bargaining

(néol.) — *briefing*
fing

ion f **de)** — *patent assign-*
ignment of invention

rat m **de)** — *patent agree-*

— *briefing*
age

suffrages — *to run for elec-*
tand for office

e contrat] — *breach of con-*
ach of agreement
e contrat

de grève — *strikebreaking*

de grève — *strikebreaker;*
ke replacement

— *budget*

mité m **du)** — *ways and*
ommittee

type — *standard budget;*
n budget

de paye — *pay slip; pay*

ne de paye ● Bordereau de paye;
aye; liste de paye; enveloppe de

m de présentation (c)] —
on paper
n de candidature

de vote — *ballot*

de vote blanc — *blank bal-*
arked ballot

de vote valide — *valid bal-*

e valide

d'information — *informa-*
etin; news sheet; news bulle-

m] — *bumping*
nt; supplantation

bureau m — *office; bureau*
Office; commission; agence; service; conseil; comité; état–major; département

bureau m — *board; executive /board/;*
board of directors
Conseil d'administration

bureau m **administratif** — *administra-*
tive agency; administration office
Syn. – Office; agence gouvernementale; service gouvernemental

bureau m **d'embauchage** — *employ-*
ment office; employment service; hir-
ing office
Syn. – Service d'emploi; bureau de recrutement

bureau m **d'embauchage mixte** —
joint hiring hall

bureau m **d'embauchage préférentiel**
— *preferential hiring hall*

bureau m **d'embauchage syndical** —
union hiring hall
Atelier fermé

bureau m **de placement** — *employ-*
ment agency
Syn. – Service de placement

bureau m **de placement payant** —
fee–charging employment agency

bureau m **de placement sans fin lu-**
crative — *non–profit employment*
agency

bureau m **de recrutement** — *employ-*
ment office
Syn. – Service d'emploi; bureau d'embauchage

bureau m **de scrutin** — *poll; polling*
station; polling booth
Syn. – Bureau de vote

bureau m **des présences (c) (?)** — *time*
office

Bureau m **d'éthique commerciale** —
BBB — *Better Business Bureau* — *BBB*

bureau m **d'études** — *research depart-*
ment

bureau m **de vote** — *poll*
Syn. – Bureau de scrutin

bureau m **du personnel** — *personnel*
office; personnel department
Service du personnel

bureau (employé m **de)** — *office em-*
ployee; clerical worker; clerk

avantages mp **sociaux** — *fringe be-*
nefits
Syn. – Avantages accessoires; avantages
d'appoint; compléments sociaux; avantages
annexes; avantages hors salaire

avant–projet m — *draft*
Document provisoire

avenant m — *additional clause; rider*
Annexe

avertissement m — *warning; notice*
Remontrance; réprimande; observation; avis
de réprimande

avertissement m **formel** — *formal no-*
tice; fair warning

avertissement (piquetage m **d')** —
dry–run picketing

avis m — *notice*
Convocation; notification

avis m — *counsel; advice*
Syn. – Conseil

avis m **d'accident du travail** — *work*
accident notice

avis m **de congédiement** — *notice of*
dismissal
Délai de préavis

avis m **de convocation** — *notice of*
ation; notice of meeting

m de départ — *separation notice*
Délai congé; préavis

avis m **de désaccord** — *notification of*
disagreement
Syn. – Notification de désaccord

avis m **de grève** — *strike notice*
Délai de grève

avis m **d'élection** — *election notice;*
notification of election

avis m **de licenciement** — *layoff no-*
tice

avis m **de licenciement collectif** —
mass layoff notice
Fermeture d'usine

avis m **de lock-out** — *lock–out notice*

avis m **de modification** — *notice of*
amendment

avis m **de motion** — *notice of motion*

avis m **d'emplois vacants** — *notice of*
job openings
Syn. – Affichage des emplois

avis m **de rencontre** — *notice of meet-*
ing
Convocation

avis m **de réprimande** — *notice of rep-*
rimand
Avertissement; remontrance; réprimande;
observation

[avis m **de séparation]** — *separation*
notice; notice of dismissal
Avis de licenciement

avis m **écrit** — *written notice; written*
notification; notification

avoir m — *property; assets*
Actif

axe m **hiérarchique** — *line; chain of*
command
Syn. – Chaîne hiérarchique; ligne d'autorité;
ligne hiérarchique; structure hiérarchique

ayant droit m — *beneficiary*
Bénéficiaire; prestataire; indemnitaire

ayants droit (prestations fp **aux)** —
beneficiaries' benefits

B

baisse f **de salaire** — *wage cut*
Syn. – Coupure de salaire

balance f **des comptes /internationaux/** — *balance of payments*
Balance des paiements /internationaux/

balance f **des paiements /internationaux/** — *balance of payments*
Balance des comptes /internationaux/

balises fp **(néol.)** — *guideposts; guidelines*
Syn. – Lignes directrices; principes directeurs ● Indicateurs des prix et des salaires; directives salaires–prix; normes

banque f **de congés de maladie** — *sick leave credit*
Syn. – Réserve de congés de maladie; crédit de congés de maladie; créance de congés de maladie

banque f **de données** — *data bank; computer bank*

barème m **de base** — *basic rate; basic scale*
Syn. – Salaire de base ● Traitement de base; taux de base; taux de salaire de référence; taux de salaire repère

base (convention f **collective de)** — *master agreement*

base (convention f **de)** — *master agreement*

base (formation f **de)** — *basic training*

base (militant m **de)** — *active union member; local union officer*

base (salaire m **de)** — *base wage; base rate; base pay; basic salary*

base f **/syndicale/** — */union/ rank-and-file*

base (taux m **de)** — *base rate; straight–time /rate/; minimum /occupational/ rate; basic rate*

base (traitement m **de)** — *basic salary; base pay*

bâtiment (code m **du)** — *building code*

bâtiment (Code m **national du)** — *National Building Code*

behaviorisme m — *behaviourism*
Comportement

bénéfice m — *living*
Salaire; traitement; rémunération; rétribution

bénéfice m — *benefit*

[bénéfice m **aux ayants droit]** — *beneficiaries' benefit*
Prestations aux ayants droit

[bénéfice m **aux survivants]** — *survivors' benefit*
Prestations aux survivants

bénéfice m **brut** — *gross earnings; gross profit*
Gains bruts; salaire brut

bénéfice m **net** — *net earnings; net profit*
Syn. – Gains nets

[bénéfice m **réversible]** — *survivors' benefit*
Pension de réversion

[bénéfice m **transmissible]** — *survivors' benefit*
Pension de réversion

bénéfices mp — *earnings; profit*
Syn. – Profit; gain

[bénéfices mp **marginaux]** — *fringe benefits*
Avantages sociaux; avantages d'appoint

bénéfices (participation f **aux)** — *profit sharing*

bénéfices (répartition f **des)** — *distribution of profits*

bénéficiaire m — *beneficiary*
Ayant droit; prestataire; indemnitaire; allocataire

bénévole m — *volunteer; voluntary worker; unpaid worker; voluntary help*
Volontaire

besogne f — *work; task; job; duties*
Syn. – Travail; tâche ● Charge de travail; somme de travail

besoin m **de formation** — *training need*

besoin m **en main–d'oeuvre** — *manpower need/s/; manpower requirement/s/*

besoins mp — *needs*

besoins personnels (majorations fp **pour)** — *personal allowances*

biens mp — *goods*
Produits

---

biens mp **commerciaux** — *commercial goods*
Syn. – Article

biens mp **de consommation** — *consumer goods*
Syn. – Biens d'usage

biens mp **de production** — *capital goods; producers' goods; production goods*

biens mp **d'équipement** — *capital goods*
Biens de production; équipement; installations

biens mp **durables** — *durable goods*
Syn. – Biens non fongibles

biens mp **d'usage** — *consumer goods*
Syn. – Biens de consommation

biens mp **fongibles** — *non–durable goods*
Syn. – Biens non durables; biens périssables

biens mp **industriels** — *industrial goods*
Syn. – Biens intermédiaires; produits industriels

biens mp **intermédiaires** — *industrial goods*
Syn. – Biens industriels; produits industriels

biens mp **non durables** — *non–durable goods*
Syn. – Biens périssables; biens fongibles

biens mp **non fongibles** — *durable goods*
Syn. – Biens durables

biens mp **périssables** — *perishables*
Syn. – Biens non durables; biens fongibles

biens mp **semi–durables** — *semi–durable goods*

bilan m — *balance sheet*

bimensuel m — *twice monthly; semi–monthly; bimonthly*
Quinzaine

bimestriel m — *bimonthly*
Bimensuel

blocage m **de l'ancienneté** — *seniority freeze*
Syn. – Gel de l'ancienneté ● Calcul de l'ancienneté

blocage m **de l'embauchage** — *employment freeze*
Syn. – Gel de l'embauchage

---

brainstormi
Syn. – Rem
conférence

braintrust
Conseillers–

branche (co
— industr

branche (né
try–wide

breffage m
Syn. – Brie

brevet (cess
ment; ass

brevet (cont
ment

briefing m
Syn. – Bref

briguer les
tion; to s

[bris m **d**
tract; bre
Violation d

brisage m

briseur m
scab; str

budget m

budget (co
means c

budget m
specimen

bulletin m
sheet
Syn. – Fich
feuille de p
paye

[bulletin
nominati
Déclaratio

bulletin m

bulletin m
lot; unm

bulletin m
lot
Syn. – Vo

bulletin m
tion bull
tin

[bumping
Evinceme

bureau (employé m **hors–)** — *non–office employee*

Bureau m **fédéral de la statistique –
BFS** — *Dominion Bureau of Statistics
– DBS*

Statistique Canada

Bureau m **international du travail –
BIT** — *International Labour Office –
ILO*

bureau (personnel m **de)** — *clerical
workers; office employees*

bureau m **privé de placement** — *private employment agency*

Syn. – Service privé de placement

C

cachet m — *talent fee*

cachette (accord m **en) (c)** — *bootleg contract*

cadence f — *pace*
Allure; rythme

cadence f **accélérée** — *speed–up*
Syn. – Accélération; rythme accéléré; cadence infernale

cadence f **de travail** — *work pace*
Syn. – Rythme de travail

cadence f **infernale** — *speed–up*
Syn. – Cadence accélérée; rythme accéléré; accélération

cadre m — *manager; officer; executive*

cadre (convention f **collective)** — *master agreement*

cadre m **débutant** — *junior manager*

cadre m **de direction** — *senior manager*

cadre m **inférieur** — *junior manager*

cadre (personnel m **de)** — *staff; administrative personnel; managerial personnel; supervisory personnel*

cadre m **subalterne** — *junior manager*

cadre m **supérieur** — *senior manager*

cadres mp — *management personnel; managerial personnel; supervisory staff; staff; executives*
Personnel de direction

cadres mp **dirigeants** — *top management*
Syn. – Cadres supérieurs; haute direction

cadres mp **inférieurs** — *supervisors; foremen; lower management*
Syn. – Contremaîtres; cadres subalternes ● Personnel de maîtrise

cadres mp **intermédiaires** — *middle management*
Syn. – Cadres moyens

cadres mp **moyens** — *middle management*
Syn. – Cadres intermédiaires ● Chef d'atelier

cadres mp **subalternes** — *supervisors; foremen*
Syn. – Contremaîtres; cadres inférieurs

cadres mp **supérieurs** — *top management; executives*
Syn. – Cadres dirigeants; haute direction

cadres (syndicat m **de)** — *staff union*

cafétéria f — *cafeteria; canteen*
Cantine

cahier m **de revendications** — *list of union demands*

cahier m **des charges** — *specifications*
Devis

cahier m **des résolutions** — *general resolutions roll; list of policy resolutions*
Cahier de revendications

caisse f **d'assurance–chômage** — *unemployment insurance fund*

caisse f **de congés de maladie** — *sick leave fund*

caisse f **de décès** — *death benefit fund*
Fonds de décès

Caisse f **de dépôt et de placement** — *Deposit and Investment Fund*

caisse f **de grève** — *strike fund*
Syn. – Fonds de défense professionnelle; fonds de grève ● Assurance–grève; indemnité de grève

caisse f **d'épargne et de crédit** — *credit union*
Syn. – Caisse populaire

caisse f **de perfectionnement** — *personnel improvement fund*

caisse f **de prévoyance sociale** — *welfare fund*

caisse f **de retraite** — *pension fund*
Syn. – Fonds de pension; fonds de retraite

caisse f **de secours** — *relief fund; contingency fund*
Société mutuelle; mutuelle

caisse f **d'indemnité supplémentaire de chômage** — *supplementary unemployment benefit fund*
Prestations supplémentaires d'assurance–chômage; salaire annuel garanti; assistance–chômage; allocation complémentaire

caisse f **populaire** — *caisse populaire*;
Syn. – Caisse d'épargne et de crédit

calcul m **de l'ancienneté** — *computation of seniority*
Blocage de l'ancienneté; gel de l'ancienneté

calendrier m **de négociation** — *bargaining schedule*
Échéancier

calendrier m **d'exécution** — *schedule; schedule of implementation*
Syn. – Échéancier

canaux mp **de communication** — *communication channels*

[**cancellation** f] — *cancellation*
Annulation

candidat m — *candidate; applicant*

candidat m **admissible** — *eligible applicant*

candidat m **choisi** — *successful applicant*
Syn. – Candidat retenu

candidat m **retenu** — *successful applicant*
Syn. – Candidat choisi

candidature f — *candidacy*

candidature f **admissible** — *eligible candidacy*
Syn. – Candidature recevable

candidature (déclaration f **de)** — *announcement of candidacy*

candidature f **irrecevable** — *ineligible candidacy*

candidature f **recevable** — *eligible candidacy*
Syn. – Candidature admissible

candidature (retrait m **de)** — *withdrawal of candidacy*

cantine f — *canteen*
Cafétéria

cantine f **mobile** — *mobile canteen; rolling canteen*

cantine (service m **de)** — *eating facilities; restaurant service*

capacité f — *ability; capability; talent; capacity*
Aptitude; habileté; dextérité

capacité f **de l'usine** — *plant capacity*

capacité f **de payer** — *ability to pay*

capacité f **de production** — *production capacity*
Potentiel de production; rentabilité; rendement; productivité

capacité f **physique** — *physical capacity; physical fitness*

capacité réduite (travailleur m **à)** — *handicapped worker*

capacités fp — *skill/s/*
Aptitude; habileté

capital m — *capital*

capital–actions m — *stock; share capital*

capital–actions (compagnie f **à)** — *joint–stock company*

capital m **constant** — *capital expenditure*

capital (efficacité f **marginale du)** — *marginal efficiency of capital*

capital (industrie f **à forte densité de)** — *capital intensive industry*

capitalisme m — *capitalism*
Libéralisme économique

capitation f — *per capita*
Cotisation; contribution; contribution syndicale ordinaire

caractéristiques fp **de poste** — *job specification; job characteristics*
Syn. – Spécification d'un emploi

carence (délai m **de)** — *waiting period*

carrière f — *career*

carrière (description f **de)** — *career monograph*

carrière (développement m **de)** — *career path*

carrière (perspectives fp **de)** — *job expectations*

carrière (plan m **de)** — *career planning*

carrière (profil m **de)** — *career profile*

carte f **de classification** — *classification card; work card*
Carte de qualification

[**carte** f **de compétence**] — *competency card; qualification card; ticket*
Carte de qualification

carte f **de pointage** — *time card*
Syn. – Carte de présence

carte f **de présence** — *time card; punch card*
Syn. – Fiche de présence; carte de pointage
● Horodateur; horloge pointeuse; pointage; registre des présences; feuille d'émargement

carte f **de qualification** — *competency card; qualification card; ticket*
Certificat de qualification; attestation de compétence; carte de classification; certificat d'aptitudes professionnelles

carte f **de transfert syndical** — *travelling card*

carte f **d'identité** — *identification; identity card*

carte f **multiprofessionnelle** — *tie card*

carte f **syndicale** — *union card*
Formule d'adhésion syndicale

[**carte** f **syndicale**] — *union–shop card*
Attestation d'atelier syndical

cartel m — *cartel*
Monopole; duopole; oligopole; conglomérat; fusion d'entreprises; regroupement

cartes (vérification f **des)** — *card check*

cas m **de force majeure** — *emergency situation; act of God; irresistible force*
Cas fortuit

cas m **d'espèce** — *concrete case; specific case*
Cas type; jurisprudence; précédent

cas (étude f **de)** — *case study*

cas m **fortuit** — *act of God; fortuitous event*
Cas de force majeure

cas m **type** — *test case*
Cas d'espèce

catégorie f **des salaires** — *wage bracket*
Syn. – Fourchette des salaires; créneau des salaires; palier des salaires; groupe des salaires

catégorie f **juridique** — *juridical category*

catégorie f **productive** — *productive category*
Syn. – Industrie ● Profession; état; métier

catégorie f **professionnelle** — *occupational category*
Profession; métier; état

catégorie f **sociale** — *social category*

cause f **juste** — *just cause*
Syn. – Juste motif; motif valable

caution f — */law/ bail; security; bail–bond*
Cautionnement

caution f — *guarantor; bondsman*
Syn. – Répondant; garant

cautionnement m — *bail*
Caution

[**cédule** f] — *schedule*
Horaire; tarif; barème; annexe; tableau

Centrale f **de l'enseignement du Québec – CEQ** — *Centrale de l'enseignement du Québec – CEQ*

Centrale f **des syndicats démocratiques – CSD** — *Centrale des syndicats démocratiques – CSD*

centrale f **syndicale** — *House of Labour; central labour body*
Syn. – Intersyndicale ● Confédération; bourse du travail; secrétariat syndical

centralisation f — *centralization*

Centre m **chrétien des patrons et dirigeants d'entreprise français – CFPC** — *Centre chrétien des patrons et dirigeants d'entreprise français – CFPC*

centre m **d'échanges** — *clearing house*
Centre d'informations

centre m **de décision** — *locus of decision–making; decision–making center*

centre m **de formation professionnelle** — *vocational training centre*

centre m **de main–d'oeuvre** — *manpower centre*
Direction générale de la main–d'oeuvre – DGMO

centre m **de réadaptation professionnelle** — *rehabilitation centre*

Centre m **des dirigeants d'entreprise – CDE** — *Centre des dirigeants d'entreprise – CDE*

centre m **d'informations** — *information clearing house; news clearing house*
Centre d'échanges

cercle m **d'études** — *study group*
Groupe d'étude; groupe opérationnel; recherche opérationnelle

certificat m **d'aptitude professionnelle** — *certificate of proficiency*
Syn. – Certificat de qualification ● Attestation de compétence

certificat m **de qualification (c)** — *certificate of qualification; qualification certificate; certificate of proficiency*
Syn. – Certificat d'aptitude professionnelle ● Carte de classification; attestation de compétence

certificat m **de travail** — *service certificate*
Attestation de travail

certificat m **médical** — *medical certificate; health certificate*
Examen médical de pré–embauchage

certiorari m *— certiorari*

cerveaux (exode m **des)** — *brain drain*

cessation f **d'emploi** — *separation; termination of employment*
Indemnité de fin d'emploi

cessation d'emploi (entrevue f **de)** — *separation interview*

cessation f **de travail** — *work stoppage*
Arrêt de travail; débrayage; grève

cessation f **volontaire d'emploi** — *voluntary separation*
Syn. – Abandon volontaire d'emploi; départ volontaire

cession f **de brevet** — *patent assignment; assignment of invention*

cession f **de créance** — *assignment of claim*

chaîne f **de montage** — *assembly line*

chaîne f **de production** — *production line; chain of production*
Fabrication à la chaîne; production à la chaîne

chaîne f **hiérarchique** — *line; chain of command*
Syn. – Ligne d'autorité; ligne hiérarchique; axe hiérarchique; structure hiérarchique

chaîne (piquetage m **en) (c)** — *chain picketing*

chaîne (production f **à la)** — *assembly–line production; flow production; chain production*

chambre f **de commerce** — *Chamber of Commerce; Board of Trade*

chambre f **professionnelle** — *professional chamber*
Ordre professionnel; corporation professionnelle; guilde

champ m **d'ancienneté** — *sphere of seniority; seniority area; seniority unit*
Syn. – Aire d'ancienneté; unité d'ancienneté ● Ancienneté

champ m **d'application** — *coverage; scope; jurisdiction*

champ m **d'application de la convention** — *agreement coverage; scope of agreement*

champ m **d'application professionnel** — *occupational coverage; professional jurisdiction*

champ m **d'application territorial** — *geographical jurisdiction; geographical coverage; area jurisdiction; territorial coverage*
Champ d'application

champ m **social** — *social field*

chances (égalité f **des)** — *equality of opportunity*

changement m — *change*

changement m **de propriétaire** — *change of company ownership*
Aliénation d'entreprise

changement m **technologique** — *technological change*
Conversion industrielle; reconversion industrielle; mutation; suppression d'emploi; fonds de compensation pour automation

chantage m — *blackmail; extortion*

chantier m — *project; work site; job site; building site; logging camp*

chantier (délégué m **de)** — *job–site steward*

chapardage m — *theft; pilfering*

charge f — *office; responsibility; duty*
Situation

charge f **de travail** — *work load*
Syn. – Somme de travail; tâche ● Besogne

charge de travail (répartition f **de la)** — *workload distribution*

charge f **salariale** — *wage–cost*
Salaire–coût; masse salariale; coût du travail; bordereau de paye

charges fp **d'exploitation** — *running costs; operating expenses; running expenses*

charges fp **directes** — *direct expenses*

charges fp **indirectes** — *indirect expenses*

charte f (c) — *charter*
Statut; constitution

Charte f **d'Amiens** — *Charter of Amiens*

chartisme m — *Chartist movement; Chartism*

chef m — *manager; executive*

chef m **d'atelier** — *shop manager; /shop/ foreman; first line manager; departmental head*
Contremaître; agent de maîtrise; chef d'équipe; superviseur; surintendant; maîtrise; cadre; cadres; cadres moyens; chef de service

chef m **de bureau** — *office manager*

chef m **de fabrication** — *technical manager; production manager*

chef m **de groupe** — *production manager*

chef m **de l'ordonnancement** — *production manager*

chef m **d'entreprise** — *company head; manager*
Syn. – Dirigeant d'entreprise ● Président directeur général; gérant; directeur

chef m **d'entretien** — *maintenance service manager*

chef m **d'équipe** — *chargehand; straw boss; lead hand; team leader; foreman; superintendent*
Contremaître; agent de maîtrise; chef d'atelier; superviseur; surintendant; maîtrise; cadres; cadres moyens

chef m **de service** — *department head*
Chef d'atelier

chef m **des fabrications** — *plant manager*

chef m **d'établissement** — *head of establishment; employer; plant superintendent; works manager; plant manager*

chef m **d'exploitation** — *operations manager*

chef m **direct** — *line manager*

chef m **du personnel** — *personnel director; personnel manager*
Syn. – Directeur du personnel

chef m **du service de la production** — *production manager*

chef m **du service de la sécurité** — *safety manager*

chef m **du service du personnel** — *staff manager*

chef m **du service entretien** — *maintenance service manager*

chemin critique (méthode f **du)** — *critical path method– CPM*

cheminement (diagramme m **de)** — *flow diagram; flow chart*

chèque–restaurant m — *meal ticket*
Syn. – Titre–restaurant

Chevaliers mp **de saint Crépin** — *Knights of St. Crispin*

Chevaliers mp **du Travail** — *Knights of Labor*

chiffre m **d'affaires** — */business/ turnover; sales volume*

chiffre m **repère** — *benchmark*

chômage m — *unemployment*
Main–d'oeuvre excédentaire; sous–emploi

chômage m **accidentel** — *accidental unemployment; incidental unemployment; related unemployment*
Chômage technique

chômage (allocation f **de)** — *unemployment benefit*

chômage f **(assistance–)** — *unemployment assistance*

chômage f **(assurance–)** — *unemployment insurance*

chômage (caisse f **d'assurance–)** — *unemployment insurance fund*

chômage (caisse f **d'indemnité supplémentaire de)** — *supplementary unemployment benefit fund*

chômage m **camouflé** — *hidden unemployment; disguised unemployment; fictitious unemployment*
Syn. – Chômage déguisé

chômage m **chronique** — *chronic unemployment; long–term unemployment; hard–core unemployment*
Syn. – Chômage endémique

chômage (Commission f **d'assurance–)CAC** — *Unemployment Insurance Commission – UIC*

chômage m **cyclique** — *cyclical unemployment*
Chômage global; chômage dû à l'insuffisance de la demande

chômage m **de frottement** — *frictional unemployment*
Syn. – Chômage frictionnel; chômage résiduel

chômage m **déguisé** — *concealed unemployment; hidden unemployment; disguised unemployment*
Syn. – Chômage camouflé

chômage désaisonnalisé (taux m **de)** — *seasonally–adjusted unemployment rate*

chômage m **dû à l'insuffisance de la demande** — *deficient–demand unemployment*
Chômage cyclique; chômage global

chômage m **endémique** — *chronic unemployment; long–term unemployment; hard–core unemployment*
Syn. – Chômage chronique

chômage m **frictionnel** — *frictional unemployment*
Syn. – Chômage résiduel; chômage de frottement ● Chômage technologique

chômage m **global** — *aggregate unemployment*
Chômage cyclique; chômage dû à l'insuffisance de la demande

chômage (Loi f **sur l'assurance–)** — *Unemployment Insurance Act*

chômage (niveau m **de)** — *unemployment level*

chômage m **partiel** — *redundancy*

chômage m **périodique** — *recurring unemployment*
Syn. – Chômage récurrent

chômage (prestations fp **d'assurance–)** — *unemployment insurance benefits*

chômage (prestations fp **de)** — *unemployment benefit*

chômage (prestations fp **saisonnières de)** — *seasonal unemployment benefits*

chômage (prestations fp **supplémentaires d'assurance–) PSAC** — *supplementary unemployment benefits – SUB*

chômage m **récurrent** — *recurring unemployment*
Syn. – Chômage périodique ● Chômage saisonnier

chômage m **résiduel** — *frictional unemployment*
Syn. – Chômage frictionnel; chômage de frottement

chômage m **saisonnier** — *seasonal unemployment*
Chômage récurrent

chômage m **structurel** — *structural unemployment*
Chômage technologique

chômage (taux m **de)** — *unemployment rate*

chômage m **technique** — *technical unemployment*
Chômage accidentel

chômage m **technologique** — *technological unemployment*
Chômage frictionnel; chômage structurel

chômeur m **— *unemployed worker; the unemployed*
Syn. – Sans–travail

chômeur m **chronique** — *hard–core unemployed /worker/; long–term unemployed /worker/*

chômeur m **marginal** — *marginally unemployed*

chose f **jugée** — *final judgment; matter already decided; res judicata*

Christian Labour Association of Canada — *Christian Labour Association of Canada*

chronométrage m **— *timing; time study*

circonstances fp **imprévisibles** — *unforseeable circumstances; unforeseen circumstances*
Conjoncture

circonstances fp **imprévues** — *unseen circumstances*

circulaire f **— *circular*

citation f **— *citation; summons*
Syn. – Assignation

classe f **— *class; grade*
Classification; classement

classe f **de postes de travail** — *job classification; job grade; job category*

classe f **de retenue** — *red circle*
Syn. – Poste surévalué; salaire étoilé; salaire bloqué ● Employé étoilé; taux de salaire gonflé

classe f **ouvrière** — *working class*
Prolétariat; salariat; mouvement ouvrier

classement m — *classification; grading; ranking*
Classification

classement m **selon l'ancienneté** — *seniority rating; rating by seniority*
Aire d'ancienneté; unité d'ancienneté

classes (méthode f **des)** — *class method; classification system*

classification f — *classification*
Classe; classement

classification (carte f **de)** — *classification card; work card*

classification f **des emplois** — *job classification; classification of position*
Syn. – Classification des postes de travail; classification des tâches; classification des fonctions

classification f **des fonctions** — *job classification; classification of position*
Syn. – Classification des emplois; classification des tâches; classification des postes de travail

classification f **des postes de travail** — *job classification; classification of position*
Syn. – Classification des emplois; classification des tâches; classification des fonctions

classification f **des tâches** — *job grading; job classification*
Syn. – Classification des emplois; classification des postes de travail; classification des fonctions

classification (méthode f **de)** — *classification method*

clause f — *clause; stipulation; provision; proviso*
Stipulation; article; disposition

clause f **conditionnelle** — *proviso*

clause f **contractuelle** — *non-monetary clause; contractual clause*
Syn. – Clause mécanique

clause f **de célibat** — *celibacy clause*

clause f **d'échappatoire** — *escape clause*
Retrait facultatif; désengagement; option de retrait

clause f **d'échelle mobile** — *escalator clause*
Clause de sauvegarde; clause d'indexation

clause f **de conscience** — *conscience clause*

clause f **de loyauté** — *loyalty clause*
Clause de non–concurrence; clause d'exclusivité de service

clause f **de non–concurrence** — *no-competition clause; restrictive trade agreement; restrictive covenant; covenant in restraint of trade*
Syn. – Clause d'exclusivité de service ● Clause de loyauté

clause f **de non–nullité (c)** — *saving clause*
Syn. – Clause de sauvegarde

clause f **de non–ouverture (c)** — *zipper clause*
Clause ouverte; clause de réouverture

clause f **de parité** — *parity clause; favored–nation clause*

clause f **de refus de travail** — *struck–work clause*
Articles mis à l'index; boycottage secondaire; grève de solidarité; grève de sympathie; marchandise boycottée

clause f **de renouvellement** — *renewal clause*
Renouvellement automatique; reconduction

clause f **de réouverture** — *reopening clause; open–end clause; reopener*
Syn. – Clause de révision ● Clause ouverte; négociation continue; convention collective ouverte; réexamen des salaires

clause f **de révision** — *open–end clause; reopening clause; reopener*
Syn. – Clause de réouverture

clause f **de sauvegarde** — *saving clause; hold–harmless clause*
Syn. – Clause de non–nullité

clause f **de sauvegarde** — *escalator clause*
Clause d'indexation; clause d'échelle mobile

clause f **de sécurité syndicale** — *union security clause*
Atelier fermé; atelier syndical imparfait; atelier préférentiel; précompte syndical; exclusivité syndicale; formule Rand

clause f **de style** — *formal clause; ritual clause*

clause f **d'examen médical** — *medical check–up clause*
Maladie professionnelle

clause f **d'exclusivité de service** — *exclusive rights clause; exclusive service clause; full–time service clause*
Syn. – Clause de non–concurrence ● Clause de loyauté

clause f **d'exclusivité syndicale** — *closed shop*
Clause de sécurité syndicale

clause f **d'indexation** — *escalator clause*
Échelle mobile de salaire; clause de sauvegarde; indemnité de vie chère; clause d'échelle mobile

clause f **d'intéressement** — *incentive clause*
Intéressement; participation aux bénéfices

clause f **expérimentale** — *experimental clause*

clause f **financière** — *monetary clause*
Syn. – Clause pécuniaire

clause f **mécanique** — *non-monetary clause; contractual clause*
Syn. – Clause contractuelle

[**clause** f **monétaire**] — *monetary clause; money clause*
Clause pécuniaire; clause financière

clause f **normative** — *non–monetary clause*

clause f **ouverte** — *open clause*
Syn. – Clause révisable ● Clause de réouverture; négociation continue; clause de non–ouverture

clause f **pécuniaire** — *monetary clause; money clause*
Syn. – Clause financière

clause f **restrictive** — *restrictive clause; privative clause*

clause f **révisable** — *open clause*
Syn. – Clause ouverte

clients (piquetage m **auprès des) (c)** — *customer picketing*

coalition f — *coalition; combine*
Collusion; compérage; accord de compérage; conspiration

coalitions (Loi f **relative aux enquêtes sur les)** — *Combines Investigation Act*

code m — *code*

Code m **canadien du travail** — *Canada Labour Code*

Code m **canadien du travail– Normes** — *Canada Labour–Standards–Code*

code m **civil** — *civil code*

code m **criminel** — *criminal code*
Code pénal

code m **de déontologie** — *ethical practices code*
Syn. – Code d'éthique professionnelle ● Déontologie

code m **de règles de procédure** — *rules of procedure code; rules of order*
Règles de procédure

code m **de sécurité sociale** — *social security code*

code m **d'éthique professionnelle** — *code of ethics; ethical practices code*
Syn. – Code de déontologie ● Déontologie; éthique sociale

code m **du bâtiment** — *building code*
Code national du bâtiment

code m **du travail** — *labour code*

Code m **du travail du Québec** — *Québec Labour Code*

Code m **Morin** — Code Morin

Code m **national du bâtiment** — *National Building Code*
Code du bâtiment

code m **pénal** — *criminal code; penal code*

coefficient m — *factor*
Indice; facteur

coercition f — *coercion*
Syn. – Contrainte ● Intimidation

cogestion f — *co–determination; co-management*
Participation à la gestion; autogestion

Collège canadien des travailleurs – CCL — *Labour College of Canada – LCC*

[**collets blancs** mp] — *white–collar workers; white–collars; white–collarites*
Cols blancs

[**collets bleus** mp] — *blue–collar workers; blue–collarites*
Cols bleus

collusion f — *collusion*

Syn. – Compérage; accord de compérage ● Coalition; conspiration

cols blancs mp — *white–collar workers; white–collars; white–collarites*

Employé; travailleur intellectuel; employé de bureau; personnel de bureau

cols bleus mp — *blue–collar workers; blue–collarites*

Ouvrier; travailleur à la production; employé hors bureau; personnel d'exécution

comité m — *committee*

Bureau; conseil; commission; service; office; état–major

comité m ad hoc — *ad hoc committee; special committee*

Syn. – Comité spécial

[**comité** m **conjoint (c)**] — *joint committee*

Comité paritaire; comité mixte

comité m **de collaboration patronale-ouvrière** — *labour–management cooperation committee*

comité m **de conciliation** — *conciliation board*

Conseil de conciliation; conseil de prud'-hommes

comité m **de direction** — *steering committee*

[**comité** m **de griefs**] — *grievance committee*

Comité de réclamations

comité m **d'entreprise – CE** — *works committee; plant committee; works council; enterprise committee*

comité m **de réclamations** — *grievance committee*

comité m **de relations humaines** — *human relations committee*

Comité m **des avantages sociaux de l'industrie de la construction – CASIC** — *Construction Industry Social Benefits Committee – CISBC*

comité m **des finances** — *ways and means committee; finance committee*

Syn. – Comité du budget; comité des voies et moyens

comité m **des lettres de créance** — *credentials committee*

comité m **des pouvoirs et comités (c)** — *steering committee*

Comité directeur

comité m **des résolutions** — *resolutions committee*

comité m **des statuts et règlements** — *committee on constitution and by-laws*

comité m **des voies et moyens** — *ways and means committee*

Syn. – Comité du budget; comité des finances

comité m **de travailleurs** — *labour committee; workers' committee; shop committee*

Syndicat d'entreprise; syndicat maison

comité m **directeur** — *steering committee*

Comité des pouvoirs et comités

comité m **d'orientation** — *steering committee*

comité m **du budget** — *ways and means committee*

Syn. – Comité des finances; comité des voies et moyens

comité m **exécutif** — *executive committee; executive /board/*

comité m **financier** — *finance committee*

comité m **mixte** — *joint committee; mixed committee*

Comité paritaire

comité m **mixte de production** — *labour–management production committee; joint production committee*

Syn. – Comité patronal–ouvrier

comité m **paritaire** — *joint committee; parity committee*

Comité mixte

comité m **patronal–ouvrier** — *labour–management committee*

Syn. – Comité mixte de production

comité m **permanent** — *standing committee*

Syn. – Comité régulier ● Comité statutaire

comité m **plénier** — *plenary committee*

comité m **régulier** — *statutory committee; standing committee*

Syn. – Comité permanent ● Comité statutaire

comité m **spécial** — *special committee; ad hoc committee*
Syn. – Comité ad hoc

comité m **statutaire** — *statutory committee; standing committee*
Comité régulier; comité permanent

comité m **tripartite** — *tripartite committee*

comités (comité m **des pouvoirs et) (c)** — *steering committee*

commettant m — *constituent*
Syn. – Mandant; constituant

commissaire–conciliateur m — *conciliation commissioner*

commissaire m **du travail** — *labour commissioner*

commissaire–enquêteur m — *trial examiner; commissioner*

commissaire m **général du travail** — *labour commissioner-general*

commission f — *commission; board*
Bureau; conseil; comité; service; office; état–major

commission f **clandestine** — *patronage dividend*
Syn. – Pot–de–vin

Commission f **d'assurance–chômage – CAC** — *Unemployment Insurance Commission – UIC*
Assurance–chômage; Loi sur l'assurance–chômage

commission f **de conciliation** — *conciliation board*
Conseil d'arbitrage; conseil de conciliation; conciliateur

Commission f **de la formation professionnelle de la main–d'oeuvre – CFPMO** — *Manpower Vocational Training Commission – MVTC*

Commission f **de l'industrie de la construction – CIC** — *Construction Industry Commission – CIC*

commission f **d'enquête** — *inquiry commission; study commission; research commission*

commission f **d'enquête factuelle (néol.)** — *fact–finding board*

Commission f **des accidents du travail – CAT** — *Workmen's Compensation Commission – WCC; Workmen's Compensation Board – WCB*

Commission f **des prix et des revenus – CPR** — *Prices and Incomes Commission – PIC*

Commission f **des relations de travail du Québec – CRTQ** — *Québec Labour Relations Board – QLRB*

Commission f **des relations du travail – CRT** — *Labour Relations Board – LRB*

Commission f **des relations du travail dans la fonction publique – CRTFP** — *Public Service Staff Relations Board – PSSRB*

commission f **d'urgence** — *emergency board*

Commission f **du salaire minimum – CSM** — *Minimum Wage Board – MWB*
Ordonnance générale (no 4); salaire minimum

Commission f **nationale des relations de travail** — *National Labour Relations Board*

Commission f **publique d'appel** — *Public Review Board – PRB*
Syn. – Commission publique de révision

Commission f **publique de révision** — *Public Review Board – PRB*
Syn. – Commission publique d'appel

commission (salaire m **à la)** — *commission earnings; commission payment*

commissions scolaires catholiques du Québec (Fédération f **des) FCSCQ** — *Fédération des commissions scolaires catholiques du Québec — FCSCQ*

communauté f **économique européenne – CEE** *European Economic Community – EEC*
Syn. – Marché commun

communication f — *communication; paper; statement*

communication (canaux mp **de)** — *communication channels*

communication (système m **de)** — *communication system*

communication (voies fp **de)** — *communication channels*

compagnie f — *company; corporation; firm*

Syn. – Société anonyme ● Société à responsabilité limitée; firme; entreprise; société; corporation

compagnie f **à capital–actions** — *joint–stock company*

Syn. – Compagnie à fonds social; société anonyme; société à responsabilité limitée

compagnie f **à fonds social** — *joint–stock company; public company*

Syn. – Compagnie à capital–actions; société anonyme; société à responsabilité limitée

compagnie f **de fiducie** — *trust company*

Fiducie

[compagnie f **de la Couronne (c)]** — *Crown corporation; Crown company*

Société d'État; Société de la Couronne

compagnie (logement m **de) (c)** — *company housing*

compagnie (magasin m **de) (c)** — *company store; commissary*

compagnie (président m **de)** — *company president*

compagnie f **privée (c)** — *private company*

compagnie f **sans capital–actions** — *company without share–capital*

compagnie–successeur f **(c)** — *successor company*

Syn. – Nouvel employeur ● Successeur; subrogation; transfert de convention collective

compagnie (unité f **de négociation par)** — *company–wide bargaining unit*

compagnon m — *journeyman*

compagnon–débutant m **(c)** — *beginner journeyman; inexperienced journeyman; junior journeyman*

company man m — *company man*

comparaison f **de salaires** — *wage comparison*

comparaison des facteurs (méthode f **de)** — *factor comparison method*

comparaison f **inter–entreprises** — *inter–firm comparison*

compérage m — *sweetheart agreement*

Syn. – Collusion; accord de compérage ● Coalition; conspiration

compérage (accord m **de) (néol.)** — *sweetheart agreement*

compétence f — *competence; qualification; ability*

compétence f — *jurisdiction; capacity*

Syn. – Zone de responsabilité ● Juridiction

compétence (accord m **de)** — *jurisdictional agreement*

compétence (attestation f **de)** — *qualification certificate*

compétence conditionnée par la formation (substitution f **de)** — *educational skill substitution*

compétence (conflit m **de)** — *jurisdiction/al/ dispute; jurisdiction/al/ conflict*

compétence f **dans le travail** — *job competence*

compétence f **de l'arbitre** — *jurisdiction of arbitrator; mandate of arbitrator*

compétence f **législative** — *legislative jurisdiction*

compétence f **résiduelle** — *residual rights*

Syn. – Droits résiduaires; droits résiduels; droits rémanents

compétence (sphère f **de)** — *jurisdiction*

compétence (substitution f **de)** — *skill substitution*

compétence (substitution f **fonctionnelle de)** — *functional skill substitution*

compétence f **sur les tâches** — *jurisdiction over work*

compétence f **syndicale** — *union jurisdiction*

Syn. – Juridiction syndicale

compétition f — *competition*

Concurrence

compléments mp **sociaux** — *fringe benefits*

Syn. – Avantages sociaux; avantages accessoires; avantages d'appoint; avantages hors salaire

complexe m **industriel** — *industrial complex*

comportement m — *behaviour; conduct*

Behaviorisme

comportements mp **économiques —** *economic behaviour*

composition f *— arrangement*

Accommodement; modus vivendi; compromis; accord; arrangement; contrat; entente; concession; convention; convention collective; transaction

compression f **des salaires —** *narrowing of wage differentials; wage compression*

compression f **du personnel —** *staff reduction; staff cutback; reduction in staff; retrenchment on staff*

Syn. – Réduction du personnel ● Réduction des effectifs

compromis m *— compromise*

Solution de compromis; accommodement; modus vivendi; accord; arrangement; composition; concession; contrat; entente; convention collective; transaction; cote mal taillée

compromis (solution f **de) —** *compromise*

compromission f *— surrender of principle*

compte m **d'assurance chômage —** *unemployment insurance account*

[compte m **de dépenses (c)] —** *expense account*

Note de frais; compte de frais

compte m **de frais —** *expense account*

Note de frais

compte rendu m *— minutes*

comptes /internationaux/ (balance f **des) —** *balance of payments*

concentration f *— concentration*

Syn. – Intégration ● Regroupement

concentration f **horizontale —** *horizontal concentration; horizontal integration*

Syn. – Intégration horizontale

concentration f **verticale —** *vertical concentration; vertical integration*

Syn. – Intégration verticale

concept m **d'antagonisme —** *adversary theory; advisory system*

Syn. – Régime d'antagonisme; schéma antagoniste

conception f **des tâches —** *job design*

concession f *— contracting out*

Syn. – Sous–traitance; impartition

concession f *— concession*

Compromis; transaction; franchise; accommodement; arrangement; modus vivendi; contrat; entente; convention; composition; convention collective

conciliateur m *— conciliator; conciliation officer*

Médiateur; arbitre; assesseur; amiable compositeur; commission de conciliation

conciliation f *— conciliation*

Arbitrage; médiation

conciliation (comité m **de) —** *conciliatory board*

conciliation (commission f **de) —** *conciliation board*

conciliation (conseil m **de) —** *council of conciliation; conciliatory board*

conciliation (pause f **de) —** *cooling–off period*

concurrence f *— competition*

Compétition

concurrence (clause f **de non–) —** *no-competition clause; restrictive trade agreement; restrictive covenant; covenant in restraint of trade*

concurrence f **syndicale —** *inter–union competition;inter–union rivalry*

Pluralisme syndical; rivalité syndicale; conflit de juridiction

condition f **restrictive —** *proviso*

Clause; réserve

conditions fp **à remplir —** *eligibility requirements; qualifications*

Syn. – Conditions d'attribution; conditions d'admission; qualités requises ● Qualification requise; conditions d'emploi

conditions fp **d'admission —** *eligibility requirements; qualifications*

Syn. – Conditions à remplir; conditions d'attribution; qualités requises

conditions fp **d'attribution —** *eligibility requirements; qualifications*

Syn. – Conditions à remplir; conditions d'admission

conditions fp **d'embauchage —** *conditions of employment*

Syn. – Conditions d'emploi

conditions fp **d'embauche —** *conditions of employment*

Syn. – Conditions d'emploi

conditions fp **d'emploi** — *conditions of employment*

Syn. – Conditions d'embauchage ● Qualification requise; conditions à remplir

conditions fp **de travail** — *working conditions; conditions of employment; terms and conditions of employment*

conduite f — *conduct*

conduites fp **formelles** — *formal conduct*

conduites fp **informelles** — *informal conduct; informal behaviour*

conduites fp **technologiques** — *technological conduct*

confédération f — *confederation; federation*

Centrale syndicale; bourse du travail; secrétariat syndical; union; fédération

Confédération f **des syndicats canadiens – CSC** — *Confederation of Canadian Unions – CCU*

Confédération f **des syndicats chrétiens – CSC** — *Confederation of Christian Trade Unions*

Confédération f **des syndicats nationaux – CSN** — *Confederation of National Trade Unions – CNTU*

Confédération f **européenne des syndicats – CES** — *European Trade Union Confederation – ETUC*

Confédération f **française démocratique du travail – CFDT** — *French and Democratic Confederation of Labour*

Confédération f **française des travailleurs chrétiens – CFTC** — *French Confederation of Christian Workers*

Confédération f **générale du travail – CGT** — *General Confederation of Labour*

Confédération f **générale du travail – Force–ouvrière –CGT–FO** — *General Confederation of Labour – Workers' Force*

Confédération f **générale du travail unitaire – CGTU** — *Unitary General Confederation of Labour*

Confédération f **internationale des syndicats chrétiens – CISC** — *International Federation of Christian Trade Unions – IFCTU*

Confédération f **internationale des syndicats libres – CISL** — *International Confederation of Free Trade Unions – ICFTU*

Confédération f **mondiale du travail – CMT** — *World Confederation of Labour – WCL*

Confédération f **nationale du patronat français – CNPF** — *French National Employers' Confederation*

Confederation of British Industry – CBI — *Confederation of British Industry – CBI*

Conference Board (The) — *The Conference Board*

Syn. – *National Industrial Conference Board*

conférence–choc f — *brainstorming*

Syn. – *Brainstorming*; remue–méninges; conférence d'idées; creuset à idées

conférence f **d'idées** — *brainstorming*

Syn. – *Brainstorming*; remue–méninges; conférence d'idées; creuset à idées

Conférence f **internationale du travail** — *International Labour Conference*

Déclaration de Philadelphie

confessionnalité f **syndicale** — *confessional trade–unionism; denominational trade–unionism*

Syndicalisme confessionnel; syndicalisme neutre

confiance (vote m **de)** — *vote of confidence*

conflit m — *dispute; conflict*

Dispute; différend; litige; grief; mésentente; plainte; accusation; poursuite; désaccord

conflit m **d'attribution des tâches** — *work assignment dispute*

Syn. – Conflit de distribution du travail; conflit de juridiction de métiers

conflit m **d'attribution/s/** — *jurisdiction/al/ conflict; jurisdiction/al/ dispute*

conflit m **de compétence** — *jurisdiction/al/ dispute; jurisdiction/al/ conflict*

Syn. – Conflit de juridiction

conflit m **de distribution du travail** — *work assignment dispute; borderline dispute*

Syn. – Conflit d'attribution des tâches; conflit de juridiction de métiers

conflit m **de droits** — *rights dispute; legal dispute; dispute over contract interpretation*
Syn. – Conflit juridique

conflit m **de frontières syndicales** — *jurisdiction/al/ dispute; jurisdiction /al/ conflict*
Syn. – Conflit de juridiction syndicale

conflit m **de juridiction** — *jurisdiction- /al/ dispute; jurisdiction/al/ conflict*
Syn. – Conflit de compétence ● Concurrence syndicale; pluralisme syndical; rivalité syndicale

conflit m **de juridiction de métiers** — *work assignment jurisdictional dispute; trade assignment jurisdictional dispute; borderline dispute*
Syn. – Conflit d'attribution des tâches; conflit de distribution du travail

conflit m **de juridiction syndicale** — */union/ jurisdictional dispute*
Syn. – Conflit de frontières syndicales ● Conflit intersyndical

conflit m **de rivalité syndicale** — *inter-union dispute*
Conflit intersyndical

conflit m **de travail** — *labour dispute; work conflict*

conflit m **d'intérêts** — *collective bargaining dispute; conflict of interest /s/; pre–agreement dispute; interest dispute*
Syn. – Conflit économique

conflit m **du travail** — *industrial dispute; industrial conflict; labour dispute*
Syn. – Différend du travail

conflit m **économique** — *collective bargaining dispute; interest dispute*
Syn. – Conflit d'intérêts

conflit m **intersyndical** — *inter-union dispute; inter-union strife*
Conflit de rivalité syndicale; conflit syndical interne; conflit de juridiction syndicale

conflit m **juridique** — *rights dispute; dispute in law*
Syn. – Conflit de droits

[conflit m **ouvrier]** — *labour dispute; industrial conflict*
Conflit de travail; conflit du travail

conflit m **syndical interne** — *intra– union dispute; intra–union strife; internal /union/ dispute*
Conflit intersyndical

congé m — *holiday*
Jour férié

congé m — *leave*
Syn. – Permission ● Absence autorisée

congé m — *dismissal*
Congédiement; licenciement; mise à pied; débauchage; suspension; renvoi; mise en disponibilité

congé m **autorisé** — *leave /of absence/; authorized leave; absence with leave*
Syn. – Permis d'absence; autorisation d'absence; absence autorisée

congé m **avec solde (c)** — *paid leave /of absence/; leave /of absence/ with pay; paid holiday*
Syn. – Absence rémunérée; congé payé; congé rémunéré

congé m **compensatoire** — *compensatory holiday; day off in lieu of; holiday in lieu; time–off plan*

congé m **de circonstance** — *special leave; personal holiday*
Syn. – Congé spécial

congé m **de deuil** — *funeral leave; bereavement leave*
Syn. – Congé pour décès

congé m **de fonctions judiciaires** — *jury duty leave*
Syn. – Congé de service judiciaire

congé (délai m **)** — *dismissal notice period; notice of dismissal*

congé m **de maladie** — *sick leave*
Syn. – Congé–maladie

congé m **de mariage** — *wedding leave; marriage leave*

congé m **de maternité** — *maternity leave*
Congé prénatal; congé postnatal

congé m **de service judiciaire** — *jury duty leave*
Syn. – Congé de fonctions judiciaires

congé m **d'étude** — *educational leave*
Syn. – Congé éducation; congé éducatif

congé m **éducatif** — *educational leave*
Syn. – Congé éducation; congé d'étude ●
Régime de perfectionnement; congé sabbatique

congé m **éducation** — *educational leave*
Syn. – Congé éducatif; congé d'étude ●
Congé sabbatique

congé m **hebdomadaire** — *day off*

congé m **hebdomadaire additionnel** — *extra day off*

congé–maladie m — *sick leave*
Syn. – Congé de maladie

congé m **mobile** — *movable holiday; floating holiday; flexible leave*

congé m **non payé** — *leave /of absence/ without pay*
Syn. – Congé sans solde; congé sans salaire; congé sans paye

congé m **payé** — *paid holiday; paid leave /of absence/; leave /of absence/ with pay*
Syn. – Congé avec solde; absence rémunérée; congé rémunéré

congé payé (indemnité f **compensatrice de)** — *vacation compensation; holiday compensation; pay in lieu of holiday; compensatory pay*

congé m **postnatal** — *postnatal leave*
Congé de maternité

congé m **pour activité syndicale** — *union leave*
Absence pour fins syndicales

congé m **pour convenances personnelles** — *leave /of absence/ for personal reasons*
Syn. – Congé pour raisons de convenance

congé m **pour décès** — *funeral leave; bereavement leave*
Syn. – Congé de deuil

congé m **pour raisons de convenance** — *leave /of absence/ for personal reasons*
Syn. – Congé pour convenances personnelles

congé m **prénatal** — *prenatal leave*
Congé de maternité

congé m **réglementaire** — *statutory holiday*
Syn. – Congé statutaire

congé m **rémunéré** — *paid holiday; leave /of absence/ with pay; paid leave /of absence/*
Syn. – Congé payé; absence rémunérée; congé avec solde

congé m **sabbatique** — *sabbatical /leave/*
◦ Congé éducatif

congé m **sans paye** — *leave /of absence/ without pay*
Syn. – Congé sans solde; congé sans salaire; congé non payé

congé m **sans salaire** — *leave /of absence/ without pay*
Syn. – Congé sans solde; congé non payé; congé sans paye

congé m **sans solde** — *leave /of absence/ without pay*
Syn. – Congé sans paye; congé sans salaire; congé non payé

[**congé** m **social**] — *personal holiday*
Congé spécial

congé m **spécial** — *special leave*
Syn. – Congé de circonstance

congé m **statutaire** — *statutory holiday*
Syn. – Congé réglementaire

congé m **supplémentaire** — *extra leave*

[**congé** m **syndical**] — *union leave*
Congé pour activités syndicales

congédiement m — *dismissal; discharge; dismissal for cause*
Syn. – Renvoi ● Débauchage; licenciement; congé; mise à pied; renvoi motivé; suspension; mise en disponibilité; réintégration; réinstallation

congédiement m **abusif** — *unfair discharge*

congédiement (avis m **de)** — *notice of dismissal*

congédiement m **discriminatoire** — *discriminatory discharge*

congédiement m **motivé** — *dismissal for cause*
Renvoi motivé

congédiement m **pour activité syndicale** — *dismissal for union activity; union activity discharge*

congés mp **annuels payés** — *annual vacation with pay; annual leave*
Syn. – Vacances payées ● Année de référence pour congés payés

congés annuels (période f **des)** — *annual vacation period*

congés de maladie (crédit m **de) (c)** — *sick leave credit*

congés mp **par roulement** — *staggered vacation*
Syn. – Étalement des vacances

congés payés (année f **de référence pour)** — *reference year for vacation with pay; base year for vacation with pay*

congés payés (période f **de référence pour)** — *vacation year*

conglomérat m — *conglomerate*
Société de gestion; holding

Congrès m **canadien du travail – CCT** — *Canadian Congress of Labour – CCL*

Congrès m **des métiers et du travail du Canada – CMTC** — *Trades and Labor Congress of Canada – TLCC*

Congrès m **des organisations industrielles – COI** — *Congress of Industrial Organizations – CIO*

Congrès m **des unions nationales et du travail** — *National Trades and Labour Congress*

Congrès m **du travail du Canada – CTC** — *Canadian Labour Congress – CLC*

Congrès m **pancanadien du travail – CPCT** — *All–Canadian Congress of Labour – ACCL*

congrès m **syndical** — *union convention; union assembly; conference*

conjecture f — *conjecture*

conjoncture f — *conjuncture; situation*
Circonstances imprévisibles

connaissances (test m **de)** — *test of knowledge*

conscience (clause f **de)** — *conscience clause*

conscience f **ouvrière** — *working class consciousness*

conscience f **professionnelle** — *professional conscience*

conseil m — *advice; counsel*

conseil m — *council; board; executive /board/*
État–major; commission; comité; bureau; office; service

conseil m — *counsel; consultant; counsellor*
Syn. – Conseiller

Conseil m **canadien des relations du travail – CCRT** — *Canada Labour Relations Board – CLRB*

conseil m **central** — *local labour council*
Syn. – Conseil syndical local; conseil régional ● Conseil du travail

Conseil m **consultatif du travail et de la main–d'oeuvre – CCTM** — *Advisory Council on Labour and Manpower – ACLM*
Conseil supérieur du travail

conseil m **d'administration** — *board of directors; executive board*
Bureau

conseil m **d'arbitrage** — *council of arbitration; arbitration board*
Commission de conciliation; conseil de conciliation

conseil m **de conciliation** — *council of conciliation; conciliatory board*
Commission de conciliation; conciliateur; conseil d'arbitrage

conseil m **de direction** — *executive committee; board of directors*

conseil m **de district** — *district council*

conseil m **de gestion** — *board of directors*

conseil m **de prud'hommes** — *conseil de prud'hommes; labour court; conciliatory board*

conseil m **des métiers** — *trades council*

conseil m **des métiers de la construction** — *building trades council; construction trades council*

Conseil m **des syndicats canadiens** — *Council of Canadian Unions*

conseil m **de surveillance** — *board of trustees; vigilance committee*

Conseil m **du patronat du Québec – CPQ** — *Conseil du patronat du Québec – CPQ*

conseil m **du travail** — *local labour council*
Conseil syndical local

Conseil m **du Trésor** — *Treasury Board*

Conseil m **économique du Canada – CEC** — *Economic Council of Canada – ECC*

conseil m **en gestion** — *management consultant*

conseil m **exécutif** — *executive /board/; executive council*

Conseil m **national canadien du travail – CNCT** — *National Council of Canadian Labour – NCCL*

Conseil m **national du patronat français – CNPF** — Conseil national du patronat français – CNPF

conseil m **ouvrier** — *workers' council*

conseil m **régional** — *district council*
Syn. – Conseil central; conseil syndical local

Conseil m **supérieur du travail** — *Superior Labour Council*
Conseil consultatif du travail et de la main-d'oeuvre

conseil m **syndical local** — *local labour council*
Syn. – Conseil central ● Conseil du travail

Conseil m **Whitley** — *Whitley Council*

conseiller m — *advisor; consultant; counsellor*
Syn. – Conseil

conseiller m **de direction** — *management consultant*

conseiller m **d'orientation professionnelle** — *vocational counsellor; vocational guidance counsellor*
Orientation professionnelle

conseiller m **du travail** — *labour attaché*
Syn. – Attaché des questions du travail

conseiller m **en relations du travail** — *industrial relations consultant*
Conseiller en relations industrielles

conseiller m **en relations industrielles – CRI** — *industrial relations counsellor*
Conseiller en relations du travail

conseiller m **en relations publiques** — *public relations consultant; public relations officer – P.R.O.; P.R. man; practitioner*
Syn. – Relationniste; consultant en relations publiques

conseiller m **juridique** — *legal advisor*

conseiller m **syndical** — *union advisor*
Syn. – Conseiller technique

conseiller m **technique** — *technical advisor; union staff representative*
Syn. – Conseiller syndical ● Libéré; permanent syndical

conseillers–experts mp — *consultants*
Braintrust

consensus m — *general opinion; consensus*
Syn. – Opinion générale

considérant m — *grounds for a decision; whereas*

consommateurs (piquetage m **auprès des) (c)** — *consumer picketing*

consommation (biens mp **de)** — *consumer goods*

consommation (boycottage m **de)** — *consumer boycott*

consommation (crédit m **à la)** — *consumer credit*

consommation (habitudes fp **de)** — *consumption patterns*

consommation (société f **de)** — *consumer society*

consortium m — *consortium*

conspiration f — *conspiracy*
Collusion; coalition; compérage

conspiration (doctrine f **de la)** — *conspiracy doctrine*

constituant m — *constituent*
Syn. – Mandant; commettant

constitution f — *constitution*
Status; charte; statut

construction (Association f **canadienne de la) ACC** — *Canadian Construction Association – CCA*

construction (conseil m **des métiers de la)** — *building trades council; construction trades council*

construction (métiers mp **de la)** — *building trades*

consultant m **en relations publiques** — *public relations officer – P.R.O.; public relations consultant*
Syn. – Conseiller en relations publiques; relationniste

consultation f — *consultation*
Conseil

consultation (participation f **de)** — *participation through consultation*

consultations fp **paritaires** — *joint consultation*

contentieux m — *legal department; disputed claims office; disputed claims department*
Syn. – Service juridique

contenu m **de la convention** — *content of agreement*

contenu m **d'un emploi** — *job content*

contexture f — *layout*
Syn. – Implantation d'une usine; disposition d'une usine; implantation ● Localisation industrielle; rationalisation du travail

contingentement m — *quota*
Syn. – Quota

continu (travail m **en)** — *continuous production; continuous operations; seven–day operation; non–stop process; continuous process*

continue (industrie f **à production)** — *continuous process industry; continuous operations industry; non–interruptible industry*

[**contracteur** m] — *contractor; entrepreneur*
Entrepreneur

contraction f **d'emplois** — *reduction in jobs; staff reduction*
Compression du personnel; réduction du personnel; réduction des effectifs

contractuel m — *contract employee*

contrainte f — *constraint*
Syn. – Coercition ● Intimidation

contrat m — *contract*
Accord; entente; convention; arrangement; accommodement; concession; compromis; modus vivendi; composition; convention collective; transaction; cote mal taillée

contrat m **à forfait** — *contract at agreed price; contracting–out; fixed–price contract*
Syn. – Travail à forfait; travail sous contrat ● Contrat d'entreprise

contrat (amende f **pour rupture de)** — *fine for breach of contract*

contrat (amende f **pour violation de)** — *fine for violation of contract*

contrat (annulation f **de)** — *cancellation of contract; withdrawal of agreement*

contrat m **bidon** — *sweetheart agreement*
Accord de compérage

contrat m **collectif /de travail/** — *collective /labour/ agreement*
Syn. – Convention collective ● Contrat de louage de services; contrat de travail

contrat m **d'adhésion** — *standard terms agreement; contract of adherence*

contrat m **d'apprentissage** — *indentured apprenticeship; contract of apprenticeship; training agreement; indenture*

contrat m **d'association** — *partnership agreement*
Syn. – Contrat de société

contrat m **d'assurance** — *insurance contract*

contrat m **de brevet** — *patent agreement*

contrat m **de complaisance** — *sweetheart agreement*

contrat m **de jaune** — *yellow–dog contract*
Syn. – Le document

contrat m **de louage de services** — *lease of personal service; hire of personal service; rental of services*
Syn. – Contrat de travail ● Contrat collectif de travail

contrat m **de mandat** — *contract of mandate*

contrat m **d'embauchage** — *hiring contract; employment contract*
Syn. – Contrat d'engagement

contrat m **d'engagement** — *hiring contract; employment contract*
Syn. – Contrat d'embauchage ● Contrat de travail

contrat m **d'entreprise** — *job contract; contract of enterprise*
Contrat à forfait; travail sur contrat

contrat m **de société** — *company agreement*
Syn. – Contrat d'association

contrat m **de travail** — *contract of service; contract of employment*
Syn. – Contrat de louage de services ● Contrat d'engagement

contrat m **de travail à l'heure** — *hourly–rate contract; time–work contract*

contrat m **écrit** — *written contract*
Syn. – Accord écrit ● Mémoire d'entente; lettre d'entente; lettre d'intention

contrat m **en blanc** — *blank /cheque/ contract*

contrat m **en régie intéressée** — *cost–plus contract*

contrat m **illicite** — *bootleg contract*
Syn. – Accord en cachette; entente clandestine

contrat (manquement m **au)** — *breach of contract; violation of contract*

contrat m **ouvert** — *live document; open–end contract*
Syn. – Convention collective ouverte

contrat (rupture f **de)** — *breach of contract*

contrat (travail m **sous)** — *contract labour*

contrat m **verbal** — *oral contract; verbal contract*
Syn. – Accord verbal ● Entente officieuse; protocole; *gentleman's agreement;* accord de principe

contrat (violation f **de)** — *breach of contract; breach of agreement*

[contre–grève f **(c)]** — *lock–out*
Lock–out

contremaître m — *foreman; supervisor; /first/ line supervisor*
Syn. – Agent de maîtrise; chef d'équipe; chef d'atelier; superviseur; surintendant; maîtrise; cadre; patron ● Cadres inférieurs; cadres subalternes; cadres moyens

contremaître m **(assistant–)** --- *straw boss; sub–foreman; assistant foreman*

contremaître m **(sous–)** — *straw boss; sub–foreman; assistant foreman*

contre–piquetage m **(c)** — *cross picketing*

contre–preuve f — *rebuttal /testimony/; rebuttal /evidence/*

contre–proposition f — *counter–proposal*
Proposition

contribuable m — *taxpayer*

contribution f — *dues; contribution; premium*
Syn. – Cotisation ● Capitation; cotisations syndicales ordinaires

[contribution f **per capita]** — *per capita assessment; per capita tax*
Capitation

contribution f **syndicale spéciale** — *special assessment*
Syn. – Cotisation spéciale ● Prélèvement

contributions fp **syndicales (c)** — *union dues*
Syn. – Cotisations syndicales ● Retenue syndicale; précompte syndical

contrôle m — *control; check*
Vérification

contrôle m **de gestion** — *managerial control; management audit; budgetary control*

contrôle m **de la production** — *production control*
Syn. – Régulation de la production; surveillance de la production; gestion de la production

contrôle m **de la qualité** — *quality control – QC*
Inspection du travail; système d'inspection du travail

contrôle m **des opérations** — *operations audit*

contrôle m **des salaires et des prix** — *wage and price control*

contrôle (feuille f **de)** — *check–list*

contrôle (liste f **de)** — *check–list*

contrôle m **ouvrier** — *worker control*
Participation de contrôle

contrôle m **quantitatif de la main–d'oeuvre** — *quantitative control of manpower*

contrôle (questionnaire m **de)** — *check–list*

convenances personnelles (congé m **pour)** — *leave /of absence/ for personal reasons*

convention f — *agreement*
Accord; contrat; convention collective; entente; arrangement; compromis; composition; modus vivendi; accommodement; concession; transaction

convention f **(c)** — *convention*

[**convention** f **(c)**] — *convention*
Congrès syndical

convention (abrogation f **de)** — *abrogation of agreement*

convention (champ m **d'application de la)** — *agreement coverage; scope of agreement*

convention f **collective** — *collective agreement*
Syn. – Contrat collectif de travail ● Convention; contrat

convention collective (administration f **de la)** — *administration of agreement*

convention f **collective alléchante (c)** — *honeymoon contract*

convention collective (application f **de la)** — *administration of agreement; implementation of agreement*

convention f **collective cadre** — *master agreement*
Syn. – Convention collective de base

convention f **collective de base** — *master agreement*
Syn. – Convention collective cadre

convention collective (dépôt m **de la)** — *filing of the agreement*

convention f **collective étendue** — *extensioned collective agreement; decree*

convention collective (extension f **de la)** — *extension of an agreement*

[**convention** f **collective extensionnée (c)**] — *extended collective agreement; decree*
Convention collective étendue

convention f **collective générale** — *general agreement*
Négociation multipartite

convention collective (Loi f **des décrets de)** — *Collective Agreement Decrees Act*

convention f **collective modèle** — *model agreement; standard agreement*

convention f **collective ouverte** — *live document; open–end contract*
Syn. – Contrat ouvert ● Négociation continue; clause de réouverture

convention f **collective par branche** — *industry–wide agreement*

convention f **collective particulière** — *single–plant agreement*
Syn. – Accord d'établissement; accord d'usine

convention collective (transfert m **de)** — *assignment of contract*

convention f **collective type** — *pattern agreement*

convention (contenu m **de la)** — *content of agreement*

convention f **de base** — *master agreement*
Syn. – Convention collective de base; convention collective cadre

convention (dénonciation f **de)** — *notice of termination of agreement*

convention (durée f **de la)** — *duration of the agreement; term of the agreement; life of the agreement*

convention f **internationale du travail** — *international labour convention*

[**convention** f **maîtresse (c)**] — *master agreement*
Convention collective cadre

convention (projet m **de)** — *draft agreement; proposed agreement*

convention (prolongation f **de la)** — *extension of the agreement*

conversion f **industrielle** — *industrial conversion*
Reconversion industrielle; suppression d'emploi; mutation; changement technologique

convocation f — */notice of/ convocation; notice of meeting; call*
Avis; notification

coopération f — *co–operation*

coopération f **patronale–syndicale** — *labour–management cooperation*
Relations humaines

coopérative f — *co–operative; co–op*

co-operative wage study – CWS — *co-operative wage study – CWS*

cooptation f — *co–optation; co–option*
Élection; nomination

copie f **authentique** — *certified copy*
Syn. – Copie certifiée conforme

copie f **certifiée conforme** — *certified copy; certified true copy*
Syn. – Copie authentique ● Vidimus

copie f **conforme** — *true copy*

corporation f **(c)** — *corporation*
Compagnie; société anonyme; entreprise; firme

Corporation f **des conseillers en relations industrielles du Québec (la)** — *the Professional Corporation of Industrial Relations Counsellors of Québec*

Corporation f **des enseignants du Québec – CEQ** — *Québec Teachers' Corporation*
Centrale de l'enseignement du Québec – CEQ

corporation f **professionnelle** — *professional association*
Ordre professionnel; chambre professionnelle; guilde

corporatisme m — *corporatism*

corps m **de métier** — *trade association; craft; skilled trade*
Association professionnelle

corps m **intermédiaire** — *intermediary body; interest group; voluntary association; intermediate group*
Intermédiaire; groupe d'intérêt; groupe intermédiaire

correction du taux des cotisations (indice m **de)** — *contributory rate correction index*

corruption f — *bribery; corruption*

corruption f **électorale** — *electoral corruption*

cote f **mal taillée** — *rough and ready compromise*
Compromis

coter moyennement (tendance f **à)** — *tendency to rate on the average*

coter sévèrement (tendance f **à)** — *tendency to rate hard*

cotisant m — *subscriber; dues–paying member*
Assuré cotisant

cotisation f — *fee; subscription; dues; contribution*
Syn. – Contribution ● Cotisations syndicales ordinaires; capitation

cotisation f **spéciale** — *assessment; special assessment*
Syn. – Contribution syndicale spéciale ● Prélèvement

cotisations (assurance f **à)** — *contributory insurance; participatory insurance; shared–cost insurance*

cotisations (indice m **de correction du taux des)** — *contributory rate correction index*

cotisations (retenue f **obligatoire des)** — *compulsory check–off; automatic check–off*

cotisations fp **syndicales** — *union dues*
Syn. – Contributions syndicales ● Retenue syndicale; précompte syndical; droits d'adhésion

cotisations fp **syndicales ordinaires** — *regular union dues; union levy*

cotisations syndicales (retenue f **des)** — *union check–off*

coupure f **de salaire** — *wage cut; docking*
Syn. – Baisse de salaire

courbe f **d'augmentation de salaire** — *salary progression curve*

courbe f **de Phillips** — *Phillips' curve*

courbe f **de salaire** — *wage curve*

cours mp **de perfectionnement** — *upgrading course; further training*
Recyclage; formation

coût m — *cost*

coût m **de fabrication** — *manufacturing cost*
Coût de production; coût d'un produit

coût m **de la main–d'oeuvre** — *labour cost*
Syn. – Coût des salaires; coût du travail

coût m **de la vie** — *cost of living*

coût de la vie (indice m **du)** — *cost of living index*

coût m **de production** — *production cost*
Prix de revient; coût de fabrication; coût d'un produit; prix coûtant

[coût m **de revient]** — *cost price; production cost*
Prix de revient

coût des facteurs (revenu m **national net au)** — *net national income at factor cost*

coût m **des salaires** — *wage bill*
Syn. – Coût de la main–d'oeuvre; coût du travail

coût m **d'un produit** — *cost of a product*
Coût de production; coût de fabrication

coût m **du travail (c)** — *labour cost*
Syn. – Coût de la main–d'oeuvre; coût des salaires ● Charge salariale; masse salariale

[coût m **monétaire]** — *monetary cost*
Coût pécuniaire

coût m **normalisé** — *standard cost*
Syn. – Coût standard

coût m **pécuniaire** — *monetary cost*

coût m **réel** — *real cost*

coût m **(salaire–)** — *wage–cost*

coût m **social** — *social cost*

coût m **standard** — *standard cost*
Syn. – Coût normalisé

coût m **variable** — *variable cost*

coûts–avantages (analyse f **)** — *cost–benefit analysis*

coûts mp **constants** — *fixed costs; overhead charges*
Syn. – Frais généraux; coûts fixes

coûts mp **fixes** — *fixed costs; overhead charges*
Syn. – Frais généraux; coûts constants

coûts mp **indirects** — *indirect costs*

coûts (inflation f **par les)** — *cost–push inflation*

coûts mp **marginaux** — *marginal costs*

coutume f — *practice; custom; use; usage*
Syn. – Usage; pratique

couvert (vivre m **et)** — *room and board*

créance (comité m **des lettres de)** — *credentials committee*

créance f **de congés de maladie** — *sick leave credit*
Syn. – Crédits de congés de maladie; réserve de congés de maladie; banque de congés de maladie

créance (lettre f **de)** — *credentials; letter of credence*

crédit m — *credit*

crédit m **à la consommation** — *consumer credit*

crédit (caisse f **d'épargne et de)** — *credit union*

crédits mp **de congés de maladie (c)** — *sick leave credit*
Syn. – Banque de congés de maladie; réserve de congés de maladie; créance de congés de maladie

crédits mp **de service (c)** — *service credit*
Années de service; années d'expérience; ancienneté; aire d'ancienneté; ancienneté professionnelle

crédits mp **de service passé (c)** — *past–service credit; past–service benefits*

créneau m **des salaires** — *wage bracket*
Syn. – Catégorie des salaires; fourchette des salaires; palier des salaires; groupe des salaires

creuset m **à idées** — *brainstorming*
Syn. – *Brainstorming*; remue–méninges; conférence–choc; conférence d'idées

crise f **économique** — *economic crisis; depression*
Récession; dépression; régression; cycle économique; inflation

critère m — *criterion*

critère m **d'appréciation** — *yardstick*

croissance f **économique** — *economic growth*

cul–de–sac m — *dead–end job; terminal job*
Syn. – Poste sans avenir; poste sans issue

cumul m **d'emplois** — *multiple job-holding*
Travail noir; jobine; double occupation; à–côté

cumul m **des recours** — *multiple remedies; multiple grievance procedures; cumulation of recourse; general grievance*
Syn. – Grief général

curriculum vitae m — *curriculum vitae; résumé*
Profil de carrière; profil de poste; description de carrière

cybernétique f — *cybernetics*
Rétroaction; auto–régulation

cycle m **d'alternance** — *rotating shift pattern*

Syn. – Grille de roulement ● Quart rotatif

cycle m **de travail** — *work cycle*

cycle de travail (déséquilibre m **du)** — *machine interference*

cycle m **économique** — *economic cycle; business cycle; trade cycle*

Crise économique; régression; récession; inflation

D

date f **d'admissibilité** — *date of eligibility; admissibility date*

date f **d'échéance** — *expiry date; expiration date*
Syn. – Date d'expiration; échéance

date f **d'entrée en service** — *first date of service*
Entrée en service; entrée en fonction

date f **d'expiration** — *expiry date; expiration date*
Syn. – Date d'échéance

date f **limite** — *closing date; deadline*
Échéance; terme; expiration

débauchage m — *layoff; discharge*
Syn. – Licenciement ● Congédiement; congé; mise à pied; suspension; renvoi; mise en disponibilité

débours mp — *disbursement; expenditure*

déboursement m — *disbursement; expenditure*

débrayage m — *walkout; work stoppage; strike*
Grève; arrêt de travail; cessation de travail

débutant m — *beginner; learner*
Travailleur à l'entraînement

débutant m **(compagnon–) (c)** — *beginner journeyman; inexperienced journeyman; junior journeyman*

décalage m — *lag response*
Période d'attente

décentralisation f — *decentralization*
Déconcentration

décès (congé m **pour)** — *funeral leave; bereavement leave*

décès (fonds m **de)** — *death benefit fund*

décès f **(prestation–)** — *death benefit; life insurance*

décideur m — *decision–maker*

décision f — *decision*
Sentence; jugement; arrêt; ordonnance; rapport; mémoire

décision f — *award*

décision (centre m **de)** — *locus of decision–making; decision–making center*

[**décision** f **intérimaire**] — *interim decision; interim award*
Décision partielle; décision provisoire

décision f **interlocutoire** — *interlocutory decision; interlocutory award*

décision f **motivée** — *founded decision*

décision (niveau m **de)** — *decision–making level*

décision (participation f **à la)** — *participation in decision–making; share in decision–making*

décision f **partielle** — *decision in part; award in part; partial award*
Syn. – Sentence partielle

décision (prise f **de)** — *decision–making*

décision f **provisoire** — *provisional decision; provisional award; interim award*

déclaration f — *statement*
Manifeste; proclamation; promulgation

[**déclaration** f **assermentée**] — *affidavit; sworn statement*
Déclaration sous serment

déclaration f **d'accident du travail** — *work accident notification*

déclaration f **de candidature** — *announcement of candidacy*

Déclaration f **de Philadelphie** — *Philadelphia Declaration*
Conférence internationale du travail

déclaration f **de principes** — *statement of principles; declaration of principle; manifesto*

déclaration f **sommaire de culpabilité** — *summary conviction*

déclaration f **sous serment** — *affidavit; sworn statement; statement under oath*

déclassement m **professionnel** — *down–grading*
Rétrogradation; mutation; permutation; promotion; avancement

décomposition f **des tâches** — *operations breakdown*

décomposition f **d'un emploi** — *job breakdown*

décompte m **syndical** — *union check-off*

Retenue des cotisations syndicales; précompte syndical; présyngob

déconcentration f — *devolution*

Décentralisation

décorum m — *decorum*

décret m — *decree; order; order-in-council*

Extension juridique; Loi des décrets de convention collective

décret (abrogation f **de)** — *abrogation of decree*

décrets de convention collective (Loi f **des)** — *Collective Agreement Decrees Act*

défendeur m, **défenderesse** f — *defendant*

Demandeur

défense f — *defence*

défense professionnelle (fonds m **de)** — *strike fund*

défenseur m — *counsel for the defence; counsel for the defendant*

définition f **de fonction** — *job description*

Syn. – Description d'emploi; description d'un poste de travail

définition f **d'emplois** — *job specifications*

Syn. – Spécification d'un emploi

déflation f — *deflation*

déformation f **professionnelle** — *professional bias*

degré m **d'automatisation** — *degree of automation*

degré m **de représentativité** — *degree of representativeness*

délai m — *delay; limitation period; respite*

délai m **congé** — *dismissal notice period; notice of dismissal*

délai m **d'appel** — *call time*

[**délai** m **d'attente**] — *waiting period*

Période d'attente

délai m **de carence** — *waiting period*

délai m **de grève** — *strike delay; strike deadline*

Avis de grève

délai m **de préavis** — *dismissal notice period*

Avis de congédiement

délai (indemnité f **de)** — *delay compensation*

Préavis; avis de départ

délateur m — *stool pigeon; informer*

Mouchard; indicateur

délégation f **de pouvoirs** — *delegation of powers*

Mandat

délégué m — *delegate; accredited representative*

délégué m **d'atelier** — *shop steward; departmental steward*

Syn. – Délégué syndical

délégué m **de chantier** — *job-site steward*

délégué m **du personnel** — *shop steward*

délégué m **fraternel** — *fraternal delegate*

délégué m **syndical** — *union steward; union representative; shop steward*

Syn. – Délégué d'atelier ● Permanent syndical; agent d'affaires syndical; représentant syndical; dirigeant syndical; libéré; militant syndical; fonctionnaire syndical

délégué m **syndical de département** — *department shop steward*

délibéré m — *in-camera sitting; private deliberation*

Sentence; jugement; décision; arrêt; ordonnance; à huis clos

délibéré (en) — *under advisement*

demande f — *demand; petition; request; claim*

Requête; revendication; exigences

demande f **d'accréditation syndicale (c)** — *application for union certification*

Syn. – Requête en accréditation ● Accréditation syndicale

demande f **d'emploi** — *application for employment*

demande d'emploi (formulaire m **de)** — *employment application blank; employment application form*

demande d'emploi (formule f **de)** — *employment application blank; employment application form*

demande f **de reconnaissance syndicale** — *application for union recognition*

demande f **de travail** — *labour demand; demand for labour*

demande (inflation f **par la)** — *demand–pull inflation*

demandeur m — *petitioner; plaintiff*
Défendeur

demandeur m **d'emploi** — *job applicant*
Syn. – Postulant

démarcation (paiement m **à la)** — *portal–to–portal pay*

démarcation (salaire m **à la)** — *portal–to–portal pay*

démarche f **collective** — *joint representation*

déménagement (indemnité f **de)** — *moving allowance*

démission f — *resignation; quit; voluntary termination of employment*
Syn. – Départ volontaire; abandon volontaire d'emploi

démission f **forcée** — *forced resignation; imposed resignation*

démission f **implicite** — *unofficial resignation; informal resignation*

démocratie f **industrielle** — *industrial democracy*

démocratie f **syndicale** — *union democracy; trade–union democracy*

démosubvention f **(néol.)** — *demo-grant*
Syn. – Prestations universelles; régime d'assistance sociale universelle

[*démotion* f] — *demotion*
Rétrogradation

dénombrement m **des effectifs** — *manpower survey; personnel survey; membership survey*
Syn. – Relevé des effectifs

dénonciation f **d'accord** — *cancellation of agreement*
Annulation d'accord

dénonciation f **de convention** — *notice of termination of agreement*

déontologie f — *deontology; code of ethical practice*
Code d'éthique professionnelle; éthique sociale

déontologie (code m **de)** — *ethical practices code*

départ (avis m **de)** — *separation notice*

départ (entrevue f **de)** — *separation interview*

départ (indemnité f **de)** — *severance pay*

départ m **volontaire** — *voluntary separation; resignation; quit; voluntary termination of employment*
Syn. – Démission; abandon volontaire d'emploi

département m — *department; branch; service*
Service; bureau; division; direction; direction générale; section

département (ancienneté f **de)** — *departmental seniority*

département (délégué m **syndical de)** — *department shop steward*

département (unité f **de négociation par)** — *department /bargaining/ unit*

départs mp **naturels** — *attrition*
Syn. – Réduction naturelle des effectifs; usure des effectifs; érosion des effectifs

départs (taux m **de)** — *separation rate*

dépendance f — *dependence*

dépense f — *expense; disbursement*

dépense f **nationale brute – DNB** — *gross national expenditure – GNE*

[**dépenses** fp] — *expenses*
Frais

déplacement m — *transfer; displacement*
Mutation; promotion; rétrogradation; supplantation; permutation; reconversion industrielle; avancement; mise en disponibilité; évincement

déplacement (allocation f **de)** — *travel allowance; transportation allowance; deadheading allowance*

déplacement m **temporaire** — *temporary transfer*

dépôt m **de garantie de salaire** — *payment bond; salary guarantee deposit*

dépôt m **de la convention collective** — *filing of the agreement*
Entrée en vigueur

dépôt et de placement (Caisse f **de)** — *Deposit and Investment Fund*

dépôt m **volontaire du salaire —** *voluntary deposit of wages*

dépouillement m **du scrutin —** *counting of the votes; ballot count*
Syn. – Recensement des suffrages

dépréciation f *— depreciation*
Syn. – Moins–value

[dépréciation f **] —** *depreciation*
Amortissement

dépression f *— depression; slumps through /of the cycle/*
Crise économique

dépression f **économique —** *economic crisis; recession; depression*
Syn. – Crise économique; dépression

dérogation f *— non–compliance*
Infraction

désaccord m *— disagreement*
Mésentente; conflit; litige; dispute; différend

désaccord (avis m **de) —** *notification of disagreement*

désaccord (notification f **de) —** *notification of disagreement*

[désaccréditation f **] —** *decertification*
Révocation d'accréditation syndicale; retrait d'accréditation

désaffiliation f **(c) —** *disaffiliation*

désaisonnalisation f *— seasonal adjustment*

description f **de carrière —** *career monograph*
Profil de poste; profil de carrière; curriculum vitae

description f **d'emploi —** *job description*
Syn. – Description d'un poste de travail; définition de fonction

description f **d'un poste de travail —** *job description*
Syn. – Description d'emploi; définition de fonction

déséconomie f **d'échelle —** *diseconomy of scale*

désengagement m *— withdrawal; opting out*
Syn. – Option de retrait; retrait facultatif ● Clause d'échappatoire

déséquilibre m **du cycle de travail —** *machine interference*

déserteur m *— drop–out*
Syn. – Laissé–pour–compte; lâcheur; *drop-out;* sortant

désétatisation f *— denationalization; return to private ownership*
Syn. – Privatisation

désistement m *— waiver; desistance; withdrawal*
Syn. – Retrait de candidature

désorganisation f **du marché du travail —** *manpower dislocation*

destitution f *— discharge; dismissal; firing; forced resignation*
Licenciement; congédiement; mise à pied; suspension; renvoi; débauchage; mise en disponibilité; révocation

désuétude f *— obsolescence*
Obsolescence; usure technologique

désyndicalisation f *— deunionization*

détermination f **de l'ordre des départs /en congé/ —** *scheduling of annual leave*

[détermination f **des salaires] —** *wage setting; wage determination*
Fixation des salaires

Deuxième Internationale f *— Second International*
Syn. – Internationale de Bruxelles

Deuxième Internationale et demie f *— Two–and–one–half International*

dévaluation f *— devaluation*

développement m **de carrière —** *career path*

déviance f *— deviance*

devis m *— blueprint; specification /s/*
Cahier des charges

dévolution f *— vesting*

dextérité f *— skill; craftsmanship; dexterity*
Aptitude; habileté

diagnostic m **d'évaluation de gestion** *— management audit*

diagramme m *— diagram; chart*
Graphique

diagramme m **à ficelle —** *string diagram*

diagramme m **de cheminement —** *flow chart; flow diagram*

Dictionnaire m **des appellations d'emploi** — *Dictionary of Occupational Titles – DOT*

différence f **de salaire** — *wage differential*
Syn. – Éventail des salaires ● Disparité de salaire

différences fp **nominales** — *paper differences; nominal differences*

différend m — *dispute; difference; labour dispute*
Dispute; conflit; grief; plainte; mésentente; litige; accusation; poursuite; désaccord

différend m **du travail** — *industrial dispute; industrial conflict; labour dispute*
Syn. – Conflit du travail

[**différentiel** m **de salaire**] — *wage differential*
Différence de salaire; éventail des salaires

dimanche (Loi f **sur le)** — *Lord's Day Act*

dimanche (prime f **du)** — *Sunday bonus*

diminution f **de production** — *production cutback; reduction of level of production*
Syn. – Réduction de production

diminution f **d'horaire** — *reduction of hours*
Syn. – Réduction d'horaire

diminution f **du taux de salaire** — */wage/ rate cutting; wage /rate/ decrease; rate cutback*
Syn. – Réduction du taux de salaire

directeur m — *manager; director*
Gérant; administrateur

directeur m **adjoint** — *deputy manager; assistant director*

directeur m **administratif** — *administrative manager*

directeur m **de fabrication** — *production director*

directeur m **de formation** — *training officer*

directeur m **de l'embauchage** — *employment manager*

directeur m **de production** — *production manager*

directeur m **des services administratifs** — *administrative manager*

directeur m **de succursale** — *branch manager*

directeur m **des succursales** — *branch plants manager*

directeur m **du matériel** — *equipment manager*

directeur m **du personnel** — *personnel manager; personnel director; staff manager*
Syn. – Chef du personnel

directeur m **d'usine** — *plant manager; works manager; factory manager*
Syn. – Gérant d'atelier; gérant d'établissement

directeur m **général** — *general manager*

directeur général (président m **) PDG** — *president and chief executive officer; chairman and managing director*

directeur m **hiérarchique** — *line manager*

directeur m **régional** — *regional director*

directeur m **technique** — *technical manager; works manager*

direction f — *management; administration; leadership*
Administration; gestion; management; division; département; section

direction (conseil m **de)** — *executive committee; board of directors*

direction (conseiller m **de)** — *management consultant*

direction (droits mp **de la)** — *management rights; management prerogatives*

direction f **du personnel** — *personnel management; staff management; personnel department*
Syn. – Gestion du personnel

direction f **générale** — *branch; division; general directorate*
Division; département; section

Direction f **générale de la main-d'oeuvre – DGMO** — *Manpower Branch Office– MBO*
Centre de main–d'oeuvre

direction f **multiple** — *multiple management*
Syn. – Direction polyvalente

direction f **par objectifs – DPO** — *management by objectives – MBO*
Syn. – Gestion prévisionnelle; gestion par objectifs

direction f **par programmes** — *programmed management*

direction f **participative** — *participative management*

direction (personnel m **de)** — *managerial personnel*

direction (philosophie f **de la)** — *management philosophy*

direction f **polyvalente** — *multiple management; multi–management; participative management*
Syn. – Gestion multiple; gestion collégiale; gestion intéressée; direction multiple

direction f **systématisée** — *systems management*

direction (technique f **de)** — *management technique*

direction (travail m **de)** — *managerial work*

directives fp **salaire–prix** — *wage–price guidelines*
Balises; lignes directrices; indicateurs des prix et des salaires; normes

dirigeant m — *executive; manager; director*

dirigeant m **d'entreprise** — *manager*
Syn. – Chef d'entreprise ● Président directeur général; président de compagnie; gérant; directeur

dirigeant m **opérationnel** — *line executive*

dirigeant m **propriétaire** — *owner-manager*

dirigeant m **syndical** — *union leader; labour leader; union officer*
Délégué syndical; permanent syndical; représentant syndical; agent d'affaires syndical; libéré; délégué d'atelier; agent syndical; membre du bureau syndical; responsable syndical

dirigeants d'entreprise français (Centre m **chrétien des patrons et) CFPC** — *Centre chrétien des patrons et dirigeants d'entreprise français – CFPC*

dirigisme m — *coercive economic planning; directed planning; planned economy*
Planification; économie concertée

disciplinaire (faute f **)** — *punishable offence; breach of discipline*

discipline f — *discipline*

discontinue (industrie f **à production)** — *non–continuous operations industry; interruptable industry*

discrimination f — *discrimination*
Syn. – Distinctions injustes ● Favoritisme; népotisme; liste noire; Loi canadienne sur les juste méthodes d'emploi

discrimination f **dans l'emploi** — *employment discrimination; hiring discrimination*
Liste noire

dislocation f **d'emploi** — *job dislocation*
Suppression d'emploi

disparité f **de salaire** — *wage disparity*
Différence de salaire; éventail des salaires

disparité f **géographique de salaire** — *geographical wage disparity*
Syn. – Disparité régionale de salaire

disparité f **interindustrielle de salaire** — *interindustrial wage disparity*

disparité f **régionale de salaire** — *regional wage disparity*
Syn. – Disparité géographique de salaire

disponibilité (/être/ en) — *stand–by /duty/*
Syn. – Être de garde; être de piquet; être en disponibilité; assurer la permanence; être de faction

disponibilité (indemnité f **de)** — *on–call premium*

disponibilité (mise f **en)** — *layoff*

disponibilité (période f **de)** — *stand-by duty period*

disponibilité (prime f **de)** — *on–call premium*

dispositif m — *term of a decision; disposition*

disposition f — *provision; clause; stipulation*
Article; clause; stipulation

disposition f **d'une usine** — *plant layout*

Syn. – Implantation d'une usine; contexture ● Localisation industrielle

disposition f **restrictive** — *proviso*

[dispute f **]** — *dispute*

Différend

dissidence f — *dissidence; dissent; minority decision; minority view*

dissolution f — *dissolution*

distinctions fp **injustes** — *discrimination*

Syn. – Discrimination

distribution f **du travail** — *work allocation*

Syn. – Partage du travail ● Attribution d'un travail; affectation; étalement du travail; répartition du travail

distribution du travail (conflit m **de)** — *work assignment dispute; borderline dispute*

distribution f **du travail disponible** — *allocation of available work; work–sharing practice*

district (conseil m **de)** — *district council*

dividende m — *dividend*

Divini Redemptoris — *Divini Redemptoris*

division f — *division; department; branch*

Département; section; direction; direction générale; service

division f **du travail** — *division of labour*

division f **internationale du travail** — *international division of labour*

doctrine f — *doctrine*

Idéologie; système; théorie; plan; régime

doctrine f **de la conspiration** — *conspiracy doctrine*

doctrine f **des droits rémanents** — *residual rights doctrine*

Droits résiduaires

doctrine f **Globe** — *Globe doctrine*

Unité de négociation

doctrine f **volontariste** — *voluntarist doctrine*

Syn. – Volontarisme ● Gompérisme

document m — *document*

document m **(le)** — *yellow-dog contract*

Syn. – Contrat de jaune

document m **à circulation limitée** — *restricted document; classified document*

Syn. – Document réservé; document à diffusion restreinte ● Document confidentiel

document m **à diffusion restreinte** — *classified document; restricted document*

Syn. – Document à circulation limitée; document réservé

document m **communicable** — *available document; unclassified document*

document m **confidentiel** — *confidential document*

Document réservé; document à circulation limitée

document m **intérieur** — *internal paper; document for internal use*

document m **officiel** — *official document*

document m **provisoire** — *draft*

Avant–projet

document m **réservé** — *restricted document; classified document*

Syn. – Document à circulation limitée; document à diffusion restreinte ● Document confidentiel

domaine m **d'attributions** — *jurisdiction*

domestique m — *servant; domestic; housekeeping personnel*

Syn. – Gens de maison

domicile (travail m **industriel à)** — *industrial homework; work at home*

domination f — *domination*

Syndicat maison

dommage m — *damages*

dommages et intérêts mp — *damages; legal damages; damages with interest*

dommages (mitigation f **des)** — *mitigation of damages*

dommages (réduction f **des)** — *mitigation of damages*

données (banque f **de)** — *data bank; computer bank*

dossier m **de négociation** — *negotiation brief; bargaining records*

dossier m **du personnel** — *personnel records; personnel files; employee records*
Fichier du personnel; fiche de service

dotation f **en personnel** — *staffing; manning*

double allégeance f — *dual loyalty*
Syn. – Loyauté multiple

double emploi m — *plurality of office; dual jobholding; moonlighting*
Syn. – Double occupation ● Travail noir; revenu d'appoint

[double fidélité f **]** — *dual loyalty*
Double allégeance

double occupation f — *dual jobholding; moonlighting*
Syn. – Double emploi ● Travail noir; cumul d'emplois; jobine; à–côté

droit m — *law; rights; fee*

droit m **administratif** — *administrative law*

droit m **au tableau d'affichage** — *posting privileges; bulletin board privileges*

droit m **au travail** — *right to work*

droit m **d'ancienneté** — *seniority right*
Liste d'ancienneté

droit m **d'association** — *freedom of association; right of association; right to organize*
Liberté syndicale

droit m **de grève** — *right to strike*

droit m **d'entrée** — *initiation fees*
Syn. – Droits d'adhésion

droit m **de rappel** — *recall rights*

droit m **d'ester en justice** — *right to go to law; right to take to court*

droit m **disciplinaire** — *disciplinary law*

droit m **du travail** — *labour legislation; labour law*
Législation du travail

droit m **exclusif de négociation** — *exclusive bargaining rights*

droit m **syndical** — *trade union legislation*

droits mp — *royalties*

droits (abus m **de)** — *abuse of rights; abuse of privileges; misuse of law; breach of law*
Syn. – Royautés; redevance ● Droits d'auteur

droits mp **acquis** — *vested rights; acquired rights*
Droits de la direction; droits résiduaires

droits (conflit m **de)** — *rights dispute; legal dispute; dispute over contract interpretation*

droits mp **d'adhésion** — *initiation fees*
Syn. – Droit d'entrée ● Contribution; cotisation

droits mp **d'auteur** — *copyright*
Droits

[droits mp **de gérance]** — *management rights*
Droits de la direction

droits mp **de la direction** — *management rights; management prerogatives*
Syn. – Attributions patronales; prérogative patronale ● Droits acquis; droits résiduaires

droits mp **rémanents** — *residual rights*
Syn. – Droits résiduaires; droits résiduels; compétence résiduelle

droits rémanents (doctrine f **des)** — *residual rights doctrine*

droits mp **résiduaires** — *residual rights*
Syn. – Droits rémanents; droits résiduels; compétence résiduelle ● Droits acquis; droits de la direction; doctrine des droits rémanents

droits mp **résiduels** — *residual rights*
Syn. – Droits résiduaires; droits rémanents; compétence résiduelle

drop–out m — *drop-out*
Syn. – Lâcheur; laissé–pour–compte; sortant; déserteur ● Taux d'abandon

dumping m — *dumping*

duopole m — *duopoly*
Monopole; oligopole; cartel

durée f **de la convention** — *duration of the agreement; term of the agreement; life of the agreement*

durée f **de l'affichage** — *period of posting*

durée f **du mandat** — *term of office*

durée f **du travail** — *work period; hours of work*

Quart de travail

durée f **en journées individuelles** — *duration in man–days*

Syn. – Durée en jours–homme

durée f **en jours–homme** — *duration in man–days*

Syn. – Durée en journées individuelles

durée f **hebdomadaire du travail** — *workweek*

Syn. – Semaine de travail

durée f **normale du travail** — *regular work period; standard work period; normal work period*

dynamique f **de groupe** — *group dynamics*

E

écart m   — *variance; divergence; gap*

échange m **d'information** — *information exchange*

échantillon m   — *sample*

échantillonnage m   — *sampling*
Enquête–surprise; sondage; enquête; investigation

échappatoire (clause f **d')** — *escape clause*

échappatoire (période f **d')** — *escape period; open season*

échéance f   — *deadline; due date; expiry date*
Syn. – Expiration; date d'échéance ● Date limite; terme

échéance (date f **d')** — *expiry date; expiration date*

échéance (plan m **à longue)** — *forward planning*

échéancier m   — *calendar; schedule*
Syn. – Calendrier d'exécution ● Calendrier de négociation

échelle f **de rémunération** — *salary scale*
Syn. – Grille de rémunération; tarif de rémunération

échelle (déséconomie f **d')** — *diseconomy of scale*

échelle f **des salaires** — *rates of pay; wage scale; wage schedule*

échelle (économie f **d')** — *economies of scale; scale economies*

échelle f **mobile** — *sliding scale; escalator scale*
Indexation; salaire indexé

échelle f **mobile de salaire** — *sliding wage scale*
Clause d'indexation; clause de sauvegarde; indemnité de vie chère

échelle f **syndicale de salaire** — *union wage scale*
Tarif syndical; salaire conventionnel

école f **de métiers** — *vocational school; trades school*

économat m   — *company store; commissary*
Syn. – Magasin de compagnie

économie f **concertée** — *planned economy*
Planification; dirigisme

économie f **d'échelle** — *economies of scale; scale economies*

économie f **de mouvements** — *motion economy*

économies fp — *savings*
Syn. – Épargne

économique (activité f **)** — *economic activity*

économique m **du travail** — *labour economics*

écritures (préposé m **aux)** — *clerical worker*

éducation f **des adultes** — *adult education; continuing education*
Syn. – Éducation permanente

éducation f **ouvrière** — *labour education; workers' education*
Syn. – Formation ouvrière

éducation f **permanente** — *continuing education; adult education*
Syn. – Éducation des adultes

éducation f **syndicale** — *labour union education*
Syn. – Formation syndicale

effectifs mp   — *membership; employees*
Main–d'oeuvre

effectifs (dénombrement m **des)** — *manpower survey; personnel survey; membership survey*

effectifs (inventaire m **des)** — *membership survey;staff inventory; personnel inventory; manpower audit*

effectifs (plan m **d')** — *manpower planning*

effectifs (réduction f **des)** — *layoff*

effectifs (réduction f **naturelle des)** — *attrition*

effectifs (relevé m **des)** — *membership survey; personnel survey; manpower survey*

effectifs (usure f **des)** — *attrition*

effet m **de halo** — *halo effect*

effet m **d'entraînement** — *spread effect*
Processus

effet m **multiplicateur** — *multiplier effect; multiplying effect*

efficacité f — *efficiency; efficacy; effectiveness*
Syn. – Efficience

efficacité f **marginale du capital** — *marginal efficiency of capital*

efficience f — *efficiency*
Syn. – Efficacité

égalité f **des chances** — *equality of opportunity*

élaboration f **des programmes** — *programming*

élaboration f **des stratégies** — *strategy formulation*

élargissement m **du travail** — *job enlargement*
Syn. – Extension des tâches; extension d'un emploi

électeur m — *voter; elector*
Votant; élection syndicale

électif — *elective*

élection/s/ f — *election; polling*
Nomination; cooptation

élection (avis m **d')** — *election notice; notification of election*

élection/s/ f **syndicale/s/** — *union election*
Électeur; votant

élément m **manuel** — *manual element*

élément m **mécanique** — *machine element*

élément m **principal** — *governing element*

éléments mp **constants** — *constant elements*

éléments mp **de rationalisation du travail** — *work–study elements*

éléments mp **dissuasifs** — *disincentive*

éléments mp **étrangers à l'opération** — *foreign elements*

éléments mp **occasionnels** — *occasional elements*

éléments mp **répétitifs** — *repetitive elements*

éléments mp **variables** — *variable elements*

éligibilité f — *eligibility*
Élection

[**éligibilité** f] — *eligibilty*
Admissibilité

éloignement (indemnité f **d')** — *distance compensation; isolation premium*

élu par acclamation — *elected by acclamation*
Élu sans concurrent

élu sans concurrent — *elected unopposed*
Élu par acclamation

embauchage m — *hiring; employment*
Engagement; nomination; emploi

embauchage (blocage m **de l')** — *employment freeze*

embauchage (bureau m **d')** — *employment office; employment service; hiring office*

embauchage (conditions fp **d')** — *conditions of employment*

embauchage (contrat m **d')** — *hiring contract; employment contract*

embauchage (directeur m **de l')** — *employment manager*

embauchage (entrevue f **d')** — *employment interview; hiring interview*

embauchage (examen m **médical de pré–)** — *pre–employment medical check–up*

embauchage (gel m **de l')** — *employment freeze*

embauchage mixte (bureau m **d')** — *joint hiring hall*

embauchage m **préférentiel** — *preferential hiring*

embauchage préférentiel (bureau m **d')** — *preferential hiring hall*

embauchage (salaire m **à l')** — *hiring rate; entrance wage*

embauchage m **social proportionnel** — *proportional hiring*

embauchage syndical (bureau m **d')** — *union hiring hall*

embauchage (taux m **d')** — *employment rate; hiring rate*

embauchage (taux m **de salaire à l')** — *starting rate; hiring rate; entrance rate*

embauche f — *employment; enrolment; recruitment*
Syn. – Emploi

embauche (conditions fp **d')** — *conditions of employment*

embaucher — *to hire; to employ*
Engager

émoluments mp — *perquisites; emoluments*
Appointements; salaire; salaire fixe

emplacement m — *building site*

emplacement fixe (travail m **à)** — *fixed work site*

emploi m — *job; occupation; work; employment*
Syn. – Occupation; place; position; fonction; travail; tâche; embauche; *job* ● Poste de travail; suremploi; sous–emploi

emploi (abandon m **volontaire d')** — *resignation; voluntary separation; quit; voluntary termination of employment*

emploi (admissibilité f **à un)** — *job eligibility*

emploi m **annuel garanti** — *guaranteed annual employment*

emploi m **à plein temps** — *full–time employment; full–time job*
Syn. – Emploi à temps plein; travail à plein temps

emploi (appellation f **d')** — *job title*

emploi m **approprié** — *suitable employment*
Syn. – Emploi convenable

emploi m **à temps partiel** — *part–time employment; part–time job*
Syn. – Travail à temps partiel ● Travail à mi-temps; travailleur à temps partiel

emploi m **à temps plein** — *full–time employment; full–time job*
Syn. – Emploi à plein temps

emploi (cessation f **d')** — *separation; termination of employment*

emploi m **clé** — *key job*
Syn. – Poste clé ● Emploi repère; poste repère

emploi m **compatible** — *compatible job*

emploi (conditions fp **d')** — *conditions of employment*

emploi (contenu m **d'un)** — *job content*

emploi m **convenable** — *suitable employment; appropriate employment*
Syn. – Emploi approprié

emploi m **dangereux** — *hazardous occupation*

emploi (décomposition f **d'un)** — *job breakdown*

emploi m **de jour** — *day job; day work*

emploi (demande f **d')** — *application for employment*

emploi (demandeur m **d')** — *job applicant*

emploi m **de nuit** — *night job; night work*
Syn. – Travail de nuit

emploi (description f **d')** — *job description*

emploi (Dictionnaire m **des appellations d')** — *Dictionary of Occupational Titles – DOT*

emploi (discrimination f **dans l')** — *employment discrimination; hiring discrimination*

emploi m **disponible** — *open job; vacancy; job open for bid*
Emploi vacant

emploi m **(double)** — *plurality of office; dual jobholding; moonlighting*

emploi (entrevue f **d')** — *employment interview; job interview*

emploi (entrevue de fin d') — *separation interview*

emploi m **équivalent** — *equivalent occupation*
Emploi similaire

emploi (exigences fp **de l')** — *job specifications*
Qualification requise

emploi (extension f **d'un)** — *job enlargement*

emploi (fonds m **de fin d')** — *severance fund*

emploi (formulaire m **de demande d')** — *employment application blank; employment application form*

emploi (formule f **de demande d')** — *employment application blank; employment application form*

emploi m **garanti** — *guaranteed employment plan*
Régime de sécurité d'emploi

emploi (indemnité f **de cessation d')** — *severance pay; separation pay*

emploi (indemnité f **de fin d')** — *severance pay; separation pay*

emploi (industrie f **à faible densité d')** — *capital intensive industry*

emploi (Loi f **canadienne sur les justes méthodes d')** — *Canada Fair Employment Practices Act*

emploi (niveau m **d')** — *employment level*

emploi m **(nouvel)** — *job opening*

emploi (occasions fp **d')** — *job opportunities; employment opportunities*

emploi m **parallèle** — *sideline*
Syn. – A–côté; emploi secondaire

emploi (politique f **d')** — *employment policy*

emploi (possibilités fp **d')** — *job opportunities*

emploi (pratique f **loyale en matière d')** — *fair employment practice*

emploi (procédure f **d')** — *employment procedure; hiring procedure*

emploi m **provisoire** — *interim job*
Emploi temporaire

emploi m **qualifié** — *skilled job*

emploi m **repère** — *key job; benchmark job*
Syn. – Poste repère ● Poste clé; emploi clé

emploi m **saisonnier** — *seasonal job*
Syn. – Travail saisonnier ● Industrie saisonnière

emploi (salaire m **attaché à un)** — *job rate; wage for the job*

emploi m **secondaire** — *sideline*
Syn. – A–côté; emploi parallèle; jobine ● Travail noir

emploi (sécurité f **d')** — *job security; employment security*

emploi (service m **d')** — *employment office; employment service*

emploi m **similaire** — *similar job; similar employment*
Emploi équivalent

emploi m **(sous–)** — *underemployment*

emploi (spécification f **d'un)** — *job specification*

emploi (stabilisation f **de l')** — *employment stabilization*

emploi m **subalterne** — *minor job; junior job; subordinated work*

emploi (suppression f **d')** — *abolition of job; elimination of job; job dislocation*

emploi (taux m **d')** — *employment rate*

emploi (taux m **d'un)** — *job rate*

emploi m **temporaire** — *temporary job*
Emploi provisoire

emploi m **vacant** — *vacancy; open job; job open for bid*
Syn. – Poste vacant ● Emploi disponible; nouvel emploi

emploi m **visé** — *covered job*

emplois (affichage m **des)** — *job posting*

emplois (analyse f **des)** — *job analysis*

emplois (classification f **des)** — *job classification; classification of position*

emplois mp **connexes** — *related jobs; job cluster; related trades*
Syn. – Famille d'emplois

emplois (contraction f **d')** — *reduction in jobs; staff reduction*

emplois (cumul m **d')** — *multiple job-holding*

emplois (évaluation f **des)** — *job evaluation*

emplois (famille f **d')** — *job cluster; related jobs*

emplois (méthode f **d'évaluation des)** — *job evaluation method; job evaluation system*

emplois (normalisation f **des)** — *job standardization*

emplois (prévisions fp **d')** — *employment forecast*

emplois (rotation f **d')** — *job rotation*

emplois vacants (avis m **d')** — *notice of job openings*

employabilité f **(néol.)** — *employability*

employé m — *employee; salaried employee; white–collar*
Syn. – Salarié; travailleur non manuel ● Cols blancs; travailleur intellectuel; personnel; main–d'oeuvre

employé m **à l'essai** — *probationary employee*
Syn. – Travailleur à l'essai ● Engagement à l'essai; période d'essai

employé m **à temps partiel** — *part–time employee*
Syn. – Travailleur à temps partiel ● Emploi à temps partiel

[**employé** m **clerical (c)**] — *clerical worker*
Employé de bureau

[**employé** m **concerné**] — *employee concerned*
Employé intéressé

employé m **de bureau** — *office employee; clerical worker; clerk*
Personnel de bureau; préposé aux écritures; cols blancs

[**employé** m **de la direction**] — *managerial employee*
Cadres

employé m **de réserve** — *spare employee*
Syn. – Réserviste

employé m **du rang** — *rank–and–file employee*
Syn. – Travailleur du rang

employé m **étoilé (c)** — *red circle*
Salaire étoilé; classe de retenue; salaire bloqué; poste surévalué; taux de salaire gonflé

employé m **favorisé** — *protected employee; pie card*
Sinécure; *featherbedding*

employé (guide m **de l')** — *employee handbook*

employé m **hors bureau** — *non–office employee*
Travailleur à la production; personnel d'exécution; cols bleus

employé m **intéressé** — *employee concerned*

employé (manuel m **de l')** — *employee handbook*

employeur m — *employer*
Patron

employeur m **(nouvel)** — *successor company*

employeur m **professionnel** — *professional employer*

employeurs (association f **d')** — *employers' association; employers' organization; employers' union*

employeurs (organisation f **d')** — *employers' organization; employers' association; employers' union*

engagement m — *appointment; hiring; engagement; commitment*
Embauchage; nomination

engagement m **à l'essai** — *probationary hiring; hiring on probation*
Période d'essai; travailleur à l'essai

engagement (contrat m **d')** — *hiring contract; employment contract*

engager — *to hire; to employ*
Embaucher

enquête f — *investigation; inquiry*
Investigation

enquête f — *study; research; survey*
Sondage; échantillonnage

enquête (commission f **d')** — *inquiry commission; study commission; research commission*

enquête f **factuelle (néol.)** — *fact–finding study*

enquête factuelle (commission f **d')** **(néol.)** — *fact–finding board*

Enquête f **Norris** — *Norris Commission*

enquête–surprise f — *spot check*
Échantillonnage; sondage

enquêteur m — *investigator*

enquêteur m **(commissaire–)** — *trial examiner; commissioner*

enregistrement du travail (sytème m **d')** — *work record system; work registration system*

enrichissement m **du travail** — *job enrichment*
Syn. – Valorisation du travail

enseignants du Québec – (Corporation f **des) CEQ** — *Québec Teachers' Corporation*

enseignement m **technique et professionnel** — *technical and vocational education*
Formation professionnelle

entente f — *agreement*
Accord; compromis; arrangement; transaction; accommodement; modus vivendi; contrat; convention; composition; convention collective; concession

entente f **clandestine** — *bootleg contract*
Syn. – Accord en cachette; contrat illicite

entente f **formelle** — *formal agreement*
Syn. – Entente officielle ● Entente officieuse; accord de principe

[**entente** f **informelle**] — *informal agreement*
Entente officieuse; *gentleman's agreement*

entente (lettre f **d')** — *memorandum of understanding*

entente (mémoire m **d')** — *memorandum of agreement*

entente f **officielle** — *formal agreement*
Syn. – Entente formelle

entente f **officieuse** — *informal agreement*
Protocole; *gentleman's agreement;* accord de principe; contrat verbal

entraînement (c) m — *training*
Formation; apprentissage; recyclage

entraînement (effet m **d')** — *spread effect*

entraînement m **sur le tas (c)** — *on-the-job training; in-plant training*
Syn. – Formation sur place

entraînement (travailleur m **à l') (c)** — *trainee*

entrée (droit m **d')** — *initiation fees*

entrée f **en fonction** — *taking over one's duties*
Entrée en service; date d'entrée en service

[**entrée** f **en force**] — *coming into force*
Entrée en vigueur

entrée f **en jouissance** — *entering into possession; taking possession*

entrée f **en service** — *taking over one's duties*
Entrée en fonction; date d'entrée en service

entrée en service (date f **d')** — *first date of service*

entrée f **en vigueur** — *coming into force*
Dépôt de la convention collective

entrée (heure f **d')** — *starting time*

entrepreneur m — *contractor; entrepreneur*

entrepreneur m **dépendant (néol.)** — *dependent contractor; captive contractor*

entrepreneur m **(sous–)** — *sub–contractor*

entreprise f — *firm; company; enterprise; business; undertaking*
Firme; compagnie; société; usine; fabrique; établissement; manufacture; atelier; corporation; affaire; ouvrage

entreprise (accord m **d')** — *company–wide agreement*

entreprise f **à établissements multiples** — *multi–plant firm*
Société multinationale; firme multinationale; firme plurinationale; entreprise multinationale

[**entreprise** f **affiliée**] — *affiliated firm; subsidiary*
Filiale

entreprise (aliénation f **d')** — *change of /company-/ ownership; transfer of company–ownership*

entreprise (ancienneté f **d')** — *company seniority; corporation seniority*

entreprise (chef m **d')** — *company head; manager*

entreprise (comité m **d') – CE** — *works committee; plant committee; works council; enterprise committee*

entreprise (contrat m **d')** — *job contract; contract of enterprise*

entreprise f **de service public** — *public utility*
Syn. – Société d'intérêt public; entreprise d'utilité publique ● Société d'État; service communautaire; services publics; régie d'État

entreprise f **d'intérêt public** — *public utility*
Entreprise parapublique

entreprise (dirigeant m **d')** — *manager*

entreprise f **d'utilité publique** — *public utility*

Syn. – Entreprise de service public

entreprise f **fédérale** — *federal work*

entreprise f **industrielle** — *industrial firm*

entreprise (journal m **d')** — *house organ*

entreprise f **multinationale** — *multinational corporation*

Syn. – Firme multinationale; société multinationale; firme plurinationale

entreprise f **parapublique** — *parapublic enterprise*

Entreprise d'intérêt public

entreprise (prime f **d')** — *company premium*

entreprise (syndicat m **d')** — *company union*

entreprises (comparaison f **inter–)** — *inter–firm comparison*

entreprises (fusion f **d')** — *company merger*

entretien m — *maintenance*

Syn. – Maintenance ● Entretien ménager

entretien (guide m **d')** — *maintenance handbook*

entretien (manuel m **d')** — *maintenance handbook*

entretien m **ménager** — *housekeeping; /domestic/ maintenance*

Maintenance; entretien; personnel d'entretien; main–d'oeuvre indirecte

entretien ménager (personnel m **d')** — *housekeeping personnel; char staff*

entretien (personnel m **d')** — *maintenance personnel*

entrevue f — *interview*

Interview

entrevue f **de cessation d'emploi** — *separation interview*

Syn. – Entrevue de fin d'emploi; entrevue de départ

entrevue f **de départ** — *separation interview*

Syn. – Entrevue de fin d'emploi; entrevue de cessation d'emploi

entrevue f **de fin d'emploi** — *separation interview*

Syn. – Entrevue de départ; entrevue de cessation d'emploi

entrevue f **d'embauchage** — *employment interview; hiring interview*

Syn. – Entrevue d'emploi

entrevue f **d'emploi** — *employment interview; job interview*

Syn. – Entrevue d'embauchage

enveloppe f **de paye (c)** — *pay envelope*

Liste de paye; bordereau de paye; bulletin de paye; masse salariale

enveloppe f **globale** — *package deal*

Syn. – Panier ● Offre globale; proposition globale; augmentation forfaitaire de salaire; règlement global

épargne f — *savings*

Syn. – Économies

épargne f **contractuelle** — *investment wage; contractual savings*

Syn. – Salaire d'investissement ● Régime d'épargne d'entreprise

épargne d'entreprise (régime m **d')** — *company savings plan*

épargne et de crédit (caisse f **d')** — *credit union*

épargne f **forcée** — *forced savings*

Syn. – Épargne obligatoire

épargne f **obligatoire** — *forced savings*

Syn. – Épargne forcée

épreuve f — *test*

Syn. – Test

équilibrage (majorations fp **d')** — *interference allowances; catch–up allowances*

équipe f — *gang; team; crew*

équipe f — *shift*

Syn. – Quart de travail; poste

équipe f **alternante** — *rotating shift; alternating shift*

Syn. – Quart rotatif ● Cycle d'alternance

équipe (chef m **d')** — *chargehand; strawboss; lead hand; team leader*

équipe f **de jour** — *first shift*

Syn. – Quart de jour

équipe f **de nuit** — *night shift*

Syn. – Poste de nuit; quart de nuit

équipe f **de travail** — *work team; work group; task force*

Syn. – Équipe opérationnelle; groupe de travail; groupe d'étude

équipe f **/de travail/ entrante** — *incoming shift*

Syn. Quart /travail/ entrant

équipe f **/de travail/ sortante** — *outgoing crew; outgoing shift*

Quart /de travail/ sortant

équipe f **fixe** — *fixed shift*

Syn. – Quart fixe

équipe f **mobile** — *flying crew; flying squad; flying squadron*

Syn. – Équipe volante

équipe f **opérationnelle** — *task force*

Syn. – Groupe de travail; groupe d'étude; équipe de travail

équipe (prime f **d')** — *crew bonus*

équipe f **supplémentaire de travail** — *extra /work/ gang*

équipe (travail m **d')** — *teamwork*

équipe f **volante** — *flying crew; flying squad; flying squadron*

Syn. – Équipe mobile

équipement m — *equipment; machinery; capital goods*

Installations; aménagement

équipement (biens mp **d')** — *capital goods*

équipements mp **sociaux** — *social facilities*

Syn. – Infrastructure

équipes (roulement m **des)** — *crew rotation*

équivalences fp — *conversion rules*

ergonomie f — *human engineering; ergonomics*

Organisation scientifique du travail

érosion f **des effectifs** — *attrition*

Syn. – Usure des effectifs; réduction naturelle des effectifs; départs naturels

espèces (prestations fp **en)** — *allowance in money; cash allowance; cash benefits*

espèces (rémunération f **en)** — *payment in cash*

espionnage m **industriel** — *industrial espionage; industrial spying*

essai (employé m **à l')** — *probationary employee*

essai (engagement m **à l')** — *probationary hiring; hiring on probation*

essai (période f **d')** — *probationary period; probation*

essai (salaire m **de période d')** — *probationary period rate; trial period rate*

essai (taux m **d')** — *probationary rate; trial rate; experimental rate*

essai (travailleur m **à l')** — *probationary worker*

essais mp **de performance** — *performance tests*

Performance

ester en justice (droit m **d')** — *right to go to law; right to take to court*

estime (à l') — *by guess*

Au jugé; au pifomètre

établissement m — *plant; establishment*

Usine; fabrique; manufacture; entreprise; atelier; exploitation; firme; institution

établissement (accord m **d')** — *plant agreement*

établissement m **agricole** — *agricultural enterprise*

Syn. – Exploitation agricole

établissement (ancienneté f **d')** — *plant seniority*

établissement (chef m **d')** — *head of establishment; employer; plant superintendent; works manager; plant manager*

établissement m **commercial** — *commercial establishment*

établissement m **de service** — *service establishment*

établissement m **des horaires** — *scheduling of work*

établissement (expulsion f **de l')** — *eviction from plant*

établissement (fermeture f **d')** — *plant shutdown; plant closure*

établissement m **industriel** — *industrial establishment*

établissement (unité f **de négociation par)** — *plant /bargaining/ unit*

établissements (inégalité f **inter–)** — *interplant inequity; interplant wage disparity*

établissements multiples (entreprise f **à)** — *multi–plant firm*

établissements (négociation f **multi–)** — *multi–plant bargaining; company–wide bargaining*

étalement m **des heures de travail** — *working–hours spread; staggering working hours*

Horaire étalé; semaine de travail variable; horaire flottant

étalement m **des vacances** — *staggering of vacations; staggering of holidays*

Syn. – Congés par roulement

étalement m **du travail** — *staggering of work schedule; staggering of employment*

Syn. – Répartition du travail ● Attribution d'un travail; distribution du travail; partage du travail

étape (rapport m **d')** — *progress report*

état m — *socio–economic status*

état m — *profession*

Syn. – Profession

état m **civil** — *civil status*

état civil (usurpation f **d')** — *impersonation*

État m **employeur** — *state employer*

état–major m — *officers; staff*

Conseil; bureau; office; commission; comité; service

État m **providence** — *welfare state*

Syn. – *Welfare state* ● État social

État (régie f **d')** — *Crown corporation*

État m **social** — *welfare state*

Syn. – *Welfare state* ● État providence

État (société f **d')** — *Crown corporation; Crown company*

étatisation f — *nationalization*

Syn. – Socialisation ● Nationalisation

états mp **de service** — *record of service; service credit; length of service*

étendue f **des responsabilités** — *span of control*

étendue f **du marché du travail** — *labour market area*

Syn. – Aire du marché du travail; zone du marché du travail

éthique commerciale (Bureau m **d')** *BBB* — *Better Business Bureau—BBB*

éthique f **du travail** — *labour ethics*

éthique professionnelle (code m **d')** — *code of ethics; ethical practices code*

éthique f **sociale** — *social ethics*

Déontologie; code d'éthique professionnelle

étiquette f **syndicale** — *union label*

Syn. – Label ● Insigne syndical; attestation d'atelier syndical

être de piquet — *stand-by duty*

Syn. – Être en disponibilité; être de garde; assurer la permanence

être en disponibilité — *stand-by duty*

Syn. – Être de piquet

étude f **de cas** — *case study*

étude f **de faisabilité** — *feasibility study*

étude f **de la fatigue** — *fatigue study*

Hygiène du travail; fatigue industrielle

étude f **de la production** — *production study*

étude f **des charges** — *cost analysis*

étude f **des méthodes** — *methods study; methods engineering*

étude f **des micromouvements** — *micro–motion study*

étude f **des mouvements** — *motion study*

étude f **des temps** — *time study*

étude f **des temps et des mouvements** — *time–and–motion study*

Étude du travail

étude f **du travail** — *work study*

Étude des temps et des mouvements

étude (groupe m **d')** — *study group; task force*

étude prévisionnelle — *forecast*

études (allocation f **d')** — *training allowance; educational allowance*

études (cercle m **d')** — *study group*

études (niveau m **d')** — *educational level*

évaluation f — *evaluation; assessment; appraisal*

évaluation f **des emplois** — *job evaluation*

Syn. – Qualification du travail; évaluation des postes de travail; évaluation des tâches; évaluation du travail

évaluation des emplois (méthode f **d')** — *job evaluation method; job evaluation system*

évaluation f **des postes de travail —** *job evaluation*
Syn. – Qualification du travail; évaluation des emplois

évaluation des postes de travail (système m **qualificatif d')** — *qualitative job evaluation system*

évaluation des postes de travail (système m **quantitatif d')** — *quantitative job evaluation system*

évaluation f **des programmes du personnel** — *personnel audit*

évaluation f **des tâches** — *job evaluation*
Syn. – Évaluation des emplois; qualification du travail

évaluation f **du mérite personnel** — *merit rating*
Appréciation du personnel; notation du personnel

évaluation f **du travail** — *work evaluation*
Syn. – Qualification du travail; évaluation des emplois

éventail m **des salaires** — *wage spread*
Syn. – Différence de salaire ● Disparité de salaire

évincement m **—** *bumping*
Syn. – Supplantation

examen médical (clause f **d')** — *medical check–up clause*

examen m **médical de pré–embauchage** — *pre–employment medical check–up*
Certificat médical

excédent m **de main–d'oeuvre** — *labour surplus; manpower redundancy*

exclusivité de service (clause f **d')** — *exclusive rights clause; exclusive service clause; full–time service clause*

exclusivité f **syndicale** — *closed shop*
Atelier fermé; sécurité syndicale; clause de sécurité syndicale

exécutant m **—** *performer; non–management employee; rank–and–file*
Personnel d'exécution

exécution (calendrier m **d')** — *schedule; schedule of implementation*

exécution du travail (règles fp **concernant l')** — *work rules*

exécution (normes fp **d')** — *standards of performance*

exécution (personnel m **d')** — *operating personnel*

exécution (salaire m **d')** — *operational pay; face–to–face pay*

exécution (test m **d')** — *performance test; skill test; achievement test*

exécution (travail m **de simple)** — *strictly operational work; routine work*

exercice m **financier** — *fiscal year*
Syn. – Année budgétaire; année financière; année sociale

exigences fp **—** *demand*
Syn. – Revendication

exigences fp **de l'emploi** — *job requirements*
Syn. – Qualification requise; qualités requises

exigences fp **de poste** — *job requirements*
Syn. – Qualification requise; qualités requises; exigences de l'emploi

exode m **des cerveaux** — *brain drain*
Syn. – Exode des intellectuels; exode des spécialistes

exode m **des intellectuels** — *brain drain*
Syn. – Exode des cerveaux; exode des spécialistes

exode m **des spécialistes** — *brain drain*
Syn. – Exode des cerveaux; exode des intellectuels

expansion f **—** *expansion*

expérience f **—** *experience; ability; experiment; trial run; previous experience; pre–hiring experience*

expérience (années fp **d')** — *years of experience*

expertise f **—** *expertise*

expiration f **—** *expiration; termination; expiry*
Syn. – Échéance ● Terme; date limite

expiration (date f **d')** — *expiry date; expiration date*

expiration f **de la convention** — *termination of agreement*
Syn. – Fin de la convention

explication (lettre f **d')** — *letter of explanation*

exploitation f　*— works; operation*

Entreprise; établissement; usine; fabrique; manufacture; atelier; opération

exploitation f　**agricole** *— agricultural enterprise*

Syn. – Établissement agricole

exploitation (charges fp　**d')** *— running expenses; running costs; operating expenses*

expression (liberté f　**d')** *— free speech; freedom of speech*

expulsion f　**de l'établissement** *— eviction from plant*

expulsion f　**du syndicat** *— expulsion from union*

extension f　*— extension*

Syn. – Prolongation

extension f　**de la convention collective** *— extension of an agreement*

extension f　**des tâches** *— job enlargement*

Syn. – Elargissement du travail; extension d'un emploi

extension f　**d'un emploi** *— job enlargement*

Syn. – Elargissement du travail; extension des tâches

extension f　**juridique** *— juridical extension*

Décret

extra m　*— extra pay*

Sursalaire; supplément de salaire

extra m　*— extra*

Surnuméraire

extrant m　*— output*

Production

F

fabrication f **à la chaîne** — *assembly–line production; flow production*
Syn. – Travail en série ● Chaîne de production; production à la chaîne

fabrication (chef m **de)** — *technical manager; production manager*

fabrication (coût m **de)** — *manufacturing cost*

fabrication f **en série** — *mass production*
Syn. – Production de masse; production en série

fabrication f **par lots** — *batch production*

fabrication (procédé m **de)** — *production process*

fabrication (programme m **de)** — *production schedule*

fabrique f — *factory*
Usine; manufacture; établissement; atelier; entreprise

facteur m — *factor; variable; element*
Indice; coefficient

facteur m **coût** — *cost factor*

facteur m **d'amélioration** — *improvement factor*

facteur m **de charge** — *load factor*

facteur m **de production** — *production factor*

facteurs mp **d'insatisfaction** — *disincentive*

facteurs (méthode f **de comparaison des)** — *factor comparison method*

facteurs (revenu m **national net au coût des)** — *net national income at factor cost*

faction f — *faction*

faction (/être/ de) — *stand-by /duty/*
Syn. – Être en disponibilité; être de garde; assurer la permanence; être de piquet

factum m — *statement of facts /of a case/; factum*
Mémoire

facultatif — *optional*
Optionnel

fait m **accompli** — *accomplished fact; fait accompli*

fait m **juridique** — *matter of law; legal matter*

fait (présomption f **de)** — *presumption of fact*

famille f **de métiers** — *allied crafts; allied trades; related trades*

famille f **d'emplois** — *job cluster; related jobs*
Syn. – Emplois connexes

fardeau m **de la preuve** — *burden of proof; onus*

fatigue (étude f **de la)** — *fatigue study*

fatigue f **industrielle** — *industrial fatigue*
Étude de la fatigue; hygiène du travail; médecine du travail

faute f **disciplinaire** — *punishable offence; breach of discipline*

faute f **lourde** — *serious offence; major offence; grave error*
Syn. – Faute majeure

faute f **majeure** — *serious offence; major offence; grave error*
Syn. – Faute lourde

faute f **professionnelle** — *professional misconduct; professional error; occupational error*

fauteur m **de troubles** — *troublemaker; agitator*
Syn. – Agitateur ● Agent provocateur

favoritisme m — *favoritism*
Syn. – Népotisme ● Discrimination

fayolisme m — *fayolism*

featherbedding m — *featherbedding*
Limitation du rendement; sinécure; employé favorisé; pratique restrictive en matière de travail

fédération f — *federation*
Union; syndicat; confédération

Fédération f **américaine du travail** — **FAT** — *American Federation of Labor — AFL*

Fédération f **américaine du travail** — **Congrès des organisations industrielles** — **FAT–COI** — *American Federation of Labor–Congress of Industrial Organizations — AFL–CIO*

Fédération f **canadienne des associations indépendantes — FCAI —** *Canadian Federation of Independent Associations — CFIA*

Fédération f **canadienne du travail — FCT —** *Canadian Federation of Labor — CFL*

Fédération f **des commissions scolaires catholiques du Québec — FCSCQ —** Fédération des commissions scolaires catholiques du Québec — FCSCQ

Fédération f **des patrons catholiques — FEPAC —** Fédération des patrons catholiques — FEPAC

Fédération f **des travailleurs du Québec — FTQ —** *Québec Federation of Labour — QFL*

Fédération f **des unions industrielles du Québec — FUIQ —** *Québec Industrial Unions Federation — QIUF*

Fédération f **du travail du Québec (CMTC) FTQ —** *Québec Federation of Labour (TLCC) – QFL*

Fédération f **générale du travail de Belgique – FGTB —** *General Federation of Belgian Labour – GFBL*

fédération f **provinciale —** *provincial federation*

Fédération f **provinciale des travailleurs du Québec – FPTQ —** *Québec Provincial Federation of Labour – QPFL*

Fédération f **syndicale internationale — FSI —** *International Federation of Trade Unions — IFTU*

Fédération f **syndicale mondiale — FSM —** *World Federation of Trade Unions — WFTU*

[**feedback** m] — *feedback*
Rétroaction

fermeture f **d'établissement —** *plant shutdown; plant closure*
Avis de licenciement collectif

Fête f **du Travail —** *Labour Day*

fête f **légale —** *holiday; legal holiday; statutory holiday; public holiday*
Syn. – Jour férié

fête f **religieuse —** *religious holiday*

feuille f **d'affectation /de travail / —** *work sheet*
Syn. – Feuille de travail

feuille f **de contrôle —** *check–list*
Syn. – Liste de contrôle; questionnaire de contrôle ● Fiche d'instructions

feuille f **d'émargement —** *attendance sheet*
Syn. – Registre des présences ● Feuille de paye; liste de paye; carte de présence

feuille f **de paye —** *pay sheet; payroll*
Syn. – Liste de paye; livre de paye ● Feuille d'émargement; bordereau de paye; bulletin de paye; masse salariale

feuille f **de travail —** *work sheet*
Syn. – Feuille d'affectation /de travail /

feuille f **d'observations —** *time–study form*

[**feuilleton** m **des résolutions**] — *general resolutions roll; list of policy resolutions*
Cahier des résolutions

fiabilité f — *reliability*

fiche f **de paye —** *pay slip*
Syn. – Bulletin de paye

fiche f **de présence —** *time card*
Syn. – Carte de présence ● Horodateur; horloge pointeuse; pointage

fiche f **de service —** *service slip*
Dossiers du personnel; fichier du personnel

fiche f **de travail —** *job ticket*

fiche f **d'instructions —** *instruction sheet*
Feuille de contrôle; liste de contrôle

fichier m **du personnel —** *employee records; personnel records; personnel files*
Dossiers du personnel; fiche de service

fiduciaire m — *trustee*

fiducie f — *trust*
Compagnie de fiducie

fiducie (compagnie f **de) —** *trust company*

fier-à-bras m — *muscle–man; goon; strong–arm man*

filiale f — *subsidiary; affiliated firm*
Succursale

fin f **de la convention —** *termination of agreement*
Syn. – Expiration de la convention

fin d'emploi (entrevue f **de)** — *separation interview*

firme f — *firm; corporation*
> Syn. – Maison ● Entreprise; société; compagnie; corporation; établissement

firme f **internationale** — *international corporation*

firme f **multinationale** — *multinational corporation*
> Syn. – Société multinationale; firme plurinationale; entreprise multinationale; multinationale ● Entreprise à établissements multiples

firme f **plurinationale** — *multinational corporation*
> Syn. – Firme multinationale ● Entreprise à établissements multiples

fisc m — *The Treasury; Department of Revenue*
> Impôt; taxe

fixation f **des salaires** — *wage determination; wage setting*

flambée f **des prix** — *price escalation*

flânage m **(c)** — *gold–bricking; loafing; loitering*

flanc m **mou (fam.)** — *lame duck*
> Syn. – Tire–au–flanc

fléchissement m **du marché** — *market decline; price softening*

follow–up m — *follow–up*
> Syn. – Suivi; prolongement; poursuite ● Relance

fonction f — *function*

fonction f — *position; occupation; job*
> Syn. – Position; emploi; travail; charge ● Tâche; embauche

fonction f **publique** — *civil service; public service*

fonction publique – (Commission f **des relations du travail dans la) CRTFPC** — *Public Service Staff Relations Board – PSSRB*

fonctionnaire m — *public employee; civil servant; /civil service/ officer; /civil service/ official*
> Syn. – Officiel

fonctionnaire m **syndical** — *full–time union staff*
> Syn. – Permanent syndical ● Agent d'affaires syndical; dirigeant syndical; militant syndical; libéré; représentant syndical

fonctions fp **complémentaires** — *support activities*

fonctions fp **de direction** — *managerial functions*

fondé m **de pouvoir** — *authorized agent*
> Mandataire; agent

fonds m **de compensation pour automation** — *automation fund*
> Changement technologique

fonds m **de décès** — *death benefit fund*

fonds m **de défense professionnelle** — *strike fund*
> Syn. – Caisse de grève; fonds de grève

fonds m **de fin d'emploi** — *severance fund*
> Licenciement collectif

fonds m **de grève** — *strike fund*
> Syn. – Fonds de défense professionnelle; caisse de grève ● Indemnité de grève; assurance–grève

fonds m **de pension** — *pension fund*
> Syn. – Caisse de retraite; fonds de retraite ● Plan de pension avec caisse spéciale

fonds m **de pension enregistré** — *registered pension plan*

fonds m **de retraite** — *pension fund*
> Syn. – Fonds de pension; caisse de retraite

fonds m **des salaires** — *wage fund*

fonds social (compagnie f **à)** — *joint–stock company; public company*

[force f **de marchandage]** — *bargaining power*
> Pouvoir de marchandage; force économique

force f **économique** — *bargaining power*
> Syn. – Pouvoir de négociation; pouvoir de marchandage; puissance de marchandage

force majeure (cas m **de)** — *emergency situation; act of God; irresistible force*
> Cas fortuit

Force–ouvrière – (Confédération f **générale du travail) CGT–FO** — *General Confederation of Labour –Workers' Force*

fordisme m — *fordism*

forfait (contrat m **à)** — *contract at agreed price; contracting–out; fixed–price contract*

forfait (salaire m   à) — *job wage*

forfait (travail m   à) — *work by contract; jobbing; outright work*

**formation f — *training; education*
Apprentissage; entraînement; cours de perfectionnement; recyclage

formation f administrative — *management development*
Syn. – Formation à la gestion

formation f à la gestion — *management development*
Syn. – Formation administrative

formation (besoin m   de) — *training need*

formation f dans l'entreprise — *in-plant training*
Syn. – Formation sur place; formation en industrie; formation en milieu du travail; formation interne

formation f de base — *basic training*

formation f en atelier–école — *vestibule training*

formation en cascade (système m   de) — *training within industry program — TWI*

formation f en cours d'emploi — *in-plant training; on-the-job training*
Syn. – Formation sur place; formation en industrie; formation interne; formation en milieu de travail; formation dans l'entreprise

formation f en industrie — *in-plant training; on-the-job training*
Syn. – Formation sur place; formation en milieu de travail; formation en cours d'emploi; formation interne; formation sur le tas

formation f en milieu de travail — *on-the-job training; in-plant training*
Syn. – Formation sur place; formation en industrie; formation en cours d'emploi; formation interne ● Entraînement sur le tas

formation f extérieure — *off-the-job training*

formation f institutionnelle — *off-the-job training*

formation f interne — *in-plant training; on-the-job training*
Syn. – Formation sur place; formation en industrie; formation en cours d'emploi; formation en milieu de travail

formation (méthode f   de) — *training method*

formation f ouvrière — *workers' education*
Syn. – Éducation ouvrière

formation (procédé m   de) — *training process*

formation f professionnelle — *vocational training*
Enseignement technique et professionnel; qualification professionnelle

formation professionnelle (centre m   de) — *vocational training centre*

formation f professionnelle de la main–d'oeuvre – (Commission f de la) CFPMO — *Manpower Vocational Training Commission –MVTC*

formation (substitution f   de compétence conditionnée par la) — *educational skill substitution*

formation f sur le tas — *in-plant training; on-the-job training*
Syn. – Formation sur place; formation en milieu de travail; formation en industrie; entraînement sur le tas

formation f sur place — *in-plant training; on-the-job training*
Syn. – Formation sur le tas; formation en milieu de travail; formation en industrie; formation dans l'entreprise ● Entraînement sur le tas

formation f syndicale — *labour union education*
Syn. – Education syndicale

formation (technique f   de) — *training process*

forme (vice m   de) — *flaw; defect in form*

formel — *formal; official*
Syn. – Officiel ● Informel

formulaire m de demande d'emploi — *employment application blank; employment application form*
Syn. – Formule de demande d'emploi

formule f d'adhésion syndicale — *union membership application form; application card*
Carte syndicale

formule f de demande d'emploi — *employment application blank; employment application form*
Syn. – Formulaire de demande d'emploi

formule f **de la Mohawk Valley** — *Mohawk Valley formula*

Action antisyndicale; antisyndicalisme; pratique déloyale de travail; grève

formule f **Rand (c)** — *Rand formula; agency shop; dues shop*

Précompte syndical généralisé et obligatoire

fourchette f **des salaires** — *wage bracket*

Syn. – Catégorie des salaires; créneau des salaires; palier des salaires; groupe des salaires

fractionnement m **des congés** — *split vacation; split leave*

frais mp — *fees; expenses; charges; cost; disbursement*

frais (compte m **de)** — *expense account*

frais mp **de déplacement** — *transportation costs; travel expenses*

Syn. – Frais de transport; frais de voyage

frais mp **de représentation** — *duty entertainment expense; public relations expenses; entertainment allowance; representation allowance*

Syn. – Allocation pour frais de représentation

frais mp **de séjour** — *living allowance*

Syn. – Allocation de séjour ● Indemnité de séjour; frais de voyage; allocation de trajet

frais mp **de transport** — *transportation costs; travel expenses*

Syn. – Frais de voyage; frais de déplacement

frais mp **de voyage** — *travel expenses; transportation costs*

Syn. – Frais de transport; frais de déplacement ● Allocation de voyage; allocation de séjour; frais de séjour; note de frais

frais mp **d'initiation** — *initiation fees*

Droit d'entrée; droits d'adhésion

frais mp **fixes** — *fixed expenses*

Syn. – Coûts fixes

frais mp **généraux** — *overhead charges; fixed costs*

Syn. – Coûts constants; coûts fixes

frais (note f **de)** — *expense account*

frais mp **variables** — *variable expenses*

franchise f — *deductible; franchise*

Ticket modérateur

fraternité f — *brotherhood*

Syndicat

freinage m **/de la production/** — *slowdown; restriction of output; work to rule*

Syn. – Grève perlée; ralentissement de la production ● Ralentissement de travail; grève du zèle

fréquence f **des jours de paye** — *frequency of paydays*

Syn. – Périodicité du paiement des salaires ● Période de paye

frontalier m — *frontier worker*

frontières syndicales (conflit m **de)** — *jurisdiction/al/ dispute; jurisdiction /al/ conflict*

fusion f **d'entreprises** — *company merger*

Conglomérat; cartel; oligopole; monopole

fusion f **de syndicats** — *union merger*

Syn. – Fusion syndicale

fusion f **syndicale** — *union merger*

Syn. – Fusion de syndicats ● Amalgamation de syndicats; regroupement

G

gadget m — *gadget*

gages mp — *wages*

gain m — *earnings; returns; gain; profit*
Syn. – Bénéfices; profit

gains mp **bruts** — *gross earnings*
Bénéfice brut; salaire brut

gains mp **hebdomadaires moyens** — *average weekly earnings*

gains mp **horaires moyens** — *average hourly earnings*

gains mp **moyens normaux** — *normal average earnings; standard average earnings; regular average earnings; average straight–time earnings*

gains mp **nets** — *net earnings; take–home pay*
Bénéfice net

garant m — *guarantor; bondsman*
Syn. – Caution; répondant

[garde m **de sécurité]** — *security guard*
Gardien; agent de sécurité

garde (/être/ de) — *stand–by /duty/*
Syn. – Être en disponibilité; être de piquet; assurer la permanence; être de faction

gardien m — *security guard; watchman; plant protection employee*
Syn. – Agent de sécurité

Gazette f **du travail** — *Labour Gazette*

Gazette f **officielle du Québec** — *Quebec Official Gazette*
Journal officiel

gel m **de l'ancienneté** — *seniority freeze*
Syn. – Blocage de l'ancienneté ● Calcul de l'ancienneté

gel m **de l'embauchage** — *employment freeze*
Syn. – Blocage de l'embauchage

gel m **des prix** — *price freeze*
Syn. – Blocage des prix

gel m **des salaires** — *wage freeze*
Syn. – Blocage des salaires

général et uniforme — *across–the–board*

génie m — *engineering*
Syn. – Ingénierie

génie m **industriel** — *industrial engineering*
Syn. – Rationalisation du travail

genre m **de vie** — *way of living; way of life; life–style*
Syn. – Mode de vie ● Niveau de vie; standard de vie

gens fp **de maison** — *servant; domestic; housekeeping personnel*
Syn. – Domestiques

gens fp **du métier** — *fellow tradesmen; tradesmen*

gentleman's agreement — *gentleman's agreement*
Contrat verbal; protocole; entente officieuse; accord de principe

gérance f — *management*

[gérance f **(c)]** — *management*
Gestion; direction;

gérant m — *manager*
Directeur; administrateur

gérant m **d'affaires** — *business manager*

gérant m **d'atelier** — *plant manager; works manager*
Syn. – Directeur d'usine; gérant d'établissement; gérant d'usine

gérant m **de fonds de commerce** — *business manager*

gérant m **de succursale** — *branch manager*

gérant m **d'établissement** — *plant manager; works manager*
Syn. – Directeur d'usine; gérant d'atelier; gérant d'usine

[gérant m **du personnel]** — *personnel manager*
Directeur du personnel; chef du personnel

gérant m **d'usine** — *plant manager; works manager*
Syn. – Directeur d'usine; gérant d'atelier; gérant d'établissement

gestion f — *administration; management*
Direction; administration; management

gestion f **cellulaire** — *divisional management*
Syn. – Gestion par département

gestion f **collégiale** — *multiple management*

Syn. – Direction polyvalente; gestion multiple; gestion intéressée; direction multiple

gestion (conseil m **de)** — *board of directors*

gestion (conseil m **en)** — *management consultant*

gestion (contrôle m **de)** — *managerial control; management audit; budgetary control*

gestion f **de la production** — *production management; production control*

Syn. – Contrôle de la production

gestion f **des affaires** — *business management*

gestion f **des effectifs** — *manpower management*

gestion f **des opérations** — *operations management*

gestion f **du personnel** — *personnel administration; personnel management*

Syn. – Direction du personnel

gestion (formation f **à la)** — *management development*

gestion f **intéressée** — *participative management; multi-management*

Syn. – Gestion multiple; direction polyvalente; gestion collégiale; direction multiple

gestion f **multiple** — *multi-management; participative management; multiple management*

Syn. – Direction polyvalente; gestion intéressée; gestion multiple; gestion collégiale

gestion f **par département** — *divisional management*

Syn. – Gestion cellulaire

gestion f **par les systèmes** — *systems management*

gestion f **par objectifs – DPO** — *management by objectives – MBO*

Syn. – Direction par objectifs; gestion prévisionnelle

gestion (participation f **à la)** — *participation in management*

gestion f **prévisionnelle** — *management planning; budgetary control*

Syn. – Direction par objectifs; gestion par objectifs

gestion (procédures fp **de)** — *management practices*

gestion f **programmée** — *programmed management*

gestion f **scientifique** — *scientific management*

gestion (société f **de)** — *holding company*

gestionnaire m — *manager; administrator*

glissement m **des salaires** — *wage drift*

gompérisme m — *Gomperism; Voluntarism*

Volontarisme; doctrine volontariste

gorille m — *muscle-man; goon; strong-arm man*

Fier-à-bras

gouvernementale (agence f **)** — *government agency; administrative agency*

graphique m — *chart; graph; diagram*

Diagramme

graphique m **d'activités multiples** — *multiple-activity process chart*

graphique m **d'analyse de processus** — *flow process chart*

graphique m **d'analyse d'opération manuelle** — *operation process chart*

Syn. – Graphique–exécutant

graphique m **d'analyse générale d'opération** — *outline process chart*

graphique m **de cheminement** — *flow diagram*

graphique m **des activités** — *activity chart*

graphique m **des deux mains** — *left hand-right hand chart; two-handed process chart*

graphique–exécutant m — *man type flow process chart*

Syn. – Graphique d'analyse d'opération manuelle

graphique m **homme–machine** — *man and machine process chart*

gratification f — *bonus; gratuity; tip; gratification; premium*

Syn. – Surpaye ● Boni; prime; revenant-bon; indemnité; prestation; allocation; pourboire

gratification f **de Noël** — *Christmas bonus*

gratification f **de vacances** — *vacation bonus; extra vacation pay*

greffier m — *clerk; registrar*

grève f — *strike*

Boycottage de production; débrayage; arrêt de travail; cessation de travail

grève f **/à durée/ illimitée** — *unlimited strike; strike of indeterminate duration*

Syn. – Grève /à durée/ indéterminée

grève f **/à durée/ indéterminée** — *strike of indeterminate duration; unlimited strike*

Syn. – Grève /à durée/ illimitée

grève f **/à durée/ limitée** — *limited duration strike*

grève (allocation f **de)** — *strike pay; strike benefit*

grève f **(assurance–)** — *strike insurance*

grève f **autorisée** — *authorized strike; official strike*

grève (avis m **de)** — *strike notice*

grève–bouchon f — *key strike; strategic strike*

grève (brisage m **de)** — *strike breaking*

grève (briseur m **de)** — *strikebreaker; scab; strike replacement*

grève (caisse f **de)** — *strike fund*

grève f **camouflée** — *soldiering strike; camouflaged strike; hidden strike; prayer meeting*

Journée d'étude

grève f **contre une pratique déloyale** — *unfair labour practice strike*

grève f **d'avertissement** — *token strike; warning strike*

Grève symbolique

grève f **de dissuasion** — *deterrent strike*

Syn. – Grève préventive

grève f **défensive** — *defensive strike; negative strike*

Syn. – Grève négative

grève f **de juridiction** — *jurisdictional strike*

grève (délai m **de)** — *strike delay; strike deadline*

grève f **de masse** — *mass strike; industry–wide strike; widespread strike*

Syn. – Grève massive

grève f **de prestige** — *prestige strike*

grève f **de reconnaissance** — *recognition strike*

grève f **des bras croisés** — *sit–down strike; stay–in strike; sit–in*

Syn. – Grève d'occupation; grève sur le tas

grève f **d'escarmouche** — *hit–and–run strike*

Grève tournante

grève f **de solidarité** — *solidarity strike*

Grève de sympathie; boycottage secondaire; articles interdits; articles intouchables; articles mis à l'index; clause de refus de travail; marchandise boycottée

grève f **de surenchère** — *whipsawing strike*

Surenchère

grève f **de sympathie** — *sympathy strike*

Grève de solidarité

grève f **d'occupation** — *stay–in strike; sit–in; sit–down strike*

Syn. – Grève des bras croisés; grève sur le tas

grève (droit m **de)** — *right to strike*

grève f **du zèle** — *work to rule; zeal strike*

Grève perlée; freinage

grève éclair f — *lightning strike; quickie strike*

Syn. – Grève surprise; grève spontanée

grève f **économico–professionnelle** — *economic and defence of trade strike*

Syn. – Grève économique

grève f **économique** — *economic strike*

Syn. – Grève économico–professionnelle

grève (fonds m **de)** — *strike fund*

grève f **générale** — *general strike*

grève f **généralisée** — *spreading strike; contagious strike*

grève f **gestionnaire** — *coolie strike*

grève f **illégale** — *illegal strike*

Grève techniquement illégale; grève légale

grève f **immorale** — *immoral strike*

grève (indemnité f **de)** — *strike pay; strike benefit*

grève f **insurrectionnelle** — *insurrection strike*
Grève révolutionnaire; grève politique; grève systématique

grève (interdiction f **de)** — *no–strike clause*

grève f **juste** — *justified strike*
Syn. – Grève morale

grève f **légale** — *legal strike*
Grève illégale

grève f **massive** — *mass strike; widespread strike; industry–wide strike*
Syn. – Grève de masse

grève (menace f **de)** — *strike threat*

grève f **morale** — *justified strike*
Syn. – Grève juste

grève f **négative** — *negative strike*
Syn. – Grève défensive

grève f **non autorisée** — *unauthorized strike; unofficial strike; wildcat strike*
Grève spontanée

grève f **occasionnelle** — *occasional strike*

grève f **particulière** — *localized strike; isolated strike*

grève f **partielle** — *partial strike*

grève f **perlée** — *slowdown; go slow*
Syn. – Freinage; ralentissement de la production ● Ralentissement de travail; grève du zèle

grève f **politique** — *political strike*
Grève révolutionnaire

grève f **positive** — *positive strike*
Syn. – Grève revendicative

grève f **préventive** — *deterrent strike*
Syn. – Grève de dissuasion

grève (prohibition f **de)** — *no–strike clause*

grève (propension f **à la)** — *strike propensity*

grève f **revendicative** — *positive strike*
Syn. – Grève positive

grève f **révolutionnaire** — *revolutionary strike*
Grève insurrectionnelle; grève systématique; grève politique

grève f **sans arrêt de travail** — *non–stoppage strike; statutory strike*

grève f **sauvage** — *wildcat strike*

grève f **secondaire** — *secondary strike*

grève f **spontanée** — *snap strike; quickie strike; spontaneous strike*
Syn. – Grève surprise; grève éclair ● Grève non autorisée

grève f **sur le tas** — *sit–in; sit–down strike; stay–in strike*
Syn. – Grève d'occupation; grève des bras croisés

grève surprise f — *lightning strike; quickie strike; snap strike; walkout*
Syn. – Grève éclair; grève spontanée

grève f **susceptible de créer une situation d'urgence** — *emergency strike; public interest strike*

grève f **symbolique** — *symbolic strike*
Grève d'avertissement

grève f **systématique** — *systematic strike*
Grève insurrectionnelle; grève révolutionnaire; grève politique

grève f **techniquement illégale (c)** — *technically illegal strike*
Grève légale; grève illégale

grève f **thrombose** — *key strike; strategic strike*
Syn. – Grève–bouchon

grève f **tournante** — *rotating strike; hit–and–run strike*
Grève d'escarmouche

grève (vote m **de)** — *strike vote*

gréviste m — *striker*

grief m — *grievance*
Plainte; accusation; litige; mésentente; différend; dispute; conflit; poursuite; réclamation

grief m **collectif** — *collective grievance; policy grievance*

grief m **général** — *multiple remedies; multiple grievance procedures; cumulation of recourse; general grievance*
Syn. – Cumul des recours

grief m **individuel** — *individual grievance*

griefs (arbitre m **de)** — *adjudicator; arbitrator on grievances*

griefs (procédure f **de règlement des)** — *grievance procedure*

grille f **de rémunération** — *salary scale*

Syn. – Tarif de rémunération; échelle de rémunération

grille f **de roulement** — *rotating shift pattern*

Syn. – Cycle d'alternance ● Quart rotatif

grille f **des salaires** — *wage schedule*

groupe m **—** *group*

Syn. – Groupement

groupe f **(assurance–)** — *group insurance*

groupe m **de pression** — *pressure group*

Syn. – Groupe d'intérêt ● Corps intermédiaire

groupe m **des salaires** — *wage bracket*

Syn. – Catégorie des salaires; fourchette des salaires; créneau des salaires; palier des salaires

groupe m **de travail** — *working party; task force*

Syn. – Groupe d'étude; équipe opérationnelle

groupe m **d'étude** — *study group; task force*

Syn. – Groupe de travail; équipe opérationnelle; équipe de travail; cercle d'études; groupe opérationnel

groupe m **d'intérêt** — *pressure group; interest group*

Syn. – Groupe de pression ● Corps intermédiaire; intermédiaire

groupe m **distinct** — *bargaining unit*

Syn. – Unité de négociation; groupement négociateur; groupement de négociation

groupe (dynamique f **de)** — *group dynamics*

groupe m **industriel** — *industrial group*

groupe m **intermédiaire** — *intermediate group*

Corps intermédiaire

groupe m **marginal** — *marginal group; fringe group*

groupe m **opérationnel** — *operating group*

Groupe d'étude; recherche opérationnelle

groupement m **—** *group; grouping*

Syn. – Groupe

groupement m **de négociation** — *bargaining unit*

Syn. – Unité de négociation; groupement négociateur; groupe distinct

groupement m **négociateur** — *bargaining unit*

Syn. – Unité de négociation; groupement de négociation; groupe distinct ● Doctrine Globe

guidance f **professionnelle (néol.)** — *vocational guidance*

Orientation professionnelle; adaptation professionnelle; conseiller d'orientation professionnelle

guide m **de l'employé** — *employee handbook*

Syn. – Manuel d'accueil; manuel de l'employé

guide m **d'entretien** — *maintenance handbook*

Syn. – Manuel d'entretien

guilde f **—** *guild; order*

Corporation professionnelle; ordre professionnel; chambre professionnelle

H

habileté f — *ability; skill; competence*
Aptitude; dextérité

habilité f — *ability; competency; qua-lification*

habitudes fp **de consommation** — *consumption patterns*

handicapé m — *handicapped worker*
Syn. – Travailleur à capacité réduite ● Incapa-cité; invalidité

harmonisation f **des objectifs** — *trade–off*
Syn. – Relation d'arbitrage

hausse f **de salaire** — *wage increase*
Syn. – Augmentation de salaire; majoration de salaire

haute direction f — *top management*
Syn. – Cadres dirigeants; cadres supérieurs

haute fonction f — *top management*

heure (contrat m **de travail à l')** — *hourly–rate contract; time–work con-tract*

heure f **d'affluence** — *peak hour; rush hour*
Syn. – Heure de pointe ● Heures creuses

heure f **d'entrée** — *starting time*

heure f **de pointe** — *peak hour*
Syn. – Heure d'affluence

heure f **de sortie** — *finishing time; quitting time*

heure–homme f — *man–hour*
Syn. – Homme–heure; heure individuelle

heure f **individuelle** — *man–hour*
Syn. – Homme–heure; heure–homme

heure–machine f — *machine–hour*

heures fp **creuses** — *off–peak hour; slack hours*
Morte–saison; temps mort; heure de pointe; heure d'affluence

heures fp **de travail** — *working hours*
Syn. – Heures ouvrables

heures de travail (étalement m **des)** — *working–hours spread; staggering working hours*

heures fp **maximum** — *maximum hours*

heures fp **normales** — *regular hours; standard hours*

heures fp **normales par semaine** — *regular weekly hours; standard weekly hours*
Semaine normale de travail

heures fp **ouvrables** — *working hours*
Syn. – Heures de travail

heures fp **payées** — *paid hours*

[heures fp **régulières]** — *regular hours; standard hours*
Heures normales

heures fp **supplémentaires** — *over-time*
Syn. – Surtemps ● Travail supplémentaire; sa-laire majoré

heures fp **supplémentaires faculta-tives** — *voluntary overtime*
Syn. – Surtemps volontaire

heures supplémentaires (majorations fp **pour)** — *overtime premium pay*

heures fp **travaillées** — *worked hours*

hiérarchie f — *managerial structure; chain of command; line of command*
Syn. – Ligne d'autorité; axe hiérarchique; chaîne hiérarchique; structure hiérarchique

hiérarchie f **de commandement** — *chain of command*

hiérarchie f **de conseil** — *staff*
Personnel de cadre

hiérarchie f **directe** — *line; line of au-thority*
Syn. – Hiérarchie linéaire ● Chaîne hiérar-chique; ligne hiérarchique; ligne d'autorité

hiérarchie f **linéaire** — *line; line of au-thority*
Syn. – Hiérarchie directe ● Chaîne hiérar-chique; ligne hiérarchique; ligne d'autorité

hiérarchisation f **des postes de tra-vail** — *job hierarchy; job ranking*

holding m — *holding company*
Syn. – Société de gestion ● Conglomérat

homme m **de référence** — *reference man*
Syn. – Travailleur représentatif; homme té-moin

homme m **d'Etat du monde ouvrier (?)** — *labour statesman*

homme–heure m — *man–hour*
Syn. – Heure–homme; heure individuelle

homme–jour m — *man–day*

Syn. – Jour–homme; journée individuelle

homme m **témoin —** *reference man*

Syn. – Homme de référence; travailleur représentatif

homologation f — *homologation; legal enforceability*

Ratification

honoraires mp — *honorarium; fee; allowed fees*

Rémunération à l'acte

horaire m **/de travail/ —** *work schedule; time schedule*

Horaire fixe; horaire variable; horaire flexible

horaire m **à glissière —** *flexible working hours; flexi–time work; flexible schedule; mobile schedule*

Syn. – Horaire flexible; horaire flottant; horaire libre; horaire mobile; horaire personnalisé; horaire sur mesure; horaire coulissant; horaire dynamique; travail à la carte

horaire m **brisé —** *split shift*

Syn. – Quart brisé; quart fractionné ● Affectation fractionnée

horaire m **coulissant —** *flexible working hours; flexi–time work; flexible schedule; mobile schedule*

Syn. – Horaire flexible; horaire flottant; horaire libre; horaire mobile; horaire personnalisé; horaire sur mesure; horaire à glissière; horaire dynamique; travail à la carte

horaire m **dynamique —** *flexible working hours; flexi–time work; flexible schedule; mobile schedule*

Syn. – Horaire flexible; horaire flottant; horaire libre; horaire mobile; horaire personnalisé; horaire sur mesure; horaire à glissière; horaire coulissant; travail à la carte

horaire m **étalé —** *staggered hours*

Étalement des heures de travail

horaire m **fixe —** *fixed work schedule; pre–determined work schedule*

Horaire /de travail/

horaire fixe (poste m **à) —** *fixed–schedule job*

horaire m **flexible —** *flexible working hours; flexi–time work; flexible schedule; mobile schedule*

Syn. – Horaire flottant; horaire dynamique; horaire libre; horaire mobile; horaire personnalisé; horaire sur mesure; horaire à glissière; horaire coulissant; travail à la carte

horaire m **flottant —** *flexible working hours; flexi–time work; flexible schedule; mobile schedule*

Syn. – Horaire flexible; horaire dynamique; horaire libre; horaire mobile; horaire personnalisé; horaire sur mesure; horaire à glissière; horaire coulissant; travail à la carte

horaire m **libre —** *flexible working hours; flexi–time work; flexible schedule; mobile schedule*

Syn. – Horaire flexible; horaire flottant; horaire dynamique; horaire mobile; horaire personnalisé; horaire sur mesure; horaire à glissière; horaire coulissant; travail à la carte

horaire m **mobile —** *flexible working hours; flexi–time work; flexible schedule; mobile schedule*

Syn. – Horaire flexible; horaire flottant; horaire dynamique; horaire libre; horaire personnalisé; horaire sur mesure; horaire à glissière; horaire coulissant; travail à la carte

horaire m **personnalisé —** *flexible working hours; flexi–time work; flexible schedule; mobile schedule*

Syn. – Horaire flexible; horaire flottant; horaire dynamique; horaire libre; horaire mobile; horaire sur mesure; horaire à glissière; horaire coulissant; travail à la carte

horaire (réduction f **d') —** *reduction of hours; reduced workweek*

horaire réduit (travail m **à) —** *reduced workweek; reduced workday*

horaire m **sur mesure —** *flexible working hours; flexi–time work; flexible schedule; mobile schedule*

Syn. – Horaire flexible; horaire flottant; horaire dynamique; horaire libre; horaire mobile; horaire personnalisé; horaire à glissière; horaire coulissant; travail à la carte

horaire m **variable —** *variable schedule*

Horaire flexible

horaires (établissement m **des) —** *scheduling of work*

horloge f **de pointage —** *time clock; punching clock*

Syn. – Horloge pointeuse ● Horodateur

horloge f **pointeuse —** *time clock; punching clock*

Syn. – Horloge de pointage ● Horodateur

horodateur   m   — *time clock; time–stamp; time–stamping clock; punching clock*

Horloge pointeuse; carte de présence; pointage

hospitalisation f **(assurance–)** — *hospital insurance*

huis clos   m   — *in–camera sitting*

Délibéré

huis clos (à) — *in–camera /sitting/; behind closed doors; closed session*

hygiène   f   **du travail** — *industrial health*

Syn. – Hygiène professionnelle ● Étude de la fatigue; fatigue industrielle; médecine du travail

hygiène f **professionnelle** — *occupational health*

Syn. – Hygiène du travail

identité (carte f **d')** — *identification; identity card*

idéologie f — *ideology*
Doctrine; système; théorie; plan; régime

immobilisations fp — *capital equipment*
Moyens de production

impartition f **(néol.)** — *contracting-out*
Syn. – Sous–traitance; concession

impasse f — *deadlock; impasse*
Point mort

implantation f — *layout*
Syn. – Contexture; disposition d'une usine ● Localisation industrielle; relogement

implantation f **d'une usine** — *plant layout; plant location*
Syn. – Contexture; disposition d'une usine ● Localisation industrielle

implantation f **fonctionnelle** — *functional layout*

implantation–opération f — *process layout; operational layout*

implantation–produit f — *product layout*

implantation f **syndicale** — *unionization*
Syn. – Syndicalisation

imponctualité f — *tardiness*
Syn. – Retardatisme

imposition (année f **d')** — *taxation year*

impôt m — *tax*
Taxe

impôt m **négatif** — *negative income tax*

impôt m **sur le revenu** — *income tax*

imputation f **des charges** — *cost allocation*

incapacité f — *disability*
Invalidité; travailleur à capacité réduite

incapacité f **(assurance–)** — *disability insurance*

incapacité f **définitive** — *permanent disability*
Syn. – Incapacité permanente

incapacité (indemnité f **pour)** — *disability compensation*

incapacité f **partielle** — *partial disability*

incapacité f **permanente** — *permanent disability*
Syn. – Incapacité définitive

incapacité f **temporaire** — *temporary disability*

incapacité f **totale** — *total disability*

incitations fp — *incentive*
Syn. – Stimulant

indemnisation f **des accidents du travail** — *workmen's compensation*
Syn. – Assurance contre les accidents du travail; réparation des accidents du travail; assurance–accident du travail

indemnitaire m — *beneficiary*
Bénéficiaire; prestataire; ayant droit

indemnité f — *compensation; benefit; allowance; premium*
Allocation; prime; prestation; boni; gratification; revenant–bon

indemnité f **compensatrice de congé payé** — *vacation compensation; holiday compensation; pay in lieu of holiday; compensatory pay*

indemnité f **de brusque rupture** — *pay in lieu of notice*
Syn. – Indemnité de préavis

indemnité f **de cessation d'emploi** — *severance pay; separation pay*
Syn. – Indemnité de fin d'emploi; indemnité de départ

indemnité f **de changement de résidence** — *moving allowance*
Syn. – Indemnité de déménagement

indemnité f **de délai** — *delay compensation*
Indemnité de présence

indemnité f **de déménagement** — *moving allowance*
Syn. – Indemnité de changement de résidence ● Relogement

indemnité f **de départ** — *severance pay; separation pay*
Syn. – Indemnité de fin d'emploi; indemnité de cessation d'emploi

indemnité f **de disponibilité** — *on–call premium*
Syn. – Prime de disponibilité; taux de salaire de disponibilité

indemnité f **de fin d'emploi** — *severance pay; separation pay*

Syn. – Indemnité de cessation d'emploi; indemnité de départ ● Cessation d'emploi

indemnité f **de grève** — *strike pay; strike benefit*

Allocation de grève; caisse de grève; fonds de grève; assurance–grève; fonds de défense professionnelle

indemnité f **de licenciement** — *severance pay; separation pay*

Syn. – Indemnité de fin d'emploi

indemnité f **d'éloignement** — *distance compensation; isolation premium*

Syn. – Indemnité d'isolement ● Indemnité de résidence

indemnité f **de nuisances** — *hardship premium; inconvenience allowance*

Syn. – Indemnité de pénibilités; majorations pour travaux pénibles ● Prime de risque; indemnité d'intempéries

indemnité f **de pénibilités (néol.)** — *hardship premium; inconvenience allowance*

Syn. – Indemnité de nuisances; majorations pour travaux pénibles ● Prime de risque; indemnité d'intempéries

indemnité f **de préavis** — *pay in–lieu–of notice*

Syn. – Indemnité de brusque rupture

indemnité f **de présence** — *call–in pay; reporting pay*

Indemnité de délai

indemnité f **de rappel** — *call–back pay; call–out pay*

indemnité f **de résidence** — *housing allowance*

Indemnité de séjour; allocation de subsistance; allocation de logement

indemnité f **de séjour** — *living allowance*

Allocation de subsistance; allocation de séjour; indemnité d'éloignement; indemnité de résidence; allocation de voyage; allocation de trajet; frais de voyage

[indemnité f **de séparation]** — *separation pay*

Indemnité de fin d'emploi

indemnité f **de service judiciaire** — *jury–duty pay*

Allocation de service judiciaire

indemnité f **de transport** — *transportation allowance*

Allocation de déplacement

indemnité f **de vie chère** — *cost of living bonus; cost of living allowance – COLA*

Échelle mobile de salaire; clause d'indexation

indemnité f **d'intempéries** — *wet time; hard weather allowance*

Indemnité de pénibilités; prime de risque

indemnité f **d'isolement** — *isolation pay; isolation premium; isolation allowance*

Syn. – Indemnité d'éloignement ● Indemnité de résidence

indemnité f **pour incapacité** — *disability compensation*

Syn. – Allocation d'invalidité

indemnité supplémentaire de chômage (caisse f **d')** — *supplementary unemployment benefit fund*

index (articles mp **mis à l')** — *hot cargo; hot goods*

index (mise f **à l')** — *boycott; blacklisting*

indexation f — *indexing; pegging*

Échelle mobile; salaire indexé

indexation (clause f **d')** — *escalator clause*

indicateur m — *labour spy; stool pigeon*

Mouchard; délateur

indicateurs mp **des prix et des salaires** — *guideposts*

Directives salaires–prix; lignes directrices; balises

indice m — *index; factor*

Syn. – Nombre indice

indice m **de charge** — *load factor*

indice m **de correction du taux des cotisations** — *contributory rate correction index*

indice m **des prix à la consommation – IPC** — *consumer price index – CPI*

indice m **des prix de gros** — *wholesale price index*

indice Dow–Jones — *Dow–Jones index; Dow–Jones average*

indice m **du coût de la vie** — *cost of living index*

indigence f — *want; poverty*

indulgence systématique (tendance f **à l')** — *tendency toward leniency*

Industrial Relations Research Association–IRRA — *Industrial Relations Research Association–IRRA*

industrialisation f — *industrialization*
Automation; mécanisation; machinisme; production à la chaîne; production en masse

industrie f — *industry*
Syn. – Catégorie productive; branche d'activité

industrie f **à base de main–d'oeuvre** — *labour–intensive industry*

industrie f **à faible densité d'emploi** — *capital-intensive industry*
Syn. – industrie à forte densité de capital

industrie f **à forte densité de capital** — *capital intensive industry*
Syn. – Industrie à faible densité d'emploi

industrie f **à production continue** — *continuous process industry; continuous operations industry; non–interruptible industry*

industrie f **à production discontinue** — *non–continuous operations industry; interruptible industry*

industrie f **en croissance rapide** — *growth industry*

industrie (formation f **en)** — *in–plant training; on–the–job training*

industrie f **saisonnière** — *seasonal industry*
Travail saisonnier; emploi saisonnier

inégalité f **inter–établissements** — *interplant inequity; interplant wage disparity*

inflation f — *inflation*
Crise économique; cycle économique; régression; récession

inflation f **par la demande** — *demand–pull inflation*

inflation f **par les coûts** — *cost–push inflation*

inflation f **structurale** — *structural inflation*

information f — *information*

information f **ascendante** — *upward information*

information (bulletin m **d')** — *information bulletin; news sheet; news bulletin*

information f **descendante** — *downward information*

information (échange m **d')** — *information exchange*

information (participation f **à l')** — *access to information*

informations (centre m **d')** — *information clearing house; news clearing house*

informatique f — *computer science; computer technology; data processing; information technology*

informel (néol.) — *informal*
Syn. – Officieux ● Formel

infraction f — *infraction; offence; contravention; non–compliance*
Dérogation

infrastructure f — *infrastructure*
Syn. – Équipements sociaux

ingénierie f — *engineering*
Syn. – Génie

ingérence f — *interference*

[initialer] — *to initial*
Parafer

initiation f — *initiation*

initiation f **à la profession** — *vocational orientation; pre–vocational training*

initiation f **au travail** — *job induction; worker induction; job familiarization*
Introduction au travail; accueil

initiation (frais mp **d')** — *initiation fees*

initiation (période f **d')** — *break–in period*

initiative f — *initiative*

initiative (travail m **d')** — *non–routine work*

injonction f — *injunction; court order*

injonction f **ex parte** — *ex parte injunction*

injonction f **interlocutoire** — *interlocutory injunction*

injonction f **permanente** — *permanent injunction; standing injunction*

injonction f **provisoire** — *provisional injunction*

injonction f **statutaire** — *statutory injunction*

innovation f — *innovation*

insatisfaction (facteurs mp **d')** — *disincentive*

insigne m **syndical** — *union insignia; union emblem; union badge*

Étiquette syndicale; label; attestation d'atelier syndical; vignette syndicale; macaron

inspecteur m **du travail** — *labour inspector*

inspection f **du travail** — *labour inspection*

Sécurité au travail

inspection f **du travail** — *work inspection*

Contrôle de la qualité; système d'inspection du travail

inspection du travail (système m **d')** — *work inspection system; work inspection program*

installations fp — *capital goods; facilities; setting up*

Équipement; aménagement

instance f — *instance; level of authority*

Institut m **canadien de recherches en relations industrielles** — **ICRRI** — *Canadian Industrial Relations Research Institute* — *CIRRI*

institution f — *institution*

Établissement

instructions (fiche f **d')** — *instruction sheet*

intégration f — *integration*

Syn. – Concentration ● Regroupement

intégration f **ascendante** — *downward integration*

Intégration verticale

intégration f **descendante** — *upward integration*

Intégration verticale

intégration f **horizontale** — *horizontal integration*

Syn. – Concentration horizontale

intégration f **verticale** — *vertical integration*

Syn. – Concentration verticale

intelligence f — *intelligence; mental ability*

intempéries (indemnité f **d')** — *wet time; hard weather allowance*

intention (lettre f **d')** — *letter of intent; memorandum of intent*

interaction f — *interaction*

interchangeabilité f **du personnel** — *personnel interchangeability*

interdépendance f — *interdependence*

interdiction f **de grève** — *no–strike clause*

Syn. – Prohibition de grève

interdiction f **de solliciter (c)** — *no–solicitation rule*

intéressement m — *profit sharing; participation system*

Clause d'intéressement; participation aux bénéfices; répartition des bénéfices; stimulant; régime de participation des employés aux bénéfices

intéressement (clause f **d')** — *incentive clause*

intérêt m **des tâches** — *job interest*

intérêt (groupe m **d')** — *pressure group; interest group*

intérêt m **public** — *public interest*

intérêt public (entreprise f **d')** — *public utility*

intérêt public (société f **d')** — *public utility*

intérêts (conflit m **d')** — *collective bargaining dispute; conflict of interest /s/; pre–agreement dispute; interest dispute*

intérêts mp **(dommages et)** — *damages; legal damages; damages with interest*

intérim m — *interim*

intermédiaire m — *intermediary*

Corps intermédiaire; groupe d'intérêt

international du travail (Bureau m **)** **BIT** — *International Labour Office* – *ILO*

international (Secrétariat m **professionnel) SPI** — *International Trade Secretariat* – *ITS*

Internationale f **de Bruxelles** — *Second International; Socialist International*

Syn. – Deuxième Internationale

internationale des relations profession-nelles (Association f **) AIRP** — *International Industrial Relations Association – IIRA*

internationale du travail (convention f **)** — *international labour convention*

internationale du travail (division f **)** — *international division of labour*

internationale f **ouvrière** — *international labour movement*

Première Internationale; Deuxième Internationale; Deuxième Internationale et demie; Troisième Internationale; Quatrième Internationale

internationale ouvrière (Alliance f **) AIO** — *International Working People's Association – IWPA*

internationale pour la protection légale des travailleurs (Association f **) AIPLT** — *International Association for Labour Legislation – IALL*

Internationale f **(Première)** — *First International*

Internationale f **(Quatrième)** — *Fourth International*

internationale f **syndicale** — *international trade–union organization*

Confédération européenne des syndicats

Internationale f **syndicale rouge – ISR** — *Red International of Labour Unions – RILU*

Syn. – Troisième Internationale; Komintern

Internationale f **(Troisième)** — *Third International*

internationales fp **professionnelles** — *industrial internationals; international trade secretariats*

Secrétariat professionnel international

interprétation (règles fp **d')** — *rules of interpretation*

interruption f **de travail** — *interruption of work*

intersyndicale f — *Congress*

Syn. – Centrale syndicale

intervalle m **d'inactivité** — *idle time*

Temps inoccupé

intervention f — *intervention; comment from the floor*

interview f — *interview*

Entrevue

intimé m — *respondent*

intimidation f — *intimidation*

Contrainte; coercition

intrant m — *input*

intrigue f **de couloir** — *lobbying*

Syn. – Lobbying; manoeuvre de couloir; procédé de couloir

introduction f **au travail** — *worker induction; job induction*

Initiation au travail; accueil

introduction (lettre f **d')** — *letter of introduction*

invalidité f — *disability*

Incapacité; travailleur à capacité réduite

invalidité (allocation f **d')** — *disability benefit; disability pay; disability allowance*

invalidité f **(assurance–)** — *disability insurance*

invalidité f **permanente** — *permanent disability*

invalidité (prestations fp **d')** — *disability benefits; disability allowance*

inventaire m **des effectifs** — *membership survey; staff inventory; personnel inventory; manpower audit*

inventaire m **des ressources** — *inventory of resources*

investigation f — *investigation*

Enquête; sondage; échantillonnage; enquête–surprise

investissement m — *investment*

Placement

investissement (salaire m **d')** — *investment wage*

isolement (indemnité f **d')** — *isolation pay; isolation premium; isolation allowance*

isoloir m — *polling booth*

J – K

jeton m **de présence** — *attendance fee*

jeton m **de salaire** — *scrip*

job f (c) (fam.) — *job*
Syn. – Emploi; poste

jobine f (c) (fam.) — *sideline*
Syn. – Emploi secondaire ● Travail noir; cumul d'emplois; double occupation; à–côté

jouissance f — *possession*

jouissance (entrée f **en)** — *entering into possession; taking possession*

jour m **de paye** — *payday*
La sainte touche

jour m **de relève** — *slide day; change–over day*

jour (emploi m **de)** — *day job; day work*

jour m **férié** — *holiday; statutory holiday; legal holiday; observed holiday*
Syn. – Fête légale

jour m **férié payé** — *paid holiday*
Syn. – Jour férié rémunéré

jour m **férié rémunéré** — *paid holiday*
Syn. – Jour férié payé

jour–homme m — *man–day*
Syn. – Homme–jour; journée individuelle

jour m **ouvrable** — *working day*

journal m **d'entreprise** — *house organ*
Journal du personnel

journal m **du personnel** — *employees' magazine*
Journal d'entreprise

journal m **officiel** — *official gazette*
Gazette officielle du Québec; La Gazette du Canada

journal m **syndical** — *labour paper*

journalier m — *day labourer; labourer*
Manoeuvre

journée f **anglaise** — *unsplit workday*
Syn. – Journée continue

journée f **continue** — *unsplit workday*
Syn. – Journée anglaise

journée f **de travail** — *workday*

journée f **d'étude** — *work stoppage of limited duration; disguised strike; prayer meeting*
Grève camouflée

journée f **d'étude** — *study session*

[journée f **discontinue]** — *split–work-day*
Journée entrecoupée

journée f **entrecoupée** — *split–work-day*
Syn. – Journée fractionnée ● Horaire brisé

journée f **fractionnée** — *split–work-day; broken time*
Syn. – Journée entrecoupée

journée f **individuelle** — *man–day*
Syn. – Jour–homme; homme–jour

journée f **normale** — *regular workday; standard workday; basic day*

jours mp **francs** — *clear days; full days*

jours–homme (durée f **en)** — *duration in man–days*

judiciaire (allocation f **de service)** — *jury–duty pay*

judiciaire (congé m **de service)** — *jury–duty leave*

judiciaire (tribunal m **quasi) (c)** — *quasi–judicial body*

judiciaires (congé m **de fonctions)** — *jury–duty leave*

jugé (au) — *by guess*
À l'estime; au pifomètre

jugement m — *award; decision; judgment; verdict*
Délibéré; arrêt; décision; sentence; ordonnance; rapport

jugement m **d'allure** — *rating /of work pace/; performance rating*

jumelage m — *double banking*
Postes jumelés

juridiction f — *jurisdiction*
Compétence

juridiction (accord m **de)** — *jurisdictional agreement*

juridiction (conflit m **de)** — *jurisdiction/al/ dispute; jurisdiction/al/ conflict*

juridiction de métiers (conflit m **de)** — *work assignment jurisdictional dispute; trade assignment jurisdictional dispute; borderline dispute*

juridiction f **syndicale** — *union juris-diction*

Syn. – Compétence syndicale

juridiction syndicale (conflit m **de)** — */union/ jurisdictional dispute*

juridisme m — *legalism*

Légalisme

jurisprudence f — *jurisprudence; case law*

Cas d'espèce; cas type; précédent

jurisprudence f **du travail** — *labour jurisprudence; labour case law*

juste motif m — *just cause*

Syn. – Cause juste; motif valable

justice (droit m **d'ester en)** — *right to go to law; right to take to court*

know–how m — *know–how*

Secrets du métier; savoir technologique

Komintern m — *Komintern*

Syn. – Troisième Internationale; Internationale syndicale rouge

L

label m — *union label*
Syn. – Étiquette syndicale ● Insigne syndical;
attestation d'atelier syndical

lâcheur m — *drop–out*
Syn. – *Drop–out;* sortant; laissé–pour–
compte; déserteur

La Gazette du Canada — *The Canada
Gazette*
Journal officiel

laissé–pour–compte m — *drop–out*
Syn. – *Drop–out;* lâcheur; sortant; déserteur
● Taux d'abandon

laissez–faire — laissez–faire;*economic
liberalism*
Syn. – Libéralisme économique

langue f **de travail** — *working language; language at work*

la sainte touche — *payday*
Jour de paie

leader m — *leader*
Autorité informelle

leadership m — *leadership*

le document m — *yellow–dog contract*
Syn. – Contrat de jaune

légalisme m — *legalism*
Juridisme

législation f **du travail** — *labour legislation*
Droit du travail

[législation f **ouvrière]** — *labour
legislation*
Législation du travail; droit du travail

lettre f **de créance** — *credentials; letter of credence*

lettre f **d'entente** — *memorandum of
understanding*
Syn. Mémoire d'entente ● Contrat écrit; lettre
d'intention

[lettre f **de présentation]** — *letter of
introduction*
Lettre d'introduction

lettre f **de recommandation** — *letter
of reference; letter of recommendation*
Recommandation; lettre d'introduction

[lettre f **de référence]** — *letter of
reference*
Lettre de recommandation; recommandation

lettre f **d'explication** — *letter of explanation*

lettre f **d'intention** — *letter of intent;
memorandum of intent*
Lettre d'entente

lettre f **d'introduction** — *letter of introduction*
Recommandation; lettre de recommandation

lettre f **recommandée** — *registered
letter*

lettres de créance (comité m **des)** —
credentials committee

liaisons fp **dans l'entreprise** — *channels of communication*

liaisons fp **fonctionnelles** — *functional relations*

liaisons fp **hiérarchiques** — *line relations*

libellé m — *wording*

libéralisme m **économique** — *economic liberalism; laissez–faire*
Syn. – Laissez–faire ● Capitalisme

libéré m **(c)** — *full–time paid official*
Agent syndical; agent d'affaires syndical; permanent syndical; délégué syndical; dirigeant
syndical; représentant syndical; conseiller
technique; organisateur syndical

liberté f **d'assemblée** — *freedom of
assembly; right of assembly*
Syn. – Liberté de réunion

liberté f **d'association** — *freedom of
association*
Syn. – Liberté syndicale

liberté f **de parole** — *free speech; freedom of speech*
Syn. – Liberté d'expression

liberté f **de réunion** — *freedom of assembly; right of assembly*
Syn. – Liberté d'assemblée

liberté f **d'expression** — *free speech;
freedom of speech*
Syn. – Liberté de parole

liberté f **syndicale** — *freedom of association; right of association; right to organize*
Syn. – Liberté d'association ● Droit d'association

libre-échange m — *free trade*

licence f — *licence; permit*

licenciement m — *discharge; dismissal; layoff; termination of employment*
Syn. – Débauchage ● Congédiement; congé; suspension; mise à pied; renvoi; mise en disponibilité

licenciement (avis m **de)** — *layoff notice*

licenciement m **collectif** — *mass layoff; collective dismissal; group termination of employment*
Fonds de fin d'emploi

licenciement collectif (avis m **de)** — *mass layoff notice*

licenciement (indemnité f **de)** — *severance pay; separation pay*

licenciement (politique f **de)** — *layoff policy*

lieu m **de réunion** — *place of meeting; meeting–place*

lieu m **de travail** — *place of employment*

ligne f **d'autorité** — *line of authority; line; chain of command*
Syn. – Chaîne hiérarchique; ligne hiérarchique; axe hiérarchique; structure hiérarchique ● Hiérarchie directe

ligne f **de piquetage (c)** — *picket line*
Piquet

ligne f **de progression** — *progression line; promotion ladder; line of advancement*
Promotion

ligne f **hiérarchique** — *line of authority; chain of command*
Syn. – Ligne d'autorité; chaîne hiérarchique; axe hiérarchique; structure hiérarchique

lignes fp **directrices** — *guideposts; guidelines*
Syn. – Balises; principes directeurs ● Indicateurs des prix et des salaires; directives salaires–prix

limitation f **d'autorité** — *contraction of authority*

limitation f **des adhésions syndicales** — *limitation of membership*

limitation f **du rendement** — *featherbedding; restrictions on output*
Featherbedding; sinécure

liste f **blanche** — *fair list*

liste f **d'admissibilité** — *eligibility list; admissibility list; eligible list*

liste f **d'ancienneté** — *seniority list; seniority roster*
Droit d'ancienneté

liste f **de contrôle** — *check–list*
Syn. – Feuille de contrôle; questionnaire de contrôle ● Fiche d'instructions

[**liste** f **d'éligibilité**] — *eligibility list*
Liste d'admissibilité

liste f **de paye** — *payroll; ; pay sheet*
Syn. – Feuille de paye; livre de paye ● Feuille d'émargement; bordereau de paye; bulletin de paye; masse salariale; enveloppe de paye

liste f **de rappel** — *recall list; re-employment list*

liste f **de salaire** — *bill of wages*

liste f **noire** — *blacklist*
Discrimination dans l'emploi

liste (scrutin m **de)** — *vote by list*

litige m — *dispute*
Dispute; différend; grief; plainte; conflit; mésentente; accusation; poursuite; désaccord

litige m **intersyndical** — *inter–union dispute*

litispendance f — *pendency /of case/*

livre m **blanc** — *white paper*

livre m **de paye** — *paylist*
Syn. – Liste de paye; feuille de paye

livres (accès m **aux)** — *access to books and records*

lobbying m — *lobbying*
Syn. – Manoeuvre de couloir; intrigue de couloir; procédé de couloir

[**local** m **(c)**] — *local /union/*
Section locale; syndicat /local/

localisation f — *location*
Implantation

localisation f **industrielle** — *industry location*
Implantation d'une usine

localisation rigide (travail m sans) — *job without fixed site; transient work*

lock–out m — *lock–out*

lock–out (avis m de) — *lock–out notice*

loge f — *lodge*

Section locale; syndicat local; syndicat de salariés

logement m de compagnie (c) — *company housing*

Syn. – Logement de fonctions

logement m de fonctions — *company housing*

Syn. – Logement de compagnie

loi f — *act*

loi–cadre f — *general law*

Loi f canadienne sur les justes méthodes d'emploi — *Canada Fair Employment Practices Act*

Discrimination

Loi f des accidents du travail — *Workmen's Compensation Act*

Loi f des décrets de convention collective — *Collective Agreement Decrees Act*

Décret

Loi f du salaire minimum — *Minimum Wage Act*

Loi f relative aux enquêtes sur les coalitions — *Combines Investigation Act*

Loi f sur la formation et la qualification professionnelles de la main-d'oeuvre — *Manpower Vocational Training and Qualification Act*

Loi f sur l'assurance–chômage — *Unemployment Insurance Act*

Commission de l'assurance–chômage

Loi f sur le dimanche — *Lord's Day Act*

Loi f sur les relations de travail dans l'industrie de la construction — *Construction Industry Relations Act*

loisirs mp — *leisure time; odd jobs; odd moments*

louage de services (contrat m de) — *lease of personal service; hire of personal service; rental of services*

loyauté (clause f de) — *loyalty clause*

loyauté f multiple (?) — *dual loyalty*

Syn. – Double allégeance

M

macaron m **/syndical/** — *union badge*
Insigne syndical

machine f **(heure–)** — *machine–hour*

machinisme m — *machine age*
Mécanisation; industrialisation; production à la chaîne; production en masse; automation

magasin m **de compagnie (c)** — *company store; commissary*
Syn. – Économat

main–d'oeuvre f — *manpower; labour force*
Population active; effectifs; personnel; travailleurs; employés

main–d'oeuvre (besoin m **en)** — *manpower need/s/; manpower requirement/s/*

main–d'oeuvre (centre m **de)** — *manpower centre*

main–d'oeuvre (Commission f **de la formation professionnelle de la) CFPMO** — *Manpower Vocational Training Commission – MVTC*

main–d'oeuvre – (Conseil m **consultatif du travail et de la) CCTM** — *Advisory Council on Labour and Manpower – ACLM*

main–d'oeuvre f contractuelle — *contract labour*
Syn. – Main–d'oeuvre forfaitaire

main–d'oeuvre (coût m **de la)** — *labour cost*

main–d'oeuvre f **directe** — *direct labour*

main–d'oeuvre (Direction f **générale de la) DGMO** — *Manpower Branch Office – MBO*

main–d'oeuvre f **disponible** — *available manpower*

main–d'oeuvre (excédent m **de)** — *labour surplus; manpower redundancy*

main–d'oeuvre f **excédentaire** — *surplus manpower*
Chômage

main-d'oeuvre f **féminine** — *female labour*

main–d'oeuvre f **forfaitaire** — *contract labour*
Syn. – Main–d'oeuvre contractuelle

main–d'oeuvre f **indirecte** — *indirect labour*
Personnel de soutien; personnel auxiliaire; employé auxiliaire; personnel d'entretien

main–d'oeuvre (industrie f **à base de)** — *labour–intensive industry*

main–d'oeuvre (mobilisation f **de la)** — *manpower mobilization*

main–d'oeuvre (mobilité f **de la)** — *labour mobility*

main–d'oeuvre f **non qualifiée** — *unskilled labour; common labour*

main–d'oeuvre non qualifiée (adjonction f **de)** — *dilution of labour*

main–d'oeuvre f **occasionnelle** — *casual labour*
Main–d'oeuvre secondaire

main–d'oeuvre (pénurie f **de)** — *labour shortage*

main–d'oeuvre (politique f **de)** — *manpower policy*

main–d'oeuvre f **potentielle** — *potential manpower; potential labour force*

main–d'oeuvre (renouvellement m **de la)** — *labour turnover*

main–d'oeuvre (roulement m **de la)** — *labour turnover*

main–d'oeuvre f **salariée non agricole** — *non–agricultural paid work force*

main–d'oeuvre f **secondaire** — *secondary labour*
Main–d'oeuvre occasionnelle

main–d'oeuvre (taux m **de roulement de la)** — *labour turnover rate*

main–d'oeuvre f **totale** — *total labour force*
Population active

maintenance f — *maintenance*
Syn. – Entretien; personnel d'entretien ● Entretien ménager

maintien m **d'adhésion** — *maintenance of membership*
Syn. – Maintien d'affiliation

maintien m **d'affiliation** — *maintenance of membership*
Syn. – Maintien d'adhésion ● Sécurité syndicale

maison f — *firm; corporation*
Syn. – Firme

maître m — *master*

maîtrise f — *foremen; supervisors; supervision; /first/ line supervision; lower management*
Agent de maîtrise; contremaître; surintendant; superviseur; chef d'atelier; cadres; chef d'équipe

maîtrise (agent m **de)** — *front line supervisor; foreman; /first/ line supervisor*

maîtrise (personnel m **de)** — *management personnel; supervisory personnel; first line supervision; foremen*

majoration f — *allowance; premium*

majorations fp **auxiliaires** — *contingency allowances*

majorations fp **constantes** — *constant allowances; continuing allowances; regular increases*

majorations fp **d'équilibrage** — *interference allowances; catch–up allowances*

majorations fp **de repos** — *rest allowances*

majoration/s/ f **de salaire** — *wage increase/s/; premium wage*
Taux de salaire majoré

majorations fp **pour activité périodique** — *periodic activity allowances; increases for occasional duties*

majorations fp **pour besoins personnels** — *personal allowances*

majorations fp **pour heures supplémentaires** — *overtime premium pay*
Taux de salaire de surtemps

majorations fp **pour retards inévitables** — *process allowances*

majorations fp **pour travaux pénibles** — *hardship premium; inconvenience allowance*
Syn. – Indemnité de nuisances; indemnité de pénibilités

majorations fp **supplémentaires** — *policy allowances*

majorations fp **variables** — *variable allowances*

majorité f **absolue** — *absolute majority*

majorité f **des voix** — *majority; plurality*
Syn. – Scrutin majoritaire

majorité f **ordinaire** — *simple majority*
Syn. – Majorité relative

majorité f **relative** — *relative majority*
Syn. – Majorité ordinaire

maladie f **(absence–)** — *absence due to illness; sickness absenteeism*

maladie f **(assurance–)** — *health insurance; medicare*

maladie (caisse f **de congés de)** — *sick leave fund*

maladie (congé m **de)** — *sick leave*

maladie fp **(prestations–)** — *health benefits*

maladie f **professionnelle** — *occupational disease; industrial disease;*
Clause d'examen médical

maladie (réserve f **de congés de)** — *sick leave credit*

malfaçon f — *reject; substandard work; poor work; bad work*
Pièce manquée; travail bousillé

management m — *management*
Direction; gestion; administration

Management Association (American) AMA — *American Management Association – AMA*

mandamus m — */writ of/ mandamus*

mandant m — *principal; constituent*
Syn. – Commettant; constituant

mandat m — *mandate; terms of reference; order; warrant; term of office*
Délégation de pouvoirs

mandat (contrat m **de)** — *contract of mandate*

mandat m **de l'arbitre** — *mandate of the arbitrator; powers of the arbitrator*
Syn. – Attributions de l'arbitre; pouvoirs de l'arbitre

mandat (durée f **du)** — *term of office*

mandataire m — *mandatary authorized agent*
Fondé de pouvoir; agent; remplaçant; substitut; représentant

manifeste m — *manifesto*
Proclamation; promulgation; déclaration

manoeuvre m — *labourer*
Journalier

manoeuvre f **de couloir** — *lobbying*
Syn. – Procédé de couloir; intrigue de couloir; lobbying

manoeuvre f **déloyale** — *unfair labour practice*
Pratique déloyale de travail

manoeuvre f **électorale** — *vote–catching manoeuvre*

manoeuvre m **spécialisé** — *semi–skilled worker*
Syn. – Ouvrier spécialisé; travailleur spécialisé

manque f **de main–d'oeuvre** — *labour shortage*
Syn. – Pénurie de main–d'oeuvre

manquement m **au contrat** — *breach of contract; violation of contract*
Syn. – Violation de contrat

manuel m — *manual worker*

manuel m **d'accueil** — *employee handbook; induction handbook*
Syn. – Guide de l'employé; manuel de l'employé

manuel m **de l'employé** — *employee handbook*
Syn. – Guide de l'employé; manuel d'accueil

manuel m **d'entretien** — *maintenance handbook*
Syn. – Guide d'entretien

manufacture f — *factory*
Fabrique; usine; atelier; établissement; entreprise; firme

manufacturiers canadiens (Association f **des) AMC** — *Canadian Manufacturers Association – CMA*

manutention f — *handling*

maraudage (accord m **de non–) (c)** — *no–raiding agreement; no–raiding pact*

maraudage m **syndical** — *raiding; poaching*
Piraterie

marchandage m — *bargaining; dealing*
Négociation; tractation

marchandage (pouvoir m **de)** — *bargaining power*

marchandage (puissance f **de)** — *bargaining power*

marchandise f **boycottée** — *boycotted goods; hot goods*
Syn. – Produit boycotté ● Articles mis à l'index; articles interdits; articles intouchables; clause de refus de travail; boycottage secondaire; grève de sympathie; grève de solidarité

marchands détaillants du Canada (Association f **des) AMDC** — *Retail Merchants' Association of Canada – RMAC*

marché m — *market; deal; transaction*

marché m **commun** — *Commun market*
Syn. – Communauté économique européenne

marché m **du travail** — *labour market*

marché du travail (aire f **du)** — *labour market area*

marché du travail (désorganisation f **du)** — *manpower dislocation*

marché du travail (étendue f **du)** — *labour market area*

marché m **du travail facile** — *soft labour market*

marché m **du travail serré** — *tight labour market; hard labour market*

marché du travail (zone f **du)** — *labour market area*

marché (fléchissement m **du)** — *market decline; price softening*

marché m **potentiel** — *potential market*

marché m **potentiel du travail** — *potential labour market*

marge f **de négociation** — *negotiating range; bargaining range*

marge f **prédominante** — *predominant range*

masse (production f **de)** — *mass production*

masse f **salariale** — *wage bill; total payroll*
Bordereau de paye; feuille de paye; enveloppe de paye; liste de paye; coût du travail; charge salariale

Mater et Magistra — *Mater et Magistra*

maternité (allocation f **de)** — *maternity allowance; maternity pay*

maternité f **(assurance–)** — *maternity insurance*

maternité (congé m **de)** — *maternity leave*

mécanisation f — *mechanization*
Machinisme

médecine f **du travail** — *industrial medicine*
Hygiène du travail; fatigue industrielle

médecine du travail (service m **de)** — *industrial health service*

médiateur m — *mediator*
Conciliateur; arbitre; assesseur; amiable compositeur

médiation f — *mediation*
Conciliation; arbitrage

médiation f **orientée** — *mediation to finality*

médiation f **préventive** — *preventive mediation*

membre m — */union/ member*
Syn. – Adhérent; syndiqué

membre m **actif** — *active member*
Adhérent; syndicaliste

membre m **à jour de sa cotisation** — *member in good standing*
Syn. – Membre en règle

membre m **du bureau syndical** — *union officer*
Dirigeant syndical

membre m **en règle** — *member in good standing*
Syn. – Membre à jour de sa cotisation ● Adhérent

mémoire m — *brief; memorandum; report; submission*
Factum; rapport

mémoire m **d'entente** — *memorandum of agreement*
Syn. – Lettre d'entente ● Lettre d'intention; contrat écrit

menace f **de grève** — *strike threat*

mensualisation f — *monthly basis; mensualization*

mensualité f — *monthly installment; monthly payment; monthly remittance*
Prestation

mensuel m — *monthly–paid employee; salaried employee*

mensuel m — *monthly publication*

[mépris m **de cour]** — *contempt of court*
Outrage au tribunal

mérite (augmentation f **de salaire au) (c)** — *merit increase*

mérite personnel (évaluation f **du)** — *merit rating*

mérite (salaire m **au)** — *merit wage*

mésentente f — *disagreement*
Litige; dispute; grief; plainte; différend; conflit; accusation; poursuite; désaccord

mesure f **de performances** — *performance measurement*

mesure f **disciplinaire** — *disciplinary measure; discipline*
Sanction; mutation; déclassement; suspension; congédiement

mesure f **du travail** — *work measurement; ergonometrics*

méthode f — *method*

méthode f **de classification** — *classification method*
Syn. – Méthode des classes

méthode f **de comparaison des facteurs** — *factor comparison method*

méthode f **de formation** — *training method*

méthode f **de rangement** — *ranking method; ranking system*

méthode f **de rémunération au rendement** — *incentive wage plan; incentive wage system; incentive wage method*

méthode f **des classes** — *class method; classification system*
Syn. – Méthode de classification

méthode f **des points** — *point system; point method*
Syn. – Qualification par points

méthode f **des points directs** — *straight point system*

méthode f **des points pondérés** — *weighted point system*

méthode f **des temps prédéterminés – PMTS** — *predetermined motion time system – PMTS*

méthode f **d'évaluation des emplois** — *job evaluation method; job evaluation system*

méthode f **du chemin critique** — *critical path method – CPM*
Syn. – PERT

méthodes fp **administratives** — *systems and procedures*

méthodes (étude f **des)** — *methods study; methods engineering*

métier m — *craft; trade*
Profession

métier (corps m **de)** — *trade association; craft; skilled trade*

métier (gens fp **du)** — *fellow tradesmen; tradesmen*

métier (secrets mp **du)** — *secrets of the trade; tricks of the trade*

métier (syndicat m **de)** — *craft union*

métier (unité f **de négociation par)** — *craft /bargaining/ unit*

métiers associés (syndicat m **de)** — *associated–crafts union*

métiers (conflit m **de juridiction de)** — *work assignment jurisdictional dispute; trade assignment jurisdictional dispute; borderline dispute*

métiers connexes (syndicat m **de)** — *allied–crafts unions; extended–crafts unions*

métiers (conseil m **des)** — *trades council*

métiers mp **de la construction** — *building trades*
Syn. – Métiers du bâtiment

métiers mp **du bâtiment** — *building trades*
Syn. – Métiers de la construction

métiers (école f **de)** — *vocational school; trades school*

métiers (famille f **de)** — *allied crafts; allied trades; related trades*

micromouvements (étude f **des)** — *micro–motion study*

migration f — *migration; mobility*
Syn. – Mobilité géographique

milieu m **de travail** — *job environment; work environment*

milieu de travail (formation f **en)** — *on–the–job training; in–plant training*

militant m **de base** — *active union member; local union officer*
Agent de section locale; militant syndical

militant m **syndical** — *active union member; union officer*
Militant de base; permanent syndical; libéré; délégué syndical; agent d'affaires syndical; fonctionnaire syndical; syndicaliste

ministère m **du Travail** — *Department of Labour*

minorité f **des voix** — *minority*

minute f **standard** — *standard minute*

[**minutes** fp] — *minutes; proceedings*
Procès–verbal

mis m **en cause** — *joinder of parties; mis en cause*

mise f **à l'index** — *boycott; blacklisting*
Syn. – Boycottage ● Articles interdits; articles intouchables; articles mis à l'index

mise f **à pied** — *layoff*
Syn. – Mise en disponibilité ● Licenciement; congédiement; suspension; congé; débauchage; renvoi; mise en disponibilité; déplacement; destitution

mise à pied (politique f **de)** — *layoff policy*

mise f **en candidature** — *nomination*

mise f **en demeure** — *formal demand; summons*

mise f **en demeure de négocier** — *notice to bargain*

mise f **en disponibilité** — *layoff*
Syn. – Mise à pied

[**mise** f **en nomination**] — *nomination*
Mise en candidature

mise f **en tutelle** — *trusteeship*

mitigation f **des dommages** — *mitigation of damages*
Syn. – Réduction des dommages

mobilisation f **de la main–d'oeuvre** — *manpower mobilization*

mobilité f — *mobility*

mobilité f **de la main–d'oeuvre** — *labour mobility*

mobilité f **géographique** — *geographic mobility*
Syn. – Migration

mobilité f **professionnelle** — *occupational mobility*

mobilité f **sociale** — *social mobility*

mode m **de paiement** — *method of payment*

mode m **de vie** — *life–style; way of life; way of living*
Syn. – Genre de vie ● Niveau de vie; standard de vie

modèle m — *model; standard; pattern*

modification f — *amendment*
Amendement

modification (temps m **de)** — *change-over time*

modus vivendi m — *modus vivendi*
Syn. – Accommodement ● Compromis; accord; arrangement; composition; concession; contrat; entente; convention; convention collective

moins–perçu m — *amount not drawn*
Surpaye

moins–value f — *depreciation*
Syn. – Dépréciation

mois m **civil** — *calendar month*

mois m **légal** — *legal month*

mois (salaire m **au)** — *monthly wage; pay by the month*

moitié (taux m **majoré de)** — *time-and–a–half /rate/*

monopole m — *monopoly*
Duopole; oligopole; cartel; conglomérat; fusion d'entreprises

monopole m **syndical** — *union monopoly; exclusive representation*
Accréditation syndicale

monopsone m — *monopsony*

montant m — *amount; quantity*
Somme

montant m **forfaitaire** — *lump–sum*

moral m **au travail** — *on–the–job morale*
Moral du personnel

moral m **du personnel** — *personnel morale; staff morale; workers' morale*
Moral au travail

morte–saison f — *slack period; off–season; slack time*
Syn. – Temps mort; période creuse ● Heures creuses; heure de pointe

motif à l'appui (avec) — *for cause*
Motivé

motif m **valable** — *just cause*
Syn. – Cause juste; juste motif

motion f — *motion; resolution*
Syn. – Proposition

motion (avis m **de)** — *notice of motion*

motion f **de renvoi** — *motion to refer back*

motivation f — *motivation*

motivé — *for cause*
Avec motif à l'appui

mouchard m — *labour spy; stool pigeon*
Indicateur; délateur

[moulin m **]** — *mill*
Usine; fabrique; manufacture

mouvement m **de retour au travail** — *back–to–work movement*
Grève

mouvement m **ouvrier** — *labour movement*
Syndicalisme; classe ouvrière; prolétariat; salariat

mouvement m **syndical** — *organized labour; union movement*
Travail organisé; syndicalisme

mouvements (économie f **de)** — *motion economy*

mouvements (étude f **des)** — *motion study*

moyen m **d'évaluation** — *yardstick*

moyens mp **de production** — *means of production; capital goods; capital equipment*
Immobilisations

multinationale f — *multi–national corporation*
Syn. – Firme multinationale

multinationale (firme f **)** — *multi–national corporation*

mutation f — *transfer*
Promotion; rétrogradation; permutation; avancement; déclassement professionnel; reconversion industrielle; déplacement

mutation f **temporaire** — *temporary transfer*
Syn. – Remplacement temporaire

mutuelle f — *mutual benefit society*
Syn. – Société mutuelle ● Association; organisation; caisse de secours

N

National Academy of Arbitrators —
NAA — *National Academy of Arbitrators* — *NAA*
American Arbitration Association

National Association of Manufacturers — **NAM** — *National Association of Manufacturers* — *NAM*
Association des manufaturiers canadiens

National Industrial Conference Board — *National Industrial Conference Board*
Syn. – *The Conference Board*

nationalisation f — *nationalization*
Syn. – Socialisation ● Étatisation

nature (prestations fp **en)** — *allowance in kind*

nature (rémunération f **en)** — *payment in kind*

négociateur m — *negotiator*
Agent de négociation

négociation f — *negotiation; bargaining*
Tractation; marchandage

négociation f **à double palier** — *double-deck bargaining*

négociation (agent m **de) (c)** — *bargaining agent*

négociation f **à l'échelle de la firme** — *multi-plant bargaining; company-wide bargaining*
Négociation multi-établissements; négociation coordonnée

négociation f **anticipée** — *preactivity; prebargaining conference; prebargaining negotiation*
Syn. – Prénégociation

négociation appropriée (unité f **de)** — *appropriate bargaining unit*

négociation-cadre f — *master / agreement / bargaining*

négociation (calendrier m **de)** — *bargaining schedule*

négociation f **clé** — *key bargaining*
Négociation type

négociation f **collective** — *collective bargaining*

négociation collective (régime m **de)** — *collective bargaining system*

négociation f **concertée** — *coalition bargaining*
Négociation par branche

négociation f **continue** — *continuous bargaining*
Clause de réouverture;   clause ouverte; clause de non-ouverture; convention collective ouverte; réexamen des salaires

négociation f **coordonnée** — *coordinated bargaining*
Négociation par branche;   négociation concertée; négociation multi-établissements

négociation f **de bonne foi** — *bargaining in good faith*

négociation de réseau (unité f **de)** — *system-wide /bargaining/ unit*

négociation f **directe** — *direct negotiations*

négociation (dossier m **de)** — *negotiation brief; bargaining records*

négociation (droit m **exclusif de)** — *exclusive bargaining rights*

négociation f **en cartel** — *coalition bargaining*

négociation f **fragmentaire** — *fractional bargaining*

négociation f **globale** — *package bargaining*
Offre globale; enveloppe globale

négociation (groupement m **de)** — *bargaining unit*

négociation f **individuelle** — *individual bargaining*

négociation industrielle (unité f **de)** — *industrial /bargaining/ unit; industry-wide bargaining unit*

négociation f **irréaliste** — *blue-sky bargaining*

négociation (marge f **de)** — *negotiating range; bargaining range*

négociation f **multi-établissements** — *multi-plant bargaining; company-wide bargaining*
Négociation coordonnée; négociation à l'échelle de la firme

négociation f **multipartite (néol.)** — *multi-union multi-employer bargaining*
Convention collective générale

négociation f **multisyndicale** — *multi–union bargaining*

négociation f **nationale** — *national bargaining*

négociation f **par branche** — *industry–wide bargaining; sector bargaining*
Négociation coordonnée; négociation concertée

négociation par compagnie (unité f **de)** — *company–wide bargaining unit*

négociation par départment (unité f **de)** — *department /bargaining/ unit*

négociation par établissement (unité f **de)** — *plant /bargaining/ unit*

négociation par métier (unité f **de)** — *craft /bargaining/ unit*

négociation f **paritaire** — *joint negotiation*

négociation f **particulière** — *single plant bargaining; workplace bargaining*

négociation (pouvoir m **de)** — *bargaining power*

négociation professionnelle (unité f **de)** — *craft /bargaining/ unit*

négociation f **régionale** — *area bargaining; regional bargaining*

négociation régionale (unité f **de)** — *regional bargaining unit*

[négociation f **sectorielle]** — *sector bargaining; industry–wide bargaining*
Négociation par branche

négociation f **sur la productivité** — *productivity bargaining*

négociation (table f **de)** — *bargaining table*

négociation f **tendue** — *crisis bargaining*

négociation f **type** — *pattern bargaining*
Négociation clé; convention collective type

négociation (unité f **de)** — *bargaining unit*

négociation (unité f **naturelle de)** — *natural bargaining unit*

négociations (ronde f **de)** — *bargaining round*

négociations (rupture f **de)** — *breaking–off of negotiations; breakdown in negotiations*

négocier — *to negotiate; to bargain*

négocier (obligation f **de)** — *duty to bargain*

népotisme m — *nepotism*
Syn. – Favoritisme ● Discrimination

New Deal m — *New Deal*

niveau m **de chômage** — *unemployment level*

niveau m **de décision** — *decision–making level*

niveau m **d'emploi** — *employment level*

niveau m **de qualification** — *level of qualification; level of capacity; level of ability*

niveau m **de salaire** — *wage level; salary level; wage bracket*

niveau m **de travail** — *level of work*

niveau m **d'études** — *educational level*

niveau m **de vie** — *standard of living; level of living*
Genre de vie; mode de vie; standard de vie

noctambule m — *moonlighter; fly–by–night worker*

noctambulisme m — *moonlighting*
Syn. – Travail noir

nombre m **indice** — *index number*
Syn. – Indice

nominal — *nominal*

nomination f — *appointment*
Élection; cooptation; embauchage; engagement

normalisation f — *standardization*
Standardisation

normalisation f **des emplois** — *job standardization*

norme f — *standard; norm*

normes fp — *guidelines; guideposts*
Balises

normes fp **de production** — *production standards*

normes fp **de rendement** — *performance standard; standards of performance*
Syn. – Normes d'exécution

normes fp **de travail** — *labour standards*

normes fp **d'exécution** — *standards of performance; standard performance*
Syn. – Normes de rendement

normes (taux m **inférieur aux)** — *substandard rate*

notation f — *rating*
Allure de référence

notation f **du personnel** — *merit rating; personnel evaluation*
Appréciation du personnel; évaluation du mérite personnel

note f **de frais** — *expense account*

notification f — *notification; written notice; written notification*
Avis

notification f **de désaccord** — *notification of disagreement*
Syn. – Avis de désaccord

nouveau syndicat m — *successor union*
Syn. – Syndicat–successeur

nouvel emploi m — *job opening*
Emploi vacant; poste vacant

nouvel employeur m — *successor company*
Syn. – Compagnie–successeur ● Subrogation

novation f — *novation*

noyautage m — *infiltration; boring from within*

nuisances (indemnité f **de)** — *hardship premium; inconvenience allowance*

nuit (emploi m **de)** — *night job; night work*

nuit (prime f **de)** — *night shift differential; night shift premium*

nuit (quart m **de)** — *night shift; third shift*

nullité (clause f **de non–) (c)** — *saving clause*

O

objectif m — *aim; goal; objective; target*

objectifs (direction f **par) – DPO** — *management by objectives – MBO*

obligation f — *duty; obligation*
Responsabilité

obligation f — *bond; debenture*

obligation f **de négocier** — *duty to bargain*
Accréditation

obligation f **de tenir des registres** — *record–keeping requirements*

obligation f **du successeur** — *successor rights*
Successeur

observation f — *remark*
Remontrance; réprimande; avertissement; avis de réprimande

observations (feuille f **d')** — *time–study form*

obsolescence f **(néol.)** — *obsolescence*
Syn. – Usure technologique; vieillissement ● Désuétude

occasionnel — *casual employee*
Auxiliaire

occasions fp **d'emploi** — *job opportunities; employment opportunities*
Syn. – Possibilités d'emploi

occupation f — *work*
Syn. – Emploi; poste; position; profession

occupation f **(double)** — *dual jobholding; moonlighting*

[octroi m **]** — *grant*
Subvention; subside

office m — *service; board*
Syn. – Bureau administratif; service gouvernemental; agence gouvernementale ● Bureau; service; état–major; conseil; comité; commission

office m — *duty; office*
Fonction; position; charge

officiel m — */civil service/ official*
Syn. – Fonctionnaire

officiel — *formal; official*
Syn. – Formel

officiels mp — *officials*

[officier m **de syndicat]** — *union officer*
Dirigeant syndical; membre du bureau syndical

officieux — *informal*
Syn. – Informel

offre f — *offer; proposal; counter–proposal*
Syn. – Proposition

offre f — *supply*

offre f **conditionnelle** — *conditional offer; qualified offer*
Proposition conditionnelle

offre f **de travail** — *labour supply*

offre f **finale** — *final offer; final proposal*

offre f **globale** — *package deal*
Syn. – Proposition globale ● Enveloppe globale; panier; augmentation forfaitaire de salaire

offre f **inconditionnelle** — *unconditional offer*

oligopole m — *oligopoly*
Duopole; monopole; cartel; conglomérat

One Big Union – OBU — *One Big Union – OBU*

opération f — *operation*
Exploitation

opérations (contrôle m **des)** — *operations audit*

opinion f **générale** — *general opinion; consensus*
Syn. – Consensus ● Opinion publique

opinion f **publique** — *public opinion*
Opinion générale

opposition f — *opposition*

option f **de retrait** — *opting out; withdrawal option; option to withdraw*
Syn. – Désengagement; retrait facultatif ● Clause d'échappatoire

optionnel (néol.) — *optional*
Facultatif

optique m **de la direction** — *top management approach*

ordonnance f — *ordinance; order; court order*
Ordre; arrêt; jugement; décision; sentence; délibéré

ordonnance f **de réintégration** — *reinstatement order*

Ordonnance f **générale –no 4** — *General Ordinance –No.4*
Commission du salaire minimum

ordonnancement m — *scheduling*

ordre m — *order*

ordre m **du jour** — *agenda*

ordre m **professionnel** — *professional chamber; professional group*
Chambre professionnelle; corporation professionnelle; guilde

organigramme m — *organization chart*

organisateur m **syndical** — *union organizer*
Recruteur syndical; propagandiste syndical; libéré

organisation f — *organization; management*
Association

Organisation f **de coopération et de développement économique** — **OCDE** — *Organization for Economic Cooperation and Development* — *OECD*

organisation f **d'employeurs** — *employers' organization; employers' association; employers' union*
Syn. – Association d'employeurs; syndicat patronal; association patronale

organisation f **du travail** — *work organization*

organisation f **fonctionnelle** — *functional organization; staff organization*

organisation f **hierarchique** — *line organization*

organisation f **horizontale** — *functional organization; staff organization*

organisation f **informelle** — *informal organization*

Organisation f **internationale du travail** — **OIT** — *International Labour Organization* — *ILO*

organisation f **opérationnelle** — *line organization*

organisation (piquetage m **d') (c)** — *organizational picketing*

organisation f **professionnelle** — *professional organization*

organisation f **scientifique du travail** — **OST** — *industrial engineering; scientific management*
Ergonomie

organisation f **syndicale** — *union organization; trade-union*
Syndicat; syndicalisme

organisme m — *organism; organization; body*

orientation f **professionnelle** — **OP** — *vocational guidance*
Guidance professionnelle; conseiller d'orientation professionelle; adaptation professionnelle

orientation professionnelle (conseiller m **d')** — *vocational counsellor; vocational guidance counsellor*

outillage (allocation f **d')** — *tool allowance*

outrage m **au tribunal** — *contempt of court*

ouverture (clause f **de non–) (c)** — *zipper clause*

[ouverture f **d'emploi]** — *job opening*
Nouvel emploi

ouvrage m — *work*
Affaire; entreprise

ouvrier m — *worker; workman*
Cols bleus; travailleur; travailleur à la production; personnel d'exécution; employé hors bureau

ouvrier (homme m **d'État du monde)(?)** — *labour statesman*

ouvrier (mouvement m **)** — *labour movement*

ouvrier m **qualifié** — *skilled worker*

ouvrier (régime m **d'actionnariat)** — *co–partnership; employee stock purchase plan; workers' stock ownership*

ouvrier m **représentatif** — *qualified worker*

ouvrier m **spécialisé** — *semi–skilled worker; production–line worker; assembly–line worker*
Syn. – Travailleur spécialisé ● Manoeuvre spécialisé

ouvrière (Alliance f **internationale) AIO** — *International Working People's Association - IWPA*

ouvrière (classe f **)** — *working class*

ouvrière (conscience f) — *working class consciousness*

ouvrière (éducation f) — *labour education; workers' education*

ouvrière (formation f) — *workers' education*

ouvrière (internationale f) — *international labour movement*

ouvriers mp **flottants** — *non–permanent workers*

P

pace setter m   — *pace setter; pace-maker*
Travailleur moyen

Pacem in Terris — *Pacem in Terris*

pacte m   — *pact*

paiement m   — *payment*
Obligation

paiement m   **à la démarcation** — *portal–to–portal pay*
Syn. – Salaire à la démarcation; salaire selon la durée de présence

[**paiement** m   **à la pièce**] — *piece-work /wage/*
Salaire aux pièces

[**paiement** m   **en trop**] — *overpayment*
Surpaye

paiement (mode m   **de)** — *method of payment*

paiements /internationaux/ (balance f **des)** — *balance of payments*

paix f **industrielle** — *industrial peace*

palier m   **des salaires** — *wage bracket*
Syn. – Catégorie des salaires; fourchette des salaires; créneau des salaires; groupe des salaires

panier m   — *package deal*
Syn. – Enveloppe globale

panne f — *breakdown*

paquet m   — *package*

parafer — *to initial*

parasites mp   — *free loaders; free riders*
Resquilleur

parité (clause f **de)** — *parity clause; favored–nation clause*

parité f **de salaire** — *wage parity*

parole (liberté f **de)** — *free speech; freedom of speech*

part f — *share; stock*
Syn. – Action

[**partage** m   **des profits**] — *profit sharing*
Participation aux bénéfices

partage m   **des voix** — *vote–split*

partage m   **du travail** — *work sharing*
Syn. – Distribution du travail ● Étalement du travail; attribution d'un travail; affectation; répartition du travail

partenaires mp **sociaux** — *social partners*

participation f — *participation*

participation f **à la décision** — *participation in decision–making; share in decision–making*

participation f **à la gestion** — *participation in management*
Cogestion; autogestion

participation f **à l'information** — *access to information*

participation f **aux bénéfices** — *profit sharing*
Intéressement; clause d'intéressement; répartition des bénéfices

participation f **communautaire** — *community involvement*

participation f **de consultation** — *participation through consultation*

participation f **de contrôle** — *control sharing /by workers/*
Contrôle ouvrier

participation des employés aux bénéfices (régime m   **de)** — *employees' profit–sharing plan*

participation f **ouvrière** — *workers' participation*

participation f **totale** — *full participation; co–participation*

[**parties** fp **à la convention**] — *parties to the agreement*
Parties contractantes; parties signataires

parties fp **contractantes** — *parties to the agreement*
Syn. – Parties signataires

parties fp **signataires** — *parties to the agreement*
Syn. – Parties contractantes

partisan m   — *supporter*

paternalisme m   — *paternalism*

patrimoine m   — *patrimony; heritage*

patron m   — *employer; boss*
Employeur

patron–artisan m — *working employer*
Syn. – Propriétaire actif ● Artisan

[**patronage** m (c)] — *patronage*
Favoritisme; népotisme

patronal–ouvrier (comité m **)** — *labour–management committee*

patronale (association f **)** — *employers' association*

patronale (prérogative f **)** — *management prerogative; managerial prerogative*

patronales (attributions fp **)** — *management prerogatives*

patronat m — *management*

patronat du Québec (Conseil m **du) CPQ** — Conseil du patronat du Québec – CPQ

patronat français – (Conseil m **national du) CNPF** — Conseil national du patronat français–CNPF

patrons et dirigeants d'entreprise français (Centre m **chrétien des) CFPC** — Centre chrétien des patrons et dirigeants d'entreprise français – CFPC

paupérisation f — *pauperization; impoverishment*

paupérisme m — *pauperism*

pause f — *break period; pause*
Période de repos; période de repos compensatoire; repos; repos intercalaire; temps libre

pause f **café** — *coffee break; rest period; break*
Repos intercalaire; période de repos; temps libre

pause f **de conciliation** — *cooling–off period*
Syn. – Période de répit; trêve obligatoire; période de réflexion

pause médiane f — *lunch time; time off for noon meal*
Syn. – Pause repas

pause f **repas** — *lunch time; time off for noon meal*
Syn. – Pause médiane

[*pay–as–you–go system*] — *pay–as–you–go system*
Système de répartition

paye f — *pay*
Salaire; rémunération; traitement; surpaye; gains

paye f **à la quatorzaine** — *biweekly pay*

paye f **anticipée** — *advance pay*
Salaire anticipé; avance sur salaire

paye (bordereau m **de)** — *payroll; wage docket; paylist*

paye (bulletin m **de)** — *pay slip*

paye f **complémentaire** — *ancillary pay*

[**paye** f **de disponibilité**] — *on–call pay; stand–by pay*
Prime de disponibilité; indemnité de disponibilité; taux de salaire de disponibilité

[**paye** f **de séparation (c)**] — *severance pay; separation pay*
Indemnité de fin d'emploi; indemnité de départ; indemnité de cessation d'emploi; indemnité de licenciement

paye f **encaissable** — *take–home pay; disposable earnings; spendable earnings*
Salaire net

paye (enveloppe f **de) (c)** — *pay envelope*

paye (feuille f **de)** — *pay sheet; payroll*

paye (fiche f **de)** — *pay slip*

paye (fréquence f **des jours de)** — *frequency of paydays*

paye (jour m **de)** — *payday*

paye (liste f **de)** — *payroll; paylist; pay sheet*

paye (livre m **de)** — *paylist*

paye (période f **de)** — *pay period*

paye (période f **normale de)** — *regular pay period; standard pay period*

paye (retenue f **de la)** — *hold–back pay*

payer (capacité f **de)** — *ability to pay*

pécule m — *savings; nest–egg*

pécule m **de vacances** — *vacation pay*

pénalité f — *penalty*
Amende légale; amende

pénibilités (indemnité f **de) (néol.)** — *hardship premium; inconvenience allowance*

pensée f **créatrice** — *creative thinking*

pension f — *pension*
Pension alimentaire; pension de vieillesse; retraite; salaire de non–activité; rente

pension f **alimentaire** — *alimony*

pension à prestations définies (plan m **de)** — *definite benefit pension plan*

pension à prestations uniformes (plan m **de)** — *uniform benefit pension plan*

pension à taux fixe (plan m **de)** — *flat–rate pension plan*

pension avec caisse spéciale (plan m **de)** — *funded pension plan*

pension capitalisé (plan m **de)** — *funded pension plan*

pension conjoint (plan m **de)** — *joint pension plan*

[pension f **conjointe avec bénéficiaire]** — *joint and survivor pension*
Pension de réversion

pension d'acquisition pécuniaire (plan m **de)** — *money–purchase pension plan*

pension de carrière (plan m **de)** — *career–earnings pension plan*

pension f **de retraite** — *retirement pension*
Retraite; salaire de non–activité

pension f **de réversion** — *survivors' benefits pension*
Prestations de réversion; assurance réversible

[pension f **de survivants]** — *survivors' benefits*
Pension de réversion; prestations de réversion

pension f **de vieillesse** — *old age pension*
Assurance–vieillesse; pension

pension enregistré (fonds m **de)** — *registered pension plan*

pension (fonds m **de)** — *pension fund*

pension par convention collective (plan m **de)** — *negotiated pension plan*

pension par répartition (plan m **de)** — *pay–as–you–go pension plan*

pension (plan m **de)** — *pension plan*

pension privé (plan m **de)** — *private pension plan*

pension sans caisse (plan m **de)** — *pay–as–you–go pension plan*

pension selon les gains moyens (plan m **de)** — *career–earnings pension plan; averaged–earnings pension plan*

pension selon les gains terminaux (plan m **de)** — *final–earnings pension plan*

pension f **transportable** — *portable pension*

pension unilatéral (plan m **de)** — *unilateral pension plan*

pensionné m — *pensioner; retired pensioner*
Retraité

pensions contributives (plan m **de)** — *contributory pension plan*

pensions non contributives (plan m **de)** — *non–contributory pension plan*

pénurie f **de main–d'oeuvre** — *labour shortage*
Syn. – Manque de main–d'oeuvre

per capita m — *per capita*
Capitation

perfectionnement m — *training; development*

perfectionnement (caisse f **de)** — *personnel improvement fund*

perfectionnement (cours mp **de)** — *upgrading course; further training*

performance f — *performance*
Essais de performance

performance (essais mp **de)** — *performance tests*

période f — *period*

période f **creuse** — *slack period; off–season; slack time*
Syn. – Morte–saison; temps mort

période f **d'adaptation** — *break–in time; break–in period*
Syn. – Période de rodage

période f **d'arrêt technologique** — *down time; down period*

période f **d'attente** — *waiting period*
Décalage

période f **d'échappatoire** — *escape period; open season*

période f **de disponibilité** — *stand-by duty period*
Être en disponibilité; assurer la permanence; être de piquet; être de garde; être de faction

période f **de paye** — *pay period*
Fréquence des jours de paye

période f **de probation** — *probationary period; trial period*

Période d'essai; période probatoire; probation

période f **de référence** — *base period; reference period*

Syn. – Année de référence

période f **de référence pour congés payés** — *vacation year*

Syn. – Année de référence pour congés payés

période f **de réflexion** — *cooling–off period*

Syn. – période de répit; trêve obligatoire; pause de conciliation

[période f **de repas]** — *meal period; meal break*

Temps des repas

période f **de répit (?)** — *cooling–off period*

Syn. – Trêve obligatoire; pause de conciliation; période de réflexion

période f **de repos** — *rest period*

Pause café; repos intercalaire; temps libre; pause; repos

période f **de repos compensatoire** — *compensatory time–off; time–off in lieu*

Pause; période de repos

période f **de rodage** — *break–in period*

Syn. – Période d'adaptation

période f **des congés annuels** — *annual vacation period*

Syn. – Période des vacances annuelles

période f **d'essai** — *probationary period; probation; trial period*

Engagement à l'essai; travailleur à l'essai; recyclage; stage; période probatoire; période de probation; probation

période f **des vacances annuelles** — *annual vacation period*

Syn. – Période des congés annuels

période f **d'initiation** — *break-in period*

période f **normale de paye** — *regular pay period; standard pay period*

période f **normale de travail** — *normal work period; regular working time*

période f **probatoire** — *trial period; probationary period*

Syn. – Stage probatoire; période de probation; période probatoire

périodicité f **du paiement des salaires** — *frequency of paydays*

Syn. – Fréquence des jours de paye

permanence f — *tenure*

Sécurité d'emploi

permanence (/assurer f **la/)** — *standby /duty/*

Syn. – Etre en disponibilité; être de garde; être de piquet ; être de faction

permanent m — *permanent employee; permanent worker*

permanent m **syndical** — *full–time union staff; union representative*

Syn. – Fonctionnaire syndical ● Agent d'affaires syndical; représentant syndical; délégué syndical; militant syndical; dirigeant syndical; libéré; délégué d'atelier

permis m **d'absence** — *leave /of absence/; leave; authorized leave; absence with leave*

Syn. – Congé autorisé; absence autorisée; autorisation d'absence

permis m **de travail** — *work permit*

permission f — *leave*

Syn. – Congé ● Permis d'absence

permutation f — *exchange of posts*

Mutation; promotion; rétrogradation; avancement; déclassement professionnel

personnalité f **juridique** — *legal status*

personne f **à charge** — *dependant; dependent member of family*

personne (substitution f **de)** — *impersonation; telegraphing –voting–*

personnel m — *personnel; employees; staff*

Main–d'oeuvre; travailleurs; employés

personnel (accroissement m **du)** — *accession*

personnel (agent m **du)** — *personnel officer*

personnel (appréciation f **du)** — *personnel appraisal; employee performance review*

personnel m **auxiliaire** — *ancillary personnel; auxiliary personnel; support staff*

Personnel de soutien; main–d'oeuvre indirecte; employé auxilliaire

personnel (bureau m **du)** — *personnel office; personnel department*

personnel (chef m **du)** — *personnel director; personnel manager*

personnel (compression f **du)** — *staff reduction; staff cutback; reduction in staff; retrenchment on staff*

personnel m **de bureau** — *clerical workers; office employees*
Employés de bureau; cols blancs; préposés aux écritures

personnel m **de cadre** — *staff; administrative personnel; managerial personnel; supervisory personnel*
Cadres supérieurs; cadres moyens; cadres, subalternes; contremaître; chef d'atelier

personnel m **de direction** — *managerial personnel*
Cadres

personnel m **de maîtrise** — *supervisory personnel; first line supervision; foremen*
Cadres subalternes; cadres inférieurs; contremaître

personnel m **d'encadrement** — *management staff*

personnel m **de service** — *service employees*

personnel m **de soutien** — *support staff; clerical personnel; clerical staff*
Main–d'oeuvre indirecte; personnel auxiliaire; employé auxiliaire

[personnel m **de support]** — *support staff*
Personnel de soutien

personnel (délégué m **du)** — *shop steward*

personnel m **d'entretien** — *maintenance personnel*
Maintenance; main–d'oeuvre indirecte; entretien ménager

personnel m **d'entretien ménager** — *housekeeping personnel; char staff*

personnel m **d'exécution** — *operating personnel*
Employé hors–bureau; cols bleus; ouvrier; travailleur à la production; exécutant

personnel (directeur m **du)** — *personnel manager; personnel director*

personnel m **dirigeant** — *management staff*

personnel (dossier m **du)** — *personnel records; personnel files; employee records*

personnel (dotation f **en)** — *staffing; manning*

personnel (évaluation f **des programmes du)** — *personnel audit*

personnel m **excédentaire** — *surplus personnel; redundant personnel; personnel redundancy*

personnel (fichier m **du)** — *employee records; personnel records; personnel files*

personnel (gestion f **du)** — *personnel administration; personnel management*

personnel (interchangeabilité f **du)** — *personnel interchangeability*

personnel m **itinérant** — *field staff; operating employees; running trades –railway–*

personnel (journal m **du)** — *employees magazine*

personnel (moral m **du)** — *personnel morale; staff morale; workers' morale*

personnel (notation f **du)** — *merit rating; personnel evaluation*

personnel (politique f **de)** — *personnel policy*

personnel (polyvalence f **du)** — *multi-skilled trade qualification*

personnel (réduction f **du)** — *reduction in work force*

personnel (rotation f **du)** — *personnel rotation*

personnel m **sédentaire** — *indoor staff; non–operating employees –railway–*

personnel (service m **du)** — *personnel department*

personnel m **subalterne** — *subordinate personnel; rank–and–file; junior staff*

perspectives fp **de carrière** — *job expectations*

PERT — *PERT; Program Evaluation and Review Technique; Program Evaluation Research Task*
Syn. – Méthode du chemin critique

perte f **nette** — *net loss*

petites besognes fp — *odd jobs*

petits travaux mp — *odd jobs*

philosophie f **de la direction** — *management philosophy*

pièce f — *exhibit*

pièce f **d'identité** — *identification*

pièce f **manquée** — *reject; damaged work*
Malfaçon; travail bousillé

pièce (salaire m **à la)** — *piecework /wage/*

pièce (travail m **à la)** — *piecework*

pièces (taux m **différentiel aux)** — *differential piece–rate*

pied d'oeuvre (travail m **à)** — *on–site work*

pifomètre (au) m **(fam.)** — *trial–and–error method; by guess*
Au jugé; à l'estime

pilote f **(usine)** — *pilot plant*

piquet m **/de grève/** — *picket*
Syn. – Piqueteur ● Ligne de piquetage

piquet (/être/ m **de)** — *stand-by /duty/*
Syn. –Etre en disponibilité; être de garde; assurer la permanence; être de faction

piquet m **mobile (c)** — *roving picket; moving picket*

piquet m **volant (c)** — *flying picket*

piquetage m **(c)** — *picketing*

piquetage m **auprès des clients (c)** — *customer picketing*
Syn. – Piquetage auprès des consommateurs

piquetage m **auprès des consommateurs (c)** — *consumer picketing*
Syn. – Piquetage auprès des clients

piquetage m **circulaire (c)** — *circular picketing*
Syn. – Piquetage en chaîne

piquetage m **(contre–) (c)** — *cross picketing*

piquetage m **d'avertissement (c)** — *dry–run picketing*

piquetage m **de reconnaissance (c)** — *recognition picketing*
Piquetage d'organisation

piquetage m **d'information** — *information picketing*
Syn. – Piquetage informatif; piquetage publicitaire

piquetage m **d'organisation (c)** — *organizational picketing*
Piquetage de reconnaissance

piquetage m **en chaîne (c)** — *chain picketing*
Syn. – Piquetage circulaire

piquetage m **informatif (c)** — *information picketing*
Syn. – Piquetage publicitaire; piquetage d'information

piquetage m **légal (c)** — *legal picketing*

piquetage (ligne f **de) (c)** — *picket line*

piquetage m **massif (c)** — *mass picketing; mass picket–line*

piquetage m **minoritaire (c)** — *minority picketing*

piquetage m **par des étrangers (c)** — *stranger picketing*

piquetage m **primaire (c)** — *primary picketing*

piquetage m **publicitaire (c)** — *information picketing*
Syn. – Piquetage informatif; piquetage d'information

piquetage m **secondaire (c)** — *secondary picketing*

piquetage m **symbolique (c)** — *symbolic picketing; token picketing*

piqueteur m **(c)** — *picket*
Syn. – Piquet ● Ligne de piquetage

piraterie f — *pirating; raiding; piracy*
Maraudage syndical

[piton m **(c)]** — *scrip money; token*
Jeton de salaire

place f — *position*
Syn. – Emploi; poste de travail; fonction; travail ● Tâche; embauche

placement m — *employment service*

placement m — *investment*
Investissement

placement (bureau m **de)** — *employment agency*

placement (bureau m **privé de)** — *private employment agency*

placement (Caisse f **de dépôt et de)** — *Deposit and Investment Fund*

placement payant (bureau m **de)** — *fee–charging employment agency*

placement sans fin lucrative (bureau m **de)** — *non–profit employment agency*

placement m **sélectif** — *selective placement*

placement (service m **de)** — *employment agency*

placement (service m **privé de)** — *private employment agency*

plafond m — *ceiling; upper limit*

plafond m **du salaire** — *wage ceiling; maximum rate; terminal point*
Syn. – Salaire limite

plafonnement m — *ceiling*

plainte f — *complaint*
Accusation; grief; différend; litige; mésentente; dispute; conflit; poursuite; réclamation

plaisir (selon bon) — *at the discretion of; at discretion; at pleasure*

plan m — *plan; program; system*
Régime; système; théorie; idéologie; doctrine

plan m **à longue échéance** — *forward planning*

plan m **d'aménagement** — *plant layout*
Implantation d'une usine; disposition d'une usine

plan m **de carrière** — *career planning*

plan m **d'effectifs** — *manpower planning*

plan m **de partage différé de bénéfices** — *deferred profit–sharing pension plan*

plan m **de pension** — *pension plan*
Régime de retraite; régime de rentes

plan m **de pension à prestations définies** — *definite benefit pension plan*

plan m **de pension à prestations uniformes** — *uniform benefit pension plan*

plan m **de pension à taux fixe** — *flat–rate pension plan*

plan m **de pension avec caisse spéciale** — *funded pension plan*
Syn. – Plan de pension capitalisé ● Fonds de pension

plan m **de pension capitalisé** — *funded pension plan*
Syn. – Plan de pension avec caisse spéciale

plan m **de pension conjoint** — *joint pension plan*

plan m **de pension d'acquisition pécuniaire** — *money–purchase pension plan*

plan m **de pension de carrière** — *career–earnings pension plan*
Syn. – Plan de pension selon les gains moyens

plan m **de pension par convention collective** — *negotiated pension plan*

plan m **de pension par répartition** — *pay–as–you–go pension plan*
Syn. – Plan de pension sans caisse

plan m **de pension privé** — *private pension plan*

[plan m **de pension public]** — *public pension fund; government pension plan*
Régime de retraite de l'État

plan m **de pension sans caisse** — *pay–as–you–go pension plan*
Syn. – Plan de pension par répartition

plan m **de pension selon les gains moyens** — *career–earnings pension plan; averaged–earnings pension plan*
Syn. – Plan de pension de carrière

plan m **de pension selon les gains terminaux** — *final–earnings pension plan*

plan m **de pension unilatéral** — *unilateral pension plan*

plan m **de pensions contributives** — *contributory pension plan*

plan m **de pensions non contributives** — *non–contributory pension plan*

plan m **de travail** — *schedule*

plan m **optionnel d'achat d'actions** — *stock option plan*

plancher m **des salaires** — *minimum wage; wage–floor; wage minimum*
Salaire minimum; salaire minimal

planification f — *planning*
Économie concertée; dirigisme

planification f **à court terme** — *short term planning*

planification f **à long terme** — *long range planning; long term planning*

planification f **de la production** — *production planning*

planification f **de l'emploi** — *manpower planning*

plate–forme f — *platform*
Programme politique

plébiscite m — *plebiscite*
Vote de confiance; référendum

plein emploi m — *full employment*

pluralisme m **syndical** — *plural unionism*
Concurrence syndicale; rivalité syndicale; conflit de juridiction

plurinationale (firme f **)** — *multinational corporation*

plus–value f — *appreciation*

point m **critique** — *breakeven point*
Syn. – Seuil de rentabilité; point mort

[**point** m **d'ordre**] — *point of order*
Rappel au règlement

point m **mort** — *deadlock; impasse*
Impasse

point m **mort** — *breakeven point*
Syn. – Seuil de rentabilité; point critique

point m **personnel** — *question of privilege*
Syn. – Question de privilege

pointage m — *punching /in/; punching /out/*
Horodateur; horloge pointeuse; carte de présence; fiche de présence

pointage m **à l'arrivée** — *punching in*

pointage m **au départ** — *punching out*

pointage (horloge f **de)** — *time clock*

pointe f **finale (?)** — *end spurt*

pointe (heure f **de)** — *peak hour*

points directs (méthode f **des)** — *straight point system*

points (méthode f **des)** — *point system; point method*

points pondérés (méthode f **des)** — *weighted point system*

pôle m **de croissance** — *growth point*

politique f — *politics; policy*

politique f **budgétaire** — *budget policy*

politique f **de la carotte et du bâton** — *stick–and–carrot technique*

politique f **de licenciement** — *layoff policy*
Politique de mise à pied

politique f **de main–d'oeuvre** — *manpower policy*
Politique d'emploi

politique f **de mise à pied** — *layoff policy*
Politique de licenciement

politique f **de mise en marché** — *marketing policy*

politique f **d'emploi** — *employment policy*
Politique de main–d'oeuvre

politique f **de personnel** — *personnel policy*

politique f **de promotion** — *promotional policy*

politique f **des salaires** — *wage policy*
Syn. – Politique salariale

politique f **fiscale** — *fiscal policy*

politique f **gouvernementale des salaires** — *government wage policy*

politique f **monétaire** — *monetary policy*

politique f **salariale** — *wage policy*
Syn. – Politique des salaires

politisation f — *politicization*

[**poll** m] — *poll*
Bureau de vote; bureau de scrutin

polyvalence f **du personnel** — *multi–skilled trade qualification*

pondération f — *weighting*

population f **active** — *gainfully occupied population; labour force*
Main–d'oeuvre totale

population f **inactive** — *not gainfully occupied population; persons not in the labour force*

porte à porte m — *canvassing; door–to–door*

portefeuille m — *portfolio*

position f — *position*
Syn. – Emploi; place; fonction; situation ● Status

position f **concurrentielle** — *competitive position*

possibilités fp **d'emploi** — *job opportunities*
Syn. – Occasions d'emploi

poste m — *job; position; place of employment*
Syn. – Emploi

poste m — *shift*
Syn. – Quart de travail; équipe ● Emploi

poste m **à horaire fixe** — *fixed-schedule job*

poste (ancienneté f **de)** — *job seniority*

poste (caractéristiques fp **de)** — *job specification; job characteristics*

poste m **clé** — *key job; benchmark job*
Syn. – Emploi clé ● Poste repère; emploi repère

poste m **de nuit** — *night shift*
Syn. – Quart de nuit; équipe de nuit

poste m **de soirée** — *evening shift; second shift*
Syn. – Quart de soirée

poste m **de travail** — *position; job; task*
Emploi; place; fonction; travail; tâche; embauche

poste de travail (description f **d'un)** — *job description*

poste de travail (valorisation f **d'un)** — *job enrichment*

poste m **marginal** — *borderline job*

poste m **repère** — *key job; benchmark job*
Syn. – Emploi repère ● Poste clé; emploi clé

poste m **sans avenir** — *dead-end job; terminal job*
Syn. – Poste sans issue; cul-de-sac

poste m **sans issue** — *dead-end job; terminal job*
Syn. – Poste sans avenir; cul-de-sac

poste m **surévalué** — *red circle*
Syn. – Classe de retenue; employé étoilé; salaire bloqué; salaire étoilé

poste m **vacant** — *vacancy; job opening; vacant position*
Syn. – Emploi vacant ● Emploi disponible; nouvel emploi

postes de travail (analyse f **des)** — *job analysis*

postes de travail (classe f **de)** — *job classification; job grade; job category*

postes de travail (classification f **des)** — *job classification; classification of position*

postes de travail (évaluation f **des)** — *job evaluation*

postes de travail (hiérarchisation f **des)** — *job hierarchy; job ranking*

postes de travail (rotation f **des)** — *job rotation*

postes de travail (système m **qualitatif d'évaluation des)** — *qualitative job evaluation system*

postes de travail (système m **quantitatif d'évaluation des)** — *quantitative job evaluation system*

postes mp **jumelés** — *double banking*
Jumelage

postes (travail m **par)** — *shift work*

postulant m — *applicant*
Syn. – Demandeur d'emploi

postulation f — *bidding*

pot-de-vin m — *patronage dividend*
Syn. – Commission clandestine

potentiel m **de croissance** — *growth potential*

potentiel m **de production** — *production potential*
Capacité de production; rentabilité; rendement; productivité

pourboire m — *tip; gratuity*
Gratification

[pour cause] — *for cause*
Avec motif à l'appui; motivé

poursuite f — *lawsuit; action*
Syn. – Action ● Grief; plainte; différend; litige; mésentente; dispute; conflit; accusation

poursuite f — *follow-up*
Syn. – Suivi; prolongement; *follow-up* ● Relance

pouvoir m **d'achat** — *purchasing power; real wage*
Salaire réel; revenu réel

pouvoir m **de marchandage** — *bargaining power*
Syn. – Pouvoir de négociation; force économique; puissance de marchandage

pouvoir m **de négociation** — *bargaining power*
Syn. – Pouvoir de marchandage; force économique; puissance de marchandage

pouvoir m **discrétionnaire** — *discretionary power*

pouvoirs mp **de l'arbitre** — *powers of the arbitrator;*
Syn. – Attributions de l'arbitre; mandat de l'arbitre

pouvoirs (délégation f de) — *delegation of powers*

pouvoirs et comités (comité m des) (c) — *steering committee*

pouvoirs mp résiduaires — *residual rights*
Syn. – Pouvoirs résiduels; compétence résiduelle; droits résiduels; droits rémanents

pouvoirs mp résiduels — *residual rights*
Syn. – Droits résiduels; droits résiduaires; pouvoirs résiduaires; droits rémanents; compétence résiduelle

praticien m — *practitioner*

pratique f — *practice*
Syn. – Coutume; usage

pratique f déloyale de travail — *unfair labour practice*
Antisyndicalisme; action antisyndicale; manoeuvre déloyale

pratique f illégale — *illegal practice*
Action antisyndicale; antisyndicalisme; formule de la Mohawk Valley

pratique f loyale en matière d'emploi — *fair employment practice*

pratique f restrictive en matière de travail — *restrictive work practice*
Featherbedding

pratiques fp restrictives — *restrictive practices*

préalable m — *prerequisite; pre-condition*

préavis m — *advance notice; prior notice*
Délai congé; avis de départ

préavis (indemnité f de) — *pay in-lieu-of notice*

précédent m — *precedent*
Jurisprudence; cas d'espèce; cas type

précompte m — *deduction; check-off*
Syn. – Retenue sur salaire; retenue à la source ● Retenue des cotisations syndicales; précompte syndical

précompte m automatique — *automatic check-off*
Syn. – Précompte obligatoire

précompte (autorisation f de) — *check-off authorization; check-off assignment*

précompte m irrévocable — *irrevocable check-off*

précompte m obligatoire — *automatic check-off; compulsory check-off*
Syn. – Retenue obligatoire des cotisations syndicales; précompte automatique ● Précompte volontaire; retenue syndicale

précompte m révocable — *revocable check-off*

précompte m spécial — *special deduction; special check-off*

précompte m syndical — *union check-off*
Syn. – Retenue syndicale; retenue des cotisations syndicales ● Autorisation de précompte; clause de sécurité syndicale; sécurité syndicale

précompte m syndical généralisé — *agency shop; Rand formula; dues shop*
Formule Rand; précompte syndical généralisé et obligatoire

précompte m syndical généralisé et obligatoire — *compulsory agency shop*
Syn. – Présyngob ● Précompte syndical généralisé

précompte m volontaire — *voluntary check-off*
Syn. – Retenue volontaire des cotisations syndicales ● Précompte obligatoire; retenue syndicale

préférence f de quart — *shift preference*

préférence f syndicale — *union preference; preferential shop*
Sécurité syndicale; atelier préférentiel

préjudice m — *tort; prejudice*

prélèvement m — *levy; deduction; assessment*
Cotisation spéciale; contribution syndicale spéciale

Première Internationale f — *First International*

prénégociation f — *preactivity; pre-bargaining negotiation; prebargaining conference*
Syn. – Négociation anticipée

prépondérance f — *preponderance*

préposé m aux écritures — *clerical worker*
Employé de bureau; cols blancs

préquart (prime f de) — *preshift premium*

préretraite f — *early retirement*
Syn. – Retraite anticipée; avancement de la retraite • Salaire de non–activité

prérogative f **patronale** — *management prerogative; managerial prerogative*
Syn. – Droits de la direction; attributions patronales

présalaire m — *student stipend*

prescription f — *prescription*

présence (carte f **de)** — *time card; punch card*

présence (fiche f **de)** — *time card*

présence (indemnité f **de)** — *call–in pay; reporting pay*

présence (jeton m **de)** — *attendance fee*

présence (salaire m **selon la durée de)** — *portal–to–portal pay*

présences (bureau m **des) (c) (?)** — *time office*

présences (registre m **des)** — *attendance register; attendance sheet*

président m — *chairman*

président m **de compagnie** — *company president*

président m **directeur général — PDG** — *president and chief executive officer; chairman and managing director*
Chef d'entreprise; président de compagnie; dirigeant d'entreprise; gérant; directeur

président m **du conseil d'administration** — *chairman of the board*

présomption f — *presumption*

présomption f **de droit** — *presumption of law*

présomption f **de droit absolue** — *irrebuttable presumption of law*

présomption f **de droit simple** — *rebuttable presumption of law*

présomption f **de fait** — *presumption of fact*

présomption f *juris et de jure* — *irrebuttable presumption of law*

présomption f *juris tantum* — *rebuttable presumption of law*

pression (groupe m **de)** — *pressure group*

prestataire m — *beneficiary*
Bénéficiaire; indemnitaire; ayant droit

prestation f — *allowance; benefit*
Allocation; indemnité; prime; gratification; boni; revenant–bon; mensualité

prestation–décès f — *death benefit; life insurance*

prestations fp **aux ayants droit** — *beneficiaries' benefits*

prestations fp **aux survivants** — *survivors' benefits*
Syn. – Prestations de réversion • Pension de réversion; assurance réversible

prestations fp **d'assurance–chômage** — *unemployment insurance benefits*
Syn. – Prestations de chômage • Allocation de chômage; assurance–chômage; assistance–chômage

prestations fp **de chômage** — *unemployment benefits*
Syn. – Prestations d'assurance–chômage

prestations fp **de réversion** — *survivors' benefits*
Syn. – Prestations aux survivants • Assurance réversible; pension de réversion

prestations fp **d'invalidité** — *disability benefits; disability allowance*

prestations fp **en espèces** — *allowance in money; cash allowances; cash benefits*
Prestation

prestations fp **en nature** — *allowance in kind*
Prestation

prestations fp **familiales** — *family allowances*
Syn. – Allocations familiales

prestations–maladie fp — *health benefits*

prestations fp **saisonnières de chômage** — *seasonal unemployment benefits*
Prestations d'assurance–chômage; assurance–chômage; assistance–chômage

prestations fp **sociales** — *social benefits; welfare payments; welfare benefits*

prestations fp **supplémentaires d'as-surance–chômage – PSAC** — *supplementary unemployment benefits – SUB*

Salaire annuel garanti; assistance–chômage; caisse d'indemnité supplémentaire de chômage; allocation complémentaire

prestations fp **universelles** — *demogrant; universal social assistance plan*

Syn. – Démosubvention; régime d'assistance sociale universelle

présyngob m **(néol.)** — *compulsory agency shop*

Syn. – Précompte syndical généralisé et obligatoire

preuve f — *evidence; proof*

preuve f **(contre–)** — *rebuttal testimony; rebuttal evidence*

preuve f **documentaire** — *documentary evidence*

preuve (fardeau m **de la)** — *burden of proof; onus*

prévention f **des accidents** — *accident prevention; industrial safety*

prévision f — *forecast; forecasting; prevision*

Pronostic

prévision f **de l'emploi** — *manpower forecasting; manpower forecast*

prévisions fp **d'emplois** — *employment forecast*

prévisions fp **économiques** — *economic forecast*

prévoyance sociale (caisse f **de)** — *welfare fund*

prime f — *bonus; premium pay; incentive; premium*

Syn. – Boni ● Allocation; indemnité; prestation; gratification; revenant–bon; stimulant

prime f **collective** — *group bonus; group incentive*

Syn. – Prime d'équipe

prime f **d'actionnariat** — *stock bonus plan*

prime f **d'amplitude** — *split–shift pay; split–shift premium*

Syn. – Prime de quart brisé; prime de quart fractionné

prime f **d'ancienneté** — *seniority bonus; seniority benefit; longevity pay*

prime f **d'assiduité** — *attendance bonus*

Absentéisme; taux d'absentéisme; absence; retard; retardatisme

prime f **de chevauchement** — *underspread pay*

prime f **de disponibilité** — *on–call premium*

Syn. – Indemnité de disponibilité; taux de salaire de disponibilité

prime f **d'entreprise** — *company premium*

prime f **de nuit** — *night shift differential; night shift premium*

prime f **de préquart** — *preshift premium*

prime f **de qualité** — *quality bonus*

prime f **de quart** — *shift premium*

Prime d'équipe

prime f **de quart brisé** — *split–shift pay; split–shift premium*

Syn. – Prime d'amplitude; prime de quart fractionné

prime f **de quart fractionné** — *split–shift pay; split shift premium*

Syn. – Prime de quart brisé; prime d'amplitude

prime f **d'équipe** — *crew bonus; group bonus; group incentive*

Syn. – Prime collective ● Prime de rendement; prime de quart

prime f **de rendement** — *incentive bonus; production bonus*

Prime d'équipe

prime f **de risque** — *danger pay; danger zone bonus; hazard bonus*

Indemnité de pénibilités; indemnité de nuisances; indemnité d'intempéries

prime f **de salissure** — *dirty work pay; dirty work bonus*

prime f **de suggestions** — *suggestion bonus;suggestion award*

prime f **de surtemps** — *overtime premium*

prime f **discrétionnaire** — *discretionary premium*

prime f **du dimanche** — *Sunday bonus*

[prime f **pour vêtements spéciaux]** — *clothing allowance*

Allocation vestimentaire

prime f **progressive** — *accelerating premium*

primes (assurance f **à)** — *premium insurance*

principe (accord m **de)** — *agreement in principle*

principes (déclaration f **de)** — *statement of principles; declaration of principle; manifesto*

principes mp **directeurs** — *guidelines; guideposts*

Syn. – Lignes directrices; balises ● Indicateurs des prix et des salaires; directives salaires-prix

prise f **de décision** — *decision-making*

privatisation f — *denationalization*

Syn. – Désétatisation

privilège m — *privilege*

privilège (question f **de) (c)** — *question of privilege*

prix m — *price*

prix à la consommation (indice m **des) – IPC** — *consumer price index – CPI*

prix (blocage m **des)** — *price freeze*

prix (contrôle m **des salaires et des)** — *wage and price control*

prix m **coûtant** — *cost price; cost of production*

Syn. – Prix de revient

prix de gros (indice m **des)** — *wholesale price index*

prix m **de revient** — *cost price; cost of production*

Syn. – Prix coûtant ● Coût de production; coût de fabrication; coût d'un produit

prix m **de transfert** — *transfer cost*

prix et des revenus (Commission f **des) CPR** — *Prices and Incomes Commission – PIC*

prix et des salaires (indicateurs mp **des)** — *guideposts*

prix (gel m **des)** — *price freeze*

[**probation** f] — *probation; probationary period*

Période d'essai

procédé m — *process*

procédé m **de couloir** — *lobbying*

Syn. – *Lobbying;* manoeuvre de couloir; intrigue de couloir

procédé m **de fabrication** — *production process*

Syn. – Processus de production

procédé m **de formation** — *training process*

Syn. – Technique de formation

procédé m **en continu** — *continuous process; continuous production; continuous operations; seven-day operation; non-stop process*

Syn. – Travail en continu ● Industrie à production continue

procédure f — *procedure*

procédure (code m **de règles de)** — *rules of procedure code; rules of order*

procédure f **d'embauchage** — *employment procedure; hiring procedure*

Syn. – Procédure d'emploi

procédure f **d'emploi** — *employment procedure; hiring procedure*

Syn. – Procédure d'embauchage; procédure d'engagement

procédure f **d'engagement** — *employment procedure; hiring procedure*

Syn. – Procédure d'emploi

procédure f **de réclamation** — *grievance procedure; claims procedure*

Syn. – Procédure de règlement des griefs ● Réclamation

procédure f **de règlement des griefs** — *grievance procedure*

Syn. – Procédure de réclamation

[**procédure** f **des griefs (c)**] — *grievance procedure*

Procédure de règlement des griefs

procédure (règles fp **de)** — *rules of procedure*

procédure (vice m **de)** — *technical irregularity*

procédures fp **de gestion** — *management practices*

processus m — *process*

Effet d'entraînement

processus m **de la décision** — *decision process*

processus m **de production** — *production process*

Syn. – Procédé de fabrication

processus (travail m **par)** — *process work*

procès–verbal m — *minutes; proceedings*

proclamation f — *proclamation*
Promulgation; manifeste; déclaration

procuration f — *procuration; proxy*

procuration (vote m **par)** — *proxy vote; vote by proxy*

production f — *production; output*
Extrant

production f **à la chaîne** — *assembly–line production; flow production; chain production*
Syn. – Travail en série ● Production en série; fabrication à la chaîne; chaîne de production; mécanisation

production (biens mp **de)** — *capital goods; producers' goods; production goods*

production (boycottage m **de)** — *production boycott*

production (capacité f **de)** — *production capacity*

production (comité m **mixte de)** — *labour–management production committee; joint production committee*

production (contrôle m **de)** — *production control*

production (coût m **de)** — *production cost*

production f **de masse** — *mass production*
Syn. – Production en série; fabrication en série

production (diminution f **de)** — *cutback; reduction of level of production*

production f **en série** — *mass production*
Syn. – Production de masse; fabrication en série ● Production à la chaîne; mécanisation

production (étude f **de la)** — *production study*

production (facteur m **de)** — *production factor*

production (gestion f **de la)** — *production control*

production (moyens mp **de)** — *means of production; capital goods; capital equipment*

production (normes fp **de)** — *production standards*

production (planification f **de la)** — *production planning*

production (potentiel m **de)** — *production potential*

production (processus m **de)** — *production process*

production (programmation f **de la)** — *production scheduling*

production (ralentissement m **de la)** — *slowdown*

production (réduction f **de)** — *cutback; reduction of level of production*

production (régulation f **de la)** — *production control*

production (rythme m **normal de)** — *normal pace of production*

production (surveillance f **de la)** — *production control*

production (travailleur m **à la)** — *production worker*

productivité f — *productivity*
Rendement; rentabilité; potentiel de production; capacité de production

productivité (accord m **de)** — *productivity agreement*

productivité f **du travail** — *labour productivity*
Productivité

productivité f **marginale** — *marginal productivity*

produit m **boycotté** — *hot cargo; hot goods*
Syn. – Marchandise boycottée ● Articles interdits; articles intouchables; articles mis à l'index

produit (coût m **d'un)** — *cost of a product*

produit m **dérivé** — *by–product*
Syn. – Sous–produit

produit m **national brut** — **PNB** — *gross national product* — *GNP*

produit (revenu m **d'un)** — *product revenue*

produits mp — *products; commodities*
Biens

produits (boycottage m **de)** — *product boycott*

produits mp **industriels** — *industrial goods*
Syn. – Biens industriels; biens intermédiaires

profession f — *profession; occupation*
Métier; catégorie professionnelle; catégorie productive

profession (initiation f **à la)** — *vocational orientation; pre–vocational training*

profession f **libérale** — *profession; liberal /arts/ profession*

profession f **organisée** — *organized profession*

professionnalisation f — *professionalization*

professionnel m **(c)** — *professional employee; professional*
Professionnel salarié

professionnel (enseignement m **technique et)** — *technical and vocational education*

professionnel m **salarié** — *professional employee*

professionnelle (action f **)** — *professional action; professional activity*

professionnelle (activité f **)** — *professional duties; professional activity; vocation*

professionnelle (adaptation f **)** — *occupational adaptability; occupational adjustment*

professionnelle (association f **)** — *professional association; trade association*

professionnelle (catégorie f **)** — *occupational category*

professionnelle (conscience f **)** — *professional conscience*

professionnelle (déformation f **)** — *professional bias*

professionnelle (faute f **)** — *professional misconduct; professional error; occupational error*

professionnelle (formation f **)** — *vocational training*

professionnelle (guidance f **) (néol.)** — *vocational guidance*

professionnelle (hygiène f **)** — *occupational health*

professionnelle (maladie f **)** — *occupational illness; industrial disease*

professionnelle (mobilité f **)** — *occupational mobility*

professionnelle (organisation f **)** — *professional organization*

professionnelle (orientation f **)** — *vocational guidance*

professionnelle (satisfaction f **)** — *job satisfaction; occupational satisfaction*

professionnelles (internationales fp **)** — *industrial internationals; international trade secretariats*

profil m — *profile*

profil m **de carrière** — *career profile*
Curriculum vitae; description de carrière

profil m **de poste** — *job profile*
Curriculum vitae; description de carrière

profit m — *profit; earnings; gain*
Syn. – Bénéfices; gain

[profit m **brut]** — *gross profit; gross earnings*
Bénéfice brut

[profit m **net]** — *net profit; net earnings*
Bénéfice net

programmation f — *programming; scheduling*

programmation f **de la production** — *production of scheduling*

programme m — *program; programme; scheme*

programme m **de fabrication** — *production schedule*

programme m **de primes d'encouragement** — *bonus scheme; incentive scheme*

programme m **politique** — *political program*
Plate–forme

progression f **automatique** — *automatic progression; automatic advancement*

progression (ligne f **de)** — *progression line; promotion ladder; line of advancement*

prohibition f **de grève** — *no–strike clause*
Syn. – Interdiction de grève

projet m **de convention** — *draft agreement; proposed agreement*

prolétariat m — *proletariat; industrial working class*
Classe ouvrière; mouvement ouvrier; salariat

prolongation f — *extension*
Syn. – Extension ● Prorogation

prolongation f **de la convention** — *extension of the agreement*

prolongement m — *follow–up*
Syn. – Suivi; poursuite; *follow–up* ● Relance

promotion f — *promotion; advancement*
Avancement; mutation; permutation; rétrogradation; déclassement professionnel; déplacement; ligne de progression

promotion f **industrielle** — *industrial promotion*

promotion f **ouvrière** — *workers promotion*

promotion (politique f **de)** — *promotional policy*

promotion f **sociale** — *social advancement; rise in social scale*

promulgation f — *promulgation*
Manifeste; proclamation; déclaration; sanction

pronostic m — *prognostication; forecast*
Prévision

propagande f — *propaganda*
Publicité; slogan; sollicitation

propagandiste m **syndical** — *union propagandist*
Recruteur syndical; organisateur syndical; libéré

propension f **à consommer** — *propensity to consume; consumerism*
Société de consommation

propension f **à la grève** — *strike propensity*

proposeur m — *mover*

proposition f — *motion; proposal*
Syn. – Motion

proposition f — *offer; proposal; submission*
Syn. – Offre ● Contre–proposition

proposition f **conditionnelle** — *conditional offer; qualified offer; tentative proposal*
Offre conditionnelle

proposition f **connexe** — *related motion*
Syn. – Proposition incidente

proposition f **(contre–)** — *counter–proposal*

proposition f **dilatoire** — *dilatory motion; delaying motion*
Motion de renvoi

proposition f **globale** — *package offer*
Syn. – Offre globale ● Enveloppe globale; augmentation forfaitaire de salaire

proposition f **incidente** — *incidental motion; related motion; ancillary motion*
Syn. – Proposition connexe

proposition f **principale** — *main motion*

proposition f **privilégiée** — *preferred motion; motion having precedence*

propriétaire m **actif** — *working proprietor; working owner*
Syn. – Patron artisan ● Artisan

propriétaire (changement m **de)** — *change of company ownership*

propriétaire (dirigeant m **)** — *owner–manager*

propriété f — *property; ownership*

prorogation f — *extension of time; prorogation*
Prolongation

prospection (allocation f **de)** — *prospecting allowance*

protocole m — *protocol*
Entente officieuse; accord de principe; contrat verbal; ratification

Provincial Association of Catholic Teachers — PACT — *Provincial Association of Catholic Teachers — PACT*

Provincial Association of Protestant Teachers — PAPT — *Provincial Association of Protestant Teachers — PAPT*

Provincial Workmen's Association — PWA — *Provincial Workmen's Association — PWA*

[provision f **]** — *provision*
Disposition; clause

psychologie f **du travail** — *work psychology; industrial psychology*
Psychotechnique

psychotechnicien m — *psychotechnician*

psychotechnique f — *psychotechnics*
Psychologie du travail

public (représentant m **du)** — *public member*

publication f — *publication*

publicité f — *publicity; advertising*
Propagande; slogan; sollicitation

puissance f **de marchandage** — *bargaining power*
Syn. – Pouvoir de négociation; pouvoir de marchandage; force économique

puissance f **de négociation** — *bargaining power*
Syn. – Pouvoir de négociation; force économique; puissance de marchandage

[*punch* m **]** — *time clock; time–stamp; time–stamping clock*
Horodateur; horloge pointeuse

Q

Quadragesimo Anno — *Quadragesimo Anno*

qualification f — *qualification; competence; skill; capacity*

qualification (certificat m **de) (c)** — *certificate of qualification; qualification certificate; certificate of proficiency*

qualification f **du travail** — *job evaluation*
Syn. – Évaluation des emplois; évaluation des postes de travail; évaluation des tâches; évaluation du travail

qualification (niveau m **de)** — *level of qualification; level of capacity; level of ability*

qualification f **par points** — *points rating method*
Syn. – Méthode des points

qualification f **professionnelle** — *occupational qualifications; trade qualifications*
Formation professionnelle

qualification f **requise** — *job requirements*
Conditions d'emploi; conditions d'embauchage; conditions à remplir; exigences de l'emploi

qualité (contrôle m **de la)** — *quality control–QC*

qualité (prime f **de)** — *quality bonus*

qualités fp **requises** — *job requirements; qualifications; eligibility requirements*
Syn. – Conditions d'admission

quart m **alternatif** — *alternate shift*
Quart rotatif

quart m **brisé** — *split–shift*
Syn. – Quart fractionné; horaire brisé ● Affectation fractionnée

quart brisé (prime f **de)** — *split–shift pay; split–shift premium*

quart m **de jour** — *day shift; first shift*
Syn. – Equipe de jour

quart m **de nuit** — *night shift; third shift*
Syn. – Equipe de nuit; poste de nuit

quart m **de relève** — *swing shift*

quart m **de soirée** — *evening shift; second shift*
Syn. – Poste de soirée

quart m **/de travail/** — *shift*
Syn. – Équipe; poste; travail par quarts ● Durée du travail

quart m **/de travail/entrant** — *incoming shift*
Syn. – Equipe /de travail/ entrante

quart m **/de travail/ sortant** — *outgoing shift; outgoing crew*
Équipe /de travail/ sortante

quart m **fixe** — *fixed shift*
Syn. – Équipe fixe; quart normal

quart m **fractionné** — *split shift*
Syn. – Quart brisé; horaire brisé ● Affectation fractionnée

quart m **normal** — *regular shift*
Syn. – Quart fixe

quart (préférence f **de)** — *shift preference*

quart (prime f **de)** — *shift premium*

quart (régime m **de)** — *shift system; shift status*

quart m **rotatif** — *rotating shift*
Syn. – Quart alternatif; équipe alternante ● Cycle d'alternance; grille de roulement

quarts (travail m **par)** — *shift work*

quasi–syndicat m — *near union*

Quatrième Internationale f — *Fourth International*
Internationale ouvrière

Québec Association of Protestant School Boards — *QAPSB* — *Québec Association of Protestant School Boards* — *QAPSB*

question f **de privilège (c)** — *question of privilege*
Syn. – Point personnel ● Proposition privilégiée

question f **préalable** — *previous question*

questionnaire m **de contrôle —** *check–list*

Syn. – Feuille de contrôle; liste de contrôle

quinzaine f — *fortnight*

Bimensuel

quorum m — *quorum*

quota m — *quota*

Syn. – Contingentement

quota (règles fp **de)** — *quota rules*

quotient m **intellectuel – QI** — *intelligence quotient – IQ*

R

racketérisme m   (néol.) (c) — *racketeering*

raison f   **sociale** — *corporate name; trade name*

rajustement m   **des salaires** — *wage adjustment*

rajustement m   **général de salaire** — *general wage adjustment*

ralentissement m   **de la production** — *slowdown*
Syn. – Grève perlée; freinage; ralentissement de travail

ralentissement m   **de travail** — *work restriction; output restriction; slowdown*
Syn. – Grève perlée; freinage; ralentissement de la production

Rand (formule f **) (c)** — *Rand formula; agency shop; dues shop*

rang m   **d'ancienneté** — *seniority standing*

rang (employé m   **du)** — *rank–and–file employee*

rang (travailleur m   **du)** — *rank–and–file worker*

rangement (méthode f   **de)** — *ranking method; ranking system*

rappel m   **à l'ordre** — *point of order*
Syn. – Rappel au règlement

rappel m   **au règlement** — *point of order*
Syn. – Rappel à l'ordre

rappel m   **au travail** — *call back; recall*

rappel m   **de salaire** — *back pay; retroactive wage*
Syn. – Salaire rétroactif

rappel (droit m   **de)** — *recall rights*

rappel (indemnité f   **de)** — *call–back pay; call–out pay*

rappel (liste f   **de)** — *recall list; re–employment list*

rapport m   — *report*
Mémoire; décision; jugement

rapport m   **annuel** — *annual report*

rapport m   **capital–travail** — *capital–labour ratio*

rapport m   **coûts–bénéfices** — *price–earnings ratio – P/E*

rapport m   **d'activité** — *report of activity*

rapport m   **d'étape** — *progress report*

rapport m   **final** — *final report*

[rapport m   **intérimaire]** — *interim report*
Rapport provisoire

rapport m   **moral** — *policy report*

rapport m   **provisoire** — *interim report*

rat m   **(fam.)** — *strikebreaker; scab; strike replacement*
Briseur de grève

ratification f   — *ratification*
Protocole; homologation

ratio m   — *ratio*

ratio m   **d'intensité de capital** — *capital–output ratio*

rationalisation f   **des choix budgétaires – RCB** — *planning, programming and budgeting system – PPBS*

rationalisation f   **du travail** — *human engineering; work rationalization*
Syn. – Génie industriel ● Contexture

rationalisation du travail (éléments mp   **de)** — *work–study elements*

rattrapage m   — *catch–up increase; equalization increase*
Augmentation de salaire de rattrapage; salaire de rattrapage

rattrapage (augmentation f   **de salaire de)** — *catch–up increase; equalization increase*

rattrapage (travail m   **de)** — *catch–up work; make–up work*

réadaptation f   **professionnelle** — *rehabilitation; vocational rehabilitation; work retraining; vocational retraining*
Rééducation professionnelle; recyclage; adaptation professionnelle; orientation professionnelle

réadaptation professionnelle (centre m   **de)** — *rehabilitation centre*

réaffectation f   — *reassignment*

recensement m   — *census*

recensement m   **des suffrages** — *vote count; judicial recount*
Syn. – Dépouillement du scrutin

récession f — *recession; economic slowdown*

Syn. – Régression ● Crise économique; cycle économique; inflation; relance

recherche f **opérationnelle – RO —** *operational research – OR; operations research – OR*

Groupe opérationnel; cercle d'études; groupe d'étude

réclamation f — *claim; grievance*

Grief; plainte; accusation; litige; mésentente; procédure de réclamation

réclamation f **collective —** *collective claim; collective grievance*

réclamation (procédure f **de) —** *grievance procedure; claims procedure*

réclamations (comité m **de) —** *grievance committee*

reclassement m — *reclassification*

reclassification f — *reclassification*

recommandation f — *recommendation; reference*

Lettre de recommandation; lettre d'introduction; références

recommandation (lettre f **de) —** *letter of reference; letter of recommendation*

reconduction f — *automatic renewal*

Renouvellement automatique; clause de renouvellement; tacite reconduction

reconnaissance (piquetage m **de) (c) —** *recognition picketing*

reconnaissance f **syndicale —** *union recognition*

Accréditation syndicale

reconnaissance syndicale (demande f **de) —** *application for union recognition*

reconsidération f — *reconsideration*

reconversion f **industrielle —** *industrial reconversion*

Conversion industrielle; mutation; suppression d'emploi; changement technologique; déplacement; déclassement professionnel

recours m — *recourse; due process; grievance procedure*

recours (cumul m **des) —** *multiple remedies; multiple grievance procedures; cumulation of recourse; general grievance*

recrutement m — *recruitment; recruiting; hiring*

recruteur m **syndical —** *union organizer*

Organisateur syndical; propagandiste syndical

récupération f **du capital investi – RCI —** *capital employed payback*

recyclage m — *retraining*

Syn. – Rééducation professionnelle ● Réadaptation professionnelle; adaptation professionnelle; orientation professionnelle; cours de perfectionnement; formation; entraînement; apprentissage; période d'essai; stage

[red circle] — *red circle*

Classe de retenue; poste surévalué; salaire étoilé; salaire bloqué; employé étoilé

redevance f — *royalties*

Syn. – Royautés; droits ● Droits d'auteur

réduction f **de production —** *cutback; reduction of level of production*

Syn. – Diminution de production

réduction f **des dommages —** *mitigation of damages*

Syn. – Mitigation des dommages

réduction f **des effectifs —** *layoff*

Syn. – Réduction du personnel ● Compression du personnel

réduction f **d'horaire —** *reduction of hours; reduced workweek*

Syn. – Diminution d'horaire

réduction f **du personnel —** *reduction in work force; staff cutback; redundancy*

Syn. – Réduction des effectifs ● Compression du personnel

réduction f **du taux de salaire —** */wage/ rate cutting; rate cutback; wage /rate/ decrease*

Syn. – Diminution du taux de salaire

réduction f **naturelle des effectifs —** *attrition*

Syn. – Usure des effectifs; départs naturels; érosion des effectifs

rééducation f **professionnelle —** *occupational retraining; vocational retraining; job retraining*

Syn. – Recyclage ● Réadaptation professionnelle; adaptation professionnelle; orientation professionnelle

réembauchage m — *rehiring; reemployment*

réemploi m — *reemployment; rehiring*

réexamen m — *reconsideration; revision*
Syn. – Révision

réexamen m **des salaires** — *wage reopener; wage review*
Clause de réouverture; négociation continue

référence (allure f **de)** — *normal performance; rating; standard pace*

référence (année f **de)** — *reference year; base year*

référence (homme m **de)** — *reference man*

référence (période f **de)** — *base period; reference period*

référence (taux m **de salaire de)** — *benchmark rate; peg point*

références fp — *references*
Recommandation

référendum m — *referendum*
Vote de confiance; plébiscite

refus m **de négocier** — *refusal to bargain*

refus de travail (clause f **de)** — *struck–work clause*

régi par — *covered; subject to; governed by*
Syn. – Assujetti

Régie f **des rentes du Québec** — **RRQ** — *Québec Pension Board* — *QPB*

régie f **d'État** — *Crown corporation*
Société d'État

régie intéressée (contrat m **en)** — *cost–plus contract*

régime m — *plan; regime; system*
Plan; système; théorie; idéologie; doctrine

régime m **d'actionnariat** — *stock plan; employee stock–ownership plan*

régime m **d'actionnariat ouvrier** — *co-partnership; workers' stock ownership; employee stock purchase plan*

régime m **d'actionnariat privilégié** — *stock purchase plan*

régime m **d'antagonisme** — *adversary theory; adversary system*
Syn. – Concept d'antagonisme; schéma antagoniste

régime m **d'assistance sociale universelle** — *universal social assistance plan*
Syn. – Démosubvention; prestations universelles

régime m **de négociation collective** — *collective bargaining system*

régime m **d'épargne d'entreprise** — *company savings plan*
Épargne contractuelle; salaire d'investissement

régime m **de participation des employés aux bénéfices** — *employees' profit–sharing plan*
Participation aux bénéfices

régime m **de perfectionnement** — *tuition payment plan*
Congé éducatif

régime m **de quart** — *shift system; shift status*

régime m **de rentes** — *annuities system*
Plan de pension; régime de retraite

régime m **de retraite** — *pension plan*
Plan de pension

régime m **de retraite de l'État** — *public pension plan; government pension plan*

régime m **de salaire constant** — *constant–wage plan; fixed annual income plan*

régime m **de sécurité d'emploi** — *guaranteed employment plan*

régime m **des relations du travail** — *industrial relations system*

régime m **de travail** — *work system*

régime m **de vacances prolongées** — *extended vacation plan*

régime m **du travail** — *labour system*

région f **de salaires** — *wage zone; wage area; wage region*
Syn. – Zone de salaires

registre m **des présences** — *attendance register; attendance sheet*
Syn. – Feuille d'émargement ● Carte de présence

registres (obligation f **de tenir des)** — *record–keeping requirements*

règle f **de droit** — *rules of law*
Syn. – Règle juridique

règle f **juridique** — *rules of law*
Syn. – Règle de droit

règlement m **d'atelier** — *shop rules; plant rules*
Syn. – Règlement intérieur

règlement des griefs (procédure f **de)** — *grievance procedure*

règlement m **global** — *package settlement; package agreement*
Enveloppe globale

règlement m **intérieur /de l'entreprise/** — *shop rules; plant rules*
Syn. – Règlement d'atelier

règlement (rappel m **au)** — *point of order*

réglementation f **complémentaire** — *by–law; regulation*
Règlements

règlements mp — *regulations; by–laws*
Arrêté en conseil

règlements (comité m **des statuts et)** — *committee on constitution and by–laws*

règles fp **concernant l'exécution du travail** — *work rules*

règles fp **de procédure** — *rules of procedure*
Code de règles de procédure

règles fp **de quota** — *quota rules*

règles fp **d'interprétation** — *rules of interpretation*

régression f — *recession; economic slowdown*
Syn. – Récession ● Crise économique; cycle économique; inflation

regroupement m — *regrouping; merger; consolidation*
Cartel; fusion syndicale; amalgamation de syndicats; concentration; intégration

régulation f **de la production** — *production control*
Syn. – Contrôle de la production; surveillance de la production

réimplantation f — *relocation*
Relocalisation

réimplantation f **industrielle** — *relocation of industry*
Syn. – Relocalisation industrielle

réinstallation f — *reinstatement*
Réintégration; congédiement; suspension

réintégration f — *reintegration; reinstatement*
Réinstallation; congédiement; suspension

réintégration (ordonnance f **de)** — *reinstatement order*

relance f — *upturn; /economic/ upswing;* reprise; *rise; revival action; expansion policy*
Follow–up; poursuite; récession

relation f **d'arbitrage** — *trade–off*
Syn. – Harmonisation des objectifs ● Substituabilité

relationniste m — *public relations officer — P.R.O.; practitioner*
Syn. – Conseiller en relations publiques; consultant en relations publiques

relations fp **avec les employés** — *employee relations*

relations fp **d'affaires** — *business relations*

relations fp **de travail** — *work relations; working relationship; employment relationship*

relations de travail du Québec (Commission f **des) CRTQ** — *Québec Labour Relations Board – QLRB*

relations fp **du travail** — *labour relations; industrial relations; labour–management relations*
Syn. – Relations industrielles; relations professionnelles ● Régime des relations du travail

relations du travail (Commission f **des) CRT** — *Labour Relations Board – LRB*

relations du travail (Conseil m **canadien des) CCRT** — *Canada Labour Relations Board – CLRB*

relations du travail (conseiller m **en)** — *industrial relations consultant*

relations du travail dans la fonction publique (Commission f **des) CRTFP** — *Public Service Staff Relations Board – PSSRB*

relations du travail (régime m **des)** — *industrial relations system*

relations fp **extérieures** — *public relations*
Syn. – Relations publiques ● Relationniste

relations fp **humaines** — *human rela-tions*
Coopération patronale–syndicale

relations fp **industrielles** — *industrial relations*
Syn. – Relations du travail; relations profes-sionnelles

relations industrielles (conseiller m **en) CRI** — *industrial relations counsel-lor*

relations industrielles du Québec (la Corporation des conseillers en) — *the Professional Corporation of Industrial Relations Counsellors of Québec*

relations industrielles (Institut m **canadien de recherches en) ICRRI** — *Canadian Industrial Relations Re-search Institute* — *CIRRI*

relations industrielles (service m **des)** — *industrial relations department*

relations industrielles (système m **de)** — *industrial relations system*

relations fp **professionnelles** — *in-dustrial relations; labour relations; la-bour–management relations*
Syn. – Relations du travail; relations indus-trielles

relations professionnelles (Association f **internationale des) AIRP** — *Inter-national Industrial Relations Associa-tion – IIRA*

relations fp **publiques** — *public rela-tions – PR*
Syn. – Relations extérieures ● Relationniste

relations publiques (conseiller m **en)** — *public relations consultant; public relations officer – P.R.O.; P.R. man; practitioner*

relations publiques (consultant m **en)** — *public relations consultant; public relations officer – P.R.O.; P.R. man; practitioner*
Syn. – Relations extérieures ● Relationniste

relevé m **des effectifs** — *membership survey; personnel survey; manpower survey*
Syn. – Dénombrement des effectifs

relevé m **d'opération** — *job ticket*

relève (jour m **de)** — *slide day; chan-ge–over day*

relève (quart m **de)** — *swing shift*

relèvement m **de salaire** — *wage in-crease*
Syn. – Augmentation de salaire

relocalisation f — *relocation*
Réimplantation

relocalisation f **industrielle** — *reloca-tion of industry*
Syn. – Réimplantation industrielle

relogement m — *relocation*
Implantation; indemnité de déménagement

[remède m **]** — *remedy*
Réparation

remontrance f — *remonstrance*
Réprimande; observation; avertissement; avis de réprimande

remplaçant m — *substitute; extra man*
Syn. – Suppléant ● Substitut; mandataire; agent

remplacement m **temporaire** — *tem-porary replacement; temporary trans-fer*
Syn. – Mutation temporaire

remue–méninges m **(néol.)** — *brain-storming*
Syn. – *Brainstorming*; conférence–choc; conférence d'idées; creuset à idées

rémunération f — *compensation; remuneration; pay*
Rétribution; salaire; bénéfice; traitement

rémunération f **à l'acte** — *fee-for-ser-vice*
Honoraires; salaire aux pièces

rémunération f **au rendement** — *in-centive wage*

rémunération au rendement (méthode f **de)** — *incentive wage plan; incen-tive wage system; incentive wage method*

rémunération au rendement (système m **de)** -- *incentive wage plan; incen-tive wage system; incentive wage method*

rémunération f **brute** — *pay before deductions; gross pay*

rémunération f **en espèces** — *pay-ment in cash*

rémunération f **en nature** — *payment in kind*

rémunération f **forfaitaire** — *lump–sum payment*

rémunération jumelée (système m **de)** — *combined wage system*

rémunération f **participatoire** — *wage sharing*

[**rémunération** f **pour longs services]** — *longevity pay*
Prime d'ancienneté

rémunération f **primaire** — *base pay; basic pay*

rémunération (système m **de)** — *wage–payment system; pay system; wage plan*

rencontre (avis m **de)** — *notice of meeting*

rendement m — *output; yield; productivity; efficiency; performance*
Rentabilité; productivité; capacité de production; potentiel de production

rendement m **au travail** — *job performance*

rendement (limitation f **du)** — *featherbedding; restrictions on output*

rendement (prime f **de)** — *incentive bonus; production bonus*

rendement (rémunération f **au)** — *incentive wage*

rendement (salaire m **au)** — *incentive wage*

rendement (système m **collectif de salaire au)** — *group incentive plan; plant–wide incentive plan*

rendement (système m **individuel de salaire au)** — *individual incentive plan*

rendement (système m **sélectif de salaire au)** — *selective incentive plan*

rendez–vous m — *appointment*

renonciation f — *renunciation; waiver; disclaimer*

renouvellement m **automatique** — *automatic renewal*
Reconduction; clause de renouvellement; tacite reconduction

renouvellement (clause f **de)** — *renewal clause*

renouvellement m **de la main–d'oeuvre** — *labour turnover*
Syn. – Roulement de la main–d'oeuvre ● Rotation du personnel

rentabilité f — *profitability; viability*
Rendement; capacité de production; potentiel de production; productivité

rentabilité f **des capitaux investis –** RCI — *return on capital employed –* ROCE

rentabilité (seuil m **de)** — *break–even point*

rente f — *annuity*
Pension

rentes du Québec (Régie f **des) RRQ** — *Quebec Pension Board*— QPB

rentes (régime m **de)** — *annuities system*

renvoi m — *dismissal; discharge; firing*
Syn. – Congédiement ● Licenciement; mise à pied; congé; débauchage; suspension; mise en disponibilité

renvoi (motion f **de)** — *motion to refer back*

renvoi m **motivé** — *dismissal for cause; dismissal with just cause; discharge for cause*
Congédiement motivé

[**renvoi** m **pour cause**] — *dismissal with just cause; discharge for cause*
Congédiement motivé; renvoi motivé

réouverture (clause f **de)** — *reopening clause; open–end clause; reopener*

réparation f — *compensation; remedy*

réparation f **des accidents du travail** — *workmen's compensation*
Syn. – Indemnisation des accidents du travail; assurance contre les accidents du travail; assurance–accident du travail

répartition f — *distribution*

répartition f **de la charge de travail** — *workload distribution*

répartition f **des bénéfices** — *distribution of profits*
Participation aux bénéfices; intéressement

répartition f **des ressources** — *allocation of resources; resource allocation*
Syn. – Allocation des ressources; affectation des ressources

répartition f **du travail** — *work spreading; work distribution*
Syn. – Étalement du travail ● Affectation; partage du travail; distribution du travail

répartition f **fonctionnelle** — *functional distribution; organization*

répartition (système m **de)** — *pay–as–you–go system*

repas (allocation f **de)** — *meal allowance*

repas (temps m **des)** — *meal period;
meal break*

repère m — *benchmark*

repère (emploi m **)** — *key job; benchmark job*

repère (taux m **de salaire)** — *peg
point; benchmark rate*

répit (période f **de) (?)** — *cooling–off
period*

répondant m — *respondent; guarantor; bondsman*
Syn. – Caution; garant

repos m — *rest; break period*
Pause

repos compensatoire (période f **de)** —
*compensatory time–off; time–off in
lieu*

repos m **hebdomadaire** — *weekly rest
period; day off*

repos m **hebdomadaire étalé** — *non–
consecutive days off*
Syn. – Repos hebdomadaire fractionné

repos m **hebdomadaire fractionné** —
non–consecutive days off
Syn. – Repos hebdomadaire étalé

repos m **intercalaire** — *rest period;
break period; break*
Pause café; période de repos; pause

repos (majorations fp **de)** — *rest allowances*

repos (période f **de)** — *rest period*

représailles fp — *reprisal/s/*

représentant m — *representative*
Agent; mandataire

représentant m **du public** — *public
member*

représentant m **international** — *international representative*

représentant m **syndical** — *union representative*
Agent d'affaires syndical; agent syndical;
délégué syndical; dirigeant syndical; libéré;
délégué d'atelier; permanent syndical; militant syndical; fonctionnaire syndical

représentation f — *representation*

représentation (allocation f **pour
frais de)** — *entertainment allowance*

représentation (frais mp **de)** — *public
relations expenses; entertainment allowance; representation allowance*

représentation f **proportionnelle** —
proportional representation

représentation (scrutin m **de)** — *representation vote*

représentation (vote m **de)** — *representation vote*

représentativité f — *representative
character*

représentativité (degré m **de)** — *degree of representativeness*

réprimande f — *reprimand*
Remontrance; observation; avertissement;
avis de réprimande

réprimande (avis m **de)** — *notice of
reprimand*

requête f — *request; petition*
Demande; revendication

requête f **en accréditation (c)** — *ap-
plication for certification*
Syn. – Demande d'accréditation syndicale ●
Accréditation syndicale

requête f **en révision** — *petition for
reconsideration; petition for revision*

réquisition f — *requisition; indent*

Rerum Novarum — *Rerum Novarum*

réseau m **de communications** — *communications network*

réseau (unité f **de négociation de)** —
system–wide /bargaining/ unit

réserve f — *proviso*

réserve f **de congés de maladie** —
sick leave credit
Syn. – Banque de congés de maladie; crédit
de congés de maladie; créance de congés de
maladie

réserve (employé m **de)** — *spare employee*

réserviste m **(c)** — *spare; reserve employee*
Syn. – Employé de réserve

résidence (indemnité f **de)** — *housing
allowance*

résidence (indemnité f **de changement de)** — *moving allowance*

[résignation f **]** — *resignation*
Démission

résiliation f — *cancellation of contract*
Annulation de contrat; annulation d'accord; abrogation de convention

résiliation f **d'accord** — *cancellation of agreement*
Annulation d'accord; résiliation

résolution f — *resolution*

résolutions (cahier m **des)** — *general resolutions roll; list of policy resolutions*

résolutions (comité m **des)** — *resolutions committee*

responsabilité f — *responsibility*

responsabilité f — *liability*
Obligation

responsabilité f **conjointe** — *joint liability*

responsabilité f **conjointe et solidaire** — *joint and several liability*

responsabilité f **fonctionnelle** — *functional responsibility*

responsabilité f **hiérarchique** — *line responsibility; linear responsibility*

responsabilité f **partagée** — *shared responsibility*

responsabilités (étendue f **des)** — *span of control*

responsable m **syndical** — *union officer*
Dirigeant syndical

resquilleur m — *free riders; free loaders*
Parasites

ressort m **de travail** — *work structure*

ressources fp — *resources*

ressources (affectation f **des)** — *allocation of resources; resource allocation*

ressources (allocation f **des)** — *allocation of resources; resource allocation*

ressources fp **humaines** — *human resources*

ressources (inventaire m **des)** — *inventory of resources*

ressources (répartition f **des)** — *allocation of resources; resource allocation*

restructuration f **du travail** — *work structuring*

retard m — *delay*
Retardatisme; absence; absentéisme; taux d'absentéisme; prime d'assiduité

retardatisme m **(néol.)** — *tardiness; lateness*
Syn. – Imponctualité ● Absentéisme

retards inévitables (majorations fp **pour)** — *process allowances*

retenue f **à la source** — *check off; deduction*
Syn. – Précompte; retenue sur salaire

retenue (classe f **de)** — *red circle*

retenue f **de la paye** — *hold–back pay*

retenue f **des cotisations syndicales** — *union check–off*
Syn. – Retenue syndicale; précompte syndical ● Précompte

retenue f **obligatoire des cotisations syndicales** — *compulsory check–off; automatic check–off*
Syn. – Précompte obligatoire; précompte automatique ● Présyngob

retenue f **sur salaire** — *deduction; check–off*
Syn. – Précompte; retenue à la source

retenue f **syndicale (c)** — */union/ dues; union check–off*
Syn. – Précompte syndical; retenue des cotisations syndicales ● Précompte obligatoire; précompte volontaire

retenue f **volontaire des cotisations syndicales** — *voluntary check–off*
Syn. – Précompte volontaire

retrait m — *withdrawal*

retrait m **d'accréditation (c)** — *decertification*
Syn. – Révocation d'accréditation syndicale

retrait m **de candidature** — *withdrawal of candidacy*
Syn. – Désistement

retrait m **facultatif** — *optional withdrawal; voluntary withdrawal*
Syn. – Désengagement; option de retrait ● Clause d'échappatoire

retrait (option f **de)** — *opting out; withdrawal option; option to withdraw*

retraite f — *retirement; pension*
Pension; salaire de non–activité; pension de retraite

retraité m — *retired employee; pensioner; retired pensioner*
Pensionné

retraite (âge m **normal de la)** — *normal retirement age; usual retirement age; standard retirement age*

retraite f **à l'âge normal** — *normal retirement*
Retraite d'office; âge normal de la retraite

retraite f **anticipée** — *early retirement*
Syn. – Préretraite; avancement de la retraite
● Salaire de non–activité

retraite f **automatique** — *automatic retirement*
Retraite obligatoire

retraite (avancement m **de la)** — *early retirement*

retraite (caisse f **de)** — *pension fund*

retraite f **différée** — *delayed retirement*

retraite f **d'office** — *compulsory retirement*
Retraite à l'âge normal; retraite obligatoire

retraite (fonds m **de)** — *pension fund*

retraite f **obligatoire** — *compulsory retirement*
Syn. – Retraite d'office ● Retraite automatique

retraite (pension f **de)** — *retirement pension*

rétribution f — *salary; reward; compensation*
Rémunération

rétroaction f — *feedback*
Auto–régulation; cybernétique

rétroactivité f **(c)** — *retroactivity*
Rappel de salaire; salaire rétroactif

rétrogradation f — *demotion*
Déclassement professionnel; permutation; mutation; promotion; avancement; déplacement

réunion (liberté f **de)** — *freedom of assembly; right of assembly*

réunion (lieu m **de)** — *place of meeting; meeting–place*

revenant–bon m — *perquisite*
Gratification; prime; boni

revendication f — *claim; demand; proposal*
Syn. – Exigences ● Demande; requête

revendications (cahier m **de)** — *list of union demands*

revenu m — *income; revenue*

revenu m **annuel garanti** — *guaranteed annual income*
Revenu garanti; revenu minimal garanti; salaire annuel garanti; sécurité du revenu; impôt négatif

revenu m **d'appoint** — *casual earnings*
Salaire d'appoint; travail noir; double emploi

revenu m **disponible** — *available income; disposable income; spendable income; discretionary income*

revenu m **d'un produit** — *product revenue*

revenu m **garanti** — *guaranteed income*
Revenu minimal garanti; revenu annuel garanti

revenu m **minimal garanti** — *guaranteed income plan*
Revenu garanti; revenu annuel garanti; sécurité du revenu

revenu m **national** — *national income*

revenu m **national net au coût des facteurs** — *net national income at factor cost*

revenu m **net** — *net revenue*
Bénéfice net

revenu m **pécuniaire** — *cash income; monetary income*

revenu m **personnel** — *personal income*

revenu m **réel** — *real income; purchasing power*
Salaire réel; pouvoir d'achat

revenu (sécurité f **du)** — *income security*

revenus (Commission f **des prix et des) CPR** — *Prices and Incomes Commission – PIC*

réversion (pension f **de)** — *survivors' benefits pension*

réversion (prestations fp **de)** — *survivors' benefits*

révision f — *revision; reconsideration*
Syn. – Réexamen

révision (Commission f **publique de)** — *Public Review Board – PRB*

révision (requête f **en)** — *petition for reconsideration; petition for revision*

révocation f — *revocation; cancellation; removal from post*
Destitution

révocation f **d'accréditation syndicale (c)** — *decertification; cancellation of certification*
Syn. – Retrait d'accréditation

révolution f **verte** — *green revolution*

risque (prime f **de)** — *danger pay; danger zone bonus; hazard bonus*

risque m **professionnel** — *occupational risk; work hazard; occupational hazard*

risque m **social** — *social risk*

ristourne f **(?)** — *kickback*

rivalité f **syndicale** — *union rivalry; inter-union conflict*
Pluralisme syndical; concurrence syndicale; conflit de juridiction

rivalité syndicale (conflit m **de)** — *inter-union dispute*

rodage (période f **de)** — *break-in period*

rôle m — *role*

rôle m **d'arbitrage** — *arbitration roll; arbitration roster*

ronde f **de négociations** — *bargaining round*

rotation f **d'emplois** — *job rotation*
Syn. – Rotation des postes de travail

rotation f **des postes de travail** — *job rotation*
Syn. – Rotation d'emplois

rotation f **des stagiaires** — *trainee turnover*

rotation f **du personnel** — *personnel rotation*
Roulement de la main–d'oeuvre

roulement m **de la main–d'oeuvre** — *labour turnover*
Syn. – Renouvellement de la main–d'oeuvre ● Rotation du personnel; taux de roulement de la main-d'oeuvre

roulement m **des équipes** — *crew rotation*

roulement (travail m **par)** — *shift work*

route (accident m **en cours de)** — *accident while on travel status*

royautés fp **(c)** — *royalties*
Syn. – Droits; redevance ● Droits d'auteur

rupture f **abusive de contrat** — *unfair discharge*

rupture f **de contrat** — *breach of contract*
Violation de contrat

rupture de contrat (amende f **pour)** — *fine for breach of contract*

rupture f **de négociations** — *breaking-off of negotiations; breakdown in negotiations*

rythme m — *pace*
Allure; cadence

rythme m **accéléré** — *speed-up*
Syn. – Cadence infernale; accélération; cadence accélérée

rythme m **de travail** — *work pace*
Syn. – Cadence de travail

rythme libre (travail m **à)** — *work at one's own pace*

rythme lié (travail m **à)** — *work at fixed pace; tight paced work*

rythme m **normal de production** — *normal pace of production*
Allure de référence; allure normale

S

sabotage m   — *sabotage*

sages mp   — *senior citizens; elders*

sainte touche (la) f **(fam.)** — *payday*
Jour de paie

saisie f **du salaire** — *seizure of salary; seizure of wages; garnishment of wages*

saisie f **gouvernementale** — *government seizure*

saisonnier m   — *seasonal employee*

saisonnier (emploi m **)** — *seasonal job*

salaire m   — *wage*
Bénéfice; traitement; rémunération; rétribution; paye; gain

salaire (accroissement m **différé de)** — *deferred wage increase*

salaire m **à forfait** — *job wage*
Syn. – Salaire à la tâche

salaire m **à la commission** — *commission earnings; commission payment*

salaire m **à la démarcation** — *portal–to–portal pay*
Syn. – Paiement à la démarcation; salaire selon la durée de présence ● Salaire d'exécution

salaire m **à la pièce** — *piecework /wage/*
Rémunération à l'acte

salaire m **à la semaine** — *pay by the week*
Salaire hebdomadaire

salaire m **à la tâche** — *job wage*
Syn. – Salaire à forfait

salaire m **à l'embauchage** — *beginner's pay; entrance wage*
Syn. – Salaire de débutant; salaire de début ● Taux d'essai; taux d'embauchage

salaire à l'embauchage (taux m **de)** — *starting rate; hiring rate; entrance rate*

salaire m **annuel** — *annual salary*
Traitement annuel

salaire m **annuel garanti** — *guaranteed annual wage*
Prestations supplémentaires d'assurance–chômage; assistance–chômage; revenu annuel garanti; caisse d'indemnité supplémentaire de chômage

salaire m **anticipé** — *advance wage; advance pay*
Avance sur salaire; paye anticipée

salaire arbitraire (taux m **de)** — *arbitrary wage rate; random rate*

salaire f **(assurance–)** — *salary insurance; lost–wages insurance; sickness–insurance benefit*

salaire m **attaché à un emploi** — *job rate; wage for the job*
Syn. – Salaire pour un emploi ● Taux d'un emploi

salaire (augmentation f **automatique de)** — *statutory increase*

salaire (augmentation f **de)** — *wage increase*

salaire (augmentation f **différée de)** — *deferred wage increase*

salaire (augmentation f **forfaitaire de)** — *package increase; lump–sum increase*

salaire (augmentation f **générale de)** — *general wage increase; across–the–board increase*

salaire m **au mérite** — *merit wage*

salaire au mérite (augmentation f **de) (c)** — *merit increase*

salaire m **au mois** — *pay by the month*
Salaire mensuel

salaire m **au rendement** — *incentive wage*
Syn. – Salaire stimulant

salaire au rendement (système m **collectif de)** — *group incentive plan; plant–wide incentive plan*

salaire au rendement (système m **de partage de)** — *incentive sharing plan*

salaire au rendement (système m **individuel de)** — *individual incentive plan*

salaire au rendement (système m **sélectif de)** — *selective incentive plan*

salaire m **au temps** — *time wage*

salaire m **au temps alloué** — *allowed time wage*

salaire (avance f **sur)** — *advance on wages; advance against wages; wage–loan; pay advance*

salaire m **bloqué** — *red circle; salary freeze*

Syn. – Classe de retenue; poste surévalué; salaire étoilé; employé étoilé

salaire m **brut** — *gross earnings; gross pay; gross wages*

Gains bruts; bénéfice brut

salaire m **clandestin** — *bootleg wages*

Salaire légal

salaire m **collectif** — *group wage*

salaire m **compensatoire** — *compensatory wage; penalty pay*

Tarif syndical; échelle syndicale de salaire; prime de risque; indemnité de nuisances; indemnité d'intempéries; indemnité de pénibilités

salaire (congé m **sans)** — *leave /of absence/ without pay*

salaire constant (régime m **de)** — *constant–wage plan; fixed annual income plan*

salaire m **conventionnel** — *union wages; union rate; contract rate; negotiated rate*

Taux syndical; tarif syndical; échelle syndicale de salaire

salaire m **cotisable** — *contributory earnings*

salaire (coupure f **de)** — *wage cut; docking*

salaire (courbe f **de)** — *wage curve*

salaire (courbe f **d'augmentation de)** — *salary progression curve*

salaire–coût m — *wage–cost*

Charge salariale; masse salariale

salaire croissant (taux m **de)** — *ascending wage rate; rising wage rate; escalating wage rate*

salaire m **d'appoint** — *casual earnings; moonlight pay; supplementary earnings*

Revenu d'appoint; travail noir

salaire m **d'apprenti** — *apprentice rate*

salaire m **de base** — *base wage; base rate; base pay; basic salary*

Syn. – Barème de base ● Traitement de base; taux de base; taux de salaire de référence; taux de salaire repère; salaire minimum

salaire m **de début** — *beginner's pay; entrance wage*

Syn. – Salaire à l'embauchage

salaire de début (taux m **de)** — *starting rate; hiring rate; entrance rate*

salaire m **de débutant** — *beginner's pay; entrance wage*

Syn. – Salaire à l'embauchage

salaire de débutant (taux m **de)** — *starting rate; hiring rate; entrance rate*

salaire m **de non–activité** — *non-activity wage*

Pension; préretraite; retraite; pension de retraite

salaire m **de période d'essai** — *probationary period rate; trial period rate*

Taux d'essai; salaire à l'embauchage

salaire (dépôt m **de garantie de)** — *payment bond; salary guarantee deposit*

salaire (dépôt m **volontaire du)** — *voluntary deposit of wages*

salaire m **de rattrapage** — *catch–up wages; make–up wages*

Rattrapage; augmentation /de salaire/ de rattrapage

salaire de rattrapage (augmentation f **de)** — *catch–up increase; equalization increase*

salaire de référence (taux m **de)** — *benchmark rate; peg point*

[**salaire** m **de risque**] — *danger pay; hazard pay*

Prime de danger

salaire m **de subsistance** — *subsistence wage*

Syn. – Salaire naturel

salaire de surtemps (taux m **de) (c)** — *overtime rate*

salaire m **de travailleur déclassé (?)** — *superannuated rate*

salaire m **de travailleur qualifié** — *journeyman wage*

salaire m **d'exécution** — *operational pay; face–to–face pay*

Salaire à la démarcation

salaire m **différé** — *deferred wage*

salaire (différence f **de)** — *wage differential*

salaire (diminution f **du taux de)** — /wage/ rate cutting; wage /rate/ decrease; rate cutback

salaire m **d'investissement** — investment wage
Syn. – Épargne contractuelle ● Régime d'épargne d'entreprise

salaire m **direct** — direct wage

salaire (disparité f **de)** — wage disparity

salaire (disparité f **géographique de)** — geographical wage disparity

salaire (disparité f **régionale de)** — regional wage disparity

salaire (échelle f **mobile de)** — sliding wage scale

salaire (échelle f **syndicale de)** — union wage scale

salaire m **étoilé (c)** — red circle
Syn. – Classe de retenue; salaire bloqué; poste surévalué ● Employé étoilé

salaire m **fixe** — fixed salary
Syn. – Appointements ● Émoluments

salaire m **fixé par arbitrage** — wage award

salaire m **garanti** — guaranteed wage
Assurance–salaire

salaire gonflé (taux m **de)** — runaway rate; loose rate; inflated rate

salaire (grille f **de)** — wage schedule

salaire (hausse f **de)** — wage increase

salaire m **hebdomadaire** — weekly wage
Salaire à la semaine

salaire m **horaire** — hourly wage

salaire m **illégal** — illegal wage
Salaire clandestin

salaire m **indexé** — indexed wage
Échelle mobile; indexation

salaire m **indirect** — indirect wage

salaire m **individuel** — individual wage

salaire m **inférieur au minimum** — subminimum rate; below minimum /rate/

salaire (jeton m **de)** — scrip

[**salaire** m **leader**] — wage leader
Salaire pilote

salaire m **légal** — legal wage
Salaire clandestin

salaire m **limite** — wage ceiling; terminal point
Syn. – Plafond du salaire

salaire (majoration/s/ fp **de)** — wage increase/s/; premium wage

salaire m **majoré** — premium pay
Salaire compensatoire; surtemps

salaire majoré (taux m **de)** — premium wage rate

salaire m **mensuel** — monthly wage
Salaire au mois

salaire m **minimal** — minimum wage
Syn. – Salaire minimum

salaire m **minimum** — minimum wage
Syn. – Salaire minimal ● Plancher des salaires; Commission du salaire minimum; Ordonnance générale no 4; salaire de base

salaire minimum (Commission f **du) CSM** — Minimum Wage Board – MWB

salaire m **moyen** — average wage

salaire moyen (taux m **de)** — average wage rate

salaire m **naturel** — living wage
Syn. – Salaire de subsistance

salaire m **net** — take–home pay; disposable earnings; spendable earnings
Paye encaissable

salaire (niveau m **de)** — wage level; salary level

salaire m **nominal** — nominal wage; money wage

salaire m **normal** — standard wage
Salaire régulier; salaire standard

salaire (parité f **de)** — wage parity

salaire m **pilote** — wage leader

[**salaire** m **pour longs services**] — longevity pay; long–service pay
Prime d'ancienneté

salaire m **pour un emploi** — job rate; wage for the job
Syn. – Salaire attaché à un emploi ● Taux d'un emploi

salaire m **pour travail spécial** — extra–duty pay

salaire prépondérant (taux m **de)** — prevailing rate; going rate

salaire–prix (directives fp **)** — *wage–price guidelines*

salaire m **pyramidal** — *pyramiding*

salaire (rajustement m **général de)** — *general wage adjustment*

salaire (rappel m **de)** — *back pay*

salaire (réduction f **du taux de)** — */wage/ rate cutting; wage /rate/ decrease; rate cutback*

salaire m **réel** — *real wage*
Pouvoir d'achat; revenu réel

salaire m **régulier** — *straight–time pay*
Salaire normal; salaire standard

salaire repère (taux m **de)** — *peg point; benchmark rate*

salaire (retenue f **sur)** — *deduction; check-off*

salaire m **rétroactif** — *retroactive pay*
Syn. – Rappel de salaire ● Rétroactivité

salaire (saisie f **du)** — *seizure of salary; seizure of wages; garnishment of wages*

salaire m **selon la durée de présence** — *portal–to–portal pay*
Syn. – Salaire à la démarcation; paiement à la démarcation

salaire m **standard** — *standard wage*
Salaire normal; salaire régulier

salaire m **stimulant** — *incentive wage*
Syn. – Salaire au rendement

salaire (supplément m **de)** — *extra pay*

salaire (taux m **de)** — *wage rate*

salaire m **type** — *pattern wage*
Salaire pilote; convention collective type

salaire type (augmentation f **de)** — *pattern wage increase*

salaire uniforme (taux m **de)** — *single rate; uniform wage rate*

salaires mp **—** *wages*

salaires (administration f **des)** — *wage and salary administration*

salaires (blocage m **des)** — *wage freeze*

salaires (catégorie f **des)** — *wage bracket*

salaires (comparaison f **de)** — *wage comparison*

salaires (compression f **des)** — *narrowing of wage differentials; wage compression*

salaires (coût m **des)** — *wage bill*

salaires (créneau m **des)** — *wage bracket*

salaires (échelle f **des)** — *rates of pay; wage scale; wage schedule*

salaires et des prix (contrôle m **des)** — *wage and price control*

salaires (éventail m **des)** — *wage spread*

salaires (fixation f **des)** — *wage determination; wage setting*

salaires (fonds m **des)** — *wage fund*

salaires (fourchette f **des)** — *wage bracket*

salaires (gel m **des)** — *wage freeze*

salaires (glissement m **des)** — *wage drift*

salaires (groupe m **des)** — *wage bracket*

salaires (liste f **de)** — *bill of wages*

salaires (palier m **des)** — *wage bracket*

salaires (plancher m **des)** — *minimum wage; wage–floor; wage minimum*

salaires (politique f **des)** — *wage policy incentive*

salaires (politique f **gouvernementale des)** — *government wage policy*

salaires (rajustement m **des)** — *wage adjustment*

salaires (réexamen m **des)** — *wage reopener; wage review*

salaires (région f **de)** — *wage zone; wage area; wage region*

salaires (stabilisation f **des)** — *wage stabilization*

salaires (structure f **des)** — *wage structure*

salaires (tendance f **des)** — *wage trend; wage tendency*

salaires (zone f **de)** — *wage area; pay zone*

salariale (charge f **)** — *wage–cost*

salariat m **—** *wage–earning class; wage–earners*
Prolétariat; classe ouvrière; mouvement ouvrier

salariat m — *wage earning; wage system*

salarié m — *wage–earner; employee; worker; salaried employee*
Syn. – Employé ● Travailleur

[salarié m **professionnel]** — *professional employee*
Professionnel salarié

salariés (association f **de)** — *employees' association; union*

sanction f — *sanction; penalty*
Mutation; déclassement; suspension; congédiement; mesure disciplinaire; promulgation

sans–travail m — *unemployed worker*
Syn. – Chômeur

satisfaction f — *satisfaction*

satisfaction f **au travail** — *job satisfaction; work satisfaction*
Syn. – Satisfaction professionnelle; satisfaction dans le travail

satisfaction f **dans le travail** — *job satisfaction; work satisfaction*
Syn. – Satisfaction au travail; satisfaction professionnelle

satisfaction f **professionnelle** — *job satisfaction; occupational satisfaction*
Syn. – Satisfaction au travail; satisfaction dans le travail

sauvegarde (clause f **de)** — *saving clause; hold–harmless clause; escalator clause*

savoir m **technologique** — *know–how*
Secrets du métier; *know–how*

[*scab* **m (fam.)]** — *strike–breaker; scab*
Briseur de grève

schéma m **antagoniste** — *adversary theory; adversary system*
Syn. – Concept d'antagonisme; régime d'antagonisme

scrutateur m — *scrutineer; teller*

scrutin m — *poll; ballot; vote*
Vote; suffrage

scrutin (bureau m **de)** — *poll; polling station; polling booth*

scrutin m **d'avant–audition** — *pre-hearing vote*
Syn. – Vote d'avant–audition

scrutin m **de ballotage** — *run–off vote*

scrutin m **de liste** — *vote by list*

scrutin (dépouillement m **du)** — *counting of the votes; ballot count*

scrutin m **de représentation** — *representation vote*
Vote de représentation

scrutin m **majoritaire** — *majority election*
Syn. – Majorité des voix

[scrutin m **ouvert]** — *open ballot; open vote*
Scrutin public

scrutin m **public** — *open ballot; public vote*

scrutin m **secret** — *secret ballot; secret vote*

secondeur m **(c)** — *seconder*

secours (caisse f **de)** — *relief fund; contingency fund*

secret m **professionnel** — *professional secrecy*

Secrétariat m **professionnel international** — **SPI** — *International Trade Secretariat* — *ITS*

secrétariat m **social** — *social bureau*

secrétariat m **syndical** — *union bureau; union office*
Centrale syndicale; bourse du travail; confédération

secrets mp **du métier** — *secrets of the trade; trade secrets; tricks of the trade*
Know–how; savoir technologique

secteur m — *sector*

secteur m **parapublic** — *para–public sector*

secteur m **primaire** — *primary sector*

secteur m **privé** — *private sector*

secteur m **public** — *public sector*

secteur m **secondaire** — *secondary sector*

secteur m **tertiaire** — *tertiary sector*

section f **locale** — *local /union/*
Syn. – Syndicat local ● Loge

sécurité (agent m **de)** — *security guard; plant protection employee*

sécurité f **d'emploi** — *job security; employment security*
Permanence

sécurité f **du revenu** — *income security*

Salaire annuel garanti; revenu minimal garanti; revenu garanti; impôt négatif

sécurité f **du travail** — *occupational safety; on–the–job safety*

Inspection du travail

[sécurité f **industrielle]** — *industrial safety*

Sécurité au travail

sécurité f **sociale** — *social security*

Aide sociale; assistance sociale; assurance sociale; allocation sociale

sécurité sociale (code m **de)** — *social security code*

sécurité f **sociale contributive** — *contributory social security*

Syn. – Assurance sociale; plan de pensions contributives; assurance–chômage

sécurité f **sociale distributive** — *non–contributory social security*

Syn. – Allocation sociale ● Allocations familiales

sécurité f **syndicale** — *union security*

Clause de sécurité syndicale; atelier fermé; précompte syndical; maintien d'affiliation; préférence syndicale; exclusivité syndicale; syndicat obligatoire

sécurité syndicale (clause f **de)** — *union security clause*

sécurité f **syndicale étendue** — *accretion*

séjour (frais mp **de)** — *living allowance*

séjour (indemnité f **de)** — *living allowance*

sélection f — *selection*

semaine f **anglaise** — *five–day workweek*

semaine f **de travail** — *workweek*

Syn. – Durée hebdomadaire du travail

semaine f **de travail comprimée** — *reduced workweek*

Syn. – Semaine de travail réduite

semaine f **/de travail/ réduite** — *reduced workweek*

Syn. – Semaine de travail comprimée

semaine f **/de travail/variable** — *fluctuating workweek*

Horaire flottant; étalement des heures de travail

semaine (heures fp **normales par)** — *regular weekly hours; standard weekly hours*

semaine f **normale de travail** — *regular workweek; standard workweek*

Heures normales par semaine

semaine (salaire m **à la)** — *pay by the week*

semi–retraité m — *semi–retired*

[séniorité f **]** — *seniority*

Ancienneté

sentence f — *award*

Décision; délibéré; jugement; arrêt; ordonnance

sentence f **arbitrale** — *arbitration award; adjudication*

sentence f **exécutoire** — *binding award; final award*

sentence f **non exécutoire** — *non–binding award*

Sentence arbitrale; sentence sans appel

sentence f **partielle** — *partial award*

Syn. – Décision partielle

sentence f **sans appel** — *final award; binding award*

Sentence exécutoire

[séparation f **]** — *separation; severance*

Cessation d'emploi

série f **chronologique** — *time series*

série (production f **en)** — *mass production*

série (travail m **en)** — *assembly–line work*

serment (déclaration f **sous)** — *affidavit; sworn statement; statement under oath*

service m — *service; department*

Bureau; office; commission; comité; conseil; état–major; département; division; direction

service (années fp **de)** — *years of service; seniority*

service m **auxiliaire** — *auxiliary service*

Syn. – Service de soutien

service (chef m **de)** — *department head*

service m **communautaire** — *community service*
Syn. – Services publics ● Entreprise de service public; société d'État; régie d'État

service m **continu** — *continuous service*

service (crédits mp **de) (c)** — *service credit*

service (date f **d'entrée en)** — *first date of service*

service m **de cantine** — *eating facilities; restaurant service*
Syn. – Service de restauration

service m **de conseil interne** — *advisory services*

service m **d'embauchage** — *employment service; employment office*

service m **de médecine du travail** — *industrial health service*

service m **d'emploi** — *employment office; employment service*
Syn. – Bureau d'embauchage; bureau de recrutement

service m **de placement** — *employment agency*
Syn. – Bureau de placement

service m **de restauration** — *eating facilities*
Syn. – Service de cantine

service m **de soutien** — *support service*
Syn. – Service auxiliaire

service m **des relations industrielles** — *industrial relations department*
Service du personnel

service m **d'intérêt public** — *public interest industry*

service m **du personnel** — *personnel department*
Bureau du personnel

service (entrée f **en)** — *taking over one's duties*

service (états mp **de)** — *record of service; service credit; length of service*

service m **exceptionnel** — *extra service*
Affectation particulière; attribution de tâches exceptionnelles

service (fiche f **de)** — *service slip*

service m **gouvernemental** — *administrative agency; government agency*
Syn. – Bureau administratif; office; agence gouvernementale

service judiciaire (indemnité f **de)** — *jury–duty pay*

service m **juridique** — *legal department*
Syn. – Contentieux

service passé (crédits mp **de) (c)** — *past–service credit; past–service benefits*

service (personnel m **de)** — *service employees*

service m **privé de placement** — *private employment agency*
Syn. – Bureau privé de placement

service public (entreprise f **de)** — *public utility*

service m **sélectif** — *selective service*

services mp **d'intendance** — *ancillary operation*

services mp **publics** — *public utilities*
Syn. – Service communautaire ● Entreprise de service public; société d'État

seuil m **de rentabilité** — *breakeven point*
Syn. – Point critique; point mort

[sideline f **]** — *sideline*
Emploi secondaire

siège m **social** — *head office; headquarters; home office*
Syn. – Administration centrale

simogramme m — *simo chart*

simplification f **du travail** — *work simplification*

sinécure f — *sinecure; featherbedding*
Featherbedding; limitation du rendement; employé favorisé

situation f — *position*
Syn. – Emploi; position; fonction; place; occupation ● Charge

slogan m — *slogan*
Propagande; publicité; sollicitation

sociale (allocation f **)** — *social allowance; social welfare benefit*

socialisation f — *socialization*
Syn. – Nationalisation ● Étatisation

socialisme m — *socialism*

société f — *society; company*
Syn. – Société globale

société f — *partnership*

société f **affiliée** — *associate company; affiliate company*

société f **anonyme** — *company; corporation; shareholder–owned company*
Syn. – Compagnie; compagnie à fonds social; compagnie à capital–actions ● Firme; entreprise; corporation

société f **apparentée** — *associate company; affiliate company*

société f **à responsabilité limitée** — *limited liability company*
Syn. – Compagnie à fonds social; compagnie à capital–actions ● Compagnie; firme; entreprise; société

société (contrat m **de)** — *company agreement*

société f **d'abondance** — *affluent society*

société f **de consommation** — *consumer society*
Propension à consommer

société f **de gestion** — *holding company*
Syn. – Holding ● Conglomérat

société f **de la couronne** — *Crown corporation; Crown company*

société f **d'État** — *Crown corporation; Crown company*
Régie d'État

société f **d'intérêt public** — *public utility*
Syn. – Entreprise de service public; entreprise d'utilité publique ● Société d'État; service communautaire; services publics; régie d'État

société f **en commandite par actions** — *partnership limited by shares*

Société f **générale de financement — SGF** — *General Investment Corporation of Québec GICQ*

société f **globale** — *society*
Syn. – Société

société f **industrielle** — *industrial society*

société f **mère** — *parent company*

société f **multinationale** — *multinational corporation*
Syn. – Firme multinationale; firme plurinationale ● Entreprise à établissements multiples

société f **mutualiste** — *mutual benefit society; mutual company*
Syn. – Société mutuelle; mutuelle

société f **mutuelle** — *mutual benefit society; mutual company*
Syn. – Mutuelle ● Caisse de secours; association; organisation

société f **post–industrielle** — *post–industrial society*

sociologie f **du travail** — *sociology of work; industrial sociology*

soirée (quart m **de)** — *evening shift; second shift*

solde f — *pay; soldier's pay*

solde (congé m **avec) (c)** — *paid leave /of absence/; leave /of absence/ with pay*

solde (congé m **sans)** — *leave /of absence/ without pay*

sollicitation f — *solicitation; canvass*
Propagande; recrutement; publicité; slogan

solution f **de compromis** — *compromise*
Compromis

somme f — *sum; total; amount; quantity*
Montant

somme f **de travail** — *work load*
Syn. – Charge de travail; tâche ● Besogne

sondage m — *poll; survey*
Enquête–surprise; échantillonnage; enquête; investigation

sortant m — *drop-out*
Syn. – Laissé–pour–compte; déserteur; *drop-out;* lâcheur ● Taux d'abandon

sortie (heure f **de)** — *finishing time; quitting time*

sous–amendement m — *sub–amendment*
Amendement

sous–contremaître m — *straw boss; sub–foreman; assistant foreman*
Syn. – Assistant–contremaître

sous–emploi m — *underemployment*
Chômage; chômage déguisé; chômage camouflé

sous–entrepreneur m — *sub–contractor*
Syn. – Sous–traitant

sous-produit m — *by–product*
Syn. – Produit dérivé

sous–temps m (?) — *short time; under–time*

sous–traitance f — *contracting out; subcontracting*
Syn. – Impartition; concession

sous–traitant m — *sub–contractor*
Syn. – Sous–entrepreneur

soutien (personnel m **de)** — *support staff; clerical personnel; clerical staff*

soutien (service m **de)** — *support service*

[*spare* m] — *spare /worker/*
Employé de réserve

spécification f **d'un emploi** — *job specification*
Syn. – Caractéristiques de poste; définition d'emplois

[*speed–up* m] — *speed–up*
Cadence accélérée; accélération; cadence infernale; rythme accéléré

sphère f **de compétence** — *jurisdiction*
Juridiction; compétence

stabilisation f **de l'emploi** — *employment stabilization*

stabilisation f **des salaires** — *wage stabilization*

stage m — *probationary period; training period*
Période d'essai; recyclage

stage m **probatoire** — *probation period; probationary period; trial period*
Syn. – Période probatoire; période de probation

stagflation f **(néol.)** — *stagflation*

stagiaire m — *trainee; probationary employee*
Syn. – Travailleur à l'entraînement • Débutant

stagiaires (rotation f **des)** — *trainee turnover*

stakhanovisme m — *stakhanovism*
Taylorisme

standard m **de vie** — *standard of living; living standard*
Genre de vie; niveau de vie; mode de vie

standardisation f — *standardization*
Normalisation

statistique (Bureau m **fédéral de la) BFS** — *Dominion Bureau of Statistics – DBS*

Statistique Canada – SC; StatCan — *Statistics Canada – SC; StatCan*

status m — *status*

statut m — *statute; by-laws*
Charte; constitution

statutaire — *statutory*

statuts et règlements (comité m **des)** — *committee on constitution and by–laws*

statuts mp **refondus – Québec** — *revised statutes*
Syn. – Lois; statuts revisés

statuts mp **revisés – Canada** — *revised statutes*
Syn. – Statuts refondus

[*steering committee*] — *steering committee*
Comité directeur

stimulant m — *incentive*
Prime; boni; intéressement

stipulation f — *stipulation; provision; clause; proviso*
Clause; disposition; article

stipulation f **conditionnelle** — *proviso*

[*stool* m] — *stool pigeon; labour spy*
Mouchard; indicateur

stratégie f — *strategy*
Tactique

structure f — *structure; organization*

structure f **d'autorité** — *authority structure*

structure f **de négociation** — *bargaining structure*

structure f **des salaires** — *wage structure*

structure f **formelle** — *formal structure*

structure f **hiérarchique** — *line; chain of command*
Syn. – Ligne d'autorité; ligne hiérarchique; axe hiérarchique

structure f **informelle** — *informal structure*

style (clause f **de)** — *formal clause; ritual clause*

style m **de direction** — *managerial style*

[sub poena m **]** — *subpoena*
Assignation; citation

subalterne m — *subordinate employee; minor employee; junior employee*

subalterne (emploi m **)** — *minor job; subordinated work*

subordination f — *subordination*

subordonnés mp — *down the line*

subrogation f — *subrogation*
Successeur: nouvel employeur; compagnie–successeur; syndicat–successeur; transfert de convention collective

subside m — *grant*
Syn. – Subvention

subsistance (allocation f **de)** — *subsistence allowance*

subsistance (salaire m **de)** — *subsistence wage*

substituabilité f — *trade–off*
Relation d'arbitrage

substitut m — *assistant; alternate; deputy*
Suppléant; remplaçant; mandataire; assistant; adjoint

substitution f **de compétence** — *skill substitution*

substitution f **de compétence conditionnée par la formation** — *educational skill substitution*

substitution f **de personne** — *impersonation; telegraphing –voting–*
Syn. – Usurpation d'état civil

substitution f **fonctionnelle de compétence** — *functional skill substitution*

subvention f — *grant*
Syn. – Subside

successeur m — *successor*
Compagnie–successeur; obligation du successeur; subrogation; syndicat–successeur

successeur f **(compagnie–) (c)** — *successor company*

successeur (obligation f **du)** — *successor rights*

succursale f — *branch*
Filiale

suffrage m — *suffrage; vote*
Scrutin; vote

suffrage m **direct** — *direct franchise; direct election*

suffrage m **exprimé** — *vote cast*

suffrage m **indirect** — *indirect franchise; indirect election*

suffrage m **obligatoire** — *compulsory vote; mandatory vote*
Vote obligatoire

suffrage m **universel** — *universal franchise; popular vote*

suffrages (briguer les) — *to run for election; to stand for office*

suffrages (recensement m **des)** — *vote count; judicial recount*

suggestion f — *suggestion*

suggestions (prime f **de)** — *suggestion bonus; suggestion award*

suggestions (système m **de)** — *suggestion system; suggestion award plan*

suivi m — *follow–up*
Syn. – Prolongement; poursuite; *follow–up*

superstructure f — *superstructure*

superviseur m — *supervisor*
Agent de maîtrise; surintendant; contre-maître; chef d'équipe; chef d'atelier; surveillant; cadre

supervision f — *supervision*

supplantation f — *bumping*
Syn. – Évincement

supplantation f **ascendante** — *bumping up*

supplantation–promotion f — *bumping up*

supplantation–rétrogradation f — *bumping down*

suppléant m — *substitute; deputy; acting official*
Syn. – Remplaçant ● Substitut; mandataire; réserviste

supplément m **de salaire** — *extra pay*
Extra; sursalaire

suppression f **d'emploi** — *abolition of job; elimination of job; job dislocation*
Dislocation d'emploi; changement technologique; conversion industrielle; reconversion industrielle; mutation

surcapacité f — *excess capacity*

surcharge f — *stretch out*

surchauffe f — *overheating; superheating*

suremploi m — *overemployment; over–full employment*

surenchère f — *whipsaw bargaining; bidding up*
Grève de surenchère

surintendant m — *superintendent*
Agent de maîtrise; superviseur; contremaître; chef d'équipe; chef d'atelier; cadre

surmenage m — *overwork; overworking*

surnuméraire m — *supernumerary; spare employee; non–permanent employee; supernumerary employee; occasional hand*
Temporaire; extra

surpaye f — *bonus; extra pay; overpayment*
Syn. – Gratification; sursalaire

surpaye f — *overpayment*
Trop perçu; moins–perçu

surproduction f — *overproduction*

sursalaire m — *extra pay*
Syn. – Surpaye ● Extra; supplément de salaire

surtemps m **(c)** — *overtime*
Syn. – Heures supplémentaires ● Travail supplémentaire; salaire majoré

surtemps (prime f **de)** — *overtime premium*

surtemps (taux m **de salaire de) (c)** — *overtime rate*

surtemps m **volontaire (c)** — *voluntary overtime*
Syn. – Heures supplémentaires facultatives

surveillance f — *supervisory work*

surveillance (conseil m **de)** — *board of trustees; vigilance committee*

surveillance f **de la production** — *production control*
Syn. – Contrôle de la production; régulation de la production

surveillance (temps m **de)** — *machine attention time*

surveillance (travail m **de)** — *supervision; supervisory work*

surveillant m — *supervisor*
Superviseur; agent de maîtrise; surintendant; contremaître; chef d'équipe; chef d'atelier

survivants (prestations fp **aux)** — *survivors' benefits*

suspension f — *suspension*
Temps de suspension; congé; congédiement; licenciement; débauchage; mise à pied; renvoi; mise en disponibilité; réintégration; réinstallation

suspension f **administrative** — *administrative suspension*

suspension (temps m **de)** — *layover time*

[sweatshop] — *sweatshop*
Atelier de pressurage

sweating system — *sweating system*
Travail à domicile

syndicable (néol.) (c) — *unionizable*

syndical (agent m **)** — *business agent*

syndical (agent m **d'affaires) (c)** — *business agent*

syndical (congrès m **)** — *union convention; union assembly; conference*

syndical (conseiller m **)** — *union advisor*

syndical de département (délégué m **)** — *department shop steward*

syndical (délégué m **)** — *union steward; union representative*

syndical (dirigeant m **)** — *union leader; union officer*

syndical (droit m **)** — *union legislation*

syndical (fonctionnaire m **)** — *full–time union staff*

syndical généralisé et obligatoire (précompte m **)** — *compulsory agency shop*

syndical généralisé (précompte m **)** — *agency shop; Rand formula; dues shop*

syndical (insigne m **)** — *union insignia; union emblem; union badge*

syndical local (conseil m **)** — *local labour council*

syndical (maraudage m **)** — *raiding; poaching*

syndical (militant m **)** — *active union member; union officer*

syndical (monopole m **)** — *union monopoly; exclusive representation*

syndical (mouvement m **)** — *organized labour; union movement*

syndical (organisateur m **)** — *union organizer*

syndical (permanent m **)** — *full–time union staff; union representative*

syndical (pluralisme m **)** — *plural unionism*

syndical (précompte m **)** — *union check–off*

syndical (propagandiste m **)** — *union propagandist*

syndical (recruteur m **)** — *union organizer*

syndical (représentant m **)** — *union representative*

syndical (tarif m **)** — *union rate*

syndicale (accréditation f **)(c)** — *union certification*

syndicale (action f **)** — *union activity*

syndicale (activité f **)** — *union activity*

syndicale (appartenance f **)** — *union allegiance*

syndicale (autonomie f **)** — *union autonomy*

/syndicale/ (base f **)** — */union/ rank–and–file*

syndicale (carte f **)** — *union card*

syndicale (centrale f **)** — *House of Labour; central labour body*

syndicale (clause f **d'exclusivité)** — *closed shop*

syndicale (compétence f **)** — *union jurisdiction*

syndicale (concurrence f **)** — *inter–union competition; inter–union rivalry*

syndicale (confessionnalité f **)** — *confessional trade–unionism; denominational trade–unionism*

syndicale (conflit m **de juridiction)** — */union/ jurisdictional dispute*

syndicale (conflit m **de rivalité)** — *inter–union dispute*

syndicale (congédiement m **pour activité)** — *dismissal for union activity; union activity discharge*

syndicale (contribution f **)** — *union dues*

syndicale (cotisation f **)** — *union dues*

syndicale (demande f **d'accréditation) (c)** — *application for union certification*

syndicale (demande f **de reconnaissance)** — *application for union recognition*

syndicale (démocratie f **)** — *union democracy; trade–union democracy*

syndicale de salaire (échelle f **)** — *union wage scale*

syndicale (éducation f **)** — *labour union education*

syndicale (élection f **)** — *union election*

syndicale étendue (sécurité f **)** — *accretion*

syndicale (exclusivité f **)** — *closed shop*

syndicale (formule f **d'adhésion)** — *union membership application form*

syndicale (fusion f **)** — *union merger*

syndicale (implantation f **)** — *unionization*

syndicale (internationale f **)** — *international trade–union organization*

syndicale (juridiction f **)** — *union jurisdiction*

syndicale (liberté f **)** — *freedom of association; right of association; right to organize*

syndicale (organisation f **)** — *union organization; trade–union*

syndicale (préférence f **)** — *union preference; preferential shop*

syndicale (reconnaissance f **)** — *union recognition*

syndicale (retenue f **) (c)** — *union check–off*

syndicale (rivalité f **)** — *union rivalry; inter–union conflict*

syndicale (sécurité f **)** — *union security*

syndicale spéciale (contribution f **)** — *special assessment*

syndicale (tutelle f **)** — *union trusteeship*

syndicales (absence f **pour fins)** — *union leave*

syndicales (conflit m **de frontières)** — *jurisdictional dispute*

syndicales (limitation f **des adhésions)** — *limitation of membership*

syndicales ordinaires (cotisations fp) — *regular union dues; union levy*

syndicalisable (néol.) (c) — *organizable*

syndicalisation f — *unionization*
Syn. – Implantation syndicale

syndicalisme m — *trade–unionism*
Syn. – Travail organisé ● Mouvement ouvrier

syndicalisme m **agricole** — *farmers' unionism*

syndicalisme m **anarchiste** — *syndicalism*
Anarchisme; anarcho–syndicalisme

syndicalisme m **(anarcho–)** — *syndicalism*

syndicalisme m **confessionnel** — *denominational trade–unionism; confessional trade–unionism*
Syndicalisme neutre; confessionnalité syndicale

syndicalisme m **continental** — *continental trade–unionism*

syndicalisme m **d'acceptation** — *orderly trade–unionism*

syndicalisme m **d'affaires** — *business unionism*

syndicalisme m **de contestation** — *ideological trade–unionism*

syndicalisme m **de contrôle** — *control trade–unionism*

syndicalisme m **de participation** — *participative trade–unionism*

syndicalisme m **de soumission** — *transmission belt trade–unionism*
Syn. – Syndicalisme d'intégration; syndicalisme d'identification

syndicalisme m **d'identification** — *dominated trade–unionism; tractable trade–unionism*
Syn. – Syndicalisme d'intégration; syndicalisme de soumission

syndicalisme m **d'intégration** — *dominated trade–unionism; tractable trade–unionism*
Syn. – Syndicalisme de soumission; syndicalisme d'identification

syndicalisme m **d'opposition** — *protest unionism*

syndicalisme m **étudiant** — *student unionism*

syndicalisme m **horizontal** — *horizontal trade–unionism*
Syn. – Syndicat de métier

syndicalisme m **neutre** — *neutral unionism; non–denominational trade–unionism; non–confessional trade–unionism; secular unionism*
Syn. – Syndicalisme non confessionnel ● Syndicalisme confessionnel; confessionnalité syndicale

syndicalisme m **non confessionnel** — *neutral unionism; secular unionism*
Syn. – Syndicalisme neutre

syndicalisme m **réformiste** — *reformist unionism; uplift unionism*
Trade–unionisme

syndicalisme m **révisionniste** — *revisionist unionism*

syndicalisme m **révolutionnaire** — *revolutionary unionism*
Trade–unionisme

syndicalisme m **vertical** — *vertical trade–unionism*
Syn. – Syndicat industriel

syndicaliste m — *unionist; active union member*
Membre actif; militant syndical

syndicat m — *union; labour union; trade–union*
Fraternité; association professionnelle; syndicat local; syndicat ouvrier; association de salariés; union; fédération

syndicat m **accrédité (c)** — *certified union; accredited union*
Accréditation syndicale; association accréditée; demande d'accréditation syndicale; requête en accréditation

syndicat m **à charte directe (c)** — *direct–chartered union; federal union*
Syn. – Syndicat directement affilié

syndicat m **affilié** — *affiliated union*

syndicat m **agréé** — *recognized union*
Syndicat reconnu; syndicat accrédité

syndicat m **américain (c)** — *international union*

Syn. – Syndicat international; syndicat continental

syndicat m **approprié** — *appropriate union*

syndicat m **autonome** — *autonomous union*

Syn. – Syndicat indépendant

[**syndicat** m **charté (c)**] — *chartered union*

Syndicat à charte directe

syndicat m **continental** — *continental union; international union*

syndicat m **de bonne foi (c)** — *bona fide union*

Syn. – Syndicat de fait

syndicat m **de boutique (c)** — *company union*

Syn. – Syndicat maison; syndicat jaune; syndicat d'entreprise; syndicat dominé

syndicat m **de cadres** — *staff union*

[**syndicat** m **de compagnie**] — *company union*

Syndicat d'entreprise; syndicat jaune; syndicat maison; syndicat de boutique

syndicat m **de fait** — *bona fide union*

Syn. – Syndicat de bonne foi

syndicat m **de métier** — *craft union*

Syn. – Syndicalisme horizontal; syndicat professionnel

syndicat m **de métiers associés** — *associated–craft union*

syndicat m **de métiers connexes** — *allied–craft union; extended–craft union*

syndicat m **d'entreprise** — *company union*

Syn. – Syndicat maison; syndicat jaune; syndicat de boutique; syndicat dominé ● Comité de travailleurs

syndicat m **de salariés** — *trade–union; labour union*

Syn. – Syndicat ouvrier

syndicat m **directement affilié** — *direct–chartered union; federal union*

Syn. – Syndicat à charte directe

syndicat m **dominé** — *dominated union; house union*

Syn. – Syndicat maison; syndicat jaune; syndicat de boutique; syndicat d'entreprise

syndicat m **en place** — *incumbent union*

syndicat (expulsion f **du)** — *expulsion from union*

syndicat m **fantoche** — *company union*

Syn. – Syndicat maison; syndicat jaune; syndicat de boutique; syndicat d'entreprise; syndicat dominé

syndicat m **fantôme** — *paper local (fam.)*

syndicat m **fermé** — *closed union*

syndicat m **général** — *general union*

Syn. – Syndicat interprofessionnel

syndicat m **indépendant** — *unaffiliated union; independent union*

Syn. – Syndicat autonome

syndicat m **industriel** — *industrial union*

Syn. – Syndicalisme vertical

syndicat m **international** — *international union*

Syn. – Syndicat américain ● Union internationale; syndicat continental

syndicat m **interprofessionnel** — *general union*

Syn. – Syndicat général

syndicat m **jaune** — *company union*

Syn. – Syndicat maison; syndicat de boutique; syndicat d'entreprise; syndicat dominé; syndicat fantoche

syndicat m **libre** — *free union*

syndicat m **local** — *local /union/*

Syn. – Section locale ● Syndicat de salariés; loge

syndicat m **maison** — *company union; house union*

Syn. – Syndicat jaune; syndicat de boutique; syndicat dominé; syndicat d'entreprise; syndicat fantoche ● Comité de travailleurs; domination

syndicat m **majoritaire** — *majority union*

syndicat m **mixte** — *joint union*

syndicat m **multi–industriel** — *multi–industry union*

syndicat m **multi–métiers** — *multi–craft union*

syndicat m **national** — *national union*

syndicat m **obligatoire** — *compulsory union*

Sécurité syndicale

syndicat m **ouvert** — *open union*

syndicat m **ouvrier** — *labour union; trade–union*

Syn. – Syndicat de salariés ● Syndicat; travail organisé; association de travailleurs

syndicat m **patronal** — *employers' union; employers' organization; employers' association*

Syn. – Association d'employeurs; association patronale; organisation d'employeurs

syndicat m **professionnel** — *professional union; craft union*

Syn. – Syndicat de métier; syndicalisme horizontal

syndicat m **(quasi–)** — *near union*

syndicat m **reconnu** — *recognized union*

Syndicat agréé; syndicat accrédité

syndicat m **semi–industriel** — *semi–industrial union*

syndicat–successeur m **(c)** — *successor union*

Syn. – Nouveau syndicat ● Successeur; subrogation

syndicats (amalgamation f **de) (c)** — *union amalgamation*

syndicats (fusion f **de)** — *union merger*

syndiqué m — */union/ member*

Syn. – Adhérent; membre

système m — *system*

Idéologie; théorie; doctrine; plan; régime

système m **collectif de salaire au rendement** — *group incentive plan; plant–wide incentive plan*

système m **d'aide sociale** — *social aid system; welfare system*

système m **de communication** — *communication system*

système m **de direction** — *management system*

système m **de formation en cascade** — *training within industry program — TWI*

système m **d'enregistrement du travail** — *work record system; work registration system*

système m **de partage de salaire au rendement** — *incentive sharing plan*

système m **de relations industrielles** — *industrial relations system*

système m **de rémunération** — *wage–payment system; pay system; wage plan*

système m **de rémunération au rendement** — *incentive wage plan; incentive wage system; incentive wage method*

Rémunération au rendement; salaire au rendement

système m **de rémunération jumelée** — *combined wage system*

système m **de répartition** — *pay–as–you–go system*

système m **de suggestions** — *suggestion system; suggestion award plan*

système m **d'information par ordinateur** — *computerized information system – COINS*

système m **d'inspection du travail** — *work inspection system; work inspection program*

Contrôle de la qualité; inspection du travail

système m **individuel de salaire au rendement** — *individual incentive plan*

système m **intégré de gestion** — *integrated management system*

système m **qualitatif d'évaluation des postes de travail** — *qualitative job evaluation system*

système m **quantitatif d'évaluation des postes de travail** — *quantitative job evaluation system*

système m **sélectif de salaire au rendement** — *selective incentive plan*

T

table f   **de négociation** — *bargaining table*

tableau m   **d'affichage** — *bulletin board*

tableau d'affichage (droit m   **au)** — *bulletin board privileges*

tableau m   **de bord** — *management chart*

tableau m   **de service** — *rotating shift pattern*

tablette f   **(c)** — *shelf*
Syn. – Touche

tâche f   — *task; job; duties*
Syn. – Emploi ● Besogne; travail; charge de travail; somme de travail

tâches (intérêt m   **des)** — *job interest*

tâche (salaire m   **à la)** — *job wage*

tâches (analyse f   **des)** — *job analysis*

tâches (classification f   **des)** — *job grading; job classification*

tâches (conflit m   **d'attribution des)** — *work assignment dispute; borderline dispute*

tâches (décomposition f   **des)** — *operations break down*

tâches (évaluation f   **des)** — *job evaluation*

tâches exceptionnelles (attribution f   **de)** — *extra-duty assignments*

tacite reconduction f   — *renewal by tacit agreement*

tactique f   — *tactics*
Stratégie

tarif m   — *tariff; schedule; scale; rate*

tarif m   **de rémunération** — *salary scale*
Syn. – Grille de rémunération; échelle de rémunération

tarif m   **syndical** — *union rate; union wage scale*
Syn. – Échelle syndicale de salaire; taux syndical ● Salaire conventionnel

taux m   — *rate*
Syn. – Salaire attaché à un poste de travail

taux m   **courant (c)** — *prevailing rate/s/; going rate*
Syn. – Taux de salaire prépondérant; taux en usage; taux de salaire pratiqué; taux de salaire régnant

taux m   **d'abandon** — *quit rate; drop-out rate*
Syn. – Taux de départs ● Taux de roulement; *drop-out*

taux m   **d'absentéisme** — *rate of absenteeism*

taux m   **d'accroissement du personnel** — *accession rate*

taux m   **d'activité** — *labour force participation rate— LFPR*

taux m   **de base** — *base rate; basic rate; straight-time /rate/; minimum /occupational/ rate*
Barème de base; salaire de base; taux de salaire de référence; traitement de base; taux de salaire repère

taux m   **de charge** — *load factor*

taux m   **de chômage** — *unemployment rate*

taux m   **de chômage désaisonnalisé** — *seasonally-adjusted unemployment rate*

taux m   **de départs** — *separation rate*
Syn. – Taux d'abandon ● Taux de roulement

taux m   **de fréquence des accidents du travail** — *work injury frequency rate; industrial accident frequency rate; work accident frequency rate*

taux m   **de gravité des accidents du travail** — *work injury security rate; work accident severity rate*

taux m   **d'embauchage** — *hiring rate; employment rate*
Salaire à l'embauchage; taux d'essai; taux d'emploi

taux m   **d'emploi** — *employment rate*
Taux d'embauchage

taux m   **de roulement de la main-d'oeuvre** — *labour turnover rate*
Roulement de la main-d'oeuvre

taux m   **des accidents du travail** — *industrial accident rate; work injury rate*
Accident du travail; accident de trajet; accident en cours de route

taux m **désaisonnalisé** — *seasonally adjusted rate*

taux m **de salaire** — *wage rate*

taux m **de salaire à l'embauchage** — *starting rate; hiring rate; entrance rate*

Syn. – Taux /de salaire/ de débutant; taux /de salaire/ de début

taux m **de salaire arbitraire** — *arbitrary wage rate; random rate*

taux m **de salaire croissant** — *ascending wage rate; rising wage rate; escalating wage rate*

taux m **/de salaire/ de début** — *starting rate; hiring rate; entrance rate*

Syn. – Taux /de salaire/ de débutant; taux /de salaire/ à l'embauchage

taux m **/de salaire/ de débutant** — *starting rate; hiring rate; entrance rate*

Syn. – Taux /de salaire/ de début; taux de salaire à l'embauchage

taux m **de salaire de disponibilité** — *on–call time pay; stand–by pay*

Prime de disponibilité; indemnité de disponibilité

taux m **de salaire de référence** — *benchmark rate; peg point*

Syn. – Taux de salaire repère ● Salaire de base; barème de base; taux de base; traitement de base

taux m **de salaire de surtemps (c)** — *overtime rate*

Syn. – Taux des heures supplémentaires ● Majorations pour heures supplémentaires

taux de salaire (diminution f **du)** — */wage/ rate cutting; wage /rate/ decrease; rate cutback*

taux m **de salaire gonflé** — *runaway rate; loose rate; inflated rate*

Salaire étoilé

taux m **de salaire indexé** — *escalating wage rate*

Syn. – Taux de salaire croissant

taux m **de salaire majoré** — *premium wage rate*

Majorations de salaire

taux m **de salaire moyen** — *average wage rate*

taux m **de salaire pratiqué** — *going rate; prevailing rate*

Syn. – Taux de salaire régnant; taux courant; taux en usage; taux de salaire prépondérant

taux m **de salaire prépondérant** — *prevailing rate; going rate*

Syn. – Taux courant; taux en usage; taux de salaire pratiqué; taux de salaire régnant

[taux m **de salaire prévalent]** — *prevailing rate; going rate*

Taux de salaire prépondérant

taux de salaire (réduction f **du)** — */wage/ rate cutting; rate cutback; wage /rate/ decrease*

taux m **de salaire régnant** — *going rate; prevailing rate*

Syn. – Taux de salaire pratiqué; taux courant; taux en usage; taux de salaire prépondérant

taux m **de salaire repère** — *peg point; benchmark rate*

Syn. – Taux de salaire de référence ● Barème de base; salaire de base; taux de base; traitement de base

taux m **de salaire uniforme** — *single rate; uniform wage rate*

taux m **des heures supplémentaires** — *overtime rate*

Syn. – Taux de salaire de surtemps

taux m **d'essai** — *probationary rate; trial rate; experimental rate*

Salaire à l'embauchage; taux d'embauchage; salaire de période d'essai

taux m **différentiel aux pièces** — *differential piece–rate*

taux m **double** — *double time /rate/*

taux m **d'un emploi** — *job rate*

Salaire attaché à un emploi

taux m **en usage** — *prevailing rate/s/; going rate*

Syn. – Taux de salaire prépondérant; taux courant; taux de salaire pratiqué; taux de salaire régnant

taux m **horaire** — *hourly rate; rate per hour*

taux m **horaire normal** — *straight–time /rate/*

Taux de base; taux ordinaire

taux m **inférieur aux normes** — *substandard rate*

taux m **majoré de moitié** — *time–and–a–half /rate/*

taux m **ordinaire** — *straight /time/ rate*

taux m **quotidien** — *daily rate*

taux m **syndical** — *union rate*
Syn. – Tarif syndical

taxe f — *tax*
Impôt

[**taxe** f **négative**] — *negative income tax*
Impôt négatif

taxonomie f — *taxonomy*

taylorisme m — *taylorism*
Stakhanovisme

Teachers (Provincial Association of Catholic) — *PACT* — *Provincial Association of Catholic Teachers* — *PACT*

technicien m — *technician*

technique f **de direction** — *management technique*

technique f **de formation** — *training process*
Syn. – Procédé de formation

technocrate m — *technocrat*

technocratie f — *technocracy*

technocratisation f — *technocratization*

technologie f — *technology*

technologue m — *technologist*

technostructure f — *technostructure*

temporaire m — *temporary employee*
Surnuméraire

temporaire (emploi m **)** — *temporary job*

temps m **alloué** — *allowed time*

temps alloué (salaire m **au)** — *allowed time wage*
Temps chronométré

temps m **chronométré** — *observed time*
Syn. – Temps observé

temps m **d'arrêt** — *downtime*

temps m **de modification** — *change-over time*

temps m **de référence** — *standard time*

temps m **des repas** — *meal period; meal break*

temps m **de surveillance** — *machine attention time*

temps m **de suspension** — *layover time*
Suspension

temps m **de toilette** — *wash-up time*

temps m **de travail** — *work time*

[**temps** m **double**] — *double time*
Taux double

temps m **égalisé** — *levelled time*

temps (emploi m **à plein)** — *full-time employment; full-time job*

[**temps** m **et demi**] — *time-and-a-half*
Taux majoré de moitié

temps et des mouvements (étude f **des)** — *time-and-motion study*

temps (étude f **des)** — *time study*

temps mp **improductifs** — *ineffective time*

temps m **inoccupé** — *idle time*
Intervalle d'inactivité

temps m **libre** — *release time*
Pause; période de repos; pause café

temps m **mort** — *slack time; slack period; off-season*
Syn. – Morte–saison; période creuse ● Heures creuses; heure de pointe

temps m **normalisé** — *standard time*

temps m **observé** — *observed time*
Syn. – Temps chronométré

temps m **partagé** — *time sharing*

temps partiel (emploi m **à)** — *part-time employment; part-time job*

temps partiel (employé m **à)** — *part-time employee*

temps partiel (travail m **à)** — *part-time work*

temps partiel (travailleur m **à)** — *part-time worker*

temps m **perdu** — *lost time; dead time*
Temps inoccupé

temps (salaire m **au)** — *time wage*

[**temps** m **simple**] — *straight-time*
Salaire régulier

temps m **(sous–) (?)** — *short time; under-time*

[**temps** m **supplémentaire**] — *overtime*
Heures supplémentaires; surtemps

temps m **synthétique** — *synthetic time*

temps (travail m **à plein)** — *full–time job; full–time work; full–time employment*

temps (travailleur m **à plein)** — *full–time worker*

temps m **vrai** — *elapsed time*

tendance f **à coter moyennement** — *tendency to rate on the average*

tendance f **à coter sévèrement** — *tendency to rate hard*

tendance f **à l'indulgence systématique** — *tendency toward leniency*

tendance f **des salaires** — *wage trend; wage tendency*

[**terme** m] — *term*
Mandat

terme (planification f **à court)** — *short term planning*

terme (planification f **à long)** — *long range planning; long term planning*

terrains et locaux de l'entreprise (accès m **aux)** — *access to company premises; access to company property*

territoire (aménagement m **du)** — *regional planning; regional development*

test m — *test*
Syn. – Épreuve

test m **d'aptitude** — *aptitude test*

test m **d'attitude** — *attitude test*

test m **de connaissances** — *test of knowledge*

test m **d'exécution** — *performance test; skill test; achievement test*

théorie f — *theory*
Idéologie; système; doctrine; plan; régime

théorie f **de la décision** — *decision theory*

therblig m — *therblig*

ticket m **modérateur** — *deterrent fee; deductible*
Franchise

tire–au–flanc m — *lame duck*
Syn. – Flanc mou

titre m — *title*

[**titre** m **d'un emploi**] — *job title*
Appellation d'emploi

titre restaurant m — *meal ticket*
Syn. – Chèque restaurant

titulaire m **d'un poste** — *incumbent of a job; regular job holder*

toilette (temps m **de)** — *wash–up time*

tolérance f **temporaire** — *seasonal tolerance*

touche f — *shelf*
Syn. – Tablette

tractation f — *dealing*
Négociation; marchandage

Trades Union Congress – TUC — *Trades Union Congress — TUC*

trade–unionisme m — *trade–unionism*
Syndicalisme réformiste; syndicalisme révolutionnaire

traitance f **(sous–)** — *contracting out*

traitant m **(sous–)** — *sub–contractor*

traitement m — *salary*
Salaire; bénéfice; rémunération; rétribution

traitement m **annuel** — *annual salary*
Salaire annuel

traitement m **automatique des données – TAD** — *automatic data processing — ADP*

traitement m **de base** — *basic salary; base pay*
Salaire de base; barème de base; taux de base; taux de salaire de référence; taux de salaire repère

traitement m **de l'information** — *information processing; data processing information handling*

traitement m **électronique de l'information – TEI** — *electronic data processing — EDP*

trajet (accident m **de)** — *travel accident; travel injury*

trajet (allocation f **de)** — *travel allowance; travel pay*

transaction f — *deal; transaction*
Accommodement; accord; entente; compromis; concession; convention; convention collective; modus vivendi; arrangement; composition; contrat; cote mal taillée

[**transfert** m] — *transfer*
Mutation

transfert m **de convention collective** — *assignment of contract*
Compagnie–successeur; subrogation

transfert syndical (carte f **de)** — *travelling card*

transport m — *transportation; transport*

transport (frais mp **de)** — *transportation costs*

travail m — *work; labour*
Besogne; tâche; emploi; fonction

travail (accident m **du)** — *work accident; work injury; occupational accident; industrial injury; workman's accident*

travail m **à emplacement fixe** — *fixed work site*

travail m **à forfait** — *work by contract; jobbing; outright work*
Syn. – Travail sur contrat; contrat à forfait

travail m **à horaire réduit** — *reduced workweek; reduced workday*

travail (aire f **du marché du)** — *labour market area*

travail m **à la carte** — *flexible working hours; flexi–time work; flexible schedule; mobile schedule*
Syn. – Horaire flexible; horaire flottant; horaire libre; horaire mobile; horaire personnalisé; horaire sur mesure; horaire à glissière; horaire coulissant

travail m **à la pièce** — *piecework*
Travail à l'unité

travail à l'heure (contrat m **de)** — *hourly–rate contract; time–work contract*

travail m **à l'unité** — *custom work*
Travail à la pièce

travail m **à mi–temps** — *half–time job*
Travail à temps partiel

travail m **à pied d'oeuvre** — *on–site work*

travail m **à plein temps** — *full–time job; full–time work; full–time employment*
Syn. – Emploi à plein temps; emploi à temps plein

travail (arrêt m **de)** — *work stoppage*

travail m **artisanal** — *small–scale work; craft work; self–employed work*

travail m **à rythme libre** — *work at one's own pace*

travail m **à rythme lié** — *work at fixed pace; tight paced work*

travail m **à son compte** — *self–employment*

travail (assurance–accident f **du)** — *workmen's compensation insurance*

travail m **à temps partiel** — *part–time work*
Syn. – Emploi à temps partiel ● Employé à temps partiel; travail à mi–temps

travail m **à temps plein** — *full–time job; full–time work; full–time employment*
Syn. – Travail à plein temps; emploi à plein temps

travail (attaché m **des questions du)** — *labour attaché*

travail (attestation f **de)** — *work certificate*

travail m **bâclé** — *batched work; poor work*
Syn. – Travail bousillé

travail (bourse f **du)** — *labour exchange; labour chamber*

travail m **bousillé (fam.)** — *botched work; poor work*
Syn. – Travail bâclé; pièce manquée; malfaçon

travail (Bureau m **international du) – BIT** — *International Labour Office – ILO*

travail (cadence f **de)** — *work pace*

travail (certificat m **de)** — *service certificate*

travail (cessation f **de)** — *work stoppage*

travail m **changeant** — *changing work; variable work*

travail (charge f **de)** — *work load*

travail (Code m **canadien du)** — *Canada Labour Code*

travail (code m **du)** — *labour code*

travail (commissaire m **du)** — *labour commissioner*

travail (commissaire m **général du)** — *labour commissioner–general*

travail (Commission f des accidents du) – CAT — *Workmen's Compensation Commission – WCC; Workmen's Compensation Board — WCB*

travail (compétence f dans le) — *job competence*

travail (conditions fp de) — *working conditions; conditions of employment; terms and conditions of employment*

travail (conflit m de) — *labour dispute; work conflict*

travail (conflit m de distribution du) — *work assignment dispute; borderline dispute*

travail (conflit m du) — *industrial dispute; industrial conflict; labour dispute*

travail (conseil m du) — *local labour council*

travail (Conseil m national canadien du) – CNCT — *National Council of Canadian Labour – NCCL*

travail (Conseil m supérieur du) — *Superior Labour Council*

travail (conseiller m du) — *labour attaché*

travail (conseiller m en relations du) — *industrial relations consultant*

travail (contrat m de) — *contract of service; contract of employment*

travail (convention f internationale du) — *international labour convention*

travail m courant — *routine work*
Syn. – Travail de simple exécution

travail (coût m du) (c) — *labour cost*

travail (cycle m de) — *work cycle*

travail m d'apprêt — *make–ready activities; make–ready work*
Syn. – Apprêts

travail m de direction — *managerial work*

travail (demande f de) — *labour demand; demand for labour*

travail m de nuit — *night work; night job*
Syn. – Emploi de nuit

travail m d'équipe — *teamwork*

travail m de rattrapage — *catch–up work; make–up work*

travail (description f d'un poste de) — *job description*

travail (déséquilibre m du cycle de) — *machine interference*

travail m de simple exécution — *strictly operational work; routine work*
Syn. – Travail courant

travail m de surveillance — *supervision; supervisory work*

travail m d'initiative — *non–routine work*

travail disponible (distribution f du) — *allocation of available work; work–sharing practice*

travail (distribution f du) — *work allocation*

travail (division f du) — *division of labour*

travail (division f internationale du) — *international division of labour*

travail (droit m au) — *right to work*

travail (droit m du) — *labour legislation; labour law*

travail du Québec (Code m du) — *Québec Labour Code*

travail du Québec (Fédération f du) (CMTC) – FTQ — *Québec Federation of Labour (TLCC) – QFL*

travail (durée f du) — *work period; hours of work*

travail (durée f normale du) — *regular work period; standard work period; normal work period*

travail m d'urgence — *emergency work; urgent work*

travail (économique m du) — *labour economics*

travail m égal, salaire égal (à) — *equal pay for equal work*

travail (éléments mp de rationalisation du) — *work–study elements*

travail m en continu — *continuous production; continuous operations; seven–day operation; non–stop process; continuous process*

travail m en cours — *work in progress*
Syn. – Procédé en continu ● Industrie à production continue

travail m en série — *assembly–line work*
Syn. – Production à la chaîne

travail (équipe f **de)** — *work team; work group; task force*

travail (étalement m **du)** — *staggering of work schedule; staggering of employment*

travail (étendue f **du marché du)** — *labour market area*

travail (éthique f **du)** — *labour ethics*

travail (étude f **du)** — *work study*

travail (évaluation f **des postes de)** — *job evaluation*

travail (évaluation f **du)** — *work evaluation*

Travail (Fête f **du)** — *Labour Day*

travail m **forcé** — *forced labour; slave labour*
Syn. – Travail obligatoire

travail (hygiène f **du)** — *industrial health*

travail (indemnisation f **des accidents du)** — *workmen's compensation*

travail m **industriel à domicile** — *industrial homework; work at home*
Sweating system

travail (initiation f **au)** — *job induction; worker induction; job familiarization*

travail (inspecteur m **du)** — *labour inspector*

travail (inspection f **du)** — *work inspection; labour inspection*

travail m **intellectuel** — *intellectual work*

travail m **intermittent** — *intermittent work; sporadic work*

travail (introduction f **au)** — *worker induction; job induction*

travail (jurisprudence f **du)** — *labour jurisprudence; labour case law*

travail (langue f **de)** — *working language; language at work*

travail (législation f **du)** — *labour legislation*

travail (lieu m **de)** — *place of employment*

travail (Loi f **des accidents du)** — *Workmen's Compensation Act*

travail m **manuel** — *manual work; manual labour*
Syn. – Travail physique

travail (marché m **du)** — *labour market*

travail (marché m **potentiel du)** — *potential labour market*

travail (médecine f **du)** — *industrial medicine*

travail (mesure f **du)** — *work measurement; ergonometrics*

travail (milieu m **de)** — *job environment; work environment*

Travail (ministère m **du)** — *Department of Labour*

travail (moral m **au)** — *on-the-job morale*

travail m **mort** — *dead work*

travail (mouvement m **de retour au)** — *back-to-work movement*

travail (niveau m **de)** — *level of work*

travail m **noir** — *moonlighting*
Syn. – Noctambulisme ● Jobine; cumul d'emplois; cumulard; double occupation; emploi secondaire; revenu d'appoint; salaire d'appoint; à-côté

travail (normes fp **de)** — *labour standards*

travail m **obligatoire** — *forced labour*
Syn. – Travail forcé

travail m **occasionnel** — *casual work*

travail (offre f **de)** — *labour supply*

travail (organisation f **du)** — *work organization*

travail (Organisation f **internationale du) OIT** — *International Labour Organization – ILO*

travail (organisation f **scientifique du) – OST** — *industrial engineering; scientific management*

travail m **organisé** — *organized labour*
Syn. – Syndicalisme ● Syndicat ouvrier; mouvement ouvrier

travail m **parcellaire** — *fragmented work; fragmentary work*
Travail répétitif

travail m **par équipes** — *shift work*
Syn. – Travail par quarts; travail par postes

travail m **par postes —** *shift work*
Syn. – Quart de travail; travail par quarts; travail par roulement; travail posté

travail m **par processus —** *process work*

travail m **par quarts —** *shift work*
Syn. – Quart de travail; travail par postes; travail par roulement; travail posté

travail m **par roulement —** *shift work*
Syn. – Quart de travail; travail par postes; travail par quarts; travail posté

travail (partage m **du) —** *work sharing*

travail m **par unité —** *unit production*

travail (période f **normale de) —** *normal work period; regular working time*

travail (permis m **de) —** *work permit*

travail m **physique —** *physical labour; manual labour*
Syn. – Travail manuel

travail (plan m **de) —** *schedule*

travail m **posté —** *shift work*
Syn. – Travail par postes; travail par quarts; travail par roulement

travail (pratique f **déloyale de) —** *unfair labour practice*

travail (pratique f **restrictive en matière de) —** *restrictive work practice*

travail (productivité f **du) —** *labour productivity*

travail (psychologie f **du) —** *work psychology; industrial psychology*

travail (qualification f **du) —** *job evaluation*

travail (ralentissement m **de) —** *work restriction; output restriction; slowdown*

travail (rappel m **au) —** *call back; recall*

travail (rationalisation f **du) —** *human engineering; work rationalization*

travail (régime m **de) —** *work system*

travail (régime m **du) —** *labour system*

travail (relations fp **de) —** *work relations; working relationship; employment relationship; industrial relations*

travail (relations fp **du) —** *labour relations; industrial relations; labour–management relations*

travail (répartition f **du) —** *work spreading; work distribution*

travail m **répétitif —** *repetitive work; monotonous work*
Travail parcellaire

travail (ressort m **du) —** *work structuring*

travail (restructuration f **du) —** *work structuring*

travail (rythme m **de) —** *work pace*

travail m **saisonnier —** *seasonal work*
Syn. – Emploi saisonnier ● Industrie saisonnière

travail m **sans localisation rigide —** *job without fixed site; transient work*

travail (satisfaction f **au) —** *job satisfaction; work satisfaction*

travail (satisfaction f **dans le) —** *job satisfaction; work satisfaction*

travail (sécurité f **du) —** *occupational safety; on–the–job safety*

travail (semaine f **de) —** *workweek*

travail (semaine f **normale de) —** *regular workweek; standard workweek*

travail serré (marché m **du) —** *tight labour market; hard labour market*

travail (simplification f **du) —** *work simplification*

travail (sociologie f **du) —** *sociology of work; industrial sociology*

travail (somme f **de) —** *work load*

travail m **sous contrat —** *contract labour*
Syn. – Travail à forfait; contrat à forfait ● Contrat d'entreprise

travail m **spécial —** *special duty work*

travail spécial (salaire m **pour) —** *extra–duty pay*

travail m **supplémentaire —** *overtime*
Surtemps; heures supplémentaires

travail (système m **d'inspection du) —** *work inspection system; work inspection program*

travail (système m **qualitatif d'évaluation des postes de) —** *qualitative job evaluation system*

travail (système m **quantitatif d'évaluation des postes de) —** *quantitative job evaluation system*

travail (temps m **de) —** *work time*

travail (tribunal m **du) —** *labour court*

travail (unité f de) — *work unit*

travail (valorisation f du) — *job enrichment*

travail (zone f du marché du) — *labour market area*

travailleur m — *worker; hand*

Salarié; employé; personnel; main–d'oeuvre

travailleur m à capacité réduite — *handicapped worker*

Syn. – Handicapé ● Invalidité; incapacité

travailleur m à domicile — *home worker*

travailleur m âgé — *older worker*

travailleur m à la production — *production worker*

Employé hors bureau; personnel d'exécution; cols bleus; ouvrier

travailleur m à l'entraînement (c) — *trainee*

Syn. – Stagiaire ● Débutant

travailleur m à l'essai — *probationary worker*

Syn. – Employé à l'essai ● Engagement à l'essai; période d'essai

travailleur m à plein temps — *full–time worker*

Syn. – Travailleur à temps plein

travailleur m à temps partiel — *part–time worker*

Syn. – Employé à temps partiel ● Emploi à temps partiel

travailleur m à temps plein — *full–time worker*

Syn. – Travailleur à plein temps

travailleur m autonome — *self–employed worker*

Syn. – Travailleur indépendant

travailleur m déclassé /en raison de son âge/ — *superannuated worker*

travailleur déclassé (salaire m de) (?) — *superannuated rate*

travailleur m du rang — *rank–and–file worker*

Syn. – Employé du rang

travailleur m en disponiblité — *available worker*

travailleur m horaire — *hourly paid worker*

travailleur m immigrant — *immigrant worker*

travailleur m indépendant — *self–employed worker*

Syn. – Travailleur autonome

travailleur m intellectuel — *intellectual worker; professional worker*

Cols blancs; employé

travailleur m intermittent — *irregular worker; sporadic worker*

travailleur m migrant — *migratory worker; transient*

travailleur m moyen — *average worker; test hand*

Pace setter

travailleur m non manuel — *non–manuel worker*

Syn. – Employé

travailleur qualifié (salaire m de) — *journeyman wage*

travailleur m régulier — *regular worker*

travailleur m représentatif — *test hand*

Syn. – Homme de référence; homme témoin

travailleurs mp assimilés — *related workers; other workers*

travailleurs (association f de) — *workers' association; union*

travailleurs (Association f internationale pour la protection légale des) — AIPLT — *International Association for Labour Legislation — IALL*

travailleurs (Collège m canadien des) — CCT — *Labour College of Canada — LCC*

travailleurs (comité m de) — *labour committee; workers' committee; shop committee*

travaillisme m — *labourism*

trêve f — *truce*

trêve f obligatoire — *compulsory cooling–off period*

Syn. – Période de répit; pause de conciliation; période de réflexion

tribunal m administratif — *administrative agency; administrative tribunal; administrative board*

Tribunal quasi judiciaire; tribunal inférieur

tribunal m d'arbitrage — *arbitration board; arbitration tribunal*

Conseil d'arbitrage

tribunal m **du travail —** *labour court*

tribunal m **inférieur —** *quasi–judicial body*

Tribunal quasi judiciaire; tribunal administratif

tribunal m **quasi judiciaire (c) —** *quasi–judicial body*

Tribunal inférieur; tribunal administratif

tripartisme m **—** *tripartite system; tri–party system*

Troisième Internationale f **—** *Third International*

Syn. – Internationale syndicale rouge ● Komintern

trop–perçu m **—** *overpayment*

Surpaye

troubles (fauteur m **de) —** *trouble–maker; agitator*

tutelle f **syndicale —** *union trustee-ship*

type m **—** *type; pattern; model*

U

undercutting m — *undercutting*

union f — *union; trade–union; syndi-cate*
Fédération; syndicat; confédération

Union f **des producteurs agricoles – UPA** — *Union des producteurs agricoles – UPA*

union f **fédérale (c)** — *federal union*

union f **internationale (c)** — *international union*
Syndicat international

Union f **internationale chrétienne des dirigeants d'entreprise – UNIA-PAC** — *International Union of Catholic Employers Associations – UNIAPAC*

Union f **ouvrière canadienne** — *Canadian Labour Union*

unité f **d'ancienneté** — *seniority area; seniority unit*
Syn. – Aire d'ancienneté; champ d'ancien-neté ● Ancienneté; classement selon l'ancien-neté

unité f **de négociation** — *bargaining unit*
Syn. – Groupement négociateur; groupement de négociation; groupe distinct ● Doctrine Globe

unité f **de négociation appropriée** — *appropriate bargaining unit*

unité f **de négociation de réseau** — *system–wide /bargaining/ unit*

unité f **de négociation industrielle** — *industrial /bargaining/ unit; indus-try–wide bargaining unit*

unité f **de négociation par compagnie** — *company–wide bargaining unit*

unité f **de négociation par départe-ment** — *department /bargaining/ unit*

unité f **de négociation par établisse-ment** — *plant /bargaining/ unit*

unité f **de négociation par métier** — *craft /bargaining/ unit*
Syn. – Unité de négociation professionnelle

unité f **de négociation profession-nelle** — *craft /bargaining/ unit*
Syn. – Unité de négociation par métier

unité f **de négociation régionale** — *regional bargaining unit*

unité f **de travail** — *work unit*

unité f **majoritaire** — *representative bargaining unit*

unité f **minoritaire** — *minority unit*

unité f **naturelle de négociation** — *natural bargaining unit*

unité f **"promotionnelle" d'ancien-neté** — *promotional seniority area*

unité f **résiduaire** — *residual unit*
Syn. – Unité résiduelle

unité f **résiduelle** — *residual unit*
Syn. – Unité résiduaire

unité f **rétrogressive d'ancienneté (néol.)** — *demotional seniority area; demotional seniority zone*

unité (travail m **à l')** — *custom work*

unité (travail m **par)** — *unit produc-tion*

urgence (commission f **d')** — *emer-gency board*

urgence (travail m **d')** — *emergency work; urgent work*

usage m — *custom; usage; /past/ practice*
Syn. – Coutume; pratique

usages mp — *practice*
Usage

usine f — *factory; plant; establishment*
Fabrique; manufacture; établissement; atelier; entreprise

usine (accord m **d')** — *shop agree-ment; local agreement*

usine (disposition f **d'une)** — *plant lay-out*

usine (implantation f **d'une)** — *plant layout; plant location*

usine f   **pilote** — *pilot plant*

usure f   **des effectifs** — *attrition*

Syn. – Réduction naturelle des effectifs; départs naturels; érosion des effectifs

usure f   **technologique** — *obsolescence*

Syn. – Obsolescence ● Désuétude

usurpation f   **d'état civil** — *impersonation*

Syn. – Substitution de personne

[utilités fp   **publiques]** — *public utilities*

Entreprise de service public; services publics

V – W – X – Y – Z

vacance f — *vacancy; open job; job opening; job open for bid; vacant position*

vacances fp — *annual leave; vacation*
Syn. – Congés annuels payés ● Année de référence pour congés payés

vacances annuelles (période f **des) —** *annual vacation period*

vacances (étalement m **des) —** *staggering of vacations; staggering of holidays*

vacances (gratification f **de) —** *vacation bonus; extra vacation pay*

vacances fp **payées —** *annual vacation with pay; annual leave*
Syn. – Congés annuels payés

vacances prolongées (régime m **de)** — *extended vacation plan*

vacant (emploi m **) —** *vacancy; open job; job open for bid*

vacation f — *fees; professional fees; fee for professional services*

valeur f **ajoutée —** *value added*

valorisation f **d'un poste de travail —** *job enrichment*

valorisation f **du travail —** *job enrichment*

vérification f — *verification; checking; check; auditing; audit*
Contrôle

vérification f **des cartes —** *card check*

vérification f **des effectifs —** *verification of membership*

vestimentaire (allocation f **) —** *clothing allowance*

vice m **de forme —** *flaw; defect in form*

vice m **de procédure —** *technical irregularity*

vidimus m — *certified true copy*
Copie certifiée conforme

vie f **(assurance–) —** *life insurance*

vie chère (indemnité f **de) —** *cost of living bonus; cost of living allowance – COLA*

vie (coût m **de la) —** *cost of living*

vie (genre m **de) —** *way of living; way of life; life–style*

vie (mode m **de) —** *life–style; way of life; way of living*

vie (niveau m **de) —** *standard of living; level of living*

vie (standard m **de) —** *standard of living; living standard*

vieillesse f **(assurance–) —** *old age insurance*

vieillissement m — *obsolescence*
Syn. – Obsolescence

vieillissement m **de la population —** *aging of the population*

vignette f **syndicale —** *union insignia*
Insigne syndical

vigueur (entrée f **en) —** *coming into force*

[ville f **de compagnie] —** *company town*
Ville fermée

ville f **fermée (c) —** *company town*

violation f **de contrat —** *breach of contract; breach of agreement*
Syn. – Manquement au contrat ● Rupture de contract

violation de contrat (amende f **pour)** — *fine for violation of contract*

vivre m **et couvert —** *room and board*

voie f **hiérarchique —** *line of command*

voies fp **de communication —** *communication channels*

voix f — *vote*

voix f **consultative —** *advisory capacity*

voix f **délibérative —** *with right to vote*

voix (minorité f **des) —** *minority*

voix (partage m **des) —** *vote–split*

voix f **prépondérante —** *deciding vote; casting vote*
Syn. – Vote prépondérant

volontaire m — *volunteer; unpaid worker*
Bénévole

volontarisme m — *voluntarism*
Syn. – Doctrine volontariste ● Gompérisme

votant m — *voter*
Électeur; élection syndicale

[**votation** f] — *voting; election*
Élection

vote m — *vote; voting*
Scrutin; suffrage

vote m **à main levée** — *vote by show of hands*
Vote par assis et levés

vote m **annulé** — *quashed vote; cancelled vote; vote /declared/ null and void*
Vote nul

vote blanc (bulletin m **de)** — *blank ballot; unmarked ballot*

vote (bulletin m **de)** — *ballot*

vote (bureau m **de)** — *poll*

vote m **d'avant–audition** — *pre–hearing vote*
Syn. – Scrutin d'avant–audition

vote m **de confiance** — *vote of confidence*
Plébiscite; référendum

vote m **de grève** — *strike vote*

vote m **de représentation** — *representation vote*

vote m **nul** — *nil vote; null vote*
Vote annulé

vote m **obligatoire** — *compulsory vote; mandatory vote*
Suffrage obligatoire

[**vote** m **ouvert**] — *open vote*
Vote public

vote m **par appel nominal** — *roll call vote*
Vote à main levée; vote par assis et levés

vote m **par assis et levés** — *standing vote*
Vote à main levée

vote m **par procuration** — *proxy vote; vote by proxy*

vote m **prépondérant** — *casting vote; deciding vote*
Syn. – Voix prépondérante

vote m **public** — *open vote*
Scrutin public; vote à main levée; vote par assis et levés; vote par appel nominal

vote m **valide** — *valid ballot*
Syn. – Bulletin de vote valide

vote valide (bulletin m **de)** — *valid ballot*

voyage (allocation f **de)** — *travel allowance; trip allowance*

voyage (frais mp **de)** — *travel expenses*

[**vraie copie** f] — *true copy*
Copie certifiée conforme; copie authentique

Wagner Act m — *Wagner Act*

welfare state m — *welfare state*
Syn. – État providence; État social

zone f **de responsabilité** — *jurisdiction*
Syn. – Compétence

zone f **de salaires** — *wage area; pay zone*
Syn. – Région de salaires

zone f **du marché du travail** — *labour market area*
Syn. – Aire du marché du travail; étendue du marché du travail ● Région de salaires

II

GLOSSARY OF TERMS
USED IN
INDUSTRIAL RELATIONS
(ENGLISH - FRENCH)

A

ability — *aptitude f ; compétence f ; capacité f ; habileté f ; habilité f ; expérience f*

ability (level of) — *niveau m de qualification*

ability (mental) — *intelligence f*

ability to pay — *capacité f de payer*

abolition of job — *suppression f d'emploi*

abrogation of agreement — *abrogation f de convention*

abrogation of decree — *abrogation f de décret*

absence — *absence f*

absence (authorized) — *absence f autorisée*

absence (certificate of) — *attestation f d'absence*

absence due to illness — *absence–maladie f*

absence (/leave of/) — *congé m autorisé; autorisation f d'absence; permis m d'absence; absence f autorisée*

absence (non–authorized) — *absence f non autorisée*

absence (proof of) — *attestation f d'absence*

absence (unauthorized) — *absence f non autorisée*

absence with leave — *absence f autorisée; autorisation f d'absence; permis m d'absence; congé m autorisé*

absence without leave — *absence f non autorisée*

absenteeism — *absentéisme m*

absenteeism (rate of) — *taux m d'absentéisme*

absenteeism (sickness) — *absence–maladie f*

absolute majority — *majorité f absolue*

abstention — *abstention f*

abstentionism — *abstentionnisme m*

abstentionist — *abstentionniste m*

abuse of privileges — *abus m de droits*

abuse of rights — *abus m de droits*

accelerating premium — *prime f progressive*

access to books and records — *accès m aux livres*

access to company premises — *accès m aux terrains et locaux de l'entreprise*

access to company property — *accès m aux terrains et locaux de l'entreprise*

access to information — *participation f à l'information*

accession — *accroissement m du personnel*

accession rate — *taux m d'accroissement du personnel*

accident frequency rate (work) — *taux m de fréquence des accidents du travail*

accident (occupational) — *accident m du travail*

accident prevention — *prévention f des accidents*

accident rate (industrial) — *taux m des accidents du travail*

accident severity rate (work) — *taux m de gravité des accidents du travail*

accident (travel) — *accident m de trajet*

accident while on travel status — *accident m en cours de route*

accident (work) — *accident m du travail*

accident (workman's) — *accident m du travail*

accidental unemployment — *chômage m accidentel*

acclamation (elected by) — *élu par acclamation*

accommodation — *accommodement m*

accomplished fact — *fait m accompli*

accreditation — *accréditation f*

accreditation (employers') — *accréditation f patronale*

accredited association — *association f accréditée (c)*

accredited representative — *délégué m*

accredited union — *syndicat m accrédité (c)*

accretion — *sécurité f syndicale étendue*

accumulation of seniority — *accumulation f /du temps/ d'ancienneté; accumulation f /des années/ de service*

achievement test — *test m d'exécution*

acquired rights — *droits mp acquis*

across–the–board — *général et uniforme*

across–the–board increase — *augmentation f générale de salaire*

act — *loi f*

Act (Canada Fair Employment Practices) — *Loi f canadienne sur les justes méthodes d'emploi*

Act (Collective Agreement Decrees) — *Loi f des décrets de convention collective*

Act (Combines Investigation) — *Loi f relative aux enquêtes sur les coalitions*

Act (Lord's Day) — *Loi f sur le dimanche*

act of God — *cas m fortuit; force f majeure*

act (professional) — *acte m professionnel*

Act (Unemployment Insurance) — *Loi f sur l'assurance-chômage*

Act (Workmen's Compensation) — *Loi f des accidents du travail*

acting official — *suppléant m*

action — *poursuite f ; action f*

action (bilateral) — *action f bilatérale*

action (direct) — *action f directe*

action (joint) — *action f bilatérale*

action (professional) — *action f professionnelle*

action (unilateral) — *action f unilatérale*

active member — *membre m actif*

active union member — *syndicaliste m ; militant m de base; militant m syndical*

activist — *agitateur m*

activities (anti–labour) — *antisyndicalisme m*

activities (anti–union) — *antisyndicalisme m*

activities (make–ready) — *travail m d'apprêt; apprêts mp*

activity chart — *graphique m des activités*

activity (economic) — *activité f économique*

activity (professional) — *action f professionnelle; activité f professionnelle*

activity (union) — *action f syndicale; activité f syndicale*

adaptation — *adaptation f*

additional clause — *avenant m*

adherence (contract of) — *contrat m d'adhésion*

ad hoc arbitrator — *arbitre m ad hoc; arbitre m temporaire; arbitre m spécial*

ad hoc committee — *comité m ad hoc; comité m spécial*

adjournment — *ajournement m*

adjudication — *sentence f arbitrale*

adjudicator — *arbitre m de griefs*

adjustment — *adaptation f*

adjustment (general wage) — *rajustement m général de salaire*

adjustment (wage) — *rajustement m des salaires*

administration — *administration f ; gestion f ; direction f*

administration of agreement — *administration f de la convention collective; application f de la convention collective*

administration office — *bureau m administratif*

administration (personnel) — *gestion f du personnel*

administration (wage and salary) — *administration f des salaires*

administrative agency — *agence f gouvernementale; bureau m administratif; service m gouvernemental; tribunal m administratif*

administrative board — *tribunal m administratif*

administrative law — *droit m administratif*

administrative manager — *directeur m administratif; directeur m des services administratifs*

administrative personnel — *personnel m de cadre*

administrative suspension — *suspension f administrative*

administrative tribunal — *tribunal m administratif*

administrator — *administrateur m ; gestionnaire m*

admissibility date — *date f d'admissibilité*

admissibility list — *liste f d'admissibilité*

adroitness — *adresse f*

adult education — *éducation f des adultes; éducation f permanente*

advance against wages — *avance f sur salaire*

advance notice — *préavis m*

advance on wages — *avance f sur salaire*

advance pay — *paye f anticipée*

advance (pay) — *avance f sur salaire*

advance wage — *salaire m anticipé*

advancement — *promotion f*

advancement (automatic) — *progression f automatique*

advancement (line of) — *ligne f de progression*

advantage — *avantage m*

adversary system — *concept m d'antagonisme; régime m d'antagonisme; schéma m antagoniste*

adversary theory — *concept m d'antagonisme; régime m d'antagonisme; schéma m antagoniste*

advertising — *publicité f*

advice — *avis m ; conseil m*

advisement (under) — *en délibéré*

advisor — *conseiller m*

advisor (legal) — *conseiller m juridique*

advisor (technical) — *conseiller m technique*

advisor (union) — *conseiller m syndical*

advisory capacity — *voix f consultative*

Advisory Council on Labour and Manpower – ACLM — *Conseil m consultatif du travail et de la main-d'oeuvre – CCTM*

advisory services — *services mp de conseil interne*

affidavit — *déclaration f sous serment*

affiliate company — *société f affiliée; société f apparentée*

affiliated firm — *filiale f*

affiliated union — *syndicat m affilié*

affiliation — *affiliation f*

affluent society — *société f d'abondance*

age (minimum) — *âge m minimum; âge m minimal*

agency (administrative) — *bureau m administratif; service m gouvernemental; tribunal m administratif; agence f gouvernementale*

agency (employment) — *bureau m de placement; service m de placement*

agency (government) — *agence f gouvernementale; service m gouvernemental*

agency (private employment) — *service m privé de placement*

agency shop — *formule f Rand (c); précompte m syndical généralisé*

agency shop (compulsory) — *précompte m syndical généralisé et obligatoire; présyngob m (néol.)*

agenda — *ordre m du jour*

agent — *agent m ; mandataire m*

agent (authorized) — *mandataire m ; fondé m de pouvoir*

agent (bargaining) — *agent m de négociation (c); agent m négociateur (c)*

agent (business) — *agent m d'affaires syndical (c); agent m syndical*

agent provocateur — *agent m provocateur*

agents (economic) — *agents mp économiques*

aggregate — *agrégat m*

aggregate unemployment — *chômage m global*

aging of the population — *vieillissement m de la population*

agitator — *agitateur m ; fauteur m de troubles*

agreement — *convention f ; entente f ; accord m*

agreement (abrogation of) — *abrogation f de convention*

agreement (administration of) — *application f de la convention collective; administration f de la convention collective*

agreement (breach of) — *violation f de contrat*

agreement (cancellation of) — *annulation f d'accord; dénonciation f d'accord; résiliation f d'accord; annulation f de contrat*

agreement (collective) — *convention f collective*

agreement (collective /labour/) — *contrat m collectif /de travail/*

agreement (company) — *contrat m de société*

agreement (company–wide) — *accord m d'entreprise*

agreement (contents of) — *contenu m de la convention*

agreement coverage — *champ m d'application de la convention*

Agreement Decrees Act (Collective) — *Loi f des décrets de convention collective*

agreement (draft) — *projet m de convention*

agreement (duration of the) — *durée f de la convention*

agreement (extension of an) — *extension f de la convention collective*

agreement (extension of the) — *prolongation f de la convention*

agreement (extensioned collective) — *convention f collective étendue*

agreement (filing of the) — *dépôt m de la convention collective*

agreement (formal) — *entente f formelle; entente f officielle*

agreement (general) — *convention f collective générale*

agreement (implementation of) — *application f de la convention collective*

agreement (industry–wide) — *convention f collective par branche*

agreement (informal) — *entente f officieuse*

agreement in principle — *accord m de principe*

agreement (interim) — *accord m provisoire*

agreement (jurisdictional) — *accord m de compétence; accord m de juridiction*

agreement (life of the) — *durée f de la convention*

agreement (local) — *accord m d'usine; accord m local*

agreement (master) — *convention f collective cadre; convention f collective de base; convention f de base*

agreement (memorandum of) — *mémoire m d'entente*

agreement (model) — *convention f collective modèle*

agreement (no–raiding) — *accord m de non–maraudage (c)*

agreement (notice of termination of) — *dénonciation f de convention*

agreement (nullification of) — *annulation f d'accord; annulation f de contrat*

agreement (nullifying of) — *annulation f d'accord; annulation f de contrat*

agreement (oral) — *accord m verbal*

agreement (package) — *règlement m global*

agreement (parties to the) — *parties fp contractantes; parties fp signataires*

agreement (partnership) — *contrat m d'association*

agreement (patent) — *contrat m de brevet*

agreement (pattern) — *convention f collective type*

agreement (plant) — *accord m d'établissement*

agreement (preliminary) — *accord m préliminaire*

agreement (productivity) — *accord m de productivité*

agreement (proposed) — *projet m de convention*

agreement (renewal by tacit) — *tacite reconduction f*

agreement (restrictive trade) — *clause f de non–concurrence*

agreement (scope of) — *champ m d'application de la convention*

agreement (shop) — *accord m d'usine*

agreement (single–plant) — *convention f collective particulière*

agreement (standard) — *convention f collective modèle*

agreement (standard terms) — *contrat m d'adhésion*

agreement (submission) — *accord m d'arbitrage*

agreement (sweetheart) — *accord m de compérage (néol.); compérage m*

ιgreement (tentative) — *accord m préliminaire*

agreement (term of the) — *durée f de la convention*

agreement to submit to arbitration — *accord m d'arbitrage*

agreement (training) — *contrat m d'apprentissage*

agreement (verbal) — *accord m verbal*

agreement (withdrawal of) — *annulation f de contrat*

agreement (written) — *accord m écrit*

agricultural enterprise — *établissement m agricole; exploitation f agricole*

aid (social) — *aide f sociale*

aim — *objectif m*

alienation — *aliénation f*

alimony — *pension f alimentaire*

All–Canadian Congress of Labour– ACCL — *Congrès m pancanadien du travail - CPCT*

allegiance — *allégeance f*

allegiance (union) — *appartenance f syndicale; affiliation f syndicale; allégeance f syndicale*

Alliance for Labor Action — Alliance for Labor Action

allied crafts — *famille f de métiers*

allied–crafts union — *syndicat m de métiers connexes*

allied trades — *famille f de métiers*

allocation (cost) — *imputation f des charges*

allocation of available work — *distribution f du travail disponible*

allocation of resources — *allocation f des ressources; répartition f des ressources; affectation f des ressources*

allocation (work) — *distribution f du travail*

allowance — *indemnité f ; allocation f ; prestation f ; majoration f*

allowance (automobile) — *allocation f d'automobile*

allowance (car) — *allocation f d'automobile*

allowance (clothing) — *allocation f vestimentaire*

allowance (cost of living) COLA — *indemnité f de vie chère*

allowance (deadheading) — *allocation f de déplacement*

allowance (disability) — *allocation f d'invalidité; prestations fp d'invalidité*

allowance (educational) — *allocation f d'études*

allowance (entertainment) — *frais mp de représentation; allocation f pour frais de représentation*

allowance (hard weather) — *indemnité f d'intempéries*

allowance (housing) — *indemnité f de résidence; allocation f de logement*

allowance in kind — *prestations fp en nature*

allowance in money — *prestations fp en espèces*

allowance (inconvenience) — *indemnité f de nuisances; indemnité f de pénibilités (néol.); majorations fp pour travaux pénibles*

allowance (isolation) — *indemnité f d'isolement*

allowance (living) — *allocation f de séjour; frais mp de séjour; indemnité f de séjour*

allowance (maternity) — *allocation f de maternité*

allowance (meal) — *allocation f de repas*

allowance (moving) — *indemnité f de changement de résidence; indemnité f de déménagement; allocation f de déménagement*

allowance (prospecting) — *allocation f de prospection*

allowance (representation) — *frais mp de représentation*

allowance (social) — *allocation f sociale*

allowance (subsistence) — *allocation f de subsistance*

allowance (tool) — *allocation f d'outillage*

allowance (training) — *allocation f d'études*

allowance (transportation) — *allocation f de déplacement; indemnité f de transport*

allowance (travel) — *allocation f de déplacement; allocation f de trajet; allocation f de voyage*

allowance (trip) — *allocation f de voyage*

allowances (cash) — *prestations fp en espèces*

allowances (catch–up) — *majorations fp d'équilibrage*

allowances (constant) — *majorations fp constantes*

allowances (contingency) — *majorations fp auxiliaires*

allowances (continuing) — *majorations fp constantes*

allowances (family) — *allocations fp familiales; prestations fp familiales*

allowances (interference) — *majorations fp d'équilibrage*

allowances (periodic activity) — *majorations fp pour activité périodique*

allowances (personal) — *majorations fp pour besoins personnels*

allowances (policy) — *majorations fp supplémentaires*

allowances (process) — *majorations fp pour retards inévitables*

allowances (rest) — *majorations fp de repos*

allowances (variable) — *majorations fp variables*

allowed fees — *honoraires mp*

allowed time — *temps m alloué*

allowed time wage — *salaire m au temps alloué*

alternate — *substitut m*

alternate shift — *quart m alternatif*

alternating shift — *équipe f alternante*

amalgamation (union) — *amalgamation f de syndicats (c)*

amendment — *amendement m ; modification f*

amendment (sub–) — *sous–amendement m*

American Arbitration Association – AAA — American Arbitration Association – AAA

American Federation of Labor — **AFL** — *Féderation f américaine du travail* — FAT

American Federation of Labor –Congress of Industrial Organizations — AFL–CIO — *Fédération f américaine du travail–Congrès des organisations industrielles* — FAT–COI

American Management Association – AMA — American Management Association – AMA

amortization — *amortissement m*

amount — *montant m ; somme f*

amount not drawn — *moins–perçu m*

anarchism — *anarchisme m*

ancillary employee — *auxiliaire m*

ancillary motion — *proposition f incidente*

ancillary operations — *services mp d'intendance*

ancillary pay — *paye f complémentaire*

ancillary personnel — *personnel m auxiliaire*

animation — *animation f*

annex — *annexe f*

announcement of candidacy — *déclaration f de candidature*

annual leave — *vacances fp ; congés mp annuels payés*

annual report — *rapport m annuel*

annual salary — *traitement m annuel; salaire m annuel*

annual vacation period — *période f des vacances annuelles; période f des congés annuels*

annual vacation with pay — *congés mp annuels payés; vacances fp payées*

annuities system — *régime m de rentes*

annuity — *annuité f ; rente f*

anomie — *anomie f*

anti–labour activities — *antisyndicalisme m*

anti–labour practice — *action f antisyndicale*

anti–union activities — *antisyndicalisme m*

anti–union practice — *action f antisyndicale*

appeal — *appel m*

appendix — *annexe f*

applicant — *candidat m ; postulant m*

applicant (eligible) — *candidat m admissible*

applicant (job) — *demandeur m d'emploi*

applicant (successful) — *candidat m choisi; candidat m retenu*

application blank (employment) — *formulaire m de demande d'emploi; formule f de demande d'emploi*

application card — *formule f d'adhésion syndicale*

application for certification — *requête f en accréditation*

application for employment — *demande f d'emploi*

application for union certification — *demande f d'accréditation syndicale (c)*

application for union recognition — *demande f de reconnaissance syndicale*

application form (employment) — *formulaire m de demande d'emploi; formule f de demande d'emploi*

application form (union membership) — *formule f d'adhésion syndicale*

appointment — *nomination f ; rendez–vous m ; engagement m*

appraisal — *évaluation f*

appreciation — *plus–value f*

apprentice — *apprenti m*

apprentice rate — *salaire m d'apprenti*

apprenticeship — *apprentissage m*

apprenticeship (contract of) — *contrat m d'apprentissage*

apprenticeship (indentured) — *contrat m d'apprentissage*

appropriate bargaining unit — *unité f de négociation appropriée*

appropriate employment — *emploi m convenable*

appropriate union — *syndicat m approprié*

approval — *approbation f*

aptitude — *aptitude f*

aptitude test — *test m d'aptitude*

arbitrability — *arbitrabilité f (néol.) (c)*

arbitrary wage rate — *taux m de salaire arbitraire*

arbitration — *arbitrage m*

arbitration (agreement to submit to) — *accord m d'arbitrage*

Arbitration Association (American) AAA — American Arbitration Association – AAA

arbitration award — *sentence f arbitrale*

arbitration (binding) — *arbitrage m exécutoire*

arbitration board — *conseil m d'arbitrage; tribunal m d'arbitrage*

arbitration (compulsory) — *arbitrage m obligatoire*

arbitration (council of) — *conseil m d'arbitrage*

arbitration (non–binding) — *arbitrage m non exécutoire*

arbitration roll — *rôle m d'arbitrage*

arbitration roster — *rôle m d'arbitrage*

arbitration tribunal — *tribunal m d'arbitrage*

arbitration (voluntary) — *arbitrage m volontaire*

arbitrator — *amiable compositeur m ; arbitre m*

arbitrator (ad hoc) — *arbitre m ad hoc; arbitre m temporaire; arbitre m spécial*

arbitrator (jurisdiction of) — *compétence f de l'arbitre*

arbitrator (mandate of the) — *attributions fp de l'arbitre; mandat m de l'arbitre; compétence f de l'arbitre*

arbitrator on grievances — *arbitre m de griefs*

arbitrator (permanent) — *arbitre m permanent*

arbitrator (powers of the) — *pouvoirs mp de l'arbitre; attributions fp de l'arbitre*

arbitrator (special) — *arbitre m spécial; arbitre m ad hoc*

Arbitrators (National Academy of) NAA — National Academy of Arbitrators — NAA

area bargaining — *négociation f régionale*

area (demotional seniority) — *unité f rétrogressive d'ancienneté (néol.)*

area jurisdiction — *champ m d'application territorial*

area (labour market) — *aire f du marché du travail; étendue f du marché du travail; zone f du marché du travail*

area (promotional seniority) — *unité f /promotionnelle/ d'ancienneté*

area (seniority) — *aire f d'ancienneté; champ m d'ancienneté; unité f d'ancienneté*

area (wage) — *région f de salaires; zone f de salaires*

arrangement — *arrangement m ; composition f ; accommodement m*

article — *article m*

artisan — *artisan m*

ascending wage rate — *taux m de salaire croissant*

assembly (freedom of) — *liberté f d'assemblée; liberté f de réunion*

assembly line — *chaîne f de montage*

assembly–line production — *fabrication f à la chaîne; production f à la chaîne*

assembly–line work — *travail m en série*

assembly–line worker — *ouvrier m spécialisé*

assembly (right of) — *liberté f d'assemblée; liberté f de réunion*

assembly (union) — *congrès m syndical*

assessment — *prélèvement m ; cotisation f spéciale; évaluation f*

assessment (special) — *contribution f syndicale spéciale*

assessor — *assesseur m*

assets — *actif m ; avoir m*

assiduity — *assiduité f*

assignment — *affectation f*

assignment of claim — *cession f de créance*

assignment of contract — *transfert m de convention collective*

assignment of invention — *cession f de brevet*

assignments (extra-duty) — *attribution f de tâches exceptionnelles*

assistance plan (universal social) — *régime m d'assistance sociale universelle*

assistance (social) — *aide f sociale; assistance f sociale*

assistance (unemployment) — *assistance–chômage f*

assistant — *assistant m ; adjoint m ; substitut m*

assistant director — *directeur m adjoint*

assistant foreman — *assistant–contremaître m ; sous–contremaître m*

associate company — *société f affi-liée; société f apparentée*

associated–crafts union — *syndicat m de métiers associés*

association — *association f*

association (accredited) — *association f accréditée (c)*

Association (American Arbitration) AAA — American Arbitration Association – AAA

Association (American Management) AMA — American Management Association – AMA

Association (Canadian Construction) CCA — *Association f canadienne de la construction – ACC*

Association (Canadian Manufacturers) CMA — *Association f des manufac-turiers canadiens – AMC*

association (certified) — *association f accréditée (c)*

association (employees') — *association f de salariés*

association (employers') — *association f d'employeurs; association f pa-tronale; organisation f d'em-ployeurs; syndicat m patronal*

Association for Labour Legislation (International) IALL — *Association f internationale pour la protection légale des travailleurs – AIPLT*

association (freedom of) — *droit m d'association; liberté f syndicale; li-berté f d'association*

Association (Industrial Relations Research) IRRA — Industrial Relations Research Association – IRRA

Association (International Industrial Relations) IIRA — *Association f in-ternationale des relations profession-nelles – AIRP*

Association (International Working People's) IWPA — *Alliance f inter-nationale ouvrière – AIO*

Association (Montreal Personnel) MPA — *Association f des administrateurs de personnel de Montréal – AAPM*

Association of Canada (Retail Mer-chants') RMAC — *Association f des marchands détaillants du Canada – AMDC*

Association of Manufacturers (National) NAM — National Association of Manufacturers — NAM

association (professional) — *associa-tion f professionnelle; corporation f professionnelle*

Association (Provincial Workmen's) — Provincial Workmen's Association

association (recognized) — *association f reconnue*

association (right of) — *droit m d'as-sociation; liberté f syndicale*

association (trade) — *corps m de mé-tier; association f professionnelle*

association (voluntary) — *corps m in-termédiaire*

assured — *assuré m*

at discretion — *selon bon plaisir*

at pleasure — *selon bon plaisir*

at the discretion of — *selon bon plaisir*

attendance bonus — *prime f d'as-siduité*

attendance fee — *jeton m de pré-sence*

attendance register — *registre m des présences; feuille f d'émargement*

attendance (regular) — *assiduité f*

attendance (regularity of) — *assiduité f*

attendance sheet — *registre m des présences; feuille f d'émargement*

attention time (machine) — *temps m de surveillance*

attestation — *attestation f*

attitude — *attitude f*

attitude test — *test m d'attitude*

attrition — *départs mp naturels; éro-sion f des effectifs; réduction f naturelle des effectifs; usure f des effectifs*

audience (captive) — *auditoire m con-traint*

audit — *vérification f*

audit (management) — *contrôle m de gestion; diagnostic m d'évaluation de gestion*

audit (operations) — *contrôle m des opérations*

auditing — *vérification f*

autarky — *autarcie f*

authority (formal) — *autorité f formelle (néol.)*

authority (informal) — *autorité f informelle (néol.)*

authority (level of) — *instance f*

authority (line) — *autorité f hiérarchique*

authority (line of) — *ligne f d'autorité; hiérarchie f directe; hiérarchie f linéaire; ligne f hiérarchique*

authority (proper) — *autorité f compétente*

authority structure — *structure f d'autorité*

authorized absence — *absence f autorisée*

authorized agent — *fondé m de pouvoir; mandataire m*

authorized leave — *congé m autorisé; permis m d'absence; absence f autorisée; autorisation f d'absence*

authorized strike — *grève f autorisée*

automatic advancement — *progression f automatique*

automatic check–off — *précompte m obligatoire; retenue f obligatoire des cotisations; précompte m automatique*

automatic data processing – ADP — *traitement m automatique des données – TAD*

automatic progression — *progression f automatique*

automatic renewal — *reconduction f ; renouvellement m automatique*

automatic retirement — *retraite f automatique*

automation — *automation f ; automatisation f*

automation (degree of) — *degré m d'automatisation*

automation fund — *fonds m de compensation pour automation*

automobile allowance — *allocation f d'automobile*

autonomous union — *syndicat m autonome*

autonomy — *autonomie f*

auxiliary employee — *auxiliaire m*

auxiliary personnel — *personnel m auxiliaire*

auxiliary service — *service m auxiliaire*

available document — *document m communicable*

available income — *revenu m disponible*

available manpower — *main–d'oeuvre f disponible*

available work (allocation of) — *distribution f du travail disponible*

available worker — *travailleur m en disponibilité*

average hourly earnings — *gains mp horaires moyens*

average straight–time earnings — *gains mp moyens normaux*

average (tendency to rate on the) — *tendance f à coter moyennement*

average wage — *salaire m moyen*

average wage rate — *taux m de salaire moyen*

average weekly earnings — *gains mp hebdomadaires moyens*

average worker — *travailleur m moyen*

averaged–earnings pension plan — *plan m de pension selon les gains moyens*

award — *décision f ; sentence f ; jugement m*

award (arbitration) — *sentence f arbitrale*

award (binding) — *sentence f exécutoire; sentence f sans appel*

award (final) — *sentence f exécutoire; sentence f sans appel*

award in part — *décision f partielle*

award (interim) — *décision f provisoire*

award (interlocutory) — *décision f interlocutoire*

award (non-binding) — *sentence f non exécutoire*

award (partial) — *décision f partielle; sentence f partielle*

award (provisional) — *décision f provisoire*

award (suggestion) — *prime f de suggestions*

B

back pay — *rappel m de salaire*

back–to–work movement — *mouvement m de retour au travail*

bad work — *malfaçon f*

badge (union) — *insigne m syndical; vignette f syndicale; macaron m /syndical/*

bail — *cautionnement m*

bail–bond — *caution f*

balance of payments — *balance f des comptes /internationaux/; balance f des paiements /internationaux/*

balance sheet — *bilan m*

ballot — *bulletin m de vote; scrutin m*

ballot (blank) — *bulletin m de vote blanc*

ballot count — *dépouillement m du scrutin*

ballot (open) — *scrutin m public*

ballot (secret) — *scrutin m secret*

ballot (unmarked) — *bulletin m de vote blanc*

ballot (valid) — *bulletin m de vote valide; vote m valide*

bank (computer) — *banque f de données*

bank (data) — *banque f de données*

bargain (duty to) — *obligation f de négocier*

bargain (to) — *négocier*

bargaining — *négociation f ; marchandage m*

bargaining agent — *agent m de négociation (c); agent m négociateur (c)*

bargaining (area) — *négociation f régionale*

bargaining (blue–sky) — *négociation f irréaliste*

bargaining (coalition) — *négociation f concertée; négociation f en cartel*

bargaining (collective) — *négociation f collective*

bargaining (company–wide) — *négociation f à l'échelle de la firme; négociation f multi–établissements*

bargaining (continuous) — *négociation f continue*

bargaining (coordinated) — *négociation f coordonnée*

bargaining (crisis) — *négociation f tendue*

bargaining (double–deck) — *négociation f à double palier*

bargaining (fractional) — *négociation f fragmentaire*

bargaining (individual) — *négociation f individuelle*

bargaining (industry–wide) — *négociation f par branche*

bargaining in good faith — *négociation f de bonne foi*

bargaining (key) — *négociation f clé*

bargaining (master /agreement/) — *négociation–cadre f*

bargaining (multi–plant) — *négociation f à l'échelle de la firme; négociation f multi–établissements*

bargaining (multi–union) — *négociation f multisyndicale*

bargaining (multi–union multi–employer) — *négociation f multipartite (néol.)*

bargaining (national) — *négociation f nationale*

bargaining (package) — *négociation f globale*

bargaining (pattern) — *négociation f type*

bargaining power — *force f économique; pouvoir m de marchandage; pouvoir m de négociation; puissance f de marchandage; puissance f de négociation*

bargaining range — *marge f de négociation*

bargaining records — *dossier m de négociation*

bargaining (regional) — *négociation f régionale*

bargaining rights (exclusive) — *droit m exclusif de négociation*

bargaining round — *ronde f de négociations*

bargaining schedule — *calendrier m de négociation*

bargaining (sector) — *négociation f par branche*

bargaining (single plant) — *négociation f particulière*

bargaining structure — *structure f de négociation*

bargaining table — *table f de négociation*

bargaining unit — *groupement m de négociation; groupement m négociateur; unité f de négociation; groupe m distinct*

bargaining unit (appropriate) — *unité f de négociation appropriée*

bargaining unit (company–wide) — *unité f de négociation par compagnie*

/bargaining/ unit (craft) — *unité f de négociation par métier; unité f de négociation professionnelle*

/bargaining/ unit (department) — *unité f de négociation par département*

/bargaining/ unit (industrial) — *unité f de négociation industrielle*

bargaining unit (industry–wide) — *unité f de négociation industrielle*

bargaining unit (natural) — *unité f naturelle de négociation*

/bargaining/ unit (plant) — *unité f de négociation par établissement*

bargaining unit (regional) — *unité f de négociation régionale*

bargaining unit (representative) — *unité f majoritaire*

/bargaining/ unit (system–wide) — *unité f de négociation de réseau*

bargaining (whipsaw) — *surenchère f*

bargaining (workplace) — *négociation f particulière*

base pay — *traitement m de base; rémunération f primaire; salaire m de base*

base period — *période f de référence*

base rate — *salaire m de base; taux m de base*

base wage — *salaire m de base*

base year — *année f de référence*

base year for vacation with pay — *année f de référence pour congés payés*

basic day — *journée f normale*

basic pay — *rémunération f primaire*

basic rate — *taux m de base; barème m de base*

basic salary — *traitement m de base; salaire m de base*

basic scale — *barème m de base*

basic training — *formation f de base*

batch production — *fabrication f par lots*

beginner — *débutant m*

beginner journeyman — *compagnon-débutant m (c)*

beginner's pay — *salaire m à l'embauchage; salaire m de débutant; salaire m de début*

behaviour — *comportement m*

behaviour (informal) — *conduites fp informelles*

behaviourism — *behaviorisme m*

behind closed doors — *à huis clos*

below minimum /rate/ — *salaire m inférieur au minimum*

benchmark — *chiffre m repère; repère m*

benchmark job — *emploi m repère; poste m repère*

benchmark rate — *taux m de salaire repère; taux m de salaire de référence*

beneficiaries' benefits — *prestations fp aux ayants droit*

beneficiary — *allocataire m ; bénéficiaire m ; indemnitaire m ; prestataire m ; ayant droit m*

benefit — *allocation f ; prestation f ; avantage m ; indemnité f ; bénéfice m*

benefit (death) — *prestation-décès f*

benefit (disability) — *allocation f d'invalidité; prestations fp d'invalidité*

benefit (seniority) — *prime f d'ancienneté*

benefit (sickness–insurance) — *assurance-salaire f*

benefit (social welfare) — *allocation f sociale*

benefit (strike) — *allocation f de grève; indemnité f de grève*

benefit (unemployment) — *allocation f de chômage*

benefits (beneficiaries') — *prestations fp aux ayants droit*

benefits (cash) — *prestations fp en espèces*

benefits (fringe) — *avantages mp d'appoint; avantages mp sociaux; compléments mp sociaux; avantages mp accessoires; avantages mp annexes; avantages mp hors salaire*

benefits (health) — *prestations–maladie fp*

benefits (past service) — *crédits mp de service passé (c)*

benefits (seasonal unemployment) — *prestations fp saisonnières de chômage*

benefits (social) — *prestations fp sociales*

benefits (supplementary unemployment) SUB — *prestations fp supplémentaires d'assurance–chômage – PSAC*

benefits (survivors') — *prestations fp aux survivants; prestations fp de réversion; assurance f réversible*

benefits (unemployment) — *prestations fp de chômage*

benefits (unemployment insurance) — *prestations fp d'assurance–chômage*

benefits (welfare) — *prestations fp sociales*

bereavement leave — *congé m de deuil; congé m pour décès*

Better Business Bureau — BBB — *Bureau m d'éthique commerciale — BBB*

bias (professional) — *déformation f professionnelle*

bidding — *postulation f*

bidding up — *surenchère f*

bilateral action — *action f bilatérale*

bill of wages — *liste f de salaires*

bill (wage) — *masse f salariale; coût m des salaires*

bimonthly — *bimestriel m ; bimensuel m*

binding arbitration — *arbitrage m exécutoire*

binding award — *sentence f exécutoire; sentence f sans appel*

biweekly pay — *paye f à la quatorzaine*

blacklist — *liste f noire*

blacklisting — *mise f à l'index*

blackmail — *chantage m*

blank ballot — *bulletin m de vote blanc*

blank/cheque/contract — *contrat m en blanc*

blue–collar workers — *cols bleus mp*

blue–collarites — *cols bleus mp*

blueprint — *devis m*

blue–sky bargaining — *négociation f irréaliste*

board — *commission f ; conseil m ; office m ; bureau m*

board (administrative) — *tribunal m administratif*

board (arbitration) — *conseil m d'arbitrage; tribunal m d'arbitrage*

board (bulletin) — *tableau m d'affichage*

Board (Canada Labour Relations) CLRB — *Conseil m canadien des relations du travail – CCRT*

board (conciliation) — *commission f de conciliation*

board (conciliatory) — *conseil m de conciliation; comité m de conciliation; conseil m de prud'hommes*

board (emergency) — *commission f d'urgence*

board (executive) — *conseil m exécutif; comité m exécutif; conseil m de direction; bureau m ; conseil m*

board (fact–finding) — *commission f d'enquête factuelle (néol.)*

Board (Labour Relations) LRB — *Commission f des relations du travail – CRT*

Board (Minimum Wage) MWB — *Commission f du salaire minimum – CSM*

board of directors — *conseil m d'administration; bureau m ; conseil m de direction; conseil m de gestion*

Board of Trade — *chambre f de commerce*

board of trustees — *conseil m de surveillance*

Board (Public Review) PRB — *Commission f publique de révision; Commission f publique d'appel*

Board (Public Service Staff Relations) PSSRB — *Commission f des relations du travail dans la fonction publique – CRTFP*

Board (Québec Labour Relations) QLRB — *Commission f des relations de travail du Québec – CRTQ*

board (room and) — *vivre m et couvert*

Board (Workmen's Compensation) WCB — *Commission f des accidents du travail – CAT*

body — *organisme m*

body (quasi–judicial) — *tribunal m quasi judiciaire (c); tribunal m inférieur*

***bona fide* organization** — *association f de bonne foi (c); association f de fait*

***bona fide* union** — *syndicat m de bonne foi (c); syndicat m de fait*

bond — *obligation f*

bond (payment) — *dépôt m de garantie de salaire*

bondsman — *caution f ; garant m ; répondant m*

bonus — *boni m ; gratification f ; prime f ; surpaye f*

bonus (attendance) — *prime f d'assiduité*

bonus (Christmas) — *gratification f de Noël*

bonus (cost of living) — *indemnité f de vie chère*

bonus (crew) — *prime f d'équipe*

bonus (danger zone) — *prime f de risque*

bonus (dirty work) — *prime f de salissure*

bonus (group) — *prime f collective*

bonus (hazard) — *prime f de risque*

bonus (incentive) — *prime f de rendement*

bonus (production) — *prime f de rendement*

bonus (quality) — *prime f de qualité*

bonus scheme — *programme m de primes d'encouragement*

bonus (seniority) — *prime f d'ancienneté*

bonus (suggestion) — *prime f de suggestions*

bonus (Sunday) — *prime f du dimanche*

bonus (vacation) — *gratification f de vacances*

books and records (access to) — *accès m aux livres*

bootleg contract — *accord m en cachette (c); contrat m illicite; entente f clandestine; accord m illicite; accord m de contrebande*

bootleg wages — *salaire m clandestin*

borderline dispute — *conflit m de juridiction de métiers; conflit m d'attribution des tâches; conflit m de distribution du travail*

borderline job — *poste m marginal*

boring from within — *noyautage m*

boss — *patron m*

boss (straw) — *sous–contremaître m ; chef m d'équipe; assistant-contremaître m*

botched work — *travail m bâclé; travail m bousillé (fam.)*

boulwarism — *boulwarisme m (néol.)*

boycott — *boycottage m ; mise f à l'index*

boycott (consumer) — *boycottage m de consommation*

boycott (primary) — *boycottage m primaire*

boycott (product) — *boycottage m de produits*

boycott (production) — *boycottage m de production*

boycott (secondary) — *boycottage m secondaire (c)*

boycotted goods — *marchandise f boycottée*

bracket (wage) — *catégorie f des salaires; fourchette f des salaires; créneau m des salaires; palier m des salaires; groupe m des salaires*

brain drain — *exode m des cerveaux; exode m des spécialistes; exode m des intellectuels*

brainstorming — brainstorming *m* *; remue–méninges* *m* *(néol.); conférence–choc* *f* *; conférence* *f* *à idées; creuset* *m* *à idées*

braintrust — braintrust *m*

branch — *département* *m* *; direction* *f* *générale; succursale* *f* *; division* *f*

branch manager — *gérant* *m* *de succursale; directeur* *m* *de succursale*

branch plants manager — *directeur* *m* *des succursales*

breach of agreement — *violation* *f* *de contrat*

breach of contract — *manquement* *m* *au contrat; violation* *f* *de contrat; rupture* *f* *de contrat*

breach of contract (fine for) — *amende* *f* *pour rupture de contrat*

breach of discipline — *faute* *f* *disciplinaire*

breach of law — *abus* *m* *de droit*

break — *pause* *f* *café; repos* *m* *intercalaire*

break (coffee) — *pause* *f* *café*

break (meal) — *temps* *m* *des repas*

break period — *repos* *m* *; pause* *f* *; repos* *m* *intercalaire*

breakdown — *panne* *f*

breakdown in negotiations — *rupture* *f* *de négociations*

breakeven point — *seuil* *m* *de rentabilité; point* *m* *critique; point* *m* *mort*

break–in period — *période* *f* *de rodage; période* *f* *d'initiation; période* *f* *d'adaptation*

break–in time — *période* *f* *d'adaptation*

breaking–off of negotiations — *rupture* *f* *de négociations*

bribery — *corruption* *f*

brief — *mémoire* *m*

brief (negotiation) — *dossier* *m* *de négociation*

briefing — *breffage* *m* *(néol.);* briefing *m*

broken time — *journée* *f* *fractionnée*

brotherhood — *fraternité* *f*

budget — *budget* *m*

budget policy — *politique* *f* *budgétaire*

budget (specimen) — *budget* *m* *type*

budget (standard) — *budget* *m* *type*

budgetary control — *contrôle* *m* *de gestion*

building code — *code* *m* *du bâtiment*

Building Code (National) — *Code* *m* *national du bâtiment*

building site — *chantier* *m* *; emplacement* *m*

building trades — *métiers* *mp* *de la construction; métiers* *mp* *du bâtiment*

building trades council — *conseil* *m* *des métiers de la construction*

bulletin board — *tableau* *m* *d'affichage*

bulletin board privileges — *droit* *m* *au tableau d'affichage*

bumping — *évincement* *m* *; supplantation* *f*

bumping down — *supplantation–rétrogradation* *f*

bumping up — *supplantation* *f* *ascendante; supplantation–promotion* *f*

burden of proof — *fardeau* *m* *de la preuve*

bureau — *bureau* *m*

bureau (social) — *secrétariat* *m* *social*

bureau (union) — *secrétariat* *m* *syndical*

business — *affaire* *f* *; entreprise* *f*

business agent — *agent* *m* *d'affaires syndical (c); agent* *m* *syndical*

business cycle — *cycle* *m* *économique*

business management — *gestion* *f* *des affaires*

business manager — *gérant* *m* *d'affaires; gérant* *m* *de fonds de commerce*

business relations — *relations* *fp* *d'affaires*

/business/ turnover — *chiffre* *m* *d'affaires*

business unionism — *syndicalisme* *m* *d'affaires*

by guess — *au jugé; à l'estime; au pifomètre m (fam.)*

by–law — *réglementation f complémentaire*

by–laws — *règlements mp ; statuts mp*

by–laws (committee on constitution and) — *comité m des statuts et règlements*

by–product — *sous–produit m ; produit m dérivé*

C

cafeteria — *cafétéria* *f*

caisse populaire — *caisse* *f* *populaire*

calendar — *agenda* *m* *; échéancier* *m*

calendar month — *mois* *m* *civil*

calendar year — *année* *f* *civile*

call — *convocation* *f*

call back — *rappel* *m* *au travail*

call–back pay — *indemnité* *f* *de rappel*

call–in pay — *indemnité* *f* *de présence*

call–out pay — *indemnité* *f* *de rappel*

call time — *délai* *m* *d'appel*

camouflage strike — *grève* *f* *camouflée*

Canada Economic Council — *Conseil* *m* *économique du Canada*

Canada Fair Employment Practices Act — *Loi* *f* *canadienne sur les justes méthodes d'emploi*

Canada Labour Code — *Code* *m* *canadien du travail*

Canada Labour Relations Board – CLRB — *Conseil* *m* *canadien des relations du travail – CCRT*

Canada Labour – Standards – Code — *Code* *m* *canadien du travail – Normes*

Canadian Congress of Labour – CCL — *Congrès* *m* *canadien du travail – CCT*

Canadian Construction Association– CCA — *Association* *f* *canadienne de la construction – ACC*

Canadian Federation of Independent Associations — **CFIA** — *Fédération* *f* *canadienne des associations indépendantes* — *FCAI*

Canadian Federation of Labor – CFL — *Fédération* *f* *canadienne du travail – FCT*

Canadian Industrial Relations Research Institute — **CIRRI** — *Institut* *m* *canadien de recherches en relations industrielles* — *ICRRI*

Canadian Labour Congress – CLC — *Congrès* *m* *du travail du Canada – CTC*

Canadian Labour Union — *Union* *f* *ouvrière canadienne*

Canadian Manufacturers' Association – CMA — *Association* *f* *des manufacturiers canadiens – AMC*

cancellation — *annulation* *f* *; révocation* *f*

cancellation of agreement — *annulation* *f* *d'accord; résiliation* *f* *d'accord*

cancellation of certification — *révocation* *f* *d'accréditation syndicale (c)*

cancellation of contract — *résiliation* *f* *; annulation* *f* *de contrat*

cancelled vote — *vote* *m* *annulé*

candidacy — *candidature* *f*

candidacy (announcement of) — *déclaration* *f* *de candidature*

candidacy (eligible) — *candidature* *f* *admissible; candidature* *f* *recevable*

candidacy (ineligible) — *candidature* *f* *irrecevable*

candidacy (withdrawal of) — *retrait* *m* *de candidature*

candidate — *candidat* *m*

canteen — *cafétéria* *f* *; cantine* *f*

canteen (mobile) — *cantine* *f* *mobile*

canteen (rolling) — *cantine* *f* *mobile*

canvassing — *porte à porte* *m* *; sollicitation* *f*

capability — *capacité* *f*

capacity — *capacité* *f* *; compétence* *f* *; qualification* *f*

capacity(advisory) — *voix* *f* *consultative*

capacity (inherent) — *aptitude* *f*

capacity (level of) — *niveau* *m* *de qualification*

capacity (production) — *capacité* *f* *de production*

capital — *capital* *m*

capital employed payback — *récupération* *f* *du capital investi*

capital equipment — *moyens* *mp* *de production; immobilisations* *fp* *; biens* *mp* *d'équipement*

capital expenditure — *capital* *m* *constant*

capital goods — *équipement* *m* *; biens* *mp* *de production; installations* *fp* *; moyens* *mp* *de production*

capital intensive industry — *industrie f à forte densité de capital; industrie f à faible densité d'emploi*

capital–labour ratio — *rapport m capital–travail*

capital (marginal efficiency of) — *efficacité f marginale du capital*

capital–output ratio — *ratio m d'intensité de capital*

capitalism — *capitalisme m*

captive audience — *auditoire m contraint*

captive contractor — *entrepreneur m dépendant (néol.)*

car allowance — *allocation f d'automobile*

card check — *vérification f des cartes*

card (classification) — *carte f de classification*

card (competency) — *carte f de qualification*

card (identity) — *carte f d'identité*

card (punch) — *carte f de présence*

card (qualification) — *carte f de qualification*

card (tie) — *carte f multiprofessionnelle*

card (time) — *carte f de présence; carte f de pointage; fiche f de présence*

card (travelling) — *carte f de transfert syndical*

card (union) — *carte f syndicale*

card (work) — *carte f de classification*

career — *carrière f*

career–earnings pension plan — *plan m de pension de carrière; plan m de pension selon les gains moyens*

career monograph — *description f de carrière*

career path — *développement m de carrière*

career planning — *plan m de carrière*

career profile — *profil m de carrière*

cargo (hot) — *articles mp mis à l'index; produit m boycotté*

cartel — *cartel m*

case law — *jurisprudence f*

case study — *étude f de cas*

cash allowances — *prestations fp en espèces*

cash benefits — *prestations fp en espèces*

cash income — *revenu m pécuniaire*

cash (payment in) — *rémunération f en espèces*

casting vote — *voix f prépondérante; vote m prépondérant*

casual earnings — *revenu m d'appoint; salaire m d'appoint*

casual employee — *auxiliaire m ; occasionnel m*

casual labour — *main-d'oeuvre f occasionnelle*

casual work — *travail m occasionnel*

casual worker — *travailleur m occasionnel*

catch–up allowances — *majorations fp d'équilibrage*

catch–up increase — *augmentation f de salaire de rattrapage; rattrapage m*

catch–up wages — *salaire m de rattrapage*

catch–up work — *travail m de rattrapage*

category (job) — *classe f de postes de travail*

cause (discharge for) — *renvoi m motivé*

cause (dismissal for) — *renvoi m motivé; congédiement m*

cause (dismissal with just) — *renvoi m motivé*

cause (for) — *avec motif à l'appui; motivé*

cause (just) — *cause f juste; juste motif m ; motif m valable*

ceiling — *plafonnement m ; plafond m*

ceiling (wage) — *plafond m du salaire; salaire m limite*

celibacy clause — *clause f de célibat*

census — *recensement m*

Centrale de l'enseignement du Québec–CEQ — *Centrale f de l'enseignement du Québec–CEQ*

Centrale des syndicats démocratiques–CSD — *Centrale f des syndicats démocratiques–CSD*

central labour body — *centrale f syndicale*

centralization — *centralisation f*

Centre chrétien des patrons et dirigeants d'entreprise français – CFPC *— Centre m chrétien des patrons et dirigeants d'entreprise français – CFPC*

Centre des dirigeants d'entreprise – CDE *— Centre m des dirigeants d'entreprise – CDE*

certificate — *attestation f*

certificate of absence — *attestation f d'absence*

certificate of proficiency — *certificat m d'aptitude professionnelle; certificat m de qualification (c)*

certificate of qualification — *certificat m de qualification (c)*

certification — *accréditation f*

certification (application for) — *requête f en accréditation*

certification (application for union) — *demande f d'accréditation syndicale (c)*

certification (cancellation of) — *révocation f d'accréditation syndicale (c)*

certification (employers') — *accréditation f patronale*

certification (petition for) — *requête f en accréditation (c)*

certification (union) — *accréditation f syndicale (c)*

certified association — *association f accréditée (c)*

certified copy — *copie f authentique; copie f certifiée conforme*

certified true copy — *copie f certifiée conforme; vidimus m*

certified union — *association f accréditée (c); syndicat m accrédité (c)*

certiorari — *certiorari m*

chain of command — *ligne f d'autorité; hiérarchie f ; axe m hiérarchique; chaîne f hiérarchique; ligne f hiérarchique; structure f hiérarchique; hiérarchie f de commandement*

chain of production — *chaîne f de production*

chain picketing — *piquetage m en chaîne (c)*

chain production — *production f à la chaîne*

chairman — *président m*

chairman and managing director — *président–directeur m général–PDG*

chairman of the board — *président m du conseil d'administration*

Chamber of Commerce — *chambre f de commerce*

change — *changement m*

change of company ownership — *aliénation f d'entreprise; changement m de propriétaire*

change–over day — *jour m de relève*

change–over time — *temps m de modification*

changing work — *travail m changeant*

channels (communication) — *canaux mp de communication*

channels of communication — *liaisons fp dans l'entreprise*

charge — *accusation f*

chargehand — *chef m d'équipe*

charges — *frais mp*

charges (overhead) — *frais mp généraux; coûts mp constants; coûts mp fixes*

char staff — *personnel m d'entretien ménager*

chart — *diagramme m ; graphique m*

chart (flow) — *diagramme m de cheminement*

chart (flow process) — *graphique m d'analyse de processus*

chart (left hand–right hand) — *graphique m des deux mains*

chart (man and machine process) — *graphique m homme–machine*

chart (man type flow process) — *graphique–exécutant m*

chart (management) — *tableau m de bord*

chart (multiple–activity process) — *graphique m d'activités multiples*

chart (operation process) — *graphique m d'analyse d'opération manuelle* chart (outline process) — *graphique m d'analyse générale d'opération*

chart (simo) — *simogramme m*

chart (two–handed process) — *graphique m des deux mains*

charter — *charte f (c)*

Charter of Amiens — *Charte f d'Amiens*

chartered union (direct–) — *syndicat m à charte directe (c); syndicat m directement affilié*

Chartism — *chartisme m*

Chartist movement — *chartisme m*

check — *contrôle m ; vérification f*

check (card) — *vérification f des cartes*

checking — *vérification f*

check–list — *feuille f de contrôle; liste f de contrôle; questionnaire m de contrôle*

check–off — *précompte m ; retenue f à la source; retenue f sur salaire*

check–off assignment — *autorisation f de précompte*

check–off authorization — *autorisation f de précompte*

check–off (automatic) — *précompte m obligatoire; retenue f obligatoire des cotisations syndicales; précompte m automatique*

check–off (compulsory) — *retenue f obligatoire des cotisations syndicales; précompte m obligatoire*

check–off (irrevocable) — *précompte m irrévocable*

check–off (revocable) — *précompte m révocable*

check–off (special) — *précompte m spécial*

check–off (union) — *précompte m syndical; retenue f des cotisations syndicales; retenue f syndicale (c); décompte m syndical*

check–off (voluntary) — *précompte m volontaire; retenue f volontaire des cotisations syndicales*

check–up (pre–employment medical) — *examen m médical de pré–embauchage*

Christian Labour Association of Canada — Christian Labour Associa-tion of Canada

Christmas bonus — *gratification f de Noël*

chronic unemployment — *chômage m chronique; chômage m endémique*

circular — *circulaire f*

circular picketing — *piquetage m circulaire (c)*

citation — *citation f*

civil code — *code m civil*

civil servant — *fonctionnaire m*

civil service — *fonction f publique*

/civil service/ officer — *officiel m ; fonctionnaire m*

/civil service/ official — *officiel m ; fonctionnaire m*

civil status — *état m civil*

claim — *demande f ; réclamation f ; revendication f*

claim (collective) — *réclamation f collective*

claims department (disputed) — *contentieux m*

claims office (disputed) — *contentieux m*

claims procedure — *procédure f de réclamation*

class — *classe f*

class method — *méthode f des classes*

class (wage–earning) — *salariat m*

classification — *classification f ; classement m*

classification card — *carte f de classification*

classification (job) — *classification f des tâches; classification f des emplois; classification f des postes de travail; classification f des fonctions; classe f de postes de travail*

classification method — *méthode f de classification*

classification of position — *classification f des emplois; classification f des postes de travail; classification f des fonctions*

classification system — *méthode f des classes*

classified document — *document m à circulation limitée; document m à diffusion restreinte* clause — *clause* f ; *stipulation* f ; *disposition* f

clause (additional) — *avenant* m

clause (conscience) — *clause* f *de conscience*

clause (contractual) — *clause* f *contractuelle; clause* f *mécanique; clause* f *normative*

clause (escalator) — *clause* f *de sauvegarde; clause* f *d'indexation; clause* f *d'échelle mobile*

clause (escape) — *clause* f *d'échappatoire*

clause (exclusive rights) — *clause* f *d'exclusivité de service*

clause (exclusive service) — *clause* f *d'exclusivité de service*

clause (experimental) — *clause* f *expérimentale*

clause (favored–nation) — *clause* f *de parité*

clause (formal) — *clause* f *de style*

clause (full–time service) — *clause* f *d'exclusivité de service*

clause (hold–harmless) — *clause* f *de sauvegarde*

clause (incentive) — *clause* f *d'intéressement*

clause (loyalty) — *clause* f *de loyauté*

clause (medical check–up) — *clause* f *d'examen médical*

clause (monetary) — *clause* f *financière; clause* f *pécuniaire*

clause (money) — *clause* f *pécuniaire*

clause (no–competition) — *clause* f *de non–concurrence*

clause (no–strike) — *interdiction* f *de grève; prohibition* f *de grève*

clause (non–monetary) — *clause* f *normative; clause* f *contractuelle; clause* f *mécanique*

clause (open) — *clause* f *ouverte; clause* f *révisable*

clause (open–end) — *clause* f *de révision; clause* f *de réouverture*

clause (parity) — *clause* f *de parité*

clause (privative) — *clause* f *restrictive*

clause (renewal) — *clause* f *de renouvellement*

clause (reopening) — *clause* f *de réouverture; clause* f *de révision*

clause (restrictive) — *clause* f *restrictive*

clause (ritual) — *clause* f *de style*

clause (saving) — *clause* f *de non–nullité (c); clause* f *de sauvegarde*

clause (struck–work) — *clause* f *de refus de travail*

clause (union security) — *clause* f *de sécurité syndicale*

clause (zipper) — *clause* f *de non–ouverture (c)*

clear days — *jours* mp *francs*

clearing house — *centre* m *d'échanges*

clearing house (information) — *centre* m *d'informations*

clearing house (news) — *centre* m *d'informations*

clerical personnel — *personnel* m *de soutien*

clerical staff — *personnel* m *de bureau*

clerical worker — *préposé* m *aux écritures; employé* m *de bureau*

clerical workers — *personnel* m *de bureau*

clerk — *employé* m *de bureau; greffier* m

closed session — *huis clos* m

closed shop — *atelier* m *fermé (c); clause* f *d'exclusivité syndicale; exclusivité* f *syndicale*

closed shop (modified) — *atelier* m *fermé tempéré (c)*

closed shop with closed union — *atelier* m *fermé discriminatoire (c)*

closed union — *syndicat* m *fermé*

closing date — *date* f *limite*

closure (plant) — *fermeture* f *d'établissement*

clothing allowance — *allocation* f *vestimentaire*

coalition — *coalition* f

coalition bargaining — *négociation* f *concertée; négociation* f *en cartel*

code — *code* m

code (building) — *code* m *du bâtiment*

Code (Canada Labour) — *Code m canadien du travail*

code (civil) — *code m civil*

code (criminal) — *code m pénal; code m criminel*

code (ethical practices) — *code m de déontologie; code m d'éthique professionnelle*

code (labour) — *code m du travail*

Code Morin — *Code m Morin*

Code (National Building) — *Code m national du bâtiment*

code of ethical practice — *déontologie f*

code of ethics — *code m d'éthique professionnelle*

code (penal) — *code m pénal*

Code (Québec Labour) — *Code m du travail–Québec*

code (rules of procedure) — *code m de règles de procédure*

code (social security) — *code m de sécurité sociale*

co–determination — *cogestion f*

coercion — *coercition f*

coercive economic planning — *dirigisme m*

coffee break — *pause f café*

collarites (blue–) — *cols bleus mp*

collarites (white–) — *cols blancs mp*

collars (white–) — *cols blancs mp ; employés mp*

collective agreement — *convention f collective*

Collective Agreement Decrees Act — *Loi f des décrets de convention collective*

collective agreement (extensioned) — *convention f collective étendue*

collective bargaining — *négociation f collective*

collective bargaining dispute — *conflit m d'intérêts; conflit m économique*

collective bargaining system — *régime m de négociation collective*

collective claim — *réclamation f collective*

collective dismissal — *licenciement m collectif*

collective grievance — *réclamation f collective; grief m collectif*

collective /labour/ agreement — *contrat m collectif /de travail/*

College of Canada (Labour) LCC — *Collège m canadien des travailleurs*

collusion — *collusion f*

co–management — *cogestion f*

combine — *coalition f*

combined wage system — *système m de rémunération jumelée*

Combines Investigation Act — *Loi f relative aux enquêtes sur les coalitions*

coming into force — *entrée f en vigueur*

command (chain of) — *ligne f d'autorité; hiérarchie f ; axe m hiérarchique; chaîne f hiérarchique; ligne f hiérarchique; structure f hiérarchique*

comment from the floor — *intervention f*

commercial establishment — *établissement m commercial*

commercial goods — *biens mp commerciaux*

commissary — *magasin m de compagnie (c); économat m*

commission — *commission f*

commission earnings — *salaire m à la commission*

commission (inquiry) — *commission f d'enquête*

Commission (Manpower Vocational Training) MVTC — *Commission f de la formation professionnelle de la main-d'oeuvre – CFPMO*

commission payment — *salaire m à la commission*

commission (research) — *commission f d'enquête*

commission (study) — *commission f d'enquête*

Commission (Unemployment Insurance) UIC — *Commission f d'assurance-chômage – CAC*

Commission (Workmen's Compensation) WCC — *Commission f des accidents du travail – CAT*

commissioner — *commissaire-enquêteur m*

commissioner–general (labour) — *commissaire m général du travail*

commissioner (labour) — *commissaire m du travail*

committee — *comité m*

committee (ad hoc) — *comité m ad hoc ; comité m spécial*

committee (credentials) — *comité m des lettres de créance*

committee (enterprise) — *comité m d'entreprise*

committee (executive) — *conseil m de direction; comité m exécutif; conseil m exécutif*

committee (grievance) — *comité m de réclamations*

committee (joint) — *comité m mixte; comité m paritaire*

committee (joint production) — *comité m mixte de production*

committee (labour) — *comité m de travailleurs*

committee (labour–management) — *comité m patronal–ouvrier*

committee (labour–management production) — *comité m mixte de production*

committee (mixed) — *comité m mixte*

committee on constitution and by-laws — *comité m des statuts et règlements*

committee (parity) — *comité m paritaire*

committee (plant) — *comité m d'entreprise*

committee (plenary) — *comité m plénier*

committee (resolutions) — *comité m des résolutions*

committee (shop) — *comité m de travailleurs*

committee (special) — *comité m spécial; comité m ad hoc*

committee (standing) — *comité m régulier; comité m permanent*

committee (statutory) — *comité m statutaire; comité m régulier; comité m permanent*

committee (steering) — *comité m des pouvoirs et comités (c); comité m de direction; comité m d'orientation; comité m directeur*

committee (tripartite) — *comité m tripartite*

committee (vigilance) — *conseil m de surveillance*

committee (ways and means) — *comité m du budget; comité m des finances; comité m des voies et moyens*

committee (workers') — *comité m de travailleurs*

committee (works) — *comité m d'entreprise*

commitment — *engagement m*

commodities — *produits mp*

commodity — *article m*

common labour — *main–d'oeuvre f non qualifiée*

Common Market — *Marché m commun*

communication — *communication f*

communication channels — *canaux mp de communication*

communication system — *système m de communication*

communications network — *réseau m de communications*

community involvement — *participation f communautaire*

community service — *service m communautaire*

company — *compagnie f ; entreprise f ; société f anonyme; société f*

company agreement — *contrat m de société*

company (Crown) — *société f d'État; société f de la couronne*

company head — *chef m d'entreprise*

company (holding) — *holding m ; société f de gestion*

company housing — *logement m de compagnie (c); logement m de fonctions*

company (joint–stock) — *compagnie f à capital–actions; compagnie f à fonds social*

company (limited liability) — *société f à responsabilité limitée*

company man — *company man m*

company merger — *fusion f d'entreprises*

company ownership (change of) — *aliénation f d'entreprise; changement m de propriétaire*

company ownership (transfer of) — *aliénation f d'entreprise*

company premium — *prime f d'entreprise*

company president — *président m de compagnie; président m*

company (private) — *compagnie f privée (c)*

company (public) — *compagnie f à fonds social*

company savings plan — *régime m d'épargne d'entreprise*

company seniority — *ancienneté f d'entreprise*

company (shareholder–owned) — *société f anonyme*

company store — *magasin m de compagnie (c); économat m*

company (successor) — *compagnie-successeur f (c); nouvel employeur m*

company town — *ville f fermée (c)*

company (trust) — *compagnie f de fiducie*

company union — *syndicat m de boutique (c); syndicat m d'entreprise; syndicat m jaune; syndicat m maison; syndicat m fantoche*

company–wide agreement — *accord m d'entreprise*

company–wide bargaining — *négociation f à l'échelle de la firme; négociation f multi–établissements*

company–wide bargaining unit — *unité f de négociation par compagnie*

company without share–capital — *compagnie f sans capital–actions*

company year — *année f sociale*

comparison method (factor) — *méthode f de comparaison des facteurs*

comparison (wage) — *comparaison f de salaires*

compatible job — *emploi m compatible*

compensation — *rémunération f ; réparation f ; rétribution f ; indemnité f*

compensation Act (Workmen's) — *Loi f des accidents du travail*

Compensation Board (Workmen's) WCB — *Commission f des accidents du travail – CAT*

Compensation Commission (Workmen's) WCC — *Commission f des accidents du travail – CAT*

compensation (delay) — *indemnité f de délai*

compensation (disability) — *indemnité f pour incapacité*

compensation (distance) — *indemnité f d'éloignement*

compensation (holiday) — *indemnité f compensatrice de congé payé*

compensation (vacation) — *indemnité f compensatrice de congé payé*

compensation (workmen's) — *indemnisation f des accidents du travail; réparation f des accidents du travail*

compensatory holiday — *congé m compensatoire*

compensatory pay — *indemnité f compensatrice de congé payé*

compensatory time–off — *période f de repos compensatoire*

compensatory wage — *salaire m compensatoire*

competence — *compétence f ; qualification f*

competence (job) — *compétence f dans le travail*

competency — *habilité f*

competency card — *carte f de qualification*

competition — *compétition f ; concurrence f*

competition clause (no–) — *clause f de non–concurrence*

competition (inter–union) — *concurrence f syndicale*

competitive position — *position f concurrentielle*

complaint — *plainte f*

complete union shop — *atelier m syndical parfait (c)*

complex (industrial) — *complexe m industriel*

compliance (non–) — *infraction f ; dérogation f*

compromise — *compromis m ; solution f de compromis*

compromise (rough and ready) — *cote f mal taillée*

compulsory agency shop — *précompte m syndical généralisé et obligatoire; présyngob m (néol.)*

compulsory arbitration — *arbitrage m obligatoire*

compulsory check–off — *retenue f obligatoire des cotisations syndicales; précompte m obligatoire*

compulsory cooling–off period — *trêve f obligatoire*

compulsory insurance — *assurance f obligatoire*

compulsory membership — *affiliation f obligatoire; adhésion f obligatoire*

compulsory retirement — *retraite f d'office; retraite f obligatoire*

compulsory union — *syndicat m obligatoire*

compulsory vote — *suffrage m obligatoire; vote m obligatoire*

computation of seniority — *calcul m de l'ancienneté*

computer bank — *banque f de données*

computer science — *informatique f*

computer technology — *informatique f*

computerised information system–COINS — *système m d'information par ordinateur*

concealed unemployment — *chômage m déguisé*

concentration — *concentration f*

concentration (horizontal) — *concentration f horizontale*

concentration (vertical) — *concentration f verticale*

concerned (employee) — *employé m intéressé*

concession — *concession f*

conciliation — *conciliation f*

conciliation board — *commission f de conciliation*

conciliation commissionner — *Commissaire–conciliateur m*

conciliation (council of) — *conseil m de conciliation*

conciliation officer — *conciliateur m*

conciliator — *conciliateur m*

conciliatory board — *conseil m de conciliation; comité m de conciliation; conseil m de prud'hommes*

concrete case — *cas m d'espèce*

conditional offer — *offre f conditionnelle; proposition f conditionnelle*

conditions of employment — *conditions fp de travail; conditions fp d'emploi; conditions fp d'embauchage; conditions fp d'embauche*

conditions of employment (terms and) — *conditions fp de travail*

conditions (working) — *conditions fp de travail*

conduct — *comportement m ; conduite f*

conduct (formal) — *conduites fp formelles*

conduct (informal) — *conduites fp informelles*

conduct (technological) — *conduites fp technologiques*

confederation — *confédération f*

Confederation (French National Employer's) — *Confédération f nationale du patronat francais – CNPF*

Confederation of British Industry – CBI — *Confederation of British Industry – CBI*

Confederation of Canadian Unions – CCU — *Confédération f des syndicats canadiens –CSC*

Confederation of Christian Trade Unions — *Confédération f des syndicats chrétiens – CSC*

Confederation of Christian Workers (French) CFTC — *Confédération f française des travailleurs chrétiens – CFTC*

Confederation of Free Trade Unions (International) ICFTU — *Confédération f internationale des syndicats libres – CISL*

Confederation of Labour (French and Democratic) — *Confédération f française démocratique du travail – CFDT*

Confederation of Labour (General) — *Confédération f générale du travail – CGT*

Confederation of Labour (Unitary General) — *Confédération f générale du travail unitaire – CGTU*

Confederation of Labour (World) WCL — *Confédération f mondiale du travail – CMT*

Confederation of Labour–Workers' Force (General) — *Confédération f générale du travail–Force–ouvrière – CGT–FO*

Confederation of National Trade Unions – CNTU — *Confédération f des syndicats nationaux – CSN*

conference — *congrès m syndical*

Conference Board (The) — The Conference Board

Conference (International Labour) — *Conférence f internationale du travail*

confessional trade–unionism — *syndicalisme m confessionnel; confessionnalité f syndicale*

confidence (vote of) — *vote m de confiance*

confidential document — *document m confidentiel*

conflict — *conflit m*

conflict (industrial) — *conflit m du travail; différend m du travail; conflit m du travail*

conflict (inter–union) — *rivalité f syndicale*

conflict of interest/s/ — *conflit m d'intérêts*

conflict (work) — *conflit m de travail*

conglomerate — *conglomérat m*

Congress — *intersyndicale f*

Congress (Canadian Labour) CLC — *Congrès m du travail du Canada – CTC*

Congress (National Trades and Labour) — *Congrès m des unions nationales et du travail*

Congress of Canada (Trades and Labor) TLCC — *Congrès m des métiers et du travail du Canada – CMTC*

Congress of Industrial Organizations – CIO — *Congrès m des organisations industrielles – COI*

Congress of Labour (ALL–Canadian) ACCL — *Congrès m pancanadien du travail – CPCT*

Congress of Labour (Canadian) CCL — *Congrès m canadien du travail – CCT*

conjecture — *conjecture f*

conjuncture — *conjoncture f*

conscience clause — *clause f de conscience*

conscience (professional) — *conscience f professionnelle*

consciousness (working class) — *conscience f ouvrière*

conseil de prud'hommes — *conseil m de prud'hommes*

Conseil du patronat du Québec – CPQ — *Conseil m du patronat du Québec – CPQ*

Conseil national du patronat français — *Conseil m national du patronat français – CNPF*

consensus — *opinion f générale; consensus m*

consolidation — *regroupement m*

consortium — *consortium m*

conspiracy — *conspiration f*

conspiracy doctrine — *doctrine f de la conspiration*

constant allowances — *majorations fp constantes*

constant elements — *éléments mp constants*

constant–wage plan — *régime m de salaire constant*

constituent — *commettant m ; mandant m ; constituant m*

constitution — *constitution f ; status mp*

constitution and by–laws (committee on) — *comité m des statuts et règlements*

constraint — *contrainte f*

Construction Association (Canadian) CCA — *Association f canadienne de la construction – ACC*

Construction Industry Commission– CIC — *Commission f de l'industrie de la construction–CIC*

Construction Industry Labour Relations Act — *Loi f des relations du travail dans l'industrie de la construction*

Construction Industry Social Benefits Committee–CISBC — *Comité m des avantages sociaux de l'industrie de la construction–CASIC*

construction trades council — *conseil m des métiers de la construction*

consultant — *conseiller m ; conseil m*

consultant (industrial relations) — *conseiller m en relations du travail*

consultant (management) — *conseil m en gestion; conseiller m de direction*

consultant (public relations) — *conseiller m en relations publiques; consultant m en relations publiques; relationniste m*

consultants — *conseillers–experts mp*

consultation — *consultation f*

consultation (joint) — *consultations fp paritaires*

consultation (participation through) — *participation f de consultation*

consumer boycott — *boycottage m de consommation*

consumer credit — *crédit m à la consommation*

consumer goods — *biens mp de consommation; biens mp d'usage*

consumer picketing — *piquetage m auprès des consommateurs (c)*

consumer price index – CPI — *indice m des prix à la consommation*

consumer society — *société f de consommation*

consumerism — *propension f à consommer*

consumption patterns — *habitudes fp de consommation*

contagious strike — *grève f généralisée*

contempt of court — *outrage m au tribunal*

contents of agreement — *contenu m de la convention*

contingency allowances — *majorations fp auxiliaires*

contingency fund — *caisse f de secours*

continuing allowances — *majorations fp constantes*

continuing education — *éducation f des adultes; éducation f permanente*

continuous bargaining — *négociation f continue*

continuous operations — *travail m en continu; procédé m en continu*

continuous operations industry — *industrie f à production continue*

continuous process — *procédé m en continu; travail m en continu*

continuous process industry — *industrie f à production continue*

continuous production — *travail m en continu; procédé m en continu*

continuous service — *service m continu*

contract — *contrat m*

contract (assignment of) — *transfert m de convention collective*

contract at agreed price — *contrat m à forfait*

contract (blank) — *contrat m en blanc*

contract (blank/cheque/) — *contrat m en blanc*

contract (bootleg) — *accord m en cachette (c); contrat m illicite; entente f clandestine; accord m illicite; accord m de contrebande*

contract (breach of) — *manquement m au contrat; violation f de contrat; rupture f de contrat*

contract (cancellation of) — *annulation f de contrat; résiliation*

contract (cost–plus) — *contrat m en régie intéressée*

contract employee — *contractuel m*

contract (employment) — *contrat m d'embauchage; contrat m d'engagement*

contract (fine for breach of) — *amende f pour rupture de contrat*

contract (fine for violation of) — *amende f pour violation de contrat*

contract (fixed–price) — *contrat m à forfait*

contract (hiring) — *contrat m d'embauchage; contrat m d'engagement*

contract (honeymoon) — *convention f collective alléchante (c)*

contract (hourly–rate) — *contrat m de travail à l'heure*

contract (insurance) — *contrat m d'assurance*

contract interpretation (dispute over) — *conflit m de droits*

contract (job) — *contrat m d'entreprise*

contract labour — *main–d'oeuvre f contractuelle; main–d'oeuvre f forfaitaire; travail m sous contrat*

contract of adherence — *contrat m d'adhésion*

contract of apprenticeship — *contrat m d'apprentissage*

contract of employment — *contrat m de travail*

contract of enterprise — *contrat m d'entreprise*

contract of mandate — *contrat m de mandat*

contract of service — *contrat m de travail*

contract (open–end) — *convention f collective ouverte*

contract (oral) — *contrat m verbal*

contract rate — *salaire m conventionnel*

contract (time–work) — *contrat m de travail à l'heure*

contract (verbal) — *contrat m verbal*

contract (violation of) — *manquement m au contrat*

contract (work by) — *travail m à forfait*

contract (yellow–dog) — *contrat m de jaune*

contracting out — *concession f ; sous–traitance f ; impartition f (néol.); contrat m à forfait*

contraction of authority — *limitation f d'autorité*

contractor — *entrepreneur m*

contractor (captive) — *entrepreneur m dépendant (néol.)*

contractor (dependent) — *entrepreneur m dépendant (néol.)*

contractor (sub–) — *sous–entrepreneur m ; sous–traitant m*

contractual clause — *clause f contractuelle; clause f mécanique; clause f normative*

contractual savings — *épargne f contractuelle*

contravention — *infraction f*

contribution — *contribution f ; cotisation f*

contributory earnings — *salaire m cotisable*

contributory insurance — *assurance f à cotisations; assurance f contributive*

contributory pension plan — *plan m de pensions contributives*

contributory rate correction index — *indice m de correction du taux des cotisations*

contributory social security — *sécurité f sociale contributive*

control — *contrôle m*

control (budgetary) — *contrôle m de gestion*

control (managerial) — *contrôle m de gestion*

control (production) — *contrôle m de la production; surveillance f de la production; régulation f de la production; gestion f de la production*

control (quality) Q.C — *contrôle m de la qualité*

control sharing /by workers/ — *participation f de contrôle*

control (span of) — *étendue f des responsabilités*

control trade–unionism — *syndicalisme m de contrôle*

control (wage and price) — *contrôle m des salaires et des prix*

control (worker) — *contrôle m ouvrier*

convention — *convention f (c)*

convention (international labour) — *convention f internationale du travail*

convention (union) — *congrès m syndical*

conversion (industrial) — *conversion f industrielle*

conversion rules — *équivalences* *fp*

convocation (notice of) — *avis* *m* *de convocation*

convocation (/notice of/) — *convocation* *f*

coolie strike — *grève* *f* *gestionnaire*

cooling–off period — *pause* *f* *de conciliation; période* *f* *de répit (?); période* *f* *de réflexion*

cooling–off period (compulsory) — *trêve* *f* *obligatoire*

co–op — *coopérative* *f*

co–operation — *coopération* *f*

co–operative — *coopérative* *f*

co–operative wage study - CWS — co–operative wage study - CWS

co–optation — *cooptation* *f*

co–option — *cooptation* *f*

coordinated bargaining — *négociation* *f* *coordonnée*

co–participation — *participation* *f* · *totale*

co–partnership — *régime* *m* *d'actionnariat ouvrier*

copy (certified) — *copie* *f* *authentique; copie* *f* *certifiée conforme*

copy (certified true) — *copie* *f* *certifiée conforme; vidimus* *m*

copy (true) — *copie* *f* *conforme*

copyright — *droits* *mp* *d'auteur*

corporate name — *raison* *f* *sociale*

corporation — *corporation* *f* *(c); firme* *f* *; maison* *f* *; société* *f* *anonyme; compagnie* *f*

corporation (Crown) — *société* *f* *d'État; régie* *f* *d'État; société* *f* *de la couronne*

corporation (multi–national) — *entreprise* *f* *multinationale; firme* *f* *multinationale; firme* *f* *plurinationale; société* *f* *multinationale; multinationale* *f*

Corporation (Québec Teachers') — *Corporation* *f* *des enseignants du Québec - CEQ*

corporation seniority — *ancienneté* *f* *d'entreprise*

corporatism — *corporatisme* *m*

correction index (contributory rate) — *indice* *m* *de correction du taux des cotisations*

corruption — *corruption* *f*

cost — *coût* *m* *; frais* *mp*

cost allocation — *imputation* *f* *des charges*

cost analysis — *étude* *f* *des charges*

cost–benefit analysis — *analyse* *f* *coûts-avantages; analyse* *f* *coûts-bénéfices; analyse* *f* *coûts-profits*

cost factor — *facteur* *m* *coût*

cost (labour) — *coût* *m* *de la main-d'oeuvre; coût* *m* *des salaires; coût* *m* *du travail (c)*

cost (manufacturing) — *coût* *m* *de fabrication*

cost (monetary) — *coût* *m* *pécuniaire*

cost (net national income at factor) — *revenu* *m* *national net au coût des facteurs*

cost of a product — *coût* *m* *d'un produit*

cost of living — *coût* *m* *de la vie*

cost of living allowance - COLA — *indemnité* *f* *de vie chère*

cost of living bonus — *indemnité* *f* *de vie chère*

cost of living index — *indice* *m* *du coût de la vie*

cost of production — *prix* *m* *de revient; prix* *m* *coûtant*

cost–plus contract — *contrat* *m* *en régie intéressée*

cost price — *prix* *m* *de revient; prix* *m* *coûtant*

cost (production) — *coût* *m* *de production*

cost–push inflation — *inflation* *f* *par les coûts*

cost (real) — *coût* *m* *réel*

cost (social) — *coût* *m* *social*

cost (standard) — *coût* *m* *normalisé; coût* *m* *standard*

cost (variable) — *coût* *m* *variable*

cost (wage–) — *charge* *f* *salariale; salaire–coût* *m*

costs (fixed) — *frais* *mp* *généraux; coûts* *mp* *constants; coûts* *mp* *fixes* costs (indirect) — *coûts* mp *indirects*

costs (marginal) — *coûts* mp *marginaux*

costs (running) — *charges* fp *d'exploitation*

costs (transportation) — *frais* mp *de transport; frais* mp *de voyage; frais* mp *de déplacement*

council — *conseil* m

council (building trades) — *conseil* m *des métiers de la construction*

council (construction trades) — *conseil* m *des métiers de la construction*

council (district) — *conseil* m *de district; conseil* m *régional; conseil* m *central*

council (executive) — *conseil* m *exécutif*

council (local labour) — *conseil* m *central; conseil* m *du travail; conseil* m *syndical local*

council of arbitration — *conseil* m *d'arbitrage*

Council of Canadian Unions — *Conseil* m *des syndicats canadiens*

council of conciliation — *conseil* m *de conciliation*

Council (Superior Labour) — *Conseil* m *supérieur du travail*

council (trades) — *conseil* m *des métiers*

council (workers') — *conseil* m *ouvrier*

council (works) — *comité* m *d'entreprise*

counsel — *avis* m *; conseil* m

counsel for the defence — *défenseur* m

counsel for the defendant — *défenseur* m

counsellor — *conseil* m *; conseiller* m

counsellor (industrial relations) — *conseiller* m *en relations industrielles– CRI*

counsellor (vocational) — *conseiller* m *d'orientation professionnelle*

counsellor (vocational guidance) — *conseiller* m *d'orientation professionnelle*

counter–proposal — *contre–proposition* f *; proposition* f

counting of the votes — *dépouillement* m *du scrutin*

course (upgrading) — *cours* mp *de perfectionnement*

court (labour) — *tribunal* m *du travail; conseil* m *de prud'hommes*

court order — *arrêt* m *; injonction* f *; ordonnance* f

covenant in restraint of trade — *clause* f *de non–concurrence*

covenant (restrictive) — *clause* f *de non–concurrence*

coverage — *champ* m *d'application*

coverage (agreement) — *champ* m *d'application de la convention*

coverage (geographical) — *champ* m *d'application territorial*

coverage (occupational) — *champ* m *d'application professionnel*

coverage (territorial) — *champ* m *d'application territorial*

covered — *assujetti* m *; régi par*

covered job — *emploi* m *visé*

craft — *corps* m *de métier; métier* m

craft /bargaining/ unit — *unité* f *de négociation par métier; unité* f *de négociation professionnelle*

craft union — *syndicat* m *de métier; syndicat* m *professionnel*

craft work — *travail* m *artisanal*

crafts (allied) — *famille* f *de métiers*

craftsman — *artisan* m

craftsmanship — *dextérité* f

creative thinking — *pensée* f *créatrice*

credence (letter of) — *lettre* f *de créance*

credentials — *lettre* f *de créance*

credentials committee — *comité* m *des lettres de créance*

credit — *crédit* m

credit (consumer) — *crédit* m *à la consommation*

credit (past service) — *crédits* mp *de service passé (c)*

credit (service) — *crédits* mp *de service (c); états* mp *de service*

credit (sick leave) — *banque f de congés de maladie; crédits mp de congés de maladie (c); réserve f de congés de maladie; créance f de congés de maladie*

credit union — *caisse f d'épargne et de crédit*

crew — *équipe f*

crew bonus — *prime f d'équipe*

crew (flying) — *équipe f mobile; équipe f volante; escadron m volant*

crew rotation — *roulement m des équipes*

criminal code — *code m pénal; code m criminel*

crisis bargaining — *négociation f tendue*

crisis (economic) — *crise f économique; dépression f économique; dépression f*

criterion — *critère m*

critical path method – CPM — *méthode f du chemin critique*

cross picketing — *contre–piquetage m (c)*

Crown company — *société f d'État; société f de la couronne*

Crown corporation — *régie f d'État; société f d'État; société f de la couronne*

cumulation of recourse — *cumul m des recours*

curriculum vitae — *curriculum vitae m*

curve (salary progression) — *courbe f d'augmentation de salaire*

curve (wage) — *courbe f de salaire*

custom — *coutume f ; usage m*

custom work — *travail m à l'unité*

customer picketing — *piquetage m auprès des clients (c)*

cutback — *diminution f de production; réduction f de production*

cutback (rate) — *diminution f du taux de salaire; réduction f du taux de salaire*

cutback (staff) — *compression f du personnel; réduction f du personnel*

cutting (/wage/ rate) — *réduction f du taux de salaire; diminution f du taux de salaire*

cybernetics — *cybernétique f*

cycle (business) — *cycle m économique*

cycle (economic) — *cycle m économique*

cycle (work) — *cycle m de travail*

cyclical unemployment — *chômage m cyclique*

D

daily rate — *taux m quotidien*

damaged work — *pièce f manquée*

damages — *dommage m ; dommages et intérêts mp*

damages (legal) — *dommages et intérêts mp*

damages (mitigation of) — *mitigation f des dommages; réduction f des dommages*

damages with interest — *dommages et intérêts mp*

danger pay — *prime f de risque*

danger zone bonus — *prime f de risque*

data bank — *banque f de données*

data processing — *traitement m de l'information*

date (admissibility) — *date f d'admissibilité*

datebook — *agenda m*

date (closing) — *date f limite*

date (due) — *échéance f*

date (expiration) — *date f d'échéance; date f d'expiration*

date (expiry) — *date f d'échéance; date f d'expiration; échéance f*

date of eligibility — *date f d'admissibilité*

date of service (first) — *date f d'entrée en service*

day (basic) — *journée f normale*

day (change–over) — *jour m de relève*

day job — *emploi m de jour*

day labourer — *journalier m*

day off — *congé m hebdomadaire; repos m hebdomadaire*

day off (extra) — *congé m hebdomadaire additionnel*

day off in lieu — *congé m compensatoire*

day shift — *quart m de jour*

day (slide) — *jour m de relève*

day work — *emploi m de jour*

day (working) — *jour m ouvrable*

days (clear) — *jours mp francs*

days (full) — *jours mp francs*

days off (non–consecutive) — *repos m hebdomadaire fractionné; repos m hebdomadaire étalé*

dead–end job — *poste m sans avenir; poste m sans issue; cul–de–sac m*

dead time — *temps m perdu*

dead work — *travail m mort*

deadheading allowance — *allocation f de déplacement*

deadline — *date f limite; échéance f*

deadline (strike) — *délai m de grève*

deadlock — *impasse f ; point m mort*

deal — *marché m ; transaction f*

deal (package) — *offre f globale; enveloppe f globale; panier m*

dealing — *tractation f ; marchandage m*

death benefit — *prestation–décès f*

death benefit fund — *caisse f de décès; fonds m de décès*

debenture — *obligation f*

decentralization — *décentralisation f*

decertification — *retrait m d'accréditation (c); révocation f d'accréditation syndicale (c)*

deciding vote — *vote m prépondérant; voix f prépondérante*

decision — *décision f ; jugement m*

decision analysis — *analyse f de la décision*

decision (grounds for a) — *considérant m*

decision in part — *décision f partielle*

decision (interlocutory) — *décision f interlocutoire*

decision–maker — *décideur m*

decision–making — *prise f de décision*

decision–making center — *centre m de décision*

decision–making level — *niveau m de décision*

decision–making (locus of) — *centre m de décision*

decision–making (participation in) — *participation f à la décision* decision–making (share in) — *participation* f *à la décision*

decision (minority) — *dissidence* f

decision process — *processus* m *de la décision*

decision (provisional) — *décision* f *provisoire*

decision (term of a) — *dispositif* m

decision theory — *théorie* f *de la décision*

declaration of principle — *déclaration* f *de principes*

decorum — *décorum* m

decrease (wage /rate/) — *diminution* f *du taux de salaire; réduction* f *du taux de salaire*

decree — *arrêt* m *; convention* t *collective étendue; décret* m

decree (abrogation of) — *abrogation* f *de décret*

Decrees Act (Collective Agreement) — *Loi* f *des décrets de convention collective*

deductible — *ticket* m *modérateur; franchise* f

deduction — *retenue* f *sur salaire; précompte* m *; prélèvement* m *; retenue* f *à la source*

deduction (special) — *précompte* m *spécial*

defect in form — *vice* m *de forme*

defence — *défense* f

defence (counsel for the) — *défenseur* m

defendant — *défendeur* m *, défenderesse* f

defendant (counsel for the) — *défenseur* m

defensive strike — *grève* f *défensive*

deferred profit–sharing pension plan — *plan* m *de partage différé de bénéfices*

deferred wage — *salaire* m *différé*

deferred wage increase — *accroissement* m *différé de salaire; augmentation* f *différée de salaire*

deficient–demand unemployment — *chômage* m *dû à l'insuffisance de la demande*

definite benefit pension plan — *plan* m *de pension à prestations définies*

deflation — *déflation* f

degree of automation — *degré* m *d'automatisation*

degree of representativeness — *degré* m *de représentativité*

delay — *délai* m *; retard* m

delay compensation — *indemnité* f *de délai*

delay (strike) — *délai* m *de grève*

delayed retirement — *retraite* f *différée*

delaying motion — *proposition* f *dilatoire*

delegate — *délégué* m

delegate (fraternal) — *délégué* m *fraternel*

delegation of powers — *délégation* f *de pouvoirs*

deliberation (private) — *délibéré* m

demand — *exigences* fp *; demande* f *; revendication* f

demand (formal) — *mise en demeure* f

demand (labour) — *demande* f *de travail*

demand for labour — *demande* f *de travail*

demand–pull inflation — *inflation* f *par la demande*

democracy (industrial) — *démocratie* f *industrielle*

democracy (trade–union) — *démocratie* f *syndicale*

democracy (union) — *démocratie* f *syndicale*

demogrant — *démosubvention* f *(néol.); prestations* fp *universelles*

demotion — *rétrogradation* f

demotional seniority area — *unité* f *rétrogressive d'ancienneté (néol.)*

demotional seniority zone — *unité* f *rétrogressive d'ancienneté (néol.)*

denationalization — *désétatisation* f *; privatisation* f

denominational trade–unionism — *confessionnalité* f *syndicale; syndicalisme* m *confessionnel*

deontology — *déontologie* f

department — *département* m *; service* m *; division* f

department /bargaining/ unit — *unité f de négociation par département*

department head — *chef m de service*

department (industrial relations) — *service m des relations industrielles*

Department of Labour — *ministère m du Travail*

Department of Revenue — *fisc m*

department (personnel) — *service m du personnel; direction f du personnel*

department shop steward — *délégué m syndical de département*

departmental head — *chef m d'atelier*

departmental seniority — *ancienneté f de département*

departmental steward — *délégué m d'atelier*

dependant — *personne f à charge*

dependence — *dépendance f*

dependent contractor — *entrepreneur m dépendant (néol.)*

dependent member of family — *personne f à charge*

Deposit and Investment Fund — *Caisse f de dépôt et de placement*

deposit of wages (voluntary) — *dépôt m volontaire du salaire*

deposit (salary guarantee) — *dépôt m de garantie de salaire*

depreciation — *amortissement m ; dépréciation f ; moins-value f*

depression — *dépression f ; crise f économique*

deputy — *substitut m ; suppléant m*

deputy manager — *directeur m adjoint*

desistance — *désistement m*

determination (wage) — *fixation f des salaires*

deterrent fee — *ticket m modérateur*

deterrent strike — *grève f préventive; grève f de dissuasion*

deunionization — *désyndicalisation f*

devaluation — *dévaluation f*

development — *perfectionnement m*

development (regional) — *aménagement m du territoire*

deviance — *déviance f*

devolution — *déconcentration f*

dexterity — *dextérité f ; adresse f*

diagram — *diagramme m*

diagram (flow) — *diagramme m de cheminement; graphique m de cheminement*

diary — *agenda m*

Dictionary of Occupational Titles – DOT — *Dictionnaire m des appellations d'emploi*

difference — *différend m*

differences (nominal) — *différences fp nominales*

differences (paper) — *différences fp nominales*

differential piece–rate — *taux m différentiel aux pièces*

differential (wage) — *différence f de salaire*

dilatory motion — *proposition f dilatoire*

dilution of labour — *adjonction f de main-d'oeuvre non qualifiée*

direct action — *action f directe*

direct–chartered union — *syndicat m à charte directe (c); syndicat m directement affilié*

direct election — *suffrage m direct*

direct expenses — *charges fp directes*

direct franchise — *suffrage m direct*

direct labour — *main-d'oeuvre f directe*

direct negotiations — *négociation f directe*

directed planning — *dirigisme m*

director — *administrateur m ; directeur m ; dirigeant m*

director (regional) — *directeur m régional*

directors (board of) — *conseil m d'administration; bureau m ; conseil m de direction*

dirty work bonus — *prime f de salissure*

dirty work pay — *prime f de salissure*

disability — *incapacité f ; invalidité f*

disability allowance — *allocation f d'invalidité; prestation f d'invalidité*

disability benefit — *allocation f d'invalidité; prestations fp d'invalidité*

disability compensation — *indemnité f pour incapacité*

disability insurance — *assurance–incapacité f ; assurance–invalidité f*

disability (partial) — *incapacité f partielle*

disability pay — *allocation f d'invalidité*

disability (permanent) — *incapacité f permanente; invalidité f permanente; incapacité f définitive*

disability (temporary) — *incapacité f temporaire*

disability (total) — *incapacité f totale*

disaffiliation — *désaffiliation f (c)*

disagreement — *mésentente f ; désaccord m*

disagreement (notification of) — *avis m de désaccord; notification f de désaccord*

disbursement — *déboursement m ; débours mp ; frais mp ; dépense f*

discharge — *congédiement m ; destitution f ; licenciement m ; renvoi m ; débauchage m*

discharge for cause — *renvoi m motivé*

discharge (union activity) — *congédiement m pour activité syndicale*

disciplinary law — *droit m disciplinaire*

disciplinary measure — *mesure f disciplinaire*

discipline — *discipline f ; mesure f disciplinaire*

discipline (breach of) — *faute f disciplinaire*

disclaimer — *renonciation f*

discretion (at) — *selon bon plaisir*

discretion of (at the) — *selon bon plaisir*

discretionary income — *revenu m disponible*

discretionary power — *pouvoir m discrétionnaire*

discretionary premium — *prime f discrétionnaire*

discrimination — *discrimination f ; distinctions fp injustes*

discrimination (employment) — *discrimination f dans l'emploi*

discrimination (hiring) — *discrimination f dans l'emploi*

discriminatory discharge — *congédiement m discriminatoire*

disease (industrial) — *maladie f professionnelle*

disease (occupational) — *maladie f professionnelle*

diseconomy of scale — *déséconomie f d'échelle*

disguised strike — *journée f d'étude*

disguised unemployment — *chômage m déguisé; chômage m camouflé*

disincentive — *facteurs mp d'insatisfaction; éléments mp dissuasifs*

dislocation (job) — *suppression f d'emploi; dislocation f brusque d'emploi*

dislocation (manpower) — *désorganisation f du marché du travail*

dismissal — *destitution f ; licenciement m ; renvoi m ; congé m ; congédiement m*

dismissal (collective) — *licenciement m collectif*

dismissal for cause — *congédiement m ; congédiement m motivé; renvoi m motivé*

dismissal for union activity — *congédiement m pour activité syndicale*

dismissal (notice of) — *avis m de congédiement; délai m congé*

dismissal notice period — *délai m congé; délai m de préavis*

dismissal with just cause — *renvoi m motivé*

disparity (geographical wage) — *disparité f géographique de salaire*

disparity (interplant wage) — *inégalité f inter–établissements*

disparity (regional wage) — *disparité f régionale de salaire*

disparity (wage) — *disparité f de salaire*

dispatching — *acheminement m*

displacement — *déplacement m*

disposable earnings — *paye f encaissable; salaire m net*

disposable income — *revenu m disponible*

disposition — *dispositif m*

dispute — *conflit m ; différend m ; litige m*

dispute (collective bargaining) — *conflit m économique; conflit m d'intérêts*

dispute in law — *conflit m juridique*

dispute (industrial) — *conflit m du travail; différend m du travail; conflit m du travail*

dispute (interest) — *conflit m d'intérêts; conflit m économique*

dispute (internal union) — *conflit m syndical interne*

dispute (inter–union) — *conflit m de rivalité syndicale; litige m intersyndical; conflit m intersyndical*

dispute (intra–union) — *conflit m syndical interne*

dispute (jurisdictional) — *conflit m de compétence; conflit m de frontières syndicales; conflit m de juridiction*

dispute (labour) — *conflit m de travail; différend m ; différend m du travail*

dispute (legal) — *conflit m de droits*

dispute over contract interpretation — *conflit m de droits*

dispute (pre–agreement) — *conflit m d'intérêts*

dispute (rights) — *conflit m de droits; conflit m juridique*

dispute (trade assignment jurisdictional) — *conflit m de juridiction de métiers*

dispute (/union/ jurisdictional) — *conflit m de juridiction syndicale*

dispute (work assignment) — *conflit m d'attribution des tâches; conflit m de distribution du travail*

disputed claims department — *contentieux m*

disputed claims office — *contentieux m*

disputed (work assignment jurisdictional) — *conflit m de juridiction de métiers*

dissent — *dissidence f*

dissidence — *dissidence f*

dissolution — *dissolution f*

distance compensation — *indemnité f d'éloignement*

distribution — *répartition f*

distribution (functional) — *répartition f fonctionnelle*

distribution of profits — *répartition f des bénéfices*

distribution (work) — *répartition f du travail*

distribution (workload) — *répartition f de la charge de travail*

district council — *conseil m de district; conseil m central; conseil m régional*

divergence — *écart m*

dividend — *dividende m*

dividend (patronage) — *commission f clandestine; pot–de–vin m*

Divini Redemptoris — Divini Redemptoris

division — *division f ; direction f générale*

division of labour — *division f du travail*

division of labour (international) — *division f internationale du travail*

divisional management — *gestion f cellulaire; gestion f par département*

docking — *amende f ; coupure f de salaire*

doctrine — *doctrine f*

doctrine (conspiracy) — *doctrine f de la conspiration*

doctrine (residual rights) — *doctrine f des droits rémanents*

document — *document m*

document (available) — *document m communicable*

document (classified) — *document m à circulation limitée; document m à diffusion restreinte; document m réservé*

document (confidential) — *document m confidentiel*

document for internal use — *document m intérieur*

document (live) — *convention f collective ouverte; contrat m ouvert*

document (official) — *document m officiel*

document (restricted) — *document m réservé; document m à circulation limitée; document m à diffusion restreinte*

document (unclassified) — *document m communicable*

documentary evidence — *preuve f documentaire*

domestic — *domestique m ; gens fp de maison*

/domestic/ maintenance — *entretien m ménager*

domestic workshop — *atelier m familial*

dominated trade–unionism — *syndicalisme m d'identification; syndicalisme m d'intégration*

dominated union — *syndicat m dominé*

domination — *domination f*

Dominion Bureau of Statistics – DBS — *Bureau m fédéral de la statistique – BFS*

doors (behind closed) — *à huis clos*

door–to–door — *porte à porte m*

double banking — *jumelage m ; postes mp jumelés*

double–deck bargaining — *négociation f à double palier*

double time /rate/ — *taux m double*

Dow–Jones average — *indice m Dow–Jones*

Dow–Jones index — *indice m Dow–Jones*

down–grading — *déclassement m*

down period — *période f d'arrêt technologique*

down the line — *subordonnés mp*

down time — *période f d'arrêt technologique; temps m d'arrêt*

downward information — *information f descendante*

downward integration — *intégration f ascendante*

draft — *avant–projet m ; document m provisoire*

draft agreement — *projet m de convention*

drop–out — *déserteur m ; drop–out m ; lâcheur m ; laissé–pour–compte m ; sortant m*

drop–out rate — *taux m d'abandon*

dry–run picketing — *piquetage m d'avertissement*

dual jobholding — *double emploi m ; double occupation f*

dual loyalty — *double allégeance f ; loyauté f multiple (?)*

due date — *échéance f*

due process — *recours m*

dues — *contribution f ; cotisation f*

dues–paying member — *cotisant m*

dues (regular union) — *cotisations fp syndicales ordinaires*

dues shop — *précompte m syndical généralisé; formule f Rand (c)*

dues (union) — *cotisations fp syndicales; contributions fp syndicales (c); retenue f syndicale*

dumping — *dumping m*

duopoly — *duopole m*

durable goods — *biens mp durables; biens mp non fongibles*

duration in man–days — *durée f en jours–homme; durée f en journées individuelles*

duration of the agreement — *durée f de la convention*

duration (strike of indeterminate) — *grève f /à durée/ illimitée; grève f /à durée/ indéterminée*

duties — *besogne f ; tâche f*

duties (increases for occasional) — *majorations fp pour activité périodique*

duties (special) — *affectation f particulière*

duties (taking over one's) — *entrée f en service; entrée f en fonction*

duty — *charge f ; obligation f ; office m*

duty entertainment expense — *frais mp de représentation*

duty pay (extra–) — *salaire m pour travail spécial*

duty to bargain — *obligation f de négocier*

dynamics (group) — *dynamique f de groupe*

E

early retirement — *préretraite f ; retraite f anticipée; avancement m de la retraite*

earner (wage–) — *salarié m*

earning (wage) — *salariat m*

earnings — *bénéfices mp ; gain m ; profit m*

earnings (average hourly) — *gains mp horaires moyens*

earnings (average straight–time) — *gains mp moyens normaux*

earnings (average weekly) — *gains mp hebdomadaires moyens*

earnings (casual) — *revenu m d'appoint; salaire m d'appoint*

earnings (commission) — *salaire m à la commission*

earnings (contributory) — *salaire m cotisable*

earnings (disposable) — *paye f encaissable; salaire m net*

earnings (gross) — *bénéfice m brut; salaire m brut; gains mp bruts*

earnings (net) — *bénéfice m net; gains mp nets*

earnings (normal average) — *gains mp moyens normaux*

earnings (regular average) — *gains mp moyens normaux*

earnings (spendable) — *paye f encaissable; salaire m net*

earnings (standard average) — *gains mp moyens normaux*

earnings (supplementary) — *salaire m d'appoint*

eating facilities — *service m de cantine; service m de restauration*

economic activity — *activité f économique*

economic agents — *agents mp économiques*

economic and defence of trade strike — *grève f économico–professionnelle*

economic behaviour — *comportements mp économiques*

Economic Council of Canada – ECC — *Conseil m économique du Canada – CEC*

economic crisis — *crise f économique; dépression f économique; dépression f*

economic cycle — *cycle m économique*

economic forecast — *prévisions fp économiques*

economic growth — *croissance f économique*

economic liberalism — *laissez–faire; libéralisme m économique*

economic planning (coercive) — *dirigisme m*

economic slowdown — *récession f ; régression f*

economic strike — *grève f économique*

/economic/ upswing — *relance f*

economics (labour) — *économique m du travail*

economies of scales — *économie f d'échelle*

economies (scale) — *économie f d'échelle*

economy (motion) — *économie f de mouvements*

economy (planned) — *économie f concertée; dirigisme m*

education — *formation f*

education (adult) — *éducation f des adultes; éducation f permanente*

education (continuing) — *éducation f des adultes; éducation f permanente*

education (labour) — *éducation f ouvrière*

education (labour union) — *éducation f syndicale; formation f syndicale*

education (technical and vocational) — *enseignement m technique et professionnel*

education (workers') — *éducation f ouvrière; formation f ouvrière*

educational allowance — *allocation f d'études*

educational leave — *congé m éducation; congé m éducatif; congé m d'étude*

educational level — *niveau m d'é-tudes*

educational skill substitution — *substitution f de compétence conditionnée par la formation*

effect (halo) — *effet m de halo*

effect (multiplier) — *effet m multiplicateur*

effect (multiplying) — *effet m multiplicateur*

effect (spread) — *effet m d'entraînement*

effectiveness — *efficacité f*

efficacy — *efficacité f*

efficiency — *efficacité f ; rendement m ; efficience f*

efficiency of capital (marginal) — *efficacité f marginale du capital*

elapsed time — *temps m vrai*

elders — *sages mp*

elected by acclamation — *élu par acclamation*

elected unopposed — *élu sans concurrent*

election — *élection/s/ f*

election (direct) — *suffrage m direct*

election (indirect) — *suffrage m indirect*

election (majority) — *scrutin m majoritaire*

election notice — *avis m d'élection*

election (notification of) — *avis m d'élection*

election (to run for) — *briguer les suffrages*

election (union) — *élection/s/ f syndicale/s/*

elective — *électif*

elector — *électeur m*

electoral corruption — *corruption f électorale*

electronic data processing – EDP — *traitement m électronique de l'information – TEI*

element — *facteur m*

element (governing) — *élément m principal*

element (machine) — *élément m mécanique*

element (manual) — *élément m manuel*

elements (constant) — *éléments mp constants*

elements (foreign) — *éléments mp étrangers à l'opération*

elements (occasional) — *éléments mp occasionnels*

elements (repetitive) — *éléments mp répétitifs*

elements (variable) — *éléments mp variables*

elements (work–study) — *éléments mp de rationalisation du travail*

eligibility — *admissibilité f ; éligibilité f*

eligibility (date of) — *date f d'admissibilité*

eligibility (job) — *admissibilité f à un emploi*

eligibility list — *liste f d'admissibilité*

eligibility requirements — *conditions fp à remplir; conditions fp d'attribution; qualités fp requises; conditions fp d'admission*

eligible applicant — *candidat m admissible*

eligible candidacy — *candidature f admissible; candidature f recevable*

eligible list — *liste f d'admissibilité*

elimination of job — *suppression f d'emploi*

emblem (union) — *insigne m syndical*

emergency board — *commission f d'urgence*

emergency situation — *cas m de force majeure*

emergency strike — *grève f susceptible de créer une situation d'urgence*

emergency work — *travail m d'urgence*

emoluments — *émoluments mp*

employ (to) — *engager; embaucher*

employability — *employabilité f (néol.)*

employee — *employé m ; salarié m*

employee (ancillary) — *auxiliaire m*

employee (auxiliary) — *auxiliaire m*

employee (casual) — *auxiliaire m ; occasionnel m*

employee concerned — *employé m intéressé*

employee handbook — *guide m de l'employé; manuel m de l'employé; manuel m d'accueil*

employee (junior) — *subalterne m*

employee (minor) — *subalterne m*

employee (monthly–paid) — *mensuel m*

employee (non–management) — *exécutant m*

employee (non–office) — *employé m hors bureau*

employee (non–permanent) — *surnuméraire m*

employee (office) — *employé m de bureau*

employee (part–time) — *employé m à temps partiel*

employee performance review — *appréciation f du personnel*

employee (permanent) — *permanent m*

employee (plant protection) — *agent m de sécurité; gardien m*

employee (probationary) — *employé m à l'essai; stagiaire m*

employee (professional) — *professionnel m (c); professionnel m salarié*

employee (protected) — *employé m favorisé*

employee (public) — *fonctionnaire m*

employee (rank–and–file) — *employé m du rang*

employee records — *fichier m du personnel; dossier m du personnel*

employee relations — *relations fp avec les employés*

employee (reserve) — *réserviste m (c)*

employee (retired) — *retraité m*

employee (salaried) — *employé m ; mensuel m ; salarié m*

employee (seasonal) — *saisonnier m*

employee (spare) — *employé m de réserve; surnuméraire m*

employee stock ownership plan — *régime m d'actionnariat*

employee stock purchase plan — *régime m d'actionnariat ouvrier*

employee (subordinate) — *subalterne m*

employee (supernumerary) — *surnuméraire m*

employee (temporary) — *temporaire m*

employees — *effectifs mp ; personnel m*

employees' association — *association f de salariés*

employees' magazine — *journal m du personnel*

employees (office) — *personnel m de bureau*

employees (operating) — *personnel m itinérant*

employees' profit–sharing plan — *régime m de participation des employés aux bénéfices*

employees – railway – (non–operating) — *personnel m sédentaire*

employees (service) — *personnel m de service*

employer — *chef m d'établissement; patron m ; employeur m*

employer (professional) — *employeur m professionnel*

employer (state) — *État m employeur*

employer (working) — *patron–artisan m*

employers' accreditation — *accréditation f patronale*

employers' association — *association f d'employeurs; association f patronale; organisation f d'employeurs; syndicat m patronal*

employers' certification — *accréditation f patronale*

employers' organization — *organisation f d'employeurs; syndicat m patronal; association f d'employeurs; association f patronale*

employers' union — *syndicat m patronal; association f d'employeurs; association f patronale; organisation f d'employeurs*

employment — *embauchage f ; emploi m*

employment agency — *bureau m de placement; service m de placement*

employment agency (fee–charging) — *bureau m de placement payant*

employment agency (non–profit) — *bureau m de placement sans fin lucrative*

employment agency (private) — *service m privé de placement; bureau m de placement privé*

employment application blank — *formulaire m de demande d'emploi; formule f de demande d'emploi*

employment (application for) — *demande f d'emploi*

employment application form — *formulaire m de demande d'emploi; formule f de demande d'emploi*

employment (appropriate) — *emploi m convenable*

employment (conditions of) — *conditions fp de travail; conditions fp d'embauchage; conditions fp d'emploi; conditions fp d'embauche*

employment contract — *contrat m d'embauchage; contrat m d'engagement*

employment (contract of) — *contract m de travail*

employment discrimination — *discrimination f dans l'emploi*

employment forecast — *prévisions fp d'emplois*

employment freeze — *blocage m de l'embauchage; gel m de l'embauchage*

employment (full) — *plein emploi m*

employment (full-time) — *emploi m à plein temps; emploi m à temps plein; travail m à plein temps; travail m à temps plein*

employment (guaranteed annual) — *emploi m annuel garanti*

employment interview — *entrevue f d'embauchage; entrevue f d'emploi*

employment level — *niveau m d'emploi*

employment list (re–) — *liste f de rappel*

employment manager — *directeur m de l'embauchage*

employment medical check-up (pre–) — *examen m médical de pré-embauchage*

employment office — *bureau m d'embauchage; service m d'emploi; bureau m de recrutement*

employment opportunities — *occasions fp d'emploi*

employment (over-full) — *suremploi m*

employment (part-time) — *emploi m à temps partiel*

employment (place of) — *lieu m de travail*

employment plan (guaranteed) — *emploi m garanti; régime m de sécurité d'emploi*

employment policy — *politique f d'emploi*

employment practice (fair) — *pratique f loyale en matière d'emploi*

Employment Practices Act (Canada Fair) — *Loi f canadienne sur les justes méthodes d'emploi*

employment procedure — *procédure f d'emploi; procédure f d'embauchage; procédure f d'engagement*

employment rate — *taux m d'embauchage; taux m d'emploi*

employment relationship — *relations fp de travail*

employment security — *sécurité f d'emploi*

employment (self–) — *travail m à son compte*

employment service — *service m d'emploi; service m d'embauchage; bureau m d'embauchage; placement m*

employment (similar) — *emploi m similaire*

employment stabilization — *stabilisation f de l'emploi*

employment (staggering of) — *étalement m du travail*

employment (suitable) — *emploi m convenable; emploi m approprié*

employment (termination of) — *cessation f d'emploi; licenciement m*

employment (terms and conditions of) — *conditions fp de travail*

employment (voluntary termination of) — *abandon m volontaire d'emploi; départ m volontaire; démission f*

end spurt — *pointe f finale (?)*

enforceability (legal) — *homologation f*

engagement — *engagement m*

engineering — *génie m ; ingénierie f*

engineering (human) — *rationalisation f du travail; ergonomie f*

engineering (industrial) — *génie m industriel; organisation f scientifique du travail – OST*

enrichment (job) — *valorisation f du travail; enrichissement m du travail; valorisation f d'un poste de travail*

enrolment — *embauche f*

entering into possession — *entrée f en jouissance*

enterprise — *entreprise f*

enterprise (agricultural) — *exploitation f agricole; établissement m agricole*

enterprise committee — *comité m d'entreprise*

enterprise (contract of) — *contrat m d'entreprise*

enterprise (parapublic) — *entreprise f parapublique*

entertainment allowance — *allocation f pour frais de représentation; frais mp de représentation*

entrance rate — *taux m de salaire à l'embauchage; taux m /de salaire/ de débutant; taux m /de salaire/ de début*

entrance wage — *salaire m à l'embauchage; salaire m de débutant; salaire m de début*

entrepreneur — *entrepreneur m*

envelope (pay) — *enveloppe f de paye (c)*

environment (job) — *milieu m de travail*

environment (work) — *milieu m de travail*

equal pay for equal work — *à travail m égal, salaire égal*

equality of opportunity — *égalité f des chances*

equalization increase — *augmentation f de salaire de rattrapage; rattrapage m*

equipment — *équipement m*

equipment (capital) — *moyens mp de production; immobilisations fp*

equipment manager — *directeur m du matériel*

equivalent occupation — *emploi m équivalent*

ergonometrics — *mesure f du travail*

ergonomics — *ergonomie f*

error (grave) — *faute f lourde; faute f majeure*

error (occupational) — *faute f professionnelle*

error (professional) — *faute f professionnelle*

escalating wage rate — *taux m de salaire croissant; taux m de salaire indexé*

escalator clause — *clause f de sauvegarde; clause f d'indexation; clause f d'échelle mobile*

escalator scale — *échelle f mobile*

escape clause — *clause f d'échappatoire*

escape period — *période f d'échappatoire*

espionage (industrial) — *espionnage m industriel*

establishment — *établissement m ; usine f*

establishment (industrial) — *établissement m industriel*

ethical practice (code of) — *déontologie f*

ethical practices code — *code m de déontologie*

ethics (code of) — *code m d'éthique professionnelle*

ethics (labour) — *éthique f du travail*

ethics (social) — *éthique f sociale*

European Economic Community – EEC — *Communauté f économique européenne – CEE*

European Free Trade Association — *Association f européenne du libre-échange*

European Trade Union Confederation – ETUC — *Confédération f européenne des syndicats – CES*

evaluation — *évaluation f*

evaluation (job) — *évaluation f des emplois; évaluation f des postes de travail; évaluation f des tâches; qualification f du travail*

evaluation method (job) — *méthode f d'évaluation des emplois*

evaluation (personnel) — *notation f du personnel*

evaluation system (job) — *méthode f d'évaluation des emplois*

evaluation (work) — *évaluation f du travail*

evening shift — *quart m de soirée; poste m de soirée*

eviction from plant — *expulsion f de l'établissement*

evidence — *preuve f*

evidence (documentary) — *preuve f documentaire*

evidence (rebuttal) — *contre–preuve f*

examiner (trial) — *commissaire–enquêteur m*

excess capacity — *surcapacité f*

exchange (information) — *échange m d'information*

exclusive bargaining rights — *droit m exclusif de négociation*

exclusive representation — *monopole m syndical*

exclusive rights clause — *clause f d'exclusivité de service*

exclusive service clause — *clause f d'exclusivité de service*

executive — *cadre m ; dirigeant m*

executive /board/ — *bureau m ; conseil m exécutif; comité m exécutif; conseil m d'administration; conseil m*

executive committee — *conseil m de direction; comité m exécutif; conseil m exécutif*

executive council — *conseil m exécutif*

executives — *cadres mp supérieurs*

exhibit — *pièce f*

expansion — *expansion f*

expansion policy — *relance f*

ex parte injunction — *injonction f ex parte*

expectations (job) — *perspectives fp de carrière*

expenditure — *déboursement m ; débours mp*

expenditure (gross national) GNE — *dépense f nationale brute – DNB*

expense — *dépense f*

expense account — *compte m de frais; note f de frais*

expenses — *frais mp*

expenses (direct) — *charges fp directes*

expenses (indirect) — *charges fp indirectes*

expenses (operating) — *charges fp d'exploitation*

expenses (public relations) — *frais mp de représentation*

expenses (running) — *charges fp d'exploitation*

expenses (travel) — *frais mp de voyage; frais mp de transport; frais mp de déplacement*

experience — *expérience f*

experience (pre–hiring) — *expérience f*

experience (previous) — *expérience f*

experience (years of) — *années fp d'expérience*

experiment — *expérience f*

experimental clause — *clause f expérimentale*

experimental rate — *taux m d'essai*

expertise — *expertise f*

expiration — *expiration f*

expiration date — *date f d'échéance; date f d'expiration*

expiry — *expiration f*

expiry date — *date f d'échéance; échéance f ; date f d'expiration*

explanation (letter of) — *lettre f d'explication*

expulsion from union — *expulsion f du syndicat*

extended–craft union — *syndicat m de métiers connexes*

extended vacation plan — *régime m de vacances prolongées*

extension — *prolongation f ; extension f*

extension of an agreement — *extension f de la convention collective*

extension of the agreement — *prolongation f de la convention*

extension of time — *prorogation f*

extensioned collective agreement — *convention f   collective étendue*

extortion — *chantage m*

extra — *extra m*

extra day off — *congé   m   hebdomadaire additionnel*

extra-duty assignments — *attribution f   de tâches exceptionnelles*

extra–duty pay — *salaire m   pour travail spécial*

extra leave — *congé m supplémentaire*

extra man — *remplaçant m*

extra pay — *extra m ; supplément m de salaire; surpaye   f   ; sursalaire m*

extra service — *service m   exceptionnel; besogne f   particulière*

extra vacation pay — *gratification f de vacances*

extra /work/ gang — *équipe f   supplémentaire de travail*

F

face–to–face pay — *salaire* m *d'exécution*

facilities — *installations* fp

facilities (eating) — *service* m *de cantine (c)*

facilities (social) — *équipements* mp *sociaux*

fact–finding board — *commission* f *d'enquête factuelle (néol.)*

fact–finding study — *enquête* f *factuelle (néol.)*

fact (presumption of) — *présomption* f *de fait*

faction — *faction* f

factor — *facteur* m *; indice* m *; coefficient* m

factor comparison method — *méthode* f *de comparaison des facteurs*

factor cost (net national income at) — *revenu* m *national net au coût des facteurs*

factor (improvement) — *facteur* m *d'amélioration*

factor (production) — *facteur* m *de production*

factory — *fabrique* f *; manufacture* f *; usine* f

factory manager — *directeur* m *d'usine*

factum — *factum* m

fair employment practice — *pratique* f *loyale en matière d'emploi*

fair list — *liste* f *blanche*

fair warning — *avertissement* m *formel*

fait accompli — *fait* m *accompli*

familiarization (job) — *initiation* f *au travail*

family allowances — *allocations* fp *familiales; prestations* fp *familiales*

family shop — *atelier* m *familial*

farmers' unionism — *syndicalisme* m *agricole*

fatigue (industrial) — *fatigue* f *industrielle*

favoritism — *favoritisme* m

fayolism — *fayolisme* m

feasibility study — *étude* f *de faisabilité*

featherbedding — featherbedding m *; limitation* f *du rendement; sinécure* f

federal union — *syndicat* m *à charte directe (c); union* f *fédérale (c)*

federal work — *entreprise* f *fédérale*

federation — *confédération* f *; fédération* f

Fédération des commissions scolaires catholiques du Québec — FCSCQ — *Fédération* f *des commissions scolaires catholiques du Québec — FCSCQ*

Fédération des patrons catholiques— FEPAC — Fédération f *des patrons catholiques — FEPAC*

Federation of Belgian Labour (General) GFBL — *Fédération* f *générale du travail de Belgique – FGTB*

Federation of Christian Trade Unions (International) IFCTU — *Confédération internationale* f *des syndicats chrétiens – CISC*

Federation of Independent Associations (Canadian) CFIA — *Fédération* f *canadienne des associations indépendantes — FCAI*

Federation of Labor (American) AFL — *Fédération* f *américaine du travail — FAT*

Federation of Labor (Canadian) CFL — *Fédération* f *canadienne du travail — FCT*

Federation of Labor–Congress of Industrial Organizations (American) AFL–CIO — *Fédération* f *américaine du travail–Congrès des organisations industrielles — FAT–COI*

Federation of Labour (Québec) QFL — *Fédération* f *des travailleurs du Québec — FTQ*

Federation of Labour (Québec) QFL — *Fédération* f *du travail du Québec – FTQ*

Federation of Trade Unions (International) IFTU — *Fédération f syndicale internationale — FSI*

Federation of Trade Unions (World) WFTU — *Fédération f syndicale mondiale — FSM*

federation (provincial) — *fédération f provinciale*

Federation (Québec Industrial Unions) QIUF — *Fédération f des unions industrielles du Québec — FUIQ*

fee — *cachet m ; cotisation f ; honoraires mp ; droit m*

fee (attendance) — *jeton m de présence*

fee–charging employment agency — *bureau m de placement payant*

fee (deterrent) — *ticket m modérateur*

fee for professional services — *vacation f*

fee–for–service — *rémunération f à l'acte*

fee (talent) — *cachet m*

feedback — *rétroaction f*

fees — *frais mp ; vacation f*

fees (allowed) — *honoraires mp*

fees (initiation) — *droit m d'entrée; droits mp d'adhésion*

fees (professional) — *vacation f*

fellow tradesmen — *gens fp du métier*

female labour — *main-d'oeuvre f féminine*

fence sitter — *attentiste m*

fictitious unemployment — *chômage m camouflé*

field staff — *personnel m itinérant*

files (personnel) — *dossier m du personnel; fichier m du personnel*

filing of the agreement — *dépôt m de la convention collective*

final award — *sentence f exécutoire; sentence f sans appel*

final–earnings pension plan — *plan m de pension selon les gains terminaux*

final judgment — *chose f jugée*

final offer — *offre f finale*

final proposal — *offre f finale*

final report — *rapport m final*

finality (mediation to) — *médiation f orientée*

finance committee — *comité m financier; comité m des finances*

fine — *amende f légale; amende f*

fine for breach of contract — *amende f pour rupture de contrat*

fine for violation of contract — *amende f pour violation de contrat*

finishing time — *heure f de sortie*

firing — *destitution f ; renvoi m ; débauchage m*

firm — *compagnie f ; entreprise f ; firme f ; maison f*

firm (industrial) — *entreprise f industrielle*

firm (multi–plant) — *entreprise f à établissements multiples*

first date of service — *date f d'entrée en service*

First International — *Première Internationale f*

first line manager — *chef m d'atelier*

/first/ line supervision — *personnel m de maîtrise; maîtrise f*

/first/ line supervisor — *agent m de maîtrise; contremaître m*

first shift — *quart m de jour; équipe f de jour*

fiscal policy — *politique f fiscale*

fiscal year — *année f budgétaire; année f financière; exercice m financier*

five–day workweek — *semaine f anglaise*

fixed annual income plan — *régime m de salaire constant*

fixed costs — *frais mp généraux; coûts mp constants; coûts mp fixes*

fixed expenses — *frais mp fixes*

fixed–price contract — *contrat m à forfait*

fixed salary — *appointements mp ; salaire m fixe*

fixed–schedule job — *poste m à horaire fixe*

fixed shift — *équipe f fixe; quart m fixe*

fixed work schedule — *horaire m   fixe de travail*

fixed work site — *travail m à emplacement fixe*

flat–rate pension plan — *plan m   de pension à taux fixe*

flaw — *vice m   de forme*

flexible leave — *congé m   mobile*

flexible schedule — *horaire m flexible; horaire m flottant; horaire m dynamique; horaire m libre; horaire m mobile; horaire m personnalisé; horaire m sur mesure; horaire m à glissière; horaire m coulissant; travail m   à la carte*

flexible working hours — *horaire m flexible; horaire m flottant; horaire m dynamique; horaire m libre; horaire m mobile; horaire m personnalisé; horaire m sur mesure; horaire m à glissière; horaire m coulissant; travail m   à la carte*

flexi–time work — *horaire m flexible; horaire m flottant; horaire m dynamique; horaire m libre; horaire m mobile; horaire m personnalisé; horaire m sur mesure; horaire m à glissière; horaire m coulissant; travail m   à la carte*

floating holiday — *congé m   mobile*

flow chart — *diagramme m   de cheminement*

flow diagram — *diagramme m   de cheminement; graphique m   de cheminement*

flow process chart — *graphique m d'analyse de processus*

flow production — *fabrication f à la chaîne; production f à la chaîne*

fluctuating workweek — *semaine f variable /de travail/*

fly–by–night worker — *noctambule m ; cumulard m*

flying crew — *équipe f mobile; équipe f volante*

flying picket — *piquet m   volant (c)*

flying squad — *équipe f   mobile; équipe f volante*

flying squadron — *équipe m mobile; équipe f volante*

follow–up — *follow–up m ; poursuite f ; prolongement m ; suivi m*

force (coming into) — *entrée f   en vigueur*

force (labour) — *population f active; main–d'oeuvre f*

forced labour — *travail m forcé; travail m obligatoire*

forced resignation — *démission f forcée; destitution f*

forced savings — *épargne f forcée; épargne f obligatoire*

fordism — *fordisme m*

forecast — *prévision f ; pronostic m ; étude f prévisionnelle*

forecast (economic) — *prévisions fp économiques*

forecast (employment) — *prévisions fp d'emplois*

forecasting — *prévision f*

foreign elements — *éléments mp étrangers à l'opération*

foreman — *contremaître m ; agent m de maîtrise; chef m   d'équipe*

foreman (assistant) — *sous–contremaître m ; assistant–contremaître m*

foreman (/shop/) — *chef m   d'atelier*

foreman (sub–) — *sous–contremaître m ; assistant–contremaître m*

foremen — *contremaîtres mp ; maîtrise f ; personnel m   de maîtrise; cadres mp*

form (time–study) — *feuille f d'observations*

formal — *formel; officiel*

formal agreement — *entente f formelle; entente f officielle*

formal authority — *autorité f formelle (néol.)*

formal clause — *clause f   de style*

formal conduct — *conduites fp formelles*

formal demand — *mise f en demeure*

formal notice — *avertissement m formel*

formal structure — *structure f formelle*

format — *agencement m*

fortnight — *quinzaine f*

fortuitous event — *cas m   fortuit*

forward planning — *plan m à longue échéance*

founded decision — *décision f motivée*

Fourth International — *Quatrième Internationale f*

fractional bargaining — *négociation f fragmentaire*

fragmentary work — *travail m parcellaire*

fragmented work — *travail m parcellaire*

franchise — *franchise f*

franchise (direct) — *suffrage m direct*

franchise (indirect) — *suffrage m indirect*

franchise (universal) — *suffrage m universel*

fraternal delegate — *délégué m fraternel*

free loaders — *parasites mp*

free riders — *parasites mp*

free speech — *liberté f de parole; liberté f d'expression*

free trade — *libre–échange m*

free union — *syndicat m libre*

freedom of assembly — *liberté f d'assemblée; liberté f de réunion*

freedom of association — *droit m d'association; liberté f syndicale; liberté f d'association*

freedom of speech — *liberté f de parole; liberté f d'expression*

free rider — *resquilleur m*

freeze (employment) — *blocage m de l'embauchage; gel m de l'embauchage*

freeze (price) — *blocage m des prix; gel m des prix*

freeze (salary) — *salaire m bloqué*

freeze (seniority) — *blocage m de l'ancienneté; gel m de l'ancienneté*

freeze (wage) — *blocage m des salaires; gel m des salaires*

French and Democratic Confederation of Labour — *Confédération f française démocratique du travail – CFDT*

French Confederation of Christian Workers – CFTC — *Confédération f française des travailleurs chrétiens – CFTC*

French National Employers' Confederation — *Confédération f nationale du patronat français – CNPF*

frequency of paydays — *fréquence f des jours de paye; périodicité f du paiement des salaires*

frictional unemployment — *chômage m de frottement; chômage m frictionnel; chômage m résiduel*

fringe benefits — *avantages mp accessoires; avantages mp d'appoint; avantages mp sociaux; compléments mp sociaux; avantages mp annexes; avantages mp hors salaire*

fringe group — *groupe m marginal*

front line supervisor — *agent m de maîtrise*

frontier worker — *frontalier m*

full days — *jours mp francs*

full employment — *plein emploi m*

full participation — *participation f totale*

full–time employment — *emploi m à temps plein; travail m à temps plein; emploi m à plein temps; travail m à plein temps*

full–time job — *emploi m à plein temps; travail m à plein temps; emploi m à temps plein; travail m à temps plein*

full–time paid official — *libéré m (c)*

full–time service clause — *clause f d'exclusivité de service*

full–time union staff — *fonctionnaire m syndical; permanent m syndical*

full–time work — *travail m à plein temps; travail m à temps plein*

full–time worker — *travailleur m à plein temps; travailleur m à temps plein*

full union shop — *atelier m syndical parfait (c)*

function — *fonction f*

functional analysis – FA — *analyse f fonctionnelle – AF*

functional distribution — *répartition f fonctionnelle*

functional layout — *implantation f fonctionnelle*

functional organization — *organisation f horizontale*

functional relations — *liaisons fp fonctionnelles*

functional skill substitution — *substitution f fonctionnelle de compétence*

fund (automation) — *fonds m de compensation pour automation*

fund (contingency) — *caisse f de secours*

fund (death benefit) — *caisse f de décès; fonds m de décès*

Fund (Deposit and Investment) — *Caisse f de dépôt et de placement*

fund (pension) — *caisse f de retraite; fonds m de pension; fonds m de retraite*

fund (personnel improvement) — *caisse f de perfectionnement*

fund (relief) — *caisse f de secours*

fund (severance) — *fonds m de fin d'emploi*

fund (sick leave) — *caisse f de congés de maladie*

fund (strike) — *caisse f de grève; fonds m de défense professionnelle; fonds m de grève*

fund (supplementary unemployment benefit) — *caisse f d'indemnité supplémentaire de chômage*

fund (unemployment insurance) — *caisse f d'assurance–chômage*

fund (wage) — *fonds m des salaires*

fund (welfare) — *caisse f de prévoyance sociale*

funded pension plan — *plan m de pension avec caisse spéciale; plan m de pension capitalisé*

funeral leave — *congé m de deuil; congé m pour décès*

further training — *cours mp de perfectionnement*

G

gadget — *gadget* m

gain — *gain* m ; *profit* m

gainfully occupied population — *population* f *active*

gang — *équipe* f

gang (extra /work/) — *équipe* f *supplémentaire de travail*

gap — *écart* m

garnishment of wages — *saisie* f *du salaire*

general agreement — *convention* f *collective générale*

General Confederation of Labour — *Confédération* f *générale du travail – CGT*

General Confederation of Labour–Workers Force — *Confédération* f *générale du travail–Force ouvrière – CGT–FO*

general directorate — *direction* f *générale*

General Federation of Belgian Labour – GFBL — *Fédération* f *générale du travail de Belgique – FGTB*

general grievance — *cumul* m *des recours; grief* m *général*

General Investment Corporation of Québec – GICQ — *Société* f *générale de financement — SGF*

general law — *loi–cadre* f

general opinion — *opinion* f *générale; consensus* m

General Ordinance – No.4 — *Ordonnance* f *générale – no 4*

general resolutions roll — *cahier* m *des résolutions*

general strike — *grève* f *générale*

general union — *syndicat* m *général; syndicat* m *interprofessionnel*

general wage adjustment — *rajustement* m *général de salaire*

general wage increase — *augmentation* f *générale de salaire*

gentleman's agreement — *gentleman's agreement*

geographic mobility — *mobilité* f *géographique*

geographical coverage — *champ* m *d'application territorial*

geographical jurisdiction — *champ* m *d'application territorial*

geographical wage disparity — *disparité* f *géographique de salaire*

Globe doctrine — *doctrine Globe* f

goal — *objectif* m

going rate — *taux* m *courant; taux* m *de salaire prépondérant; taux* m *en usage; taux* m *de salaire pratiqué; taux* m *de salaire régnant*

gold–bricking — *flânage* m *(c)*

Gomperism — *gompérisme* m

good behaviour (during) — *durant bonne conduite*

good faith — *bonne foi* f

goods — *article* m ; *biens* mp

goods (boycotted) — *marchandise* f *boycottée*

goods (capital) — *biens* mp *de production; installations* fp ; *moyens* mp *de production; équipement* m ; *immobilisations* fp ; *biens* mp *d'équipement*

goods (consumer) — *biens* mp *de consommation; biens* mp *d'usage*

goods (durable) — *biens* mp *durables; biens* mp *non fongibles*

goods (hot) — *articles* mp *mis à l'index; marchandise* f *boycottée; produit* m *boycotté*

goods (industrial) — *biens* mp *industriels; biens* mp *intermédiaires; produits* mp *industriels*

goods (non–durable) — *biens* mp *fongibles; biens* mp *non durables*

goods (producers') — *biens* mp *de production*

goods (production) — *biens* mp *de production*

goods (semi–durable) — *biens* mp *semi–durables*

goon — *fier–à–bras* m

go–slow — *grève* f *perlée*

governed by — *assujetti à* ; *régi par*

governing element — *élément* m *principal*

government agency — *agence* f *gouvernementale; service* m *gouvernemental*

government pension plan — *régime m de retraite de l'État*

government seizure — *saisie f gouvernementale*

government wage policy — *politique f gouvernementale des salaires*

grade — *classe f*

grade (job) — *classe f de postes de travail*

grading — *classement m*

grading (down–) — *déclassement m*

grant — *subside m ; subvention f*

graph — *graphique m*

gratification — *gratification f*

gratuity — *gratification f ; pourboire m*

grave error — *faute f lourde; faute f majeure*

green revolution — *révolution f verte*

grievance — *grief m ; réclamation f*

grievance (collective) — *grief m collectif; réclamation f collective*

grievance committee — *comité m de réclamations*

grievance (general) — *cumul m des recours; grief m général*

grievance (individual) — *grief m individuel*

grievance (policy) — *grief m collectif*

grievance procedure — *procédure f de règlement des griefs; recours m ; procédure f de réclamation*

grievance procedures (multiple) — *cumul m des recours*

grievances (arbitrator on) — *arbitre m de griefs*

gross earnings — *bénéfice m brut; salaire m brut; gains mp bruts*

gross national expenditure – GNE — *dépense f nationale brute – DNB*

gross national product — **GNP** — *produit m national brut* — *PNB*

gross pay — *salaire m brut; rémunération f brute*

gross plough–back — *autofinancement m brut*

gross profit — *bénéfice m brut*

gross self–financing — *autofinancement m brut*

gross wages — *salaire m brut*

grounds for a decision — *considérant m*

group — *groupe m ; groupement m*

group bonus — *prime f collective*

group dynamics — *dynamique f de groupe*

group (fringe) — *groupe m marginal*

group incentive — *prime f collective*

group incentive plan — *système m collectif de salaire au rendement*

group (industrial) — *groupe m industriel*

group insurance — *assurance f collective; assurance f de groupe; assurance–groupe f*

group (interest) — *groupe m d'intérêt*

group (intermediate) — *groupe m intermédiaire; corps m intermédiaire*

group (marginal) — *groupe m marginal*

group (operating) — *groupe m opérationnel*

group (pressure) — *groupe m de pression; groupe m d'intérêt*

group (study) — *groupe m d'étude; cercle m d'études*

group termination of employment — *licenciement m collectif*

group wage — *salaire m collectif*

group (work) — *équipe f de travail*

grouping — *groupement m*

growth (economic) — *croissance f économique*

growth industry — *industrie f en croissance rapide*

growth point — *pôle m de croissance*

growth potential — *potentiel m de croissance*

guaranteed annual employment — *emploi m annuel garanti*

guaranteed annual income — *revenu m annuel garanti*

guaranteed annual wage — *salaire m annuel garanti*

guaranteed employment plan — *emploi m garanti; régime m de sécurité d'emploi*

guaranteed income — *revenu m garanti*

guaranteed income plan — *revenu m minimal garanti*

guaranteed wage — *salaire m garanti*

guarantor — *caution f ; garant m ; répondant m*

guard (security) — *agent m de sécurité; gardien m*

guess (by) — *au jugé; à l'estime; au pifomètre m (fam.)*

guidance (vocational) — *orientation f professionnelle – OP; guidance f professionnelle (néol.)*

guidelines — *balises fp (néol.); lignes fp directrices; principes mp directeurs; normes fp*

guidelines (wage–price) — *directives fp salaire–prix*

guideposts — *balises fp (néol.); lignes fp directrices; indicateurs mp des prix et des salaires; principes mp directeurs; normes fp*

guild — *guilde f*

H

half–time job — *travail m à mi–temps*

halo effect — *effet m de halo*

hand — *travailleur m*

handbook (employee) — *guide m de l'employé; manuel m d'accueil; manuel m de l'employé*

handbook (induction) — *manuel m d'accueil*

handbook (maintenance) — *guide m d'entretien; manuel m d'entretien*

handicapped worker — *travailleur m à capacité réduite; travailleur m handicapé*

handling — *manutention f*

hand (occasional) — *surnuméraire m*

hard–core unemployed /worker/ — *chômeur m chronique*

hard–core unemployment — *chômage m chronique; chômage m endémique*

hard labour market — *marché f du travail serré*

hard weather allowance — *indemnité f d'intempéries*

hardship premium — *indemnité f de nuisances; indemnité f de pénibilités (néol.); majorations fp pour travaux pénibles*

hazard bonus — *prime f de risque*

hazard (occupational) — *risque m professionnel*

hazard (work) — *risque m professionnel*

hazardous occupation — *emploi m dangereux*

head of establishment — *chef m d'établissement*

head office — *siège m social; administration f centrale*

headquarters — *siège m social*

health benefits — *prestations–maladie fp*

health certificate — *certificat m médical*

health (industrial) — *hygiène f du travail*

health insurance — *assurance–maladie f*

health (occupational) — *hygiène f professionnelle*

health service (industrial) — *service m de médecine du travail*

hearing — *audition f*

hearings — *audience f*

helper — *aide m*

heritage — *patrimoine m*

hidden strike — *grève f camouflée*

hidden unemployment — *chômage m camouflé; chômage m déguisé*

hire of personal service — *contrat m de louage de services*

hire (to) — *engager; embaucher*

hiring — *embauchage m ; engagement m ; recrutement m*

hiring contract — *contrat m d'embauchage; contrat m d'engagement*

hiring discrimination — *discrimination f dans l'emploi*

hiring hall (joint) — *bureau m d'embauchage mixte*

hiring hall (preferential) — *bureau m d'embauchage préférentiel*

hiring hall (union) — *bureau m d'embauchage syndical*

hiring interview — *entrevue f d'embauchage*

hiring office — *bureau m d'embauchage*

hiring on probation — *engagement m à l'essai*

hiring (preferential) — *embauchage m préférentiel*

hiring (probationary) — *engagement m à l'essai*

hiring procedure — *procédure f d'emploi; procédure f d'embauchage; procédure f d'engagement*

hiring (proportional) — *embauchage m social proportionnel*

hiring rate — *taux m /de salaire/ de débutant; taux m /de salaire/ de début; taux m de salaire à l'embauchage; taux m d'embauchage*

hit–and–run strike — *grève f d'escarmouche; grève f tournante*

hold–back pay — *retenue f de la paye*

holder (regular job) — *titulaire m d'un poste*

hold–harmless clause — *clause f de sauvegarde*

holding company — *holding m ; société f de gestion*

holiday — *congé m ; jour m férié; fête f légale*

holiday compensation — *indemnité f compensatrice de congé payé*

holiday (compensatory) — *congé m compensatoire*

holiday (floating) — *congé m mobile*

holiday in lieu of — *congé m compensatoire*

holiday (legal) — *jour m férié; fête f légale*

holiday (movable) — *congé m mobile*

holiday (observed) — *jour m férié*

holiday (paid) — *congé m rémunéré; jour m férié payé; jour m férié rémunéré; congé m payé*

holiday (pay in lieu of) — *indemnité f compensatrice de congé payé*

holiday (public) — *fête f légale*

holiday (religious) — *fête f religieuse*

holiday (statutory) — *congé m statutaire; jour m férié; congé m réglementaire; fête f légale*

holidays (staggering of) — *étalement m des vacances*

home office — *siège m social*

home (work at) — *travail m à domicile*

home worker — *travailleur m à domicile*

home workshop — *atelier m familial*

homework (industrial) — *travail m industriel à domicile*

homologation — *homologation f*

honeymoon contract — *convention f collective alléchante (c)*

honorarium — *honoraires mp*

horizontal concentration — *concentration f horizontale*

horizontal integration — *concentration f horizontale; intégration f horizontale*

horizontal trade–unionism — *syndicalisme m horizontal*

hospital insurance — *assurance–hospitalisation f*

hot cargo — *articles mp mis à l'index; produit m boycotté*

hot goods — *articles mp mis à l'index; marchandise f boycottée; produit m boycotté*

hour (machine–) — *heure–machine f*

hour (man–) — *heure–homme f ; homme–heure m ; heure f individuelle*

hour (off–peak) — *heure f creuse*

hour (peak) — *heure f de pointe; heure f d'affluence*

hour (rate per) — *taux m horaire*

hour (rush) — *heure f d'affluence*

hourly paid worker — *travailleur m horaire*

hourly rate — *taux m horaire*

hourly–rate contract — *contrat m de travail à l'heure*

hourly wage — *salaire m horaire*

hours of work — *durée f du travail*

hours (paid) — *heures fp payées*

hours (reduction of) — *diminution f d'horaire; réduction f d'horaire*

hours (regular) — *heures fp normales*

hours (regular weekly) — *heures fp normales par semaine*

hours (slack) — *heures fp creuses*

hours (staggered) — *horaire m étalé*

hours (standard) — *heures fp normales*

hours (standard weekly) — *heures fp normales par semaine*

hours (worked) — *heures fp travaillées*

hours (working) — *heures fp ouvrables*

House of Labour — *centrale f syndicale*

house organ — *journal m d'entreprise*

house union — *syndicat m dominé; syndicat m maison*

housekeeping — *entretien m ménager*

housekeeping personnel — *personnel m d'entretien ménager; gens fp de maison; domestiques mp*

housing allowance — *indemnité f de résidence; allocation f de logement*

housing (company) — *logement m de compagnie (c); logement m de fonctions*

human engineering — *ergonomie f ; rationalisation f du travail*

human relations — *relations fp humaines*

human relations committee — *comité m de relations humaines*

human resources — *ressources fp humaines*

I

identification — *carte f d'identité; pièce f d'identité*

identity card — *carte f d'identité*

ideological trade–unionism — *syndicalisme m de contestation*

ideology — *idéologie f*

idle time — *temps m inoccupé; intervalle m d'inactivité*

illegal practice — *pratique f illégale*

illegal strike — *grève f illégale*

illegal wage — *salaire m illégal*

illness (absence due to) — *absence-maladie f*

immigrant worker — *travailleur m immigrant*

immoral strike — *grève f immorale*

impasse — *impasse f ; point m mort*

impersonation — *substitution f de personne; usurpation f d'état civil*

implementation of agreement — *application f de la convention collective*

implementation (schedule of) — *calendrier m d'exécution*

imposed resignation — *démission f forcée*

impoverishment — *paupérisation f*

improvement factor — *facteur m d'amélioration*

improvement fund (personnel) — *caisse f de perfectionnement*

inbreeding — *autofécondation f*

in–camera — *à huis clos*

in–camera sitting — *délibéré m ; huis clos m*

incentive — *prime f ; stimulant m ; incitations fp*

incentive bonus — *prime f de rendement*

incentive clause — *clause f d'intéressement*

incentive (group) — *prime f collective*

incentive plan (group) — *système m collectif de salaire au rendement*

incentive plan (individual) — *système m individuel de salaire au rendement*

incentive plan (plant–wide) — *système m collectif de salaire au rendement*

incentive plan (selective) — *système m sélectif de salaire au rendement*

incentive scheme — *programme m de primes d'encouragement*

incentive sharing plan — *système m de partage de salaire au rendement*

incentive wage — *rémunération f au rendement; salaire m au rendement; salaire m stimulant*

incentive wage method — *méthode f de rémunération au rendement; système m de rémunération au rendement*

incentive wage plan — *méthode f de rémunération au rendement; système m de rémunération au rendement*

incentive wage system — *méthode f de rémunération au rendement; système m de rémunération au rendement*

incidental motion — *proposition f incidente*

incidental unemployment — *chômage m accidentel*

income — *revenu m*

income at factor cost (net national) — *revenu m national net au coût des facteurs*

income (available) — *revenu m disponible*

income (cash) — *revenu m pécuniaire*

income (discretionary) — *revenu m disponible*

income (disposable) — *revenu m disponible*

income (guaranteed) — *revenu m garanti*

income (guaranteed annual) — *revenu m annuel garanti*

income (monetary) — *revenu m pécuniaire*

income (national) — *revenu m national*

income (personal) — *revenu m personnel*

income plan (fixed annual) — *régime m de salaire constant*

income plan (guaranteed) — *revenu m minimal garanti*

income (real) — *revenu* m *réel*

income security — *sécurité* f *du revenu*

income (spendable) — *revenu* m *disponible*

income tax — *impôt* m *sur le revenu*

income tax (negative) — *impôt* m *négatif*

incoming shift — *quart* m */de travail/ entrant; équipe* f */de travail/ entrante*

inconvenience allowance — *indemnité* f *de nuisances; indemnité* f *de pénibilités (néol.); majorations* fp *pour travaux pénibles*

increase (across–the–board) — *augmentation* f *générale de salaire*

increase (catch–up) — *augmentation* f *de salaire de rattrapage; rattrapage* m

increase (deferred wage) — *augmentation* f *différée de salaire; accroissement* m *différé de salaire*

increase (equalization) — *augmentation* f *de salaire de rattrapage; rattrapage* m

increase (general wage) — *augmentation* f *générale de salaire*

increase (lump–sum) — *augmentation* f *forfaitaire de salaire*

increase (merit) — *augmentation* f *de salaire au mérite (c)*

increase (package) — *augmentation* f *forfaitaire de salaire*

increase (pattern wage) — *augmentation* f *de salaire type*

increase (statutory) — *augmentation* f *statutaire de salaire (c); augmentation* f *automatique de salaire*

increase (tandem) — *augmentation* f *jumelée de salaire*

increase (wage) — *augmentation* f *de salaire; relèvement* m *de salaire; majoration* f *de salaire; hausse* f *de salaire*

increases for occasional duties — *majorations* fp *pour activité périodique*

increases (regular) — *majorations* fp *constantes*

incumbent of a job — *titulaire* m *d'un poste*

incumbent union — *syndicat* m *en place*

indent — *réquisition* f

indenture — *contrat* m *d'apprentissage*

indentured apprenticeship — *contrat* m *d'apprentissage*

independent union — *syndicat* m *indépendant*

index — *indice* m

index (consumer price) – CPI — *indice* m *des prix à la consommation*

index (contributory rate correction) — *indice* m *de correction du taux des cotisations*

index (cost of living) — *indice* m *du coût de la vie*

index number — *nombre* m *indice*

index (wholesale price) — *indice* m *des prix de gros*

indexed wage — *salaire* m *indexé*

indexing — *indexation* f

indirect costs — *coûts* mp *indirects*

indirect election — *suffrage* m *indirect*

indirect expenses — *charges* fp *indirectes*

indirect franchise — *suffrage* m *indirect*

indirect labour — *main–d'oeuvre* f *indirecte*

indirect wage — *salaire* m *indirect*

individual bargaining — *négociation* f *individuelle*

individual grievance — *grief* m *individuel*

individual incentive plan — *système* m *individuel de salaire au rendement*

individual wage — *salaire* m *individuel*

indoor staff — *personnel* m *sédentaire*

induction — *accueil* m

induction handbook — *manuel* m *d'accueil*

induction (job) — *initiation* f *au travail; introduction* f *au travail*

induction (worker) — *initiation* f *au travail; introduction* f *au travail*

industrial accident frequency rate — *taux m de fréquence des accidents du travail*

industrial /bargaining/ unit — *unité f de négociation industrielle*

industrial complex — *complexe m industriel*

industrial conflict — *conflit m du travail; différend m du travail*

industrial conversion — *conversion f industrielle*

industrial democracy — *démocratie f industrielle*

industrial disease — *maladie f professionnelle*

industrial dispute — *conflit m du travail; différend m du travail*

industrial engineering — *organisation f scientifique de travail – OST; génie m industriel*

industrial espionage — *espionnage m industriel*

industrial establishment — *établissement m industriel*

industrial fatigue — *fatigue f industrielle*

industrial firm — *entreprise f industrielle*

industrial goods — *biens mp industriels; biens mp intermédiaires; produits mp industriels*

industrial group — *groupe m industriel*

industrial health — *hygiène f du travail*

industrial health service — *service m de médecine du travail*

industrial homework — *travail m industriel à domicile*

industrial injury — *accident m du travail*

industrial internationals — *internationales fp professionnelles*

industrial medicine — *médecine f du travail*

industrial peace — *paix f industrielle*

industrial promotion — *promotion f industrielle*

industrial psychology — *psychologie f du travail*

industrial reconversion — *reconversion f industrielle*

industrial relations — *relations fp professionnelles; relations fp industrielles; relations fp du travail*

Industrial Relations Association (International) IIRA — *Association f internationale des relations professionnelles – AIRP*

industrial relations consultant — *conseiller m en relations du travail*

industrial relations counsellor — *conseiller m en relations industrielles – CRI*

Industrial Relations Counselors of Québec (the Corporation of) — *la Corporation f des conseillers en relations industrielles du Québec*

industrial relations department — *service m des relations industrielles*

Industrial Relations Research Association–IRRA — Industrial Relations Research Association–IRRA

Industrial Relations Research Institute (Canadian) CIRRI — *Institut m canadien de recherches en relations industrielles — ICRRI*

industrial relations system — *régime m des relations du travail; système m de relations industrielles*

industrial safety — *prévention f des accidents*

industrial society — *société f industrielle*

industrial sociology — *sociologie f du travail*

industrial spying — *espionnage m industriel*

industrial union — *syndicat m industriel*

industrial working class — *prolétariat m*

industrialization — *industrialisation f*

industry — *industrie f*

industry (capital intensive) — *industrie f à forte densité de capital; industrie f à faible densité d'emploi*

Industry (Confederation of British) CBI — Confederation of British Industry – CBI

industry (continuous operations) — *industrie f à production continue*

industry (continuous process) — *industrie f à production continue*

industry (growth) — *industrie f en croissance rapide*

industry (interruptible) — *industrie f à production discontinue*

industry location — *localisation f industrielle*

industry (non–continuous operations) — *industrie f à production discontinue*

industry (non–interruptible) — *industrie f à production continue*

industry (public interest) — *service m d'intérêt public*

industry (relocation of) — *réimplantation f industrielle; relocalisation f industrielle*

industry (seasonal) — *industrie f saisonnière*

industry–wide agreement — *convention f collective par branche*

industry–wide bargaining — *négociation f par branche*

industry–wide bargaining unit — *unité f de négociation industrielle*

industry–wide strike — *grève f de masse; grève f massive*

ineffective time — *temps mp improductifs*

ineligible candidacy — *candidature f irrecevable*

inequity (interplant) — *inégalité f inter–établissements*

inexperienced journeyman — *compagnon–débutant m (c)*

infiltration — *noyautage m*

inflated rate — *taux m de salaire gonflé*

inflation — *inflation f*

inflation (cost–push) — *inflation f par les coûts*

inflation (demand–pull) — *inflation f par la demande*

inflation (structural) — *inflation f structurale*

in form (defect) — *vice m de forme*

informal — *informel (néol.); officieux*

informal agreement — *entente f officieuse*

informal authority — *autorité f informelle (néol.)*

informal behaviour — *conduites fp informelles*

informal conduct — *conduites fp informelles*

informal organization — *organisation f informelle*

informal resignation — *démission f implicite*

informal structure — *structure f informelle*

information — *information f*

information (access to) — *participation f à l'information*

information bulletin — *bulletin m d'information*

information clearing house — *centre m d'informations*

information (downward) — *information f descendante*

information exchange — *échange m d'information*

information handling — *traitement m de l'information*

information picketing — *piquetage m informatif (c); piquetage m publicitaire (c); piquetage m d'information*

information processing — *traitement m de l'information*

information technology — *informatique f*

information (upward) — *information f ascendante*

informer — *délateur m*

infraction — *infraction f*

infrastructure — *infrastructure f*

inherent capacity — *aptitude f*

initial (to) — *parafer*

initiation — *initiation f*

initiation fees — *droit m d'entrée; droits mp d'adhésion*

initiative — *initiative f*

injunction — *injonction f*

injunction (ex parte) — *injonction f ex parte*

injunction (interlocutory) — *injonction f interlocutoire* injunction (permanent) — *injonction f permanente*

injunction (provisional) — *injonction f provisoire*

injunction (standing) — *injonction f permanente*

injunction (statutory) — *injonction f statutaire*

injury (industrial) — *accident m du travail*

injury rate (work) — *taux m des accidents du travail*

injury (travel) — *accident m de trajet*

injury (work) — *accident m du travail*

innovation — *innovation f*

in–plant training — *formation f en industrie; formation f sur le tas; formation f sur place; formation f en milieu de travail; formation f dans l'entreprise; formation f interne; formation f en cours d'emploi; entraînement sur le tas (c)*

input — *intrant m*

inquiry — *enquête f*

inquiry commission — *commission f d'enquête*

insignia (union) — *insigne m syndical; vignette f syndicale; macaron m /syndical/*

inspection (labour) — *inspection f du travail*

inspection program (work) — *système m d'inspection du travail*

inspection system (work) — *système m d'inspection du travail*

inspection (work) — *inspection f du travail*

inspector (labour) — *inspecteur m du travail*

installment (monthly) — *mensualité f*

instance — *instance f*

Institute (Canadian Industrial Relations Research) CIRRI — *Institut m canadien de recherches en relations industrielles — ICRRI*

institution — *institution f*

instruction sheet — *fiche f d'instructions*

insurance — *assurance f*

insurance account (unemployment) — *compte m d'assurance–chômage*

Insurance Act (Unemployment) — *Loi f sur l'assurance–chômage*

insurance benefits (unemployment) — *prestations fp d'assurance–chômage*

Insurance Commission (Unemployment) UIC — *Commission f d'assurance–chômage - CAC*

insurance (compulsory) — *assurance f obligatoire*

insurance contract — *contrat m d'assurance*

insurance (contributory) — *assurance f à cotisations; assurance f contributive*

insurance (disability) — *assurance-incapacité f ; assurance–invalidité f*

insurance (group) — *assurance f collective; assurance f de groupe; assurance–groupe f*

insurance (health) — *assurance–maladie f*

insurance (hospital) — *assurance–hospitalisation f*

insurance (life) — *assurance–décès f ; assurance–vie f*

insurance (lost–wages) — *assurance-salaire f*

insurance (maternity) — *assurance-maternité f*

insurance (old age) — *assurance–vieillesse f*

insurance (optional) — *assurance f facultative; assurance f volontaire*

insurance (participatory) — *assurance f à cotisations; assurance f contributive*

insurance (premium) — *assurance f à primes*

insurance (private) — *assurance f privée*

insurance (salary) — *assurance–salaire f*

insurance (shared–cost) — *assurance f à cotisations; assurance f contributive; assurance f à quote–part*

insurance (social) — *assurance f sociale*

insurance (strike) — *assurance–grève f*

insurance (unemployment) — *assurance–chômage f*

insurance (voluntary) — *assurance f facultative; assurance f volontaire*

insurance (workmen's compensation) — *assurance–accident f du travail; assurance f contre les accidents du travail*

insured — *assuré m*

insurrection strike — *grève f insurrectionnelle*

integrated management system — *système m intégré de gestion*

integration — *intégration f*

integration (downward) — *intégration f ascendante*

integration (horizontal) — *concentration f horizontale; intégration f horizontale*

integration (upward) — *intégration f descendante*

integration (vertical) — *concentration f verticale; intégration f verticale*

intellectual work — *travail m intellectuel*

intellectual worker — *travailleur m intellectuel*

intelligence — *intelligence f*

intelligence quotient – IQ — *quotient m intellectuel – QI*

intent (letter of) — *lettre f d'intention*

intent (memorandum of) — *lettre f d'intention*

interaction — *interaction f*

interdependence — *interdépendance f*

interest/s/ (conflict of) — *conflit m d'intérêts*

interest (damages with) — *dommages et intérêts mp*

interest dispute — *conflit m d'intérêts; conflit m économique*

interest group — *groupe m d'intérêt; corps m intermédiaire*

interest (job) — *intérêt m des tâches*

interference — *ingérence f*

interference allowances — *majorations fp d'équilibrage*

inter–firm comparison — *comparaison f interentreprises*

interim — *intérim m*

interim agreement — *accord m provisoire*

interim award — *décision f provisoire*

interim job — *emploi m provisoire*

interim report — *rapport m provisoire*

interindustrial wage disparity — *disparité f interindustrielle de salaire*

interlocutory award — *décision f interlocutoire*

interlocutory decision — *décision f interlocutoire*

interlocutory injunction — *injonction f interlocutoire*

intermediary — *intermédiaire m*

intermediary body — *corps m intermédiaire*

intermediate group — *groupe m intermédiaire; corps m intermédiaire*

intermittent work — *travail m intermittent*

internal paper — *document m intérieur*

internal union dispute — *conflit m syndical interne*

internal use (document for) — *document m intérieur*

International Association for Labour Legislation – IALL — *Association f internationale pour la protection légale des travailleurs – AIPLT*

International Confederation of Free Trade Unions – ICFTU — *Confédération f internationale des syndicats libres – CISL*

international corporation — *firme f internationale*

international division of labour — *division f internationale du travail*

International Federation of Christian Trade Unions – IFCTU — *Confédération f internationale des syndicats chrétiens – CISC*

International Federation of Trade Unions — IFTU — *Fédération f syndicale internationale — FSI*

International (First) — *Première Internationale f*

International (Fourth) — *Quatrième Internationale f*

International Industrial Relations Association – IIRA — *Association f internationale des relations professionnelles – AIRP*

International Labour Conference — *Conférence f internationale du travail*

international labour convention — *convention f internationale du travail*

international labour movement — *internationale f ouvrière*

International Labour Office – ILO — *Bureau m international du travail – BIT*

International Labour Organization – ILO — *Organisation f internationale du travail — OIT*

international representative — *représentant m international*

International (Third) — *Troisième Internationale f*

International Trade Secretariat — ITS — *Secrétariat m professionnel international — SPI*

international trade secretariats — *internationales fp professionnelles*

international trade–union organization — *internationale f syndicale*

international union — *syndicat m américain (c); syndicat m international; union f internationale (c)*

International Union of Catholic Employers Associations — *Union f internationale chrétienne des dirigeants d'entreprise — UNIAPAC*

International Working People's Association – IWPA — *Alliance f internationale ouvrière – AIO*

interplant inequity — *inégalité f inter–établissements*

interplant wage disparity — *inégalité f inter–établissements*

interpretation (rules of) — *règles fp d'interprétation*

interruptible industry — *industrie f à production discontinue*

interruption of work — *interruption f de travail*

inter–union competition — *concurrence f syndicale*

inter–union conflict — *rivalité f syndicale*

inter–union dispute — *conflit m de rivalité syndicale; litige m intersyndical; conflit m intersyndical*

inter–union rivalry — *concurrence f syndicale*

inter–union strife — *conflit m intersyndical*

intervention — *intervention f*

interview — *entrevue f ; interview f*

interview (employment) — *entrevue f d'embauchage; entrevue f d'emploi*

interview (hiring) — *entrevue f d'embauchage*

interview (job) — *entrevue f d'emploi*

interview (separation) — *entrevue f de départ; entrevue f de fin d'emploi; entrevue f de cessation d'emploi*

intimidation — *intimidation f*

intra–union dispute — *conflit m syndical interne*

intra–union strife — *conflit m syndical interne*

introduction (letter of) — *lettre f d'introduction*

invention (assignment of) — *cession f de brevet*

inventory of resources — *inventaire m des ressources*

inventory (personnel) — *inventaire m des effectifs*

inventory (staff) — *inventaire m des effectifs*

investigation — *investigation f ; enquête f*

Investigation Act (Combines) — *Loi f relative aux enquêtes sur les coalitions*

investigator — *enquêteur m*

investment — *investissement m ; placement m*

Investment Fund (Deposit and) — *Caisse f de dépôt et de placement*

investment wage — *épargne f contractuelle; salaire m d'investissement*

involvement (community) — *participation f communautaire*

irrebuttable presumption of law — *présomption f juris et de jure; présomption f de droit absolue*

irregular worker — *travailleur m intermittent*

irregularity (technical) — *vice m de procédure*

irresistible force — *force f majeure*

irrevocable check–off — *précompte m irrévocable*

isolated strike — *grève f particulière*

isolation allowance — *indemnité f d'isolement*

isolation pay — *indemnité f d'isolement*

isolation premium — *indemnité f d'éloignement; indemnité f d'isolement*

J

job — *fonction f ; job f (c) (fam.); poste m ; besogne f ; emploi m ; poste m de travail; tâche f*

job (abolition of) — *suppression f d'emploi*

job analysis — *analyse f des emplois; analyse f des tâches; analyse f des postes de travail*

job applicant — *demandeur m d'emploi*

job (benchmark) — *emploi m repère; poste m repère*

job (borderline) — *poste m marginal*

job breakdown — *décomposition f d'un emploi*

job category — *classe f de postes de travail*

job characteristics — *caractéristiques fp de poste*

job classification — *classification f des tâches; classification f des emplois; classification f des postes de travail; classification f des fonctions; classe f de postes de travail*

job cluster — *famille f d'emplois; emplois mp connexes*

job (compatible) — *emploi m compatible*

job competence — *compétence f dans le travail*

job content — *contenu m d'un emploi*

job contract — *contrat m d'entreprise*

job (covered) — *emploi m visé*

job (day) — *emploi m de jour*

job (dead–end) — *poste m sans avenir; poste m sans issue; cul–de–sac m*

job description — *description f d'emploi; description f d'un poste de travail; définition f de fonction*

job design — *conception f des tâches*

job dislocation — *dislocation f d'emploi; suppression f d'emploi*

job eligibility — *admissibilité f à un emploi*

job (elimination of) — *suppression f d'emploi*

job enlargement — *extension f d'un emploi; élargissement m du travail; extension f des tâches*

job enrichment — *valorisation f du travail; enrichissement m du travail; valorisation f d'un poste de travail*

job environment — *milieu m de travail*

job evaluation — *évaluation f des emplois; évaluation f des postes de travail; évaluation f des tâches; qualification f du travail*

job evaluation method — *méthode f d'évaluation des emplois*

job evaluation system — *méthode f d'évaluation des emplois*

job evaluation system (qualitative) — *système m qualitatif d'évaluation des postes de travail*

job evaluation system (quantitative) — *système m quantitatif d'évaluation des postes de travail*

job expectations — *perspectives fp de carrière*

job familiarization — *initiation f au travail*

job (full–time) — *emploi m à plein temps; travail m à plein temps; emploi m à temps plein; travail m à temps plein*

job grade — *classe f de postes de travail*

job grading — *classification f des tâches*

job hierarchy — *hiérarchisation f des postes de travail*

job holder (regular) — *titulaire m d'un poste*

job improvement — *amélioration f des tâches*

job (incumbent of a) — *titulaire m d'un poste*

job induction — *introduction f au travail; initiation f au travail*

job interest — *intérêt m des tâches*

job (interim) — *emploi m provisoire*

job interview — *entrevue f d'emploi*

job (junior) — *emploi m subalterne*

job (key) — *emploi m clé; emploi m repère; poste m clé*

job (minor) — *emploi m subalterne*

job (night) — *emploi m de nuit; travail m de nuit*

job (open) — *emploi m disponible; emploi m vacant; vacance f*

job open for bid — *emploi m disponible; emploi m vacant; vacance f*

job opening — *nouvel emploi m ; poste m vacant; vacance f*

job openings (notice of) — *avis m d'emplois vacants*

job opportunities — *possibilités fp d'emploi; occasions fp d'emploi*

job (part–time) — *emploi m à temps partiel*

job performance — *rendement m au travail*

job posting — *affichage m des emplois*

job profile — *profil m de poste*

job ranking — *hiérarchisation f des postes de travail*

job rate — *salaire m attaché à un emploi; taux m d'un emploi; salaire m pour un emploi*

job requirements — *qualification f requise; exigences fp du poste; exigences fp de l'emploi; qualités fp requises*

job retraining — *rééducation f professionnelle*

job rotation — *rotation f d'emplois; rotation f des postes de travail*

job satisfaction — *satisfaction f au travail; satisfaction f professionnelle; satisfaction f dans le travail*

job (seasonal) — *emploi m saisonnier*

job security — *sécurité f d'emploi*

job seniority — *ancienneté f de poste*

job (similar) — *emploi m similaire*

job site — *chantier m*

job (skilled) — *emploi m qualifié*

job specification — *spécification f d'un emploi; caractéristiques fp du poste*

job specifications — *définition f d'emplois*

job standardization — *normalisation f des emplois*

job (temporary) — *emploi m temporaire*

job (terminal) — *poste m sans avenir; poste m sans issue; cul–de–sac m*

job ticket — *fiche m de travail; relevé m d'opération*

job title — *appellation f d'emploi*

job wage — *salaire m à forfait; salaire m à la tâche*

job (wage for the) — *salaire m attaché à un emploi; salaire m pour un emploi*

job without fixed site — *travail m sans localisation rigide*

jobbing — *travail m à forfait*

jobholding (dual) — *double emploi m ; double occupation f*

jobholding (multiple) — *cumul m d'emplois*

jobs (odd) — *loisirs mp*

jobs (reduction in) — *contraction f d'emplois*

jobs (related) — *famille f d'emplois*

job–site steward — *délégué m de chantier*

joinder of parties — *mis en cause m*

joint action — *action f bilatérale*

joint and several liability — *responsabilité f conjointe et solidaire*

joint committee — *comité m paritaire; comité m mixte*

joint consultation — *consultations fp paritaires*

joint hiring hall — *bureau m d'embauchage mixte*

joint liability — *responsabilité f conjointe*

joint negociation — *négociation f paritaire*

joint pension plan — *plan m de pension conjoint*

joint production committee — *comité m mixte de production*

joint representation — *démarche f collective*

joint–stock company — *compagnie f à capital–actions; compagnie f à fonds social*

joint union — *syndicat m mixte*

joint venture — *action f concertée*

journeyman — *compagnon m*

journeyman (beginner) — *compagnon-débutant m (c)*

journeyman (inexperienced) — *compagnon–débutant m (c)*

journeyman (junior) — *compagnon–débutant m (c)*

journeyman wage — *salaire m de travailleur qualifié*

judgment — *arrêt m ; jugement m*

judgment (final) — *chose f jugée*

judicial body (quasi–) — *tribunal m quasi judiciaire (c); tribunal m inférieur*

judicial recount — *recensement m des suffrages*

junior employee — *subalterne m*

junior job — *emploi m subalterne*

junior journeyman — *compagnon–débutant m (c)*

junior manager — *cadre m débutant; cadre m inférieur; cadre m subalterne*

junior staff — *personnel m subalterne*

juridical category — *catégorie f juridique*

juridical extension — *extension f juridique*

jurisdiction — *champ m d'application; juridiction f ; compétence f ; domaine m d'attributions; sphère f de compétence; zone f de responsabilité*

jurisdiction (area) — *champ m d'application territorial*

jurisdiction (geographical) — *champ m d'application territorial*

jurisdiction (legislative) — *compétence f législative*

jurisdiction of arbitrator — *compétence f de l'arbitre*

jurisdiction over work — *compétence f sur les tâches*

jurisdiction (professional) — *champ m d'application professionnel*

jurisdiction (union) — *compétence f syndicale; juridiction f syndicale*

jurisdictional agreement — *accord m de compétence; accord m de juridiction*

jurisdiction/al/ conflict — *conflit m de compétence; conflit m d'attribution/s/; conflit m de frontières syndicales; conflit m de juridiction*

jurisdiction/al/ dispute — *conflit m de compétence; conflit m de frontières syndicales; conflit m de juridiction; conflit m d'attribution/s/*

jurisdictional dispute (trade assignment) — *conflit m de juridiction de métiers*

jurisdictional dispute (/union/) — *conflit m de juridiction syndicale*

jurisdictional dispute (work assignment) — *conflit m de juridiction de métiers*

jurisdictional strike — *grève f de juridiction*

jurisprudence — *jurisprudence f*

jurisprudence (labour) — *jurisprudence f du travail*

jury duty leave — *congé m de fonctions judiciaires; congé m de service judiciaire*

jury–duty pay — *allocation f de service judiciaire; indemnité f de service judiciaire*

just cause — *cause f juste; juste motif m ; motif m valable*

justified strike — *grève f morale; grève f juste*

K – L

key bargaining — *négociation* f *clé*

key job — *emploi* m *clé; emploi* m *repère; poste* m *repère; poste* m *clé*

key strike — *grève-bouchon* f *; grève* f *thrombose*

kickback — *ristourne* f *(?)*

kind (payment in) — *rémunération* f *en nature*

Knights of Labor — *Chevaliers* mp *du Travail*

Knights of St. Crispin — *Chevaliers* mp *de saint Crépin*

know-how — know-how m *; savoir* m *technologique*

knowledge (test of) — *test* m *de connaissances*

Komintern — *Komintern* m

label (union) — *étiquette* f *syndicale; label* m

labour — *travail* m

labour agreement (collective) — *contrat* m *collectif de travail*

Labour and Manpower (Advisory Council on) ACLM — *Conseil* m *consultatif du travail et de la main-d'oeuvre – CCTM*

labour attaché — *attaché* m *des questions du travail; conseiller* m *du travail*

labour body (central) — *centrale* f *syndicale*

labour case law — *jurisprudence* f *du travail*

labour (casual) — *main-d'oeuvre* f *occasionnelle*

labour chamber — *bourse* f *du travail*

labour code — *code* m *du travail*

Labour College of Canada – LCC — *Collège* m *canadien des travailleurs*

labour commissioner — *commissaire* m *du travail*

labour commissioner-general — *commissaire* m *général du travail*

labour committee — *comité* m *de travailleurs*

labour (common) — *main-d'oeuvre* f *non qualifiée*

labour (contract) — *main-d'oeuvre* f *contractuelle; main-d'oeuvre* f *forfaitaire; travail* m *sous contrat*

labour convention (international) — *convention* f *internationale du travail*

labour cost — *coût* m *de la main-d'oeuvre; coût* m *des salaires; coût* m *du travail (c)*

labour council (local) — *conseil* m *du travail; conseil* m *syndical local*

Labour Council (Superior) — *Conseil* m *supérieur du travail*

labour court — *tribunal* m *du travail; conseil* m *de prud'hommes*

Labour day — *fête* f *du travail*

labour demand — *demande* f *de travail*

labour (demand for) — *demande* f *de travail*

Labour (Department of) — *ministère* m *du Travail*

labour (dilution of) — *adjonction* f *de main-d'oeuvre non qualifiée*

labour (direct) — *main-d'oeuvre* f *directe*

labour dispute — *conflit* m *de travail; différend* m *; différend* m *du travail*

labour (division of) — *division* f *du travail*

labour economics — *économique* m *du travail*

labour education — *éducation* f *ouvrière*

labour ethics — *éthique* f *du travail*

labour exchange — *bourse* f *du travail*

labour force — *main-d'oeuvre* f *; population* f *active*

labour force participation rate — **LFPR** — *taux* m *d'activité*

labour force (persons outside the) — *population* f *non active*

labour force (potential) — *main-d'oeuvre* f *potentielle*

labour force (total) — *main-d'oeuvre* f *totale*

labour (forced) — *travail* m *obligatoire; travail* m *forcé*

Labour Gazette — *Gazette f du travail*

Labour (House of) — *centrale f syndicale*

labour (indirect) — *main–d'oeuvre f indirecte*

labour inspection — *inspection f du travail*

labour inspector — *inspecteur m du travail*

labour–intensive industry — *industrie f à base de main–d'oeuvre*

labour (international division of) — *division f internationale du travail*

labour jurisprudence — *jurisprudence f du travail*

labour law — *droit m du travail*

labour legislation — *législation f du travail; droit m du travail*

Labour Legislation (International Association for) IALL — *Association f internationale pour la protection légale des travailleurs – AIPLT*

labour–management committee — *comité m patronal–ouvrier*

labour–management cooperation — *coopération f patronale–syndicale*

labour–management cooperation committee — *comité m de collaboration patronale–ouvrière*

labour–management production committee — *comité m mixte de production*

labour–management relations — *relations fp du travail; relations fp professionnelles*

labour (manual) — *travail m manuel; travail m physique*

labour market — *marché m du travail*

labour market area — *aire f du marché du travail; étendue f du marché du travail; zone f du marché du travail*

labour market (hard) — *marché m du travail serré*

labour market (potential) — *marché m potentiel du travail*

labour market (soft) — *marché m du travail facile*

labour market (tight) — *marché m du travail serré*

labour mobility — *mobilité f de la main–d'oeuvre*

labour movement — *mouvement m ouvrier*

labour movement (international) — *internationale f ouvrière*

Labour (National Council of Canadian) NCCL — *Conseil m national canadien du travail – CNCT*

Labour Office (International) ILO — *Bureau m international du travail – BIT*

Labour Organization (International) ILO — *Organisation f internationale du travail— OIT*

labour (organized) — *travail m organisé; mouvement m syndical*

labour paper — *journal m syndical*

labour (physical) — *travail m physique*

labour practice (unfair) — *manoeuvre f déloyale; pratique f déloyale de travail*

labour productivity — *productivité f du travail*

labour relations — *relations fp professionnelles; relations fp du travail*

Labour Relations Board – LRB — *Commission f des relations du travail – CRT*

Labour Relations Board (Québec) QLRB — *Commission f des relations de travail du Québec – CRTQ*

labour (secondary) — *main–d'oeuvre f secondaire*

labour shortage — *pénurie f de main–d'oeuvre; manque m de main–d'oeuvre*

labour (slave) — *travail m forcé*

labour spy — *indicateur m ; mouchard m*

labour standards — *normes fp de travail*

labour statesman — *homme m d'État du monde ouvrier (?)*

labour supply — *offre f de travail*

labour surplus — *excédent m de main–d'oeuvre*

labour system — *régime m du travail*

labour turnover — *renouvellement m de la main–d'oeuvre; roulement m de la main–d'oeuvre*

labour turnover rate — *taux m de roulement de la main–d'oeuvre*

labour union — *syndicat m ouvrier; syndicat m de salariés; syndicat m*

labour union education — *éducation f syndicale; formation f syndicale*

Labour Unions (Red International of) RILU — *Internationale f syndicale rouge – ISR*

labour unrest — *agitation f ouvrière*

labour (unskilled) — *main–d'oeuvre f non qualifiée*

labourer — *journalier m ; manoeuvre m*

labourer (day) — *journalier m*

labourism — *travaillisme m*

ladder (promotion) — *ligne f de progression*

lag response — *décalage m*

laissez–faire — *libéralisme m économique; laissez–faire*

lame duck — *flanc m mou (fam.); tire-au–flanc m*

language at work — *langue f de travail*

language (working) — *langue f de travail*

lateness — *retardatisme m (néol.)*

law — *droit m*

law (administrative) — *droit m administratif*

/law/ bail — *caution f*

law (breach of) — *abus m de droit*

law (case) — *jurisprudence f*

law (disciplinary) — *droit m disciplinaire*

law (dispute in) — *conflit m juridique*

law (general) — *loi–cadre f*

law (irrebuttable presumption of) — *présomption f juris et de jure; présomption f de droit absolue*

law (labour) — *droit m du travail*

law (labour case) — *jurisprudence f du travail*

law (misuse of) — *abus m de droit*

law (presumption of) — *présomption f de droit*

law (rebuttable presumption of) — *présomption f juris tantum; présomption f de droit simple*

lawsuit — *action f ; poursuite f*

lay member of tribunal — *assesseur m*

layoff — *débauchage m ; mise à pied f ; réduction f des effectifs; licenciement m ; mise f en disponibilité*

layoff (mass) — *licenciement m collectif*

layoff notice — *avis m de licenciement*

layoff policy — *politique f de mise à pied; politique f de licenciement*

layout — *contexture f ; implantation f*

layout (operational) — *implantation–opération f*

layout (plant) — *implantation f d'une usine; disposition f d'une usine; aménagement m ; plan m d'aménagement*

layout (process) — *implantation–opération f*

layout (product) — *implantation–produit f*

layover time — *temps m de suspension*

lead hand — *chef m d'équipe*

leader — *leader m ; animateur m*

leader (union) — *dirigeant m syndical*

leader (team) — *chef m d'équipe*

leader (wage) — *salaire m pilote*

leadership — *leadership m ; direction f*

learner — *débutant m*

lease of personal service — *contrat m de louage de services*

leave — *congé m ; permis m d'absence; permission f*

leave (absence with) — *autorisation f d'absence; absence f autorisée*

leave (absence without) — *absence f non autorisée*

leave (annual) — *vacances fp ; congés mp annuels payés*

leave (authorized) — *congé m autorisé; permis m d'absence; autorisation f d'absence; absence f autorisée*

leave (bereavement) — *congé m de deuil; congé m pour décès*

leave (educational) — *congé m éducatif; congé m éducation; congé m d'étude*

leave (extra) — *congé m supplémentaire*

leave (flexible) — *congé m mobile*

leave (funeral) — *congé m de deuil; congé m pour décès*

leave (jury duty) — *congé m de fonctions judiciaires; congé m de service judiciaire*

leave (marriage) — *congé m de mariage*

leave (maternity) — *congé m de maternité*

leave of absence — *autorisation f d'absence; permis m d'absence; congé m autorisé; absence f autorisée*

leave /of absence/ for personal reasons — *congé m pour convenances personnelles; congé m pour raisons de convenance*

leave /of absence/ (paid) — *absence f rémunérée; congé m avec solde (c); congé m payé*

leave /of absence/ with pay — *absence f rémunérée; congé m payé*

leave /of absence/ without pay — *congé m non payé; congé m sans paye; congé m sans salaire; congé m sans solde*

leave (postnatal) — *congé m postnatal*

leave (prenatal) — *congé m prénatal*

leave (sick) — *congé m de maladie; congé–maladie m*

leave (special) — *congé m spécial; congé m de circonstance*

leave (union) — *absence f pour fins syndicales; congé m pour activité syndicale*

leave (wedding) — *congé m de mariage*

left hand–right hand chart — *graphique m des deux mains*

legal advisor — *conseiller m juridique*

legal damages — *dommages et intérêts mp*

legal department — *contentieux m ; service m juridique*

legal dispute — *conflit m de droits*

legal enforceability — *homologation f*

legal holiday — *jour m férié; fête f légale*

legal matter — *fait m juridique*

legal month — *mois m légal*

legal picketing — *piquetage m légal (c)*

legal statuts — *personnalité f juridique*

legal strike — *grève f légale*

legal wage — *salaire m légal*

legalism — *juridisme m ; légalisme m*

legislation (labour) — *droit m du travail; législation f du travail*

legislation (union) — *droit m syndical*

legislative jurisdiction — *compétence f législative*

leisure time — *loisirs mp*

length of service — *états mp de service*

leniency (tendency toward) — *tendance f à l'indulgence systématique*

letter of credence — *lettre f de créance*

letter of explanation — *lettre f d'explication*

letter of intent — *lettre f d'intention*

letter of introduction — *lettre f d'introduction*

letter of recommendation — *lettre f de recommandation*

letter of reference — *lettre f de recommandation*

letter (registered) — *lettre f recommandée*

level of ability — *niveau m de qualification*

level of authority — *instance f*

level of capacity — *niveau m de qualification*

level of living — *niveau m de vie*

level of qualification — *niveau m de qualification*

level of work — *niveau m de travail*

level (salary) — *niveau m de salaire*

level (unemployment) — *niveau m de chômage*

levelled time — *temps m   égalisé*

levy — *prélèvement m*

levy (union) — *cotisations fp   syndicales ordinaires*

liability — *responsabilité f*

liability (joint) — *responsabilité f conjointe*

liability (joint and several) — *responsabilité f conjointe et solidaire*

liberal /arts/ profession — *profession f libérale*

liberalism (economic) — *libéralisme m économique; laissez–faire*

licence — *licence f*

life insurance — *assurance–décès f ; assurance–vie f*

life of the agreement — *durée f de la convention*

life–style — *genre m de vie; mode m de vie*

life (way of) — *genre m de vie; mode m de vie*

lightning strike — *grève éclair f ; grève surprise f*

limit (upper) — *plafond m*

limitation of membership — *limitation f des adhésions syndicales*

limitation period — *délai m*

limited duration strike — *grève f /à durée/ limitée*

limited liability company — *société f à responsabilité limitée*

line — *axe m   hiérarchique; chaîne f hiérarchique; hiérarchie f   directe; structure f hiérarchique*

line authority — *autorité f   hiérarchique*

line executive — *dirigeant m   opérationnel*

line manager — *directeur m   hiérarchique; chef m   direct*

line of advancement — *ligne f   de progression*

line of authority — *hiérarchie f   directe; ligne f hiérarchique; ligne f d'autorité; hiérarchie f linéaire*

line of command — *hiérarchie f ; hiérarchie f   directe; ligne f hiérarchique; ligne f d'autorité; hiérarchie f linéaire; voie f hiérarchique*

line organization — *organisation f hiérarchique; organisation f opérationnelle; organisation f verticale*

line relations — *liaisons fp   hiérarchiques*

line (picket) — *ligne f de piquetage (c)*

line (progression) — *ligne f   de progression*

line supervisor (/first/) — *contremaître m*

linear responsibility — *responsabilité f linéaire*

list (admissibility) — *liste f   d'admissibilité*

list (check–) — *liste f   de contrôle; feuille f de contrôle; questionnaire m   de contrôle*

list (eligible) — *liste f   d'admissibilité*

list (eligibility) — *liste f d'admissibilité*

list (fair) — *liste f   blanche*

list of policy resolutions — *cahier m des résolutions*

list of union demands — *cahier m   de revendications*

list (recall) — *liste f   de rappel*

list (re–employment) — *liste f   de rappel*

list (seniority) — *liste f   d'ancienneté*

live document — *convention f collective ouverte; contrat m   ouvert*

living — *bénéfice m*

living allowance — *allocation f de séjour; frais mp   de séjour; indemnité f de séjour*

living allowance (cost of) COLA — *indemnité f de vie chère*

living bonus (cost of) — *indemnité f de vie chère*

living (cost of) — *coût m   de la vie*

living (level of) — *niveau m   de vie*

living standard — *standard m de vie*

living (standard of) — *niveau m de vie; standard m de vie*

living wage — *salaire m   naturel*

living (way of) — *genre m   de vie; mode m de vie*

load factor — *facteur m   de charge; indice m de charge; taux m   de charge*

load (work) — *charge f de travail; somme f de travail*

loafing — *flânage m (c)*

loan (wage–) — *avance f sur salaire*

lobbying — *procédé m de couloir; intrigue f de couloir; manoeuvre f de couloir;* lobbying m

local agreement — *accord m d'usine; accord m local*

local autonomy — *autonomie f locale*

local labour council — *conseil m central; conseil m du travail; conseil m syndical local*

local /union/ — *syndicat m /local/; section f locale*

local union officer — *militant m de base; agent m de section locale*

localized strike — *grève f particulière*

location — *localisation f*

location (industry) — *localisation f industrielle*

location (plant) — *implantation f d'une usine*

lock–out — *lock–out m*

lock–out notice — *avis m de lock–out*

locus of decision–making — *centre m de décision*

lodge — *loge f*

logging camp — *chantier m*

loitering — *flânage m (c)*

long range planning — *planification f à long terme*

long term planning — *planification f à long terme*

long–term unemployed /worker/ — *chômeur m chronique*

long–term unemployment — *chômage m chronique; chômage m endémique*

longevity pay — *prime f d'ancienneté*

loose rate — *taux m de salaire gonflé*

Lord's Day Act — *Loi f sur le dimanche*

loss (net) — *perte f nette*

lost time — *temps m perdu*

lost–wages insurance — *assurance-salaire f*

lower management — *cadres mp inférieurs; maîtrise f*

loyalty — *allégeance f*

loyalty clause — *clause f de loyauté*

loyalty (dual) — *double allégeance f ; loyauté f multiple (?)*

lump–sum — *montant m forfaitaire*

lump–sum increase — *augmentation f forfaitaire de salaire*

lump–sum payment — *rémunération f forfaitaire*

lunch time — *pause f médiane ; pause f repas*

M

machine age — *machinisme m*

machine attention time — *temps m de surveillance*

machine element — *élément m mécanique*

machine interference — *déséquilibre m du cycle de travail*

machine–hour — *heure-machine f*

machinery — *équipement m*

magazine (employees) — *journal m du personnel*

main motion — *proposition f principale*

maintenance — *entretien m ; maintenance f*

maintenance (/domestic/) — *entretien m ménager*

maintenance handbook — *guide m d'entretien; manuel m d'entretien*

maintenance of membership — *maintien m d'affiliation; maintien m d'adhésion*

maintenance personnel — *personnel m d'entretien*

maintenance service manager — *chef m d'entretien; chef m du service d'entretien*

major offence — *faute f lourde; faute f majeure*

majority — *majorité f des voix*

majority (absolute) — *majorité f absolue*

majority election — *scrutin m majoritaire*

majority (relative) — *majorité f relative*

majority (simple) — *majorité f ordinaire*

majority union — *syndicat m majoritaire*

make–ready activities — *travail m d'apprêt; apprêts mp*

make–ready work — *travail m d'apprêt; apprêts mp*

make–up wages — *salaire m de rattrapage*

make–up work — *travail m de rattrapage*

man and machine process chart — *graphique m homme-machine*

man–day — *homme-jour m ; jour-homme m ; journée f individuelle*

man–days (duration–in) — *durée f en jours-homme; durée f en journées individuelles*

man–hour — *heure-homme f ; homme-heure m ; heure f individuelle*

man (extra) — *remplaçant m*

man (P.R.) — *relationniste m*

man (strong–arm) — *fier-à-bras m*

man type flow process chart — *graphique-exécutant m*

management — *administration f ; direction f ; gérance f ; gestion f ; management m ; patronat m ; organisation f ; cadres mp ; encadrement m ; personnel m dirigeant*

management approach (top) — *optique f de la direction*

Management Association (American) AMA — American Management Association – AMA

management audit — *contrôle m de gestion; diagnostic m d'évaluation de gestion*

management (business) — *gestion f des affaires*

management by objectives – MBO — *direction f par objectifs – DPO; gestion f par objectifs; gestion f prévisionnelle*

management chart — *tableau m de bord*

management consultant — *conseiller m de direction; conseil m en gestion*

management development — *formation f à la gestion*

management (divisional) — *gestion f cellulaire*

management (lower) — *cadres mp inférieurs; maîtrise f*

management (manpower) — *gestion f des effectifs*

management (middle) — *cadres mp intermédiaires; cadres mp moyens* management (multi–) — *gestion f multiple; gestion f intéressée; direction f polyvalente*

management (multiple) — *direction f polyvalente; gestion f multiple; gestion f intéressée; direction f multiple; gestion f collégiale*

management (participation in) — *participation f à la gestion*

management (participative) — *gestion f multiple; direction f participative; gestion f intéressée; direction f polyvalente*

management (personnel) — *direction f du personnel; gestion f du personnel*

management personnel — *cadres mp ; agent m de maîtrise*

management philosophy — *philosophie f de la direction*

management planning — *gestion f prévisionnelle*

management practices — *procédures fp de gestion*

management prerogative — *prérogative f patronale*

management prerogatives — *attributions fp patronales; droits mp de la direction*

management (production) — *gestion f de production*

management (programmed) — *direction f par programmes; gestion f programmée*

management rights — *droits mp de la direction*

management (scientific) — *organisation f scientifique de travail – OST; gestion f scientifique*

management (self–) — *autogestion f*

management (staff) — *direction f du personnel*

management staff — *personnel m dirigeant; personnel m d'encadrement*

management (system) — *direction f systématisée*

management system — *système m de direction*

management system (integrated) — *système m intégré de gestion*

management (systems) — *gestion f par les systèmes*

management technique — *technique f de direction*

management (top) — *cadres mp supérieurs; cadres mp dirigeants; haute fonction f ; haute direction f*

manager — *chef m d'entreprise; dirigeant m /d'entreprise/; gérant m ; directeur m ; cadre m ; gestionnaire m ; responsable m*

manager (administrative) — *directeur m administratif; directeur m des services administratifs*

manager (branch) — *directeur m de succursale; gérant m de succursale*

manager (branch plants) — *directeur m des succursales*

manager (business) — *gérant m de fonds de commerce; gérant m d'affaires*

manager (employment) — *directeur m de l'embauchage*

manager (equipment) — *directeur m du matériel*

manager (factory) — *directeur m d'usine*

manager (first line) — *chef m d'atelier*

manager (junior) — *cadre m subalterne; cadre m inférieur; cadre m débutant*

manager (line) — *chef m direct; directeur m hiérarchique*

manager (maintenance service) — *chef m d'entretien; chef m du service entretien*

manager (office) — *chef m de bureau*

manager (operations) — *chef m d'exploitation*

manager (owner–) — *dirigeant m propriétaire*

manager (personnel) — *directeur m du personnel*

manager (plant) — *directeur m d'usine; gérant m d'établissement; gérant m d'atelier; chef m des fabrications; chef m d'établissement; gérant m d'usine*

manager (production) — *directeur m de production; chef m de groupe; chef m de l'ordonnancement; chef m du service de la production; chef m de fabrication*

manager (safety) — *chef m du service de la sécurité*

manager (senior) — *cadre m de direction; cadre m supérieur*

manager (shop) — *chef m d'atelier*

manager (staff) — *directeur m du personnel; chef m du service du personnel*

manager (technical) — *directeur m technique; chef m de fabrication*

manager (works) — *directeur m d'usine; gérant m d'atelier; gérant m d'établissement; chef m d'établissement*

managerial control — *contrôle m de gestion*

managerial functions — *fonctions fp de direction*

managerial personnel — *personnel m de direction; personnel m de cadre; cadres mp*

managerial prerogative — *prérogative f patronale*

managerial structure — *hiérarchie f*

managerial style — *style m de direction*

managerial work — *travail m de direction*

mandamus /writ of/ — *mandamus m*

mandatary — *mandataire m*

mandate — *mandat m*

mandate (contract of) — *contrat m de mandat*

mandate of the arbitrator — *attributions fp de l'arbitre; mandat m de l'arbitre; compétence f de l'arbitre*

mandatory vote — *suffrage m obligatoire; vote m obligatoire*

manifesto — *déclaration f de principes; manifeste m*

manning — *dotation f en personnel*

manoeuvre (vote–catching) — *manoeuvre f électorale*

manpower — *main–d'oeuvre f*

Manpower (Advisory Council on Labour and) ACLM — *Conseil m consultatif du travail et de la main–d'oeuvre - CCTM*

manpower (audit) — *inventaire m des effectifs*

manpower (available) — *main–d'oeuvre f disponible*

Manpower Branch Office – MBO — *Direction f générale de la main–d'oeuvre - DGMO*

manpower centre — *centre m de main–d'oeuvre*

manpower dislocation — *désorganisation f du marché du travail*

manpower forecast — *prévision f de l'emploi*

manpower forecasting — *prévision f de l'emploi*

manpower management — *gestion f des effectifs*

manpower mobilization — *mobilisation f de la main–d'oeuvre*

manpower need /s/ — *besoin m en main–d'oeuvre*

manpower planning — *plan m d'effectifs; planification f de l'emploi*

manpower policy — *politique f de main–d'oeuvre*

manpower (potential) — *main–d'oeuvre f potentielle*

manpower redundancy — *excédent m de main–d'oeuvre*

manpower requirement /s/ — *besoin m en main–d'oeuvre*

manpower (surplus) — *main–d'oeuvre f excédentaire*

manpower survey — *dénombrement m des effectifs; relevé m des effectifs*

Manpower Vocational Training and Qualification Act — *Loi f sur la formation et la qualification professionnelles de la main–d'oeuvre*

Manpower Vocational Training Commission - MVTC — *Commission f de la formation professionnelle de la main–d'oeuvre - CFPMO*

manual element — *élément m manuel*

manual labour — *travail m manuel; travail m physique*

manual work — *travail m manuel*

manual worker — *manuel m*

Manufacturers Association (Canadian) CMA — *Association f des manufacturiers canadiens - AMC*

Manufacturers (National Association of) NAM — National Association of Manufacturers — NAM

manufacturing cost — *coût m de fabrication*

marginal costs — *coûts mp marginaux*

marginal efficiency of capital — *efficacité f marginale du capital*

marginal group — *groupe m marginal*

marginal productivity — *productivité f marginale*

marginally unemployed — *chômeur m marginal*

market — *marché m*

market area (labour) — *aire f du marché du travail; étendue f du marché du travail; zone f du marché du travail*

market decline — *fléchissement m du marché*

market (hard labour) — *marché m du travail serré*

market (labour) — *marché m du travail*

market (potential) — *marché m potentiel*

market (potential labour) — *marché m potentiel du travail*

market (soft labour) — *marché m du travail facile*

market (tight labour) — *marché m du travail serré*

marketing policy — *politique f de mise en marché*

marriage leave — *congé m de mariage*

mass layoff — *licenciement m collectif*

mass layoff notice — *avis m de licenciement collectif*

mass picketing — *piquetage m massif (c)*

mass picket–line — *piquetage m massif (c)*

mass production — *production f de masse; production f en série; fabrication f en série*

mass strike — *grève f de masse; grève f massive*

master — *maître m*

master agreement — *convention f collective cadre; convention f collective de base; convention f de base*

master /agreement/ bargaining — *négociation–cadre f*

Mater et Magistra — Mater et Magistra

maternity allowance — *allocation f de maternité*

maternity insurance — *assurance–maternité f*

maternity leave — *congé m de maternité*

maternity pay — *allocation f de maternité*

matter already decided — *chose f jugée*

matter of law — *fait m juridique*

maximum rate — *plafond m du salaire*

meal allowance — *allocation f de repas*

meal break — *temps m des repas*

meal period — *temps m des repas*

meal ticket — *titre–restaurant m ; chèque–restaurant m*

means committee (ways and) — *comité m du budget; comité m des finances; comité m des voies et moyens*

means of production — *moyens mp de production*

measure (disciplinary) — *mesure f disciplinaire*

measurement (work) — *mesure f du travail*

mechanization — *mécanisation f*

mediation — *médiation f*

mediation (preventive) — *médiation f préventive*

mediation to finality — *médiation f orientée*

mediator — *médiateur m*

medical certificate — *certificat m médical*

medical check–up clause — *clause f d'examen médical*

medicare — *assurance–maladie f*

medicine (industrial) — *médecine f du travail*

meeting (notice of) — *avis m de rencontre; convocation f ; avis m de convocation*

meeting–place — *lieu m de réunion*

meeting (place of) — *lieu m de réunion*

meeting (prayer) — *grève f camouflée; journée f d'étude*

member (active) — *membre m actif*

member (active union) — *syndicaliste m ; militant m de base; militant m syndical*

member (dues–paying) — *cotisant m*

member in good standing — *membre m en règle; membre m à jour de sa cotisation*

member (public) — *représentant m du public*

member (/union/) — *syndiqué m ; membre m ; syndiqué m*

membership — *effectifs mp*

membership (compulsory) — *adhésion f obligatoire; affiliation f obligatoire*

membership (limitation of) — *limitation f des adhésions syndicales*

membership (maintenance of) — *maintien m d'affiliation; maintien m d'adhésion*

membership (obligatory) — *affiliation f obligatoire; adhésion f obligatoire*

membership survey — *dénombrement m des effectifs; inventaire m des effectifs; relevé m des effectifs*

membership (verification of) — *vérification f des effectifs*

memorandum — *mémoire m*

memorandum of agreement — *mémoire m d'entente*

memorandum of intent — *lettre f d'intention*

memorandum of understanding — *lettre f d'entente*

mensualization — *mensualisation f*

mental ability — *intelligence f*

Merchants' Association of Canada (Retail) RMAC — *Association f des marchands détaillants du Canada – AMDC*

merger — *regroupement m*

merger (company) — *fusion f d'entreprises*

merger (union) — *fusion f de syndicats; fusion f syndicale*

merit increase — *augmentation f de salaire au mérite (c)*

merit rating — *évaluation f du mérite personnel; notation f du personnel*

merit wage — *salaire m au mérite*

method — *méthode f*

method (class) — *méthode f des classes*

method (classification) — *méthode f de classification*

method (critical path) CPM — *méthode f du chemin critique*

method (factor comparison) — *méthode f de comparaison des facteurs*

method (incentive wage) — *méthode f de rémunération au rendement; système m de rémunération au rendement*

method (job evaluation) — *méthode f d'évaluation des emplois*

method of payment — *mode m de paiement*

method (point) — *méthode f des points*

method (points rating) — *qualification f par points*

method (ranking) — *méthode f de rangement*

method (training) — *méhode f de formation*

method (trial–and–error) — *pifomètre m (fam.)*

methods engineering — *étude f des méthodes*

methods study — *étude f des méthodes*

micro–motion study — *étude f des micromouvements*

middle management — *cadres mp intermédiaires; cadres mp moyens*

migration — *migration f*

migratory worker — *travailleur m migrant*

minimum age — *âge m minimum; âge m minimal*

minimum /occupational/ rate — *taux m de base*

minimum /rate/ (below) — *salaire m inférieur au minimum*

minimum wage — *salaire m minimum; salaire m minimal; plancher m des salaires*

Minimum Wage Act — *Loi f du salaire minimum*

Minimum Wage Board – MWB — *Commission f du salaire minimum – CSM*

minor employee — *subalterne m*

minor job — *emploi m subalterne*

minority — *minorité f des voix*

minority decision — *dissidence f*

minority picketing — *piquetage m minoritaire (c)*

minority unit — *unité f minoritaire*

minority view — *dissidence f*

minute (standard) — *minute f standard*

minutes — *procès–verbal m ; compte rendu m*

mis en cause — *mis en cause*

misconduct (professional) — *faute f professionnelle*

misuse of law — *abus m de droit*

mitigation of damages — *mitigation f des dommages; réduction f des dommages*

mixed committee — *comité m mixte*

mobile canteen — *cantine f mobile*

mobile schedule — *horaire m flexible; horaire m flottant; horaire m libre; horaire m mobile; horaire m personnalisé; horaire m sur mesure; horaire m à glissière; horaire m coulissant; travail m à la carte*

mobility — *migration f ; mobilité f*

mobility (geographic) — *mobilité f géographique*

mobility (labour) — *mobilité f de la main–d'oeuvre*

mobility (occupational) — *mobilité f professionnelle*

mobility (social) — *mobilité f sociale*

mobilization (manpower) — *mobilisation f de la main–d'oeuvre*

model — *type m ; modèle m*

model agreement — *convention f collective modèle*

modified closed shop — *atelier m fermé tempéré (c)*

modified union shop — *atelier m syndical imparfait (c)*

modus vivendi — *accommodement m ; modus vivendi m*

Mohawk Valley formula — *formule f de la Mohawk Valley*

moments (odd) — *loisirs mp*

monetary clause — *clause f financière; clause f pécuniaire*

monetary clause (non–) — *clause f normative; clause f contractuelle; clause f mécanique*

monetary cost — *coût m pécuniaire*

monetary income — *revenu m pécuniaire*

monetary policy — *politique f monétaire*

money (allowance in) — *prestations fp en espèces*

money clause — *clause f pécuniaire*

money–purchase pension plan — *plan m de pension d'acquisition pécuniaire*

money wage — *salaire m nominal*

monopoly — *monopole m*

monopoly (union) — *monopole m syndical*

monopsony — *monopsone m*

monotonous work — *travail m répétitif*

month (pay by the) — *salaire m au mois*

monthly basis — *mensualisation f*

monthly installment — *mensualité f*

monthly–paid employee — *mensuel m*

monthly payment — *mensualité f*

monthly publication — *mensuel m*

monthly remittance — *mensualité f*

monthly (semi–) — *bimensuel m*

monthly (twice) — *bimensuel m*

monthly wage — *salaire m mensuel*

Montréal Personnel Association – MPA — *Association f des administrateurs de personnel de Montréal – AAPM*

moonlight pay — *salaire* m *d'appoint*

moonlighter — *noctambule* m

moonlighting — *travail* m *noir; noctambulisme* m *; double emploi* m *; double occupation* f

morale (on–the–job) — *moral* m *au travail*

morale (personnel) — *moral* m *du personnel*

morale (staff) — *moral* m *du personnel*

morale (workers') — *moral* m *du personnel*

motion — *motion* f *; proposition* f

motion (ancillary) — *proposition* f *incidente*

motion (delaying) — *proposition* f *dilatoire*

motion (dilatory) — *proposition* f *dilatoire*

motion economy — *économie* f *de mouvements*

motion having precedence — *proposition* f *privilégiée*

motion (incidental) — *proposition* f *incidente*

motion (main) — *propositon* f *principale*

motion (notice of) — *avis* m *de motion*

motion (preferred) — *proposition* f *privilégiée*

motion (related) — *proposition* f *incidente; proposition* f *connexe*

motion study — *étude* f *des mouvements*

motion to refer back — *motion* f *de renvoi*

motivation — *motivation* f

movable holiday — *congé* m *mobile*

movement (union) — *mouvement* m *syndical*

mover — *proposeur* m *; auteur* m

moving allowance — *indemnité* f *de changement de résidence; indemnité* f *de déménagement; allocation* f *de déménagement*

moving picket — *piquet* m *mobile (c)*

multi–craft union — *syndicat* m *multi–métiers*

multi–industry union — *syndicat* m *multi–industriel*

multi–management — *gestion* f *multiple; gestion* f *intéressée; direction* f *polyvalente*

multi–national corporation — *entreprise* f *multinationale; firme* f *multinationale; firme* f *plurinationale; société* f *multinationale; multinationale* f

multi–plant bargaining — *négociation* f *à l'échelle de la firme; négociation* f *multi–établissements*

multi–plant firm — *entreprise* f *à établissements multiples*

multi–skilled trade qualification — *polyvalence* f *du personnel*

multi–union bargaining — *négociation* f *multisyndicale*

multi–union multi–employer bargaining — *négociation* f *multipartite (néol.)*

multiple–activity process chart — *graphique* m *d'activités multiples*

multiple grievance procedures — *cumul* m *des recours*

multiple jobholding — *cumul* m *d'emplois*

multiple management — *direction* f *polyvalente; gestion* f *collégiale; gestion* f *multiple; gestion* f *intéressée; direction* f *multiple*

multiple remedies — *cumul* m *des recours*

multiplier effect — *effet* m *multiplicateur*

multiplying effect — *effet* m *multiplicateur*

muscle–man — *fier–à–bras* m *; gorille* m

mutual benefit society — *mutuelle* f *; société* f *mutuelle; société* f *mutualiste*

mutual company — *société* f *mutualiste; société* f *mutuelle*

N

narrowing of wage differentials — *compression f des salaires*

National Academy of Arbitrators — **NAA** — National Academy of Arbitrators — NAA

National Association of Manufacturers — **NAM** — National Association of Manufacturers — NAM

national bargaining — *négociation f nationale*

National Building Code — *Code m national du bâtiment*

National Council of Canadian Labour – **NCCL** — *Conseil m national canadien du travail* – *CNCT*

national income — *revenu m national*

National Industrial Conference Board — National Industrial Conference Board

National Labor Relations Board — *Commission f nationale des relations de travail*

National Trades and Labour Congress — *Congrès m des unions nationales et du travail*

national union — *syndicat m national*

nationalization — *étatisation f ; nationalisation f*

natural bargaining unit — *unité f naturelle de négociation*

near union — *quasi–syndicat m*

needs — *besoins mp*

negative income tax — *impôt m négatif*

negative strike — *grève f défensive; grève f négative*

negotiate (to) — *négocier*

negotiated pension plan — *plan m de pension par convention collective*

negotiated rate — *salaire m conventionnel*

negotiating range — *marge f de négociation*

negotiation brief — *dossier m de négociation*

negotiation (joint) — *négociation f paritaire*

negotiation (prebargaining) — *prénégociation f ; négociation f anticipée*

negotiations (breakdown in) — *rupture f de négociations*

negotiations (breaking–off of) — *rupture f de négociations*

negotiations (direct) — *négociation f directe*

negotiator — *négociateur m*

nepotism — *népotisme m*

nest–egg — *pécule m*

net earnings — *gains mp nets; bénéfice m net*

net loss — *perte f nette*

net national income at factor cost — *revenu m national net au coût des facteurs*

net plough–back — *autofinancement m net*

net profit — *bénéfice m net*

net revenue — *revenu m net*

net self–financing — *autofinancement m net*

neutral unionism — *syndicalisme m neutre; syndicalisme m non confessionnel*

new deal — new deal m

news bulletin — *bulletin m d'information*

news clearing house — *centre m d'information*

news sheet — *bulletin m d'information*

night job — *emploi m de nuit; travail m de nuit*

night shift — *quart m de nuit; équipe f de nuit; poste m de nuit*

night shift differential — *prime f de nuit*

night shift premium — *prime f de nuit*

night work — *emploi m de nuit; travail m de nuit*

nil vote — *vote m nul*

no–competition clause — *clause f de non–concurrence*

nominal — *nominal*

nominal differences — *différences fp nominales*

nominal wage — *salaire* m *nominal*

nomination — *mise* f *en candidature*

non–activity wage — *salaire* m *de non–activité*

non–agricultural paid work force — *main–d'oeuvre* f *salariée non agricole*

non–authorized absence — *absence* f *non autorisée*

non–binding arbitration — *arbitrage* m *non exécutoire*

non–binding award — *sentence* f *non exécutoire*

non–compliance — *infraction* f *; dérogation* f

non–confessional trade–unionism — *syndicalisme* m *neutre*

non–consecutive days off — *repos* m *hebdomadaire fractionné; repos* m *hebdomadaire étalé*

non–continuous operations industry — *industrie* f *à production discontinue*

non–contributory pension plan — *plan* m *de pensions non contributives*

non–contributory social security — *sécurité* f *sociale distributive*

non–denominational trade–unionism — *syndicalisme* m *neutre*

non–durable goods — *biens* mp *fongibles; biens* mp *non durables*

non–interruptible industry — *industrie* f *à production continue*

non–management employee — *exécutant* m

non–manual worker — *travailleur* m *non manuel*

non–monetary clause — *clause* f *normative; clause* f *contractuelle; clause* f *mécanique*

non–office employee — *employé* m *hors bureau*

non–operating employees - railway — *personnel* m *sédentaire*

non–paying assured — *assuré* m *indigent*

non–permanent employee — *surnuméraire* m

non–permanent workers — *ouvriers* mp *flottants*

non–profit employment agency — *bureau* m *de placement sans fin lucrative*

non–profit organization — *association* f *sans but lucratif*

non–routine work — *travail* m *d'initiative*

non–stop process — *travail* m *en continu; procédé* m *en continu*

non–stoppage strike — *grève* f *sans arrêt de travail*

no–raiding agreement — *accord* m *de non–maraudage (c)*

no–raiding pact — *accord* m *de non–maraudage (c)*

norm — *norme* f

normal average earnings — *gains* mp *moyens normaux*

normal pace — *allure* f *normale*

normal pace of production — *rythme* m *normal de production*

normal performance — *allure* f *de référence*

normal retirement — *retraite* f *à l'âge normal*

normal retirement age — *âge* m *normal de la retraite*

normal work period — *durée* f *normale du travail; période* f *normale de travail*

normlessness — *anomie* f

Norris Commission — *Enquête* f *Norris*

no–solicitation rule — *interdiction* f *de solliciter (c)*

no–strike clause — *interdiction* f *de grève; prohibition* f *de grève*

not gainfully occupied population — *population* f *inactive*

notice — *affiche* f *; avertissement* m *; avis* m

notice (election) — *avis* m *d'élection*

notice (formal) — *avertissement* m *formel*

notice (layoff) — *avis* m *de licenciement*

notice (lock–out) — *avis* m *de lock–out*

notice (mass layoff) — *avis* m *de licenciement collectif*

notice of amendment — *avis* m *de modification*

/notice of/ convocation — *convocation f*

notice of convocation — *avis m de convocation*

notice of dismissal — *avis m de congédiement; délai m congé*

notice of job openings — *avis m d'emplois vacants*

notice of meeting — *convocation f ; avis m de rencontre; avis m de convocation*

notice of motion — *avis m de motion*

notice of reprimand — *avis m de réprimande*

notice of termination of agreement — *dénonciation f de convention*

notice (pay in–lieu–of) — *indemnité f de préavis; indemnité f de brusque rupture*

notice period (dismissal) — *délai m congé; délai m de préavis*

notice (prior) — *préavis m*

notice (separation) — *avis m de départ*

notice (strike) — *avis m de grève*

notice to bargain — *mise en demeure f de négocier*

notice (written) — *avis m écrit; notification f*

notification — *notification f ; avis m écrit*

notification of disagreement — *avis m de désaccord; notification f de désaccord*

notification of election — *avis m d'élection*

notification (written) — *avis m écrit; notification f*

novation — *novation f*

null vote — *vote m nul*

nullification of agreement — *annulation f d'accord; annulation f de contrat*

nullifying of agreement — *annulation f d'accord; annulation f de contrat*

O

objective — *objectif m*

objectives (management by) MBO — *direction f par objectifs – DPO; gestion f par objectifs; gestion f prévisionnelle*

obligation — *obligation f*

obligatory membership — *adhésion f obligatoire; affiliation f obligatoire*

observed holiday — *jour m férié*

observed time — *temps m chronométré; temps m observé*

obsolescence — *désuétude f ; obsolescence f (néol.); vieillissement m ; usure f technologique*

occasional elements — *éléments mp occasionnels*

occasional hand — *surnuméraire m*

occasional strike — *grève f occasionnelle*

occupation — *profession f ; emploi m ; fonction f*

occupation (equivalent) — *emploi m équivalent*

occupation (hazardous) — *emploi m dangereux*

occupational accident — *accident m du travail*

occupational adaptability — *adaptation f professionnelle*

occupational adjustment — *adaptation f professionnelle*

occupational category — *catégorie f professionnelle*

occupational coverage — *champ m d'application professionnel*

occupational disease — *maladie f professionnelle*

occupational error — *faute f professionnelle*

occupational hazard — *risque m professionnel*

occupational health — *hygiène f professionnelle*

occupational mobility — *mobilité f professionnelle*

occupational qualifications — *qualification f professionnelle*

/occupational/ rate (minimum) — *taux m de base*

occupational retraining — *rééducation f professionnelle*

occupational risk — *risque m professionnel*

occupational safety — *sécurité f du travail*

occupational satisfaction — *satisfaction f professionnelle*

occupational seniority — *ancienneté f professionnelle*

Occupational Titles (Dictionary of) DOT — *Dictionnaire m des appellations d'emploi*

odd jobs — *bricoles fp ; petits travaux mp ; petites besognes fp*

odd moments — *loisirs mp*

off–the–job training — *formation f extérieure; formation f institutionnelle*

offence — *infraction f*

offence (major) — *faute f lourde; faute f majeure*

offence (punishable) — *faute f disciplinaire*

offence (serious) — *faute f lourde; faute f majeure*

offer — *offre f ; proposition f*

offer (conditional) — *offre f conditionnelle; proposition f conditionnelle*

offer (final) — *offre f finale*

offer (package) — *proposition f globale*

offer (qualified) — *proposition f conditionnelle; offre f conditionnelle*

offer (unconditional) — *offre f inconditionnelle*

office — *office m ; bureau m ; charge f*

office (administration) — *bureau m administratif*

office employee — *employé m de bureau*

office employees — *personnel m de bureau*

office (employment) — *service m d'emploi; bureau m d'embauchage; bureau m de recrutement*

office (head) — *siège m social; administration f centrale* office (hiring) — *bureau m d'embauchage*

office (home) — *siège m social*

office manager — *chef m de bureau*

Office (Manpower Branch) MBO — *Direction f générale de la main-d'oeuvre - DGMO*

office (plurality of) — *double emploi m*

office (term of) — *durée f du mandat; mandat m*

office (to stand for) — *briguer les suffrages*

office (union) — *secrétariat m syndical*

officer — *cadre m*

officer (/civil service/) — *fonctionnaire m ; officiel m*

officer (conciliation) — *conciliateur m*

officer (local union) — *militant m de base; agent m de section locale*

officer (personnel) — *agent m du personnel*

officer (president and chief executive) — *président m directeur général — PDG*

officer (public relations) P.R.O.; P.R. man — *relationniste m ; conseiller m en relations publiques; consultant m en relations publiques*

officer (union) — *dirigeant m syndical; militant m syndical; membre m du bureau syndical; responsable m syndical*

officers — *état-major m ; cadres mp*

official — *formel; officiel*

official (acting) — *suppléant m*

official (/civil service/) — *fonctionnaire m ; officiel m*

official document — *document m officiel*

official (full-time paid) — *libéré m (c)*

official gazette — *journal m officiel*

official strike — *grève f autorisée*

officials — *officiels mp*

off-peak hour — *heure f creuse*

off-season — *morte-saison f ; temps m mort; période f creuse*

old age insurance — *assurance-vieillesse f*

old age pension — *pension f de vieillesse*

older worker — *travailleur m âgé*

oligopoly — *oligopole m*

on-call premium — *indemnité f de disponibilité; prime f de disponibilité*

on-call time pay — *taux m de salaire de disponibilité*

on-site work — *travail m à pied d'oeuvre*

on-the-job morale — *moral m au travail*

on-the-job safety — *sécurité f du travail*

on-the-job training — *formation f en industrie; formation f sur le tas; formation f sur place; formation f en milieu de travail; formation f interne; formation f en cours d'emploi; entraînement m sur le tas (c)*

One Big Union – OBU — One Big Union – OBU

onus — *fardeau m de la preuve*

open ballot — *scrutin m public*

open clause — *clause f révisable; clause f ouverte*

open-end clause — *clause f de révision; clause f de réouverture*

open-end contract — *convention f collective ouverte*

open job — *emploi m disponible; emploi m vacant; vacance f*

open season — *période f d'échappatoire*

open shop — *atelier m ouvert (c)*

open union — *syndicat m ouvert*

open vote — *vote m public; scrutin m public; vote m à main levée; vote m par assis et levés; vote m par appel nominal*

opening (job) — *poste m vacant; nouvel emploi m ; vacance f*

operating employees — *personnel m itinérant*

operating expenses — *charges fp d'exploitation*

operating group — *groupe m opérationnel*

operating personnel — *personnel m d'exécution*

operation — *exploitation f ; opération f*

operation process chart — *graphique m d'analyse d'opération manuelle*

operation (seven–day) — *travail m en continu; procédé m en continu*

operational layout — *implantation– opération f*

operational pay — *salaire m d'exécution*

operational research – OR — *recherche f opérationnelle – RO*

operations audit — *contrôle m des opérations*

operations breakdown — *décomposition f des tâches*

operations (continuous) — *travail m en continu; procédé m en continu*

operations management — *gestion f des opérations*

operations manager — *chef m d'exploitation*

operations research – OR — *recherche f opérationnelle – RO*

opinion (general) — *opinion f générale; consensus m*

opinion (public) — *opinion f publique*

opportunities (job) — *possibilités fp d'emploi; occasions fp d'emploi*

opportunity (equality of) — *égalité f des chances*

opposition — *opposition f*

opting out — *désengagement m ; option f de retrait*

option to withdraw — *option f de retrait*

option (withdrawal) — *option f de retrait*

optional — *facultatif; optionnel (néol.)*

optional insurance — *assurance f facultative; assurance f volontaire*

optional withdrawal — *retrait m facultatif*

oral agreement — *accord m verbal*

oral contract — *contrat m verbal*

order — *décret m ; guilde f ; ordonnance f ; ordre m ; mandat m*

order (court) — *injonction f ; arrêt m ; ordonnance f*

order–in-council — *arrêté m en conseil (c); arrêté m ministériel; décret m*

order (point of) — *rappel m au règlement; rappel m à l'ordre*

order (reinstatement) — *ordonnance f de réintégration*

order (rules of) — *code m de règles de procédure*

orderly trade–unionism — *syndicalisme m d'acceptation*

ordinance — *ordonnance f*

Ordinance – No.4 (General) — *Ordonnance f générale – no 4*

organism — *organisme m*

organizable — *syndicalisable (néol.) (c)*

organization — *association f ; organisation f ; répartition f fonctionnelle; structure f ; organisme m*

organization (bona fide) — *association f de bonne foi (c) ; association f de fait*

organization chart — *organigramme m*

Organization for Economic Cooperation and Development — OECD — *Organisation f de coopération et de développement économique — OCDE*

organization (functional) — *organisation f fonctionnelle; organisation f horizontale*

organization (line) — *organisation f hiérarchique; organisation f opérationnelle; organisation f verticale*

organization (non–profit) — *association f sans but lucratif*

organization (staff) — *organisation f horizontale; organisation f fonctionnelle*

organization (work) — *organisation f du travail*

organizational picketing — *piquetage m d'organisation (c)*

organize (right to) — *droit m d'association; liberté f syndicale*

organized labour — *travail m organisé; mouvement m syndical*

organized profession — *profession f organisée*

organized shop — *atelier m syndiqué*

organizer (union) — *organisateur m syndical; recruteur m syndical*

orientation (vocational) — *initiation f à la profession*

other workers — *travailleurs mp assimilés*

outgoing crew — *équipe f sortante; quart m /de travail/ sortant*

outgoing shift — *quart m /de travail/ sortant; équipe f sortante*

outline process chart — *graphique m d'analyse générale d'opération*

output — *extrant m ; production f ; rendement m*

output restriction — *ralentissement m de travail*

output (restrictions on) — *limitation f du rendement*

outright work — *travail m à forfait*

overemployment — *suremploi m*

over–full employment — *suremploi m*

overhead charges — *frais mp généraux; coûts mp constants; coûts mp fixes*

overheating — *surchauffe f*

overpayment — *surpaye f ; trop–perçu m*

overproduction — *surproduction f*

overtime — *heures fp supplémentaires; surtemps m (c); travail m supplémentaire*

overtime premium — *prime f de surtemps*

overtime premium pay — *majorations fp pour heures supplémentaires*

overtime rate — *taux m de salaire de surtemps (c); taux m des heures supplémentaires*

overtime (voluntary) — *heures fp supplémentaires facultatives; surtemps m volontaire (c)*

overwork — *surmenage m*

overworking — *surmenage m*

owner–manager — *dirigeant m propriétaire*

ownership — *propriété f*

owner (working) — *propriétaire m actif*

P

pace — *allure f ; rythme m ; cadence f*

pace (normal) — *allure f normale*

pace of production (normal) — *rythme m normal de production*

pace setter — pace setter

pace (standard) — *allure f de référence*

pace (work) — *rythme m de travail; cadence f de travail*

pace (work at fixed) — *travail m à rythme lié*

pace (work at one's own) — *travail m à rythme libre*

paced work (tight) — *travail m à rythme lié*

Pacem in Terris — Pacem in Terris

pacemaker — pace setter

package — *paquet m*

package agreement — *règlement m global*

package bargaining — *négociation f globale*

package deal — *enveloppe f globale; offre f globale; panier m*

package increase — *augmentation f forfaitaire de salaire*

package offer — *proposition f globale*

package settlement — *règlement m global*

pact — *pacte m*

pact (no–raiding) — *accord m de non–maraudage (c)*

paid holiday — *congé m rémunéré; jour m férié payé; jour m férié rémunéré; congé m payé; congé m avec solde; absence f rémunérée*

paid hours — *heures f payées*

paid leave /of absence/ — *congé m avec solde (c); absence f rémunérée; congé m payé*

paper — *communication f*

paper differences — *différences fp nominales*

paper local (fam.) — *syndicat m fantôme*

paper (white) — *livre m blanc*

parapublic enterprise — *entreprise f parapublique*

parapublic sector — *secteur m parapublic*

parent company — *société f mère*

parity clause — *clause f de parité*

parity committee — *comité m paritaire*

parity (wage) — *parité f de salaire*

partial award — *décision f partielle; sentence f partielle*

partial disability — *incapacité f partielle*

partial strike — *grève f partielle*

participation — *participation f*

participation (full) — *participation f totale*

participation in decision–making — *participation f à la décision*

participation in management — *participation f à la gestion*

participation rate (labour force) LFPR — *taux m d'activité*

participation system — *intéressement m*

participation through consultation — *participation f de consultation*

participation (workers) — *participation f ouvrière*

participative management — *gestion f multiple; direction f polyvalente; gestion f intéressée; direction f participative*

participative trade–unionism — *syndicalisme m de participation*

participatory insurance — *assurance f à cotisations; assurance f contributive*

parties (joinder of) — *mis en cause m*

parties to the agreement — *parties fp contractantes; parties fp signataires*

partners — *associés mp*

partners (social) — *partenaires mp sociaux*

partnership — *société f*

partnership agreement — *contrat m d'association*

partnership limited by shares — *société f en commandite par actions*

part–time employee — *employé m à temps partiel*

part–time employment — *emploi m à temps partiel*

part–time job — *emploi m à temps partiel*

part–time work — *travail m à temps partiel*

part–time worker — *travailleur m à temps partiel*

/past/ practice — *usage m*

past service benefits — *crédits mp de service passé (c)*

past service credit — *crédits mp de service passé (c)*

patent agreement — *contrat m de brevet*

patent assignment — *cession f de brevet*

paternalism — *paternalisme m*

path (career) — *développement m de carrière*

path method (critical) CPM — *méthode f du chemin critique*

patrimony — *patrimoine m*

patronage dividend — *commission f clandestine; pot–de–vin m*

pattern — *modèle m ; type m*

pattern agreement — *convention f collective type*

pattern bargaining — *négociation f type*

pattern (rotating shift) — *cycle m d'alternance; grille f de roulement; tableau m de service*

pattern wage — *salaire m type*

pattern (wage) — *grille f de salaire*

patterns (consumption) — *habitudes fp de consommation*

pauperism — *paupérisme m*

pauperization — *paupérisation f*

pause — *pause f*

pay — *paye f ; rémunération f ; solde f*

pay (ability to) — *capacité f de payer*

pay (advance) — *paye f anticipée*

pay advance — *avance f sur salaire*

pay (ancillary) — *paye f complémentaire*

pay (annual vacation with) — *congés mp annuels payés; vacances fp payées*

pay–as–you–go pension plan — *plan m de pension par répartition; plan m de pension sans caisse*

pay–as–you–go system — *système m de répartition*

pay (back) — *rappel m de salaire*

pay (base) — *rémunération f primaire; traitement m de base; salaire m de base*

pay (basic) — *rémunération f primaire; traitement m de base*

pay before deductions — *rémunération f brute*

pay (beginner's) — *salaire m à l'embauchage; salaire m de débutant; salaire m de début*

pay (biweekly) — *paye f à la quatorzaine*

pay by the month — *salaire m au mois*

pay by the week — *salaire m à la semaine*

pay (call–in) — *indemnité f de présence*

pay (call–out) — *indemnité f de rappel*

pay (compensatory) — *indemnité f compensatrice de congé payé*

pay (danger) — *prime f de risque*

pay (dirty work) — *prime f de salissure*

pay (disability) — *allocation f d'invalidité*

pay envelope — *enveloppe f de paye (c)*

pay (extra) — *extra m ; supplément m de salaire; surpaye f ; sursalaire m*

pay (extra–duty) — *salaire m pour travail spécial*

pay (extra vacation) — *gratification f de vacances*

pay (face–to–face) — *salaire m d'exécution*

pay (gross) — *salaire m brut; rémunération f brute*

pay (hold–back) — *retenue f de la paye*

pay in lieu of holiday — *indemnité f compensatrice de congé payé*

pay in lieu of notice — *indemnité f de préavis; indemnité f de brusque rupture*

pay (isolation) — *indemnité f d'isolement*

pay (jury–duty) — *allocation f de service judiciaire; indemnité f de service judiciaire*

pay (leave /of absence/ with) — *absence f rémunérée; congé m payé*

pay (leave /of absence/ without) — *congé m non payé; congé m sans paye; congé m sans salaire; congé m sans solde*

pay (longevity) — *prime f d'ancienneté*

pay (maternity) — *allocation f de maternité*

pay (moonlight) — *salaire m d'appoint*

pay (operational) — *salaire m d'exécution*

pay (penalty) — *salaire m compensatoire*

pay period — *période f de paye*

pay period (regular) — *période f normale de paye*

pay period (standard) — *période f normale de paye*

pay (portal–to–portal) — *paiement m à la démarcation; salaire m à la démarcation; salaire m selon la durée de présence*

pay (premium) — *salaire m majoré; prime f*

pay (rates of) — *échelle f des salaires*

pay (reporting) — *indemnité f de présence*

pay (retroactive) — *salaire m rétroactif*

pay (separation) — *indemnité f de fin d'emploi; indemnité f de cessation d'emploi; indemnité f de départ; indemnité f de licenciement*

pay (severance) — *indemnité f de cessation d'emploi; indemnité f de départ; indemnité f de fin d'emploi; indemnité f de licenciement*

pay sheet — *feuille f de paye; bulletin m de paye; liste f de paye*

pay slip — *bulletin m de paye; fiche f de paye*

pay (split–shift) — *prime f d'amplitude; prime f de quart brisé; prime f de quart fractionné*

pay (straight–time) — *salaire m régulier*

pay (strike) — *allocation f de grève; indemnité f de grève*

pay system — *système m de rémunération*

pay (take–home) — *paye f encaissable; salaire m net; gains mp nets*

pay (travel) — *allocation f de trajet; allocation f de déplacement*

pay (underspread) — *prime f de chevauchement*

pay zone — *zone f de salaires*

payday — *jour m de paye; la saintetouche f (fam.)*

paylist — *bordereau m de paye; liste f de paye; livre m de paye*

payment — *paiement m*

payment bond — *dépôt m de garantie de salaire*

payment (commission) — *salaire m à la commission*

payment in cash — *rémunération f en espèces*

payment in kind — *rémunération f en nature*

payment (lump–sum) — *rémunération f forfaitaire*

payment (method of) — *mode m de paiement*

payment (monthly) — *mensualité f*

payment plan (tuition) — *régime m de perfectionnement*

payments (balance of) — *balance f des comptes /internationaux/; balance f des paiements /internationaux/*

payments (welfare) — *prestations fp sociales*

payroll — *feuille f de paye; liste f de paye; bordereau m de paye*

payroll (total) — *masse f salariale*

peace (industrial) — *paix f industrielle*

peak hour — *heure f de pointe; heure f d'affluence*

peg point — *taux* m *de salaire de référence; taux* m *de salaire repère*

pegging — *indexation* f

penal code — *code* m *pénal*

penalty — *pénalité* f *; sanction* f *; amende* f *légale*

penalty pay — *salaire* m *compensatoire*

pendency /of case/ — *litispendance* f

pension — *pension* f *; retraite* f

Pension Board (Québec) QPB — *Régie* f *des rentes du Québec — RRQ*

pension fund — *caisse* f *de retraite; fonds* m *de pension; fonds* m *de retraite*

pension (old age) — *pension* f *de vieillesse*

pension plan — *plan* m *de pension; régime* m *de retraite*

pension plan (averaged–earnings) — *plan* m *de pension selon les gains moyens*

pension plan (career–earnings) — *plan* m *de pension selon les gains moyens; plan* m *de pension de carrière*

pension plan (contributory) — *plan* m *de pensions contributives*

pension plan (definite benefit) — *plan* m *de pension à prestations définies*

pension plan (final–earnings) — *plan* m *de pension selon les gains terminaux*

pension plan (flat–rate) — *plan* m *de pension à taux fixe*

pension plan (funded) — *plan* m *de pension avec caisse spéciale; plan* m *de pension capitalisé*

pension plan (government) — *régime* m *de retraite de l'État*

pension plan (joint) — *plan* m *de pension conjoint*

pension plan (money–purchase) — *plan* m *de pension d'acquisition pécuniaire*

pension plan (negotiated) — *plan* m *de pension par convention collective*

pension plan (non–contributory) — *plan* m *de pensions non contributives*

pension plan (pay–as–you–go) — *plan* m *de pension par répartition; plan* m *de pension sans caisse*

pension plan (private) — *plan* m *de pension privé*

pension plan (public) — *régime* m *de retraite de l'État*

pension plan (uniform benefit) — *plan* m *de pension à prestations uniformes*

pension plan (unilateral) — *plan* m *de pension unilatéral*

pension (portable) — *pension* f *transportable*

pension (retirement) — *pension* f *de retraite*

pension (survivors' benefits) — *pension* f *de réversion*

pensioner — *retraité* m *; pensionné* m

pensioner (retired) — *pensionné* m *; retraité* m

per capita — *capitation* f *; per capita* m

percentage shop — *atelier* m *syndical proportionnel (c)*

performance — *performance* f *; rendement* m

performance appraisal — *appréciation* f *des performances*

performance measurement — *mesure* f *de performances*

performance (normal) — *allure* f *de référence*

performance rating — *jugement* m *d'allure*

performance review (employee) — *appréciation* f *du personnel*

performance standards — *normes* fp *de rendement; normes* fp *d'exécution*

performance (standards of) — *normes* fp *d'exécution; normes* fp *de rendement*

performance test — *test* m *d'exécution*

performance tests — *essais* mp *de performance*

performer — *exécutant* m

period — *période* f

period (annual vacation) — *période* f *des vacances annuelles; période* f *des congés annuels*

period (base) — *période* f *de référence*

period (break) — *pause* f *; repos* m *intercalaire; repos* m

period (break–in) — *période* f *de rodage; période* f *d'initiation; période* f *d'adaptation*

period (compulsory cooling–off) — *trêve* f *obligatoire*

period (cooling–off) — *pause* f *de conciliation; période* f *de réflexion; période* f *de répit (?)*

period (dismissal notice) — *délai* m *congé; délai* m *de préavis*

period (down) — *période* f *d'arrêt technologique*

period (escape) — *période* f *d'échappatoire*

period (limitation) — *délai* m

period (meal) — *temps* m *des repas*

period (normal work) — *durée* f *normale du travail; période* f *normale de travail*

period of posting — *durée* f *de l'affichage*

period (pay) — *période* f *de paye*

period (probationary) — *période* f *d'essai; stage* m *; période* f *de probation; période* f *probatoire; stage* m *probatoire*

period (reference) — *période* f *de référence*

period (regular pay) — *période* f *normale de paye*

period (regular work) — *durée* f *normale du travail*

period (rest) — *pause* f *café; repos* m *intercalaire; période* f *de repos*

period (slack) — *morte–saison* f *; période* f *creuse; temps* m *mort*

period (standard pay) — *période* f *normale de paye*

period (standard work) — *durée* f *normale du travail*

period (stand-by duty) — *période* f *de disponibilité*

period (training) — *stage* m

period (waiting) — *délai* m *de carence; période* f *d'attente*

period (weekly rest) — *repos* m *hebdomadaire*

period (work) — *durée* f *du travail*

periodic activity allowances — *majorations* fp *pour activité périodique*

perishables — *biens* mp *périssables*

permanent arbitrator — *arbitre* m *permanent*

permanent disability — *incapacité* f *permanente; invalidité* f *permanente; incapacité* f *définitive*

permanent employee — *permanent* m

permanent injunction — *injonction* f *permanente*

permanent umpire — *arbitre* m *permanent*

permanent worker — *permanent* m

permit — *licence* f

permit (work) — *permis* m *de travail*

perquisite — *revenant–bon* m

perquisites — *émoluments* mp

personal allowances — *majorations* fp *pour besoins personnels*

personal holiday — *congé* m *de circonstance*

personal income — *revenu* m *personnel*

personal reasons (leave /of absence/ for) — *congé* m *pour convenances personnelles; congé* m *pour raisons de convenance personnelle*

personnel — *personnel* m

personnel administration — *gestion* f *du personnel*

personnel (administrative) — *personnel* m *de cadre*

personnel (ancillary) — *personnel* m *auxiliaire*

personnel appraisal — *appréciation* f *du personnel*

Personnel Association (Montréal) MPA — *Association* f *des administrateurs de personnel de Montréal – AAPM*

personnel audit — *évaluation* f *des programmes du personnel*

personnel (auxiliary) — *personnel* m *auxiliaire*

personnel (clerical) — *personnel* m *de soutien*

personnel department — *bureau* m *du personnel; service* m *du personnel; direction* m *du personnel*

personnel director — *chef m du personnel; directeur m du personnel*

personnel evaluation — *notation f du personnel*

personnel files — *dossier m du personnel; fichier m du personnel*

personnel (housekeeping) — *personnel m d'entretien ménager; gens fp de maison; domestiques mp*

personnel improvement fund — *caisse f de perfectionnement*

personnel interchangeability — *interchangeabilité f du personnel*

personnel inventory — *inventaire m des effectifs*

personnel (maintenance) — *personnel m d'entretien*

personnel management — *direction f du personnel; gestion f du personnel*

personnel (management) — *agents mp de maîtrise*

personnel manager — *chef m du personnel; directeur m du personnel*

personnel (managerial) — *personnel m de direction; personnel m de cadre; cadres mp*

personnel morale — *moral m du personnel*

personnel office — *bureau m du personnel*

personnel officer — *agent m du personnel*

personnel (operating) — *personnel m d'exécution*

personnel policy — *politique f de personnel*

personnel rating — *appréciation f du personnel*

personnel records — *dossier m du personnel; fichier m du personnel*

personnel redundancy — *personnel m excédentaire*

personnel rotation — *rotation f du personnel*

personnel (subordinate) — *personnel m subalterne*

personnel (supervisory) — *personnel m de cadre; personnel m de maîtrise*

personnel (surplus) — *personnel m excédentaire*

personnel survey — *relevé m des effectifs; dénombrement m des effectifs*

persons outside the labour force — *population f non active*

PERT — PERT

petition — *requête f ; demande f*

petition for reconsideration — *requête f en révision*

petition for revision — *requête f en révision*

petitioner — *demandeur m*

Philadelphia Declaration — *Déclaration f de Philadelphie*

Phillips' curve — *courbe f de Phillips*

philosophy (management) — *philosophie f de la direction*

physical capacity — *capacité f physique*

physical fitness — *capacité f physique*

physical labour — *travail m physique*

picket — *piquet m /de grève/; piqueteur m (c)*

picket (flying) — *piquet m volant (c)*

picket line — *ligne f de piquetage (c)*

picket–line (mass) — *piquetage m massif (c)*

picket (moving) — *piquet m mobile (c)*

picket (roving) — *piquet m mobile (c)*

picketing — *piquetage m (c)*

picketing (chain) — *piquetage m en chaîne (c)*

picketing (circular) — *piquetage m circulaire (c)*

picketing (consumer) — *piquetage m auprès des consommateurs (c)*

picketing (cross) — *contre–piquetage m (c)*

picketing (customer) — *piquetage m auprès des clients (c)*

picketing (dry–run) — *piquetage m d'avertissement*

picketing (information) — *piquetage m informatif (c); piquetage m publicitaire (c); piquetage m d'information*

picketing (legal) — *piquetage m légal (c)*

picketing (mass) — *piquetage m massif (c)*

picketing (minority) — *piquetage m minoritaire (c)*

picketing (organizational) — *piquetage m d'organisation (c)*

picketing (primary) — *piquetage m primaire (c)*

picketing (recognition) — *piquetage m de reconnaissance (c)*

picketing (secondary) — *piquetage m secondaire (c)*

picketing (stranger) — *piquetage m par des étrangers (c)*

picketing (symbolic) — *piquetage m symbolique (c)*

picketing (token) — *piquetage m symbolique*

pie card — *employé m favorisé*

piece–rate (differential) — *taux m différentiel aux pièces*

piecework — *travail m à la pièce*

piecework /wage/ — *salaire m à la pièce*

pigeon (stool) — *indicateur m ; mouchard m ; délateur m*

pilfering — *chapardage m*

pilot plant — *usine f pilote*

piracy — *piraterie f*

pirating — *piraterie f*

place of employment — *lieu m de travail*

place of meeting — *lieu m de réunion*

placement (selective) — *placement m sélectif*

plaintiff — *demandeur m*

plan — *plan m ; régime m*

plan (company savings) — *régime m d'épargne d'entreprise*

plan (constant–wage) — *régime m de salaire constant*

plan (deferred profit–sharing pension) — *plan m de partage différé de bénéfices*

plan (employee stock ownership) — *régime m d'actionnariat*

plan (employee stock purchase) — *régime m d'actionnariat ouvrier*

plan (employees' profit–sharing) — *régime m de participation des employés aux bénéfices*

plan (extended vacation) — *régime m de vacances prolongées*

plan (fixed annual income) — *régime m de salaire constant*

plan (government pension) — *régime m de retraite de l'État*

plan (group incentive) — *système m collectif de salaire au rendement*

plan (guaranteed employment) — *régime m de sécurité d'emploi*

plan (guaranteed income) — *revenu m minimal garanti*

plan (incentive sharing) — *système m de partage de salaire au rendement*

plan (incentive wage) — *méthode f de rémunération au rendement; système m de rémunération au rendement*

plan (individual incentive) — *système m individuel de salaire au rendement*

plan (pension) — *plan m de pension; régime m de retraite*

plan (plant–wide incentive) — *système m collectif de salaire au rendement*

plan (public pension) — *régime m de retraite de l'État*

plan (registered pension) — *fonds m de pension enregistré*

plan (selective incentive) — *système m sélectif de salaire au rendement*

plan (stock) — *régime m d'actionnariat*

plan (stock bonus) — *prime f d'actionnariat*

plan (stock purchase) — *régime m d'actionnariat privilégié*

plan (suggestion award) — *système m de suggestions*

plan (tuition payment) — *régime m de perfectionnement*

plan (universal social assistance) — *régime m d'assistance sociale universelle*

plan (wage) — *système m de rémunération*

planned economy — *dirigisme m ; économie f concertée*

planning — *planification f*

planning (coercive economic) — *dirigisme m*

planning (directed) — *dirigisme* *m*

planning (forward) — *plan* *m* *à longue échéance*

planning (long range) — *planification* *f* *à long terme*

planning (long term) — *planification* *f* *à long terme*

planning (manpower) — *plan* *m* *d'effectifs*

planning (production) — *planification* *f* *de la production*

planning, programming and budgeting system - PPBS — *rationnalisation* *f* *des choix budgétaires - RCB*

planning (regional) — *aménagement* *m* *du territoire*

planning (short term) — *planification* *f* *à court terme*

plant — *établissement* *m* *; usine* *f*

plant agreement — *accord* *m* *d'établissement*

plant /bargaining unit/ — *unité* *f* *de négociation par établissement*

plant capacity — *capacité* *f* *de l'usine*

plant closure — *fermeture* *f* *d'établissement*

plant committee — *comité* *m* *d'entreprise*

plant (eviction from) — *expulsion* *f* *de l'établissement*

plant layout — *disposition* *f* *d'une usine; implantation* *f* *d'une usine; aménagement* *m* *; plan* *m* *d'aménagement*

plant location — *implantation* *f* *d'une usine*

plant manager — *directeur* *m* *d'usine; gérant* *m* *d'établissement; gérant* *m* *d'atelier; chef* *m* *des fabrications; chef* *m* *d'établissement; gérant* *m* *d'usine*

plant (pilot) — *usine* *f* *pilote*

plant protection employee — *agent* *m* *de sécurité*

plant rules — *règlement* *m* *intérieur; règlement* *m* *d'atelier*

plant seniority — *ancienneté* *f* *d'établissement*

plant shutdown — *fermeture* *f* *d'établissement*

plant superintendent — *chef* *m* *d'établissement*

plant–wide incentive plan — *système* *m* *collectif de salaire au rendement*

platform — *plate–forme* *f*

plebiscite — *plébiscite* *m*

plenary committee — *comité* *m* *plénier*

plough–back — *autofinancement* *m*

plough–back (gross) — *autofinancement* *m* *brut*

plough–back (net) — *autofinancement* *m* *net*

plural unionism — *pluralisme* *m* *syndical*

plurality — *majorité* *f* *des voix*

plurality of office — *double emploi* *m*

poaching — *maraudage* *m* *syndical*

point (breakeven) — *seuil* *m* *de rentabilité; point* *m* *critique; point* *m* *mort*

point (growth) — *pôle* *m* *de croissance*

point method — *méthode* *f* *des points*

point of order — *rappel* *m* *au règlement; rappel* *m* *à l'ordre*

point system — *méthode* *f* *des points*

point system (straight) — *méthode* *f* *des points directs*

point system (weighted) — *méthode* *f* *des points pondérés*

points rating method — *qualification* *f* *par points*

policy — *politique* *f*

policy allowances — *majorations* *fp* *supplémentaires*

policy (budget) — *politique* *f* *budgétaire*

policy (employment) — *politique* *f* *d'emploi*

policy (government wage) — *politique* *f* *gouvernementale des salaires*

policy grievance — *grief* *m* *collectif*

policy–holder — *assuré* *m* *cotisant*

policy (layoff) — *politique* *f* *de mise à pied; politique* *f* *de licenciement*

policy (manpower) — *politique* *f* *de main–d'oeuvre*

policy (marketing) — *politique f de mise en marché*

policy (personnel) — *politique f de personnel*

policy report — *rapport m moral*

policy (wage) — *politique f salariale; politique f des salaires*

political program — *programme m politique*

political strike — *grève f politique*

politicization — *politisation f*

politics — *politique f*

poll — *bureau m de vote; bureau m de scrutin; scrutin m ; sondage m*

polling — *élection/s/ f*

polling booth — *bureau m de scrutin; isoloir m*

polling station — *bureau m de scrutin*

poor work — *travail m bâclé; malfaçon f ; travail m bousillé (fam.)*

popular vote — *suffrage m universel*

population (aging of the) — *vieillissement m de la population*

population (gainfully occupied) — *population f active*

population (not gainfully occupied) — *population f inactive*

portable pension — *pension f transportable*

portal–to–portal pay — *paiement m à la démarcation; salaire m à la démarcation; salaire m selon la durée de présence*

portfolio — *portefeuille m*

position — *place f ; situation f ; fonction f ; poste m de travail; position f*

position (classification of) — *classification f des emplois; classification f des postes de travail; classification f des fonctions*

position (vacant) — *poste m vacant; vacance f*

positive strike — *grève f positive; grève f revendicative*

possession — *jouissance f*

possession (entering into) — *entrée f en jouissance*

possession (taking) — *entrée f en jouissance*

poster — *affiche f*

post–industrial society — *société f post–industrielle*

posting — *affichage m*

posting (job) — *affichage m des emplois*

posting (period of) — *durée f de l'affichage*

posting privileges — *droit m au tableau d'affichage*

postnatal leave — *congé m postnatal*

postponement — *ajournement m*

potential (growth) — *potentiel m de croissance*

potential labour force — *main–d'oeuvre f potentielle*

potential labour market — *marché m potentiel du travail*

potential manpower — *main–d'oeuvre f potentielle*

potential market — *marché m potentiel*

potential (production) — *potentiel m de production*

poverty — *indigence f*

power (bargaining) — *force f économique; pouvoir m de marchandage; pouvoir m de négociation; puissance f de marchandage; puissance f de négociation*

power (discretionary) — *pouvoir m discrétionnaire*

power (purchasing) — *pouvoir m d'achat*

powers (delegation of) — *délégation f de pouvoirs*

powers of the arbitrator — *pouvoirs mp de l'arbitre; attributions fp de l'arbitre*

practice — *pratique f ; coutume f ; usage m ; usages mp*

practice (anti-labour) — *action f antisyndicale*

practice (anti–union) — *action f antisyndicale*

practice (fair employment) — *pratique f loyale en matière d'emploi*

practice (illegal) — *pratique f illégale*

practice (/past/) — *usage m ; usages mp*

practice (restrictive work) — *pratique f restrictive en matière de travail*

practice (unfair labour) — *pratique f déloyale de travail; manoeuvre f déloyale*

practice (work–sharing) — *distribution f du travail disponible*

practitioner — *praticien m*

prayer meeting — *grève f camouflée; journée f d'étude*

preactivity — *prénégociation f ; négociation f anticipée*

pre–agreement dispute — *conflit m d'intérêts*

prebargaining conference — *prénégociation f ; négociation f anticipée*

prebargaining negotiation — *prénégociation f ; négociation anticipée*

precedent — *précédent m*

pre–condition — *préalable m*

predetermined motion time system – PMTS — *méthode f des temps prédéterminés – PMTS*

predetermined work schedule — *horaire m fixe de travail*

predominant range — *marge f prédominante*

pre–employment medical check–up — *examen m médical de pré–embauchage*

preferential hiring — *embauchage m préférentiel*

preferential hiring hall — *bureau m d'embauchage préférentiel*

preferential seniority — *ancienneté f privilégiée*

preferential shop — *préférence f syndicale; atelier m préférentiel (c)*

preferred motion — *proposition f privilégiée*

preferred seniority — *ancienneté f privilégiée*

pre–hearing vote — *scrutin m d'avant–audition; vote m d'avant–audition*

pre–hiring experience — *expérience f*

prejudice — *préjudice m*

preliminary agreement — *accord m préliminaire*

premises (access to company) — *accès m aux terrains et locaux de l'entreprise*

premium — *boni m ; contribution f ; prime f ; gratification f ; indemnité f ; majoration f*

premium (accelerating) — *prime f progressive*

premium (company) — *prime f d'entreprise*

premium (discretionary) — *prime f discrétionnaire*

premium (hardship) — *indemnité f de nuisances; indemnité f de pénibilités; majorations fp pour travaux pénibles*

premium insurance — *assurance f à primes*

premium (isolation) — *indemnité f d'éloignement; indemnité f d'isolement*

premium (night shift) — *prime f de nuit*

premium (on-call) — *indemnité f de disponibilité; prime f de disponibilité*

premium (overtime) — *prime f de surtemps*

premium pay — *salaire m majoré; prime f*

premium pay (overtime) — *majorations fp pour heures supplémentaires*

premium (preshift) — *prime f de préquart*

premium (shift) — *prime f de quart*

premium (split–shift) — *prime f d'amplitude; prime f de quart brisé; prime f de quart fractionné*

premium wage — *majorations fp de salaire*

premium wage rate — *taux m de salaire majoré*

prenatal leave — *congé m prénatal*

preponderance — *prépondérance f*

prerequisite — *préalable m*

prerogative (management) — *prérogative f patronale*

prerogative (managerial) — *prérogative f patronale*

prerogatives (management) — *attributions fp patronales; droits mp de la direction*

prescription — *prescription f*

preshift premium — *prime f de pré-quart*

president and chief executive officer — *président m directeur général — PDG*

president (company) — *président m de compagnie; président m*

pressure group — *groupe m de pression; groupe m d'intérêt*

prestige strike — *grève f de prestige*

presumption — *présomption f*

presumption of fact — *présomption f de fait*

presumption of law — *présomption f de droit*

presumption of law (irrebuttable) — *présomption f juris et de jure; présomption f de droit absolue*

presumption of law (rebuttable) — *présomption f juris tantum; présomption f de droit simple*

prevailing rate — *taux m courant; taux m de salaire prépondérant; taux m en usage; taux m de salaire pratiqué; taux m de salaire régnant*

prevention (accident) — *prévention f des accidents*

preventive mediation — *médiation f préventive*

previous experience — *expérience f*

previous question — *question f préalable*

prevision — *prévision f*

pre–vocational training — *initiation f à la profession*

price — *prix m*

price (contract at agreed) — *contrat m à forfait*

price contract (fixed–) — *contrat m à forfait*

price control (wage and) — *contrôle m des salaires et des prix*

price (cost) — *prix m de revient; prix m coûtant*

price–earnings ratio – P/E — *rapport m coûts–bénéfices*

price escalation — *flambée f des prix*

price freeze — *blocage m des prix; gel m des prix*

price index (consumer) – CPI — *indice m des prix à la consommation*

price index (wholesale) — *indice m des prix de gros*

price softening — *fléchissement m du marché*

Prices and Incomes Commission – PIC — *Commission f des prix et des revenus – CPR*

primary boycott — *boycottage m primaire*

primary picketing — *piquetage m primaire (c)*

primary sector — *secteur m primaire*

principal — *mandant m*

principle (agreement in) — *accord m de principe*

principle (declaration of) — *déclaration f de principes*

principle (surrender of) — *compromission f*

principles (statement of) — *déclaration f de principes*

prior notice — *préavis m*

private company — *compagnie f privée (c)*

private deliberation — *délibéré m*

private employment agency — *bureau m privé de placement; service m privé de placement*

private insurance — *assurance f privée*

private ownership (return to) — *désétatisation f*

private pension plan — *plan m de pension privé*

private sector — *secteur m privé*

privative clause — *clause f restrictive*

privilege — *privilège m*

privilege (question of) — *question f de privilège (c); point m personnel*

privileges (abuse of) — *abus m de droits*

privileges (posting) — *droit m au tableau d'affichage*

P.R. man — *relationniste m ; conseiller m en relations publiques; consultant m en relations publiques*

probation period — *période f d'essai; stage m probatoire; période f de probation; période f probatoire*

probation (hiring on) — *engagement m à l'essai*

probationary employee — *employé m à l'essai; stagiaire m*

probationary hiring — *engagement m à l'essai*

probationary period — *période f d'essai; stage m ; stage m probatoire; période f de probation; période f probatoire*

probationary period rate — *salaire m de période d'essai*

probationary rate — *taux m d'essai*

probationary worker — *travailleur m à l'essai*

procedure — *procédure f*

procedure (claims) — *procédure f de réclamation*

procedure code (rules of) — *code m de règles de procédure*

procedure (employment) — *procédure f d'emploi; procédure f d'embauchage; procédure f d'engagement*

procedure (grievance) — *procédure f de réclamation; procédure f de règlement des griefs; recours m*

procedure (hiring) — *procédure f d'emploi; procédure f d'embauchage; procédure f d'engagement*

procedure (rules of) — *règles fp de procédure*

proceedings — *procès–verbal m ; acte m de procédure*

process — *procédé m ; processus m*

process allowances — *majorations fp pour retards inévitables*

process (continuous) — *procédé m en continu; travail m en continu*

process (due) — *recours m*

process industry (continuous) — *industrie f à production continue*

process layout — *implantation–opération f*

process (non–stop) — *travail m en continu; procédé m en continu*

process (production) — *processus m de production; procédé m de fabrication*

process (training) — *procédé m de formation; technique f de formation*

process work — *travail m par processus*

proclamation — *proclamation f*

procuration — *procuration f*

producers' goods — *biens mp de production*

product boycott — *boycottage m de produits*

product (cost of a) — *coût m d'un produit*

product (gross national) GNP — *produit m national brut — PNB*

product layout — *implantation–produit f*

product revenue — *revenu m d'un produit*

production — *production f*

production (assembly–line) — *fabrication f à la chaîne; production f à la chaîne*

production bonus — *prime f de rendement*

production boycott — *boycottage m de production*

production capacity — *capacité f de production*

production (chain) — *production f à la chaîne*

production (chain of) — *chaîne f de production*

production committee (joint) — *comité m mixte de production*

production committee (labour–management) — *comité m mixte de production*

production (continuous) — *travail m en continu; procédé m en continu*

production control — *contrôle m de la production; gestion f de la production; régulation f de la production; surveillance f de la production*

production cost — *coût m de production*

production (cost of) — *prix m de revient; prix m coûtant*

production director — *directeur m de fabrication*

production factor — *facteur m de production*

production (flow) — *production f à la chaîne; fabrication f à la chaîne*

production goods — *biens mp de production*

production line — *chaîne f de production*

production–line worker — *ouvrier m spécialisé*

production management — *gestion f de production*

production manager — *chef m de groupe; chef m de l'ordonnancement; chef m du service de la production; directeur m de production; chef m d'établissement*

production (mass) — *production f de masse; production f en série; fabrication f en série*

production (means of) — *moyens mp de production*

production (normal pace of) — *rythme m normal de production*

production planning — *planification f de la production*

production potential — *potentiel m de production*

production process — *processus m de production; procédé m de fabrication*

production (reduction of level of) — *diminution f de production; réduction f de production*

production schedule — *programme m de fabrication*

production scheduling — *programmation f de la production*

production standards — *normes fp de production*

production study — *étude f de la production*

production (unit) — *travail m par unité*

production worker — *travailleur m à la production*

productive category — *catégorie f productive*

productivity — *productivité f ; rendement m*

productivity agreement — *accord m de productivité*

productivity bargaining — *négociation f sur la productivité*

productivity (labour) — *productivité f du travail*

productivity (marginal) — *productivité f marginale*

products — *produits mp*

profession — *état m ; profession f ; profession f libérale*

profession (liberal /arts/) — *profession f libérale*

professional — *professionnel m (c)*

professional act — *acte m professionnel*

professional action — *action f professionnelle*

professional activity — *action f professionnelle; activité f professionnelle*

professional association — *association f professionnelle; corporation f professionnelle*

professional bias — *déformation f professionnelle*

professional chamber — *chambre f professionnelle; ordre m professionnel*

professional conscience — *conscience f professionnelle*

Professional Corporation of Industrial Relations Counsellors of Québec (the) — *la Corporation f des conseillers en relations industrielles du Québec*

professional duties — *activité f professionnelle*

professional employee — *professionnel m salarié; professionnel m (c)*

professional employer — *employeur m professionnel*

professional error — *faute f professionnelle*

professional fees — *vacation f*

professional group — *ordre m professionnel*

professional jurisdiction — *champ m d'application professionnel*

professional misconduct — *faute f professionnelle*

professional organization — *organisation f professionnelle*

professional secrecy — *secret m professionnel*

professional service — *acte m professionnel*

professional services (fee for) — *vacation f*

professional union — *syndicat m professionnel*

professional worker — *travailleur m intellectuel*

professionalization — *professionnalisation f*

proficiency (certificate of) — *certificat m d'aptitude professionnelle; certificat m de qualification (c)*

profile — *profil m*

profile (career) — *profil m de carrière*

profile (job) — *profil m de poste*

profit — *bénéfices mp ; profit m ; gain m*

profit (gross) — *bénéfice m brut*

profit (net) — *bénéfice m net*

profit sharing — *participation f aux bénéfices; intéressement m*

profit–sharing pension plan (deferred) — *plan m de partage différé de bénéfices*

profit–sharing plan (employees') — *régime m de participation des employés aux bénéfices*

profitability — *rentabilité f*

profits (distribution of) — *répartition f des bénéfices*

prognostication — *pronostic m*

program — *plan m ; programme m*

Program Evaluation and Review Technique – PERT — *PERT*

Program Evaluation Research Task – PERT — *PERT*

program (political) — *programme m politique*

program (training within industry) TWI — *système m de formation en cascade*

programme — *programme m*

programmed management — *direction f par programmes; gestion f programmée*

programming — *élaboration f des programmes; programmation f*

progress report — *rapport m d'étape*

progression (automatic) — *progression f automatique*

progression curve (salary) — *courbe f d'augmentation de salaire*

progression line — *ligne f de progression*

project — *chantier m*

proletariat — *prolétariat m*

promotion — *promotion f*

promotion (industrial) — *promotion f industrielle*

promotion ladder — *ligne f de progression*

promotional policy — *politique f de promotion*

promotional seniority area — *unité f /promotionnelle/ d'ancienneté*

promulgation — *promulgation f*

proof — *preuve f*

proof (burden of) — *fardeau m de la preuve*

proof of absence — *attestation f d'absence*

propaganda — *propagande f*

propagandist (union) — *propagandiste m syndical*

propensity (strike) — *propension f à la grève*

propensity to consume — *propension f à consommer*

proper authority — *autorité f compétente*

property — *avoir m ; propriété f*

property (access to company) — *accès m aux terrains et locaux de l'entreprise*

proportional hiring — *embauchage m social proportionnel*

proportional representation — *représentation f proportionnelle*

proposal — *offre f ; proposition f ; revendication f*

proposal (counter–) — *contre–proposition f*

proposal (final) — *offre f finale*

proposal (tentative) — *proposition f conditionnelle*

proposed agreement — *projet m de convention*

proprietor (working) — *propriétaire m actif*

prorogation — *prorogation f*

prospecting allowance — *allocation f de prospection*

protected employee — *employé m favorisé*

protection employer (plant) — *agent m de sécurité; gardien m*

protest unionism — *syndicalisme m d'opposition*

protocol — *protocole m*

Provincial Association of Catholic Teachers— PACT — *Provincial Association of Catholic Teachers — PACT*

Provincial Association of Protestant Teachers — PAPT — *Provincial Association of Protestant Teachers — PAPT*

provincial federation — *fédération f provinciale*

Provincial Workmen's Association — PWA — *Provincial Workmen's Association — PWA*

provision — *disposition f ; stipulation f ; article f ; clause f*

provisional award — *décision f provisoire*

provisional decision — *décision f provisoire*

provisional injunction — *injonction f provisoire*

provisional settlement — *accord m provisoire*

proviso — *stipulation f ; réserve f ; condition f restrictive; disposition f restrictive; clause f conditionnelle; stipulation f conditionnelle*

proxy — *procuration f*

proxy vote — *vote m par procuration*

proxy (vote by) — *vote m par procuration*

psychology (industrial) — *psychologie f du travail*

psychology (work) — *psychologie f du travail*

psychotechnician — *psychotechnicien m*

psychotechnics — *psychotechnique f*

public company — *compagnie f à fonds social*

public employer — *fonctionnaire m*

public holiday — *fête f légale*

public interest — *intérêt m public*

public interest industry — *service m d'intérêt public*

public interest strike — *grève f susceptible de créer une situation d'urgence*

public member — *représentant m du public*

public opinion — *opinion f publique*

public pension plan — *régime m de retraite de l'État*

public relations – PR — *relations fp extérieures; relations fp publiques*

public relations consultant — *conseiller m en relations publiques; consultant m en relations publiques; relationniste m*

public relations expenses — *frais mp de représentation*

public relations officer — *P.R.O.; P.R. man* — *relationniste m ; conseiller m en relations publiques; consultant m en relations publiques*

Public Review Board – PRB — *Commission f publique de révision; Commission f publique d'appel*

public sector — *secteur m public*

public service — *fonction f publique*

Public Service Staff Relations Board – PSSRB — *Commission f des relations du travail dans la fonction publique – CRTFP*

public utilities — *services mp publics*

public utility — *entreprise f de service public; entreprise f d'intérêt public; entreprise f d'utilité publique; société f d'intérêt public*

public vote — *scrutin m public*

publication — *publication f*

publication (monthly) — *mensuel m*

publicity — *publicité f*

punch card — *carte f de présence*

punching — *pointage m*

punching clock — *horloge f pointeuse; horodateur m ; horloge f de pointage*

punching /in/ — *pointage m   à l'arrivée*

punching /out/ — *pointage m   au départ*

punishable offence — *faute f   disciplinaire*

purchase plan (stock) — *régime m d'actionnariat privilégié*

purchasing power — *revenu m   réel; pouvoir m   d'achat*

pyramiding — *salaire m   pyramidal*

Q

Quadragesimo Anno — Quadragesimo Anno

qualification — *compétence f ; qualification f ; habilité f*

qualification card — *carte f de qualification*

qualification certificate — *attestation f de compétence; certificat m de qualification (c)*

qualification (level of) — *niveau f de qualification*

qualification (multi–skilled trade) — *polyvalence f du personnel*

qualifications — *admissibilité f ; conditions fp à remplir; conditions fp d'attribution; qualités fp requises; conditions fp d'admission*

qualifications (occupational) — *qualification f professionnelle*

qualifications (trade) — *qualification f professionnelle*

qualified offer — *offre f conditionnelle; proposition f conditionnelle*

qualified worker — *ouvrier m représentatif*

qualitative job evaluation system — *système m qualitatif d'évaluation des postes de travail*

quality bonus — *prime f de qualité*

quality control – QC — *contrôle m de la qualité*

quantitative control of manpower — *contrôle m quantitatif de la main–d'oeuvre*

quantitative job evaluation system — *système m quantitatif d'évaluation des postes de travail*

quantity — *montant m ; somme f*

quashed vote — *vote m annulé*

quasi–judicial body — *tribunal m quasi judiciaire (c); tribunal m inférieur*

Québec Association of Protestant School Boards — **QAPSB** — Québec Association of Protestant School Boards — QAPSB

Québec Federation of Labour — **QFL** — *Fédération f des travailleurs du Québec* — *FTQ; Fédération f du travail du Québec (MTC)* – *FTQ*

Québec Industrial Unions Federation — **QIUF** — *Fédération f des unions industrielles du Québec* — *FUIQ*

Québec Labour Code — *Code m du travail du Québec*

Québec Labour Relations Board – **QLRB** — *Commission f des relations de travail du Québec* – *CRTQ*

Québec official gazette — *Gazette f officielle du Québec*

Québec Pension Board — **QPB** — *Régie f des rentes du Québec* — *RRQ*

Québec Provincial Federation of Labour – **QPFL** — *Fédération f provinciale des travailleurs du Québec* – *FPTQ*

Québec Teachers' Corporation — *Corporation f des enseignants du Québec* – *CEQ*

question of privilege — *question f de privilège (c); point m personnel*

question (previous) — *question f préalable*

quickie strike — *grève éclair f ; grève surprise f ; grève f spontanée*

quit — *démission f ; départ m volontaire; abandon m volontaire d'emploi*

quit rate — *taux m d'abandon*

quitting time — *heure f de sortie*

quorum — *quorum*

quota — *contingentement m ; quota m*

quota rules — *règles fp de quota*

R

racketeering — *racketérisme m (néol.) (c)*

raiding — *maraudage m   syndical; piraterie f*

raiding pact (no–) — *accord m de non – maraudage*

Rand formula — *formule f Rand (c); précompte m syndical généralisé*

random rate — *taux m de salaire arbitraire*

range (negotiating) — *marge f de négociation*

range (predominant) — *marge f prédominante*

rank–and–file — *exécutant m ; personnel m subalterne*

rank–and–file employee — *employé m du rang*

rank–and–file (/union/) — *base f /syndicale/*

rank–and–file worker — *travailleur m du rang*

ranking — *classement m*

ranking (job) — *hiérarchisation f des postes de travail*

ranking method — *méthode f de rangement*

ranking system — *méthode f de rangement*

rate — *tarif m ; taux m*

rate (accession) — *taux m d'accroissement du personnel*

rate (arbitrary wage) — *taux m de salaire arbitraire*

rate (ascending wage) — *taux m de salaire croissant*

rate (average wage) — *taux m de salaire moyen*

rate (base) — *taux m de base; salaire m de base*

rate (basic) — *barème m de base; taux m de base*

rate (benchmark) — *taux m de salaire de référence; taux m de salaire repère*

rate (contract) — *salaire m conventionnel*

rate cutback — *diminution f du taux de salaire; réduction f du taux de salaire*

rate cutting /wage/ — *diminution f du taux de salaire; réduction f du taux de salaire*

rate (daily) — *taux m quotidien*

rate (differential piece–) — *taux m différentiel aux pièces*

/rate/ (double time) — *taux m double*

rate (drop–out) — *taux m d'abandon*

rate (employment) — *taux m d'embauchage; taux m d'emploi*

rate (entrance) — *taux m de salaire à l'embauchage; taux m /de salaire/ de débutant; taux m /de salaire/ de début*

rate (escalating wage) — *taux m de salaire croissant; taux m de salaire indexé*

rate (experimental) — *taux m d'essai*

rate (going) — *taux m courant; taux m de salaire prépondérant; taux m en usage; taux m de salaire pratiqué; taux m de salaire régnant*

rate hard (tendency to) — *tendance f à coter sévèrement*

rate (hiring) — *taux m /de salaire/ de débutant; taux m /de salaire/ de début; taux m d'embauchage; taux m de salaire à l'embauchage*

rate (hourly) — *taux m horaire*

rate (inflated) — *taux m de salaire gonflé*

rate (job) — *salaire m attaché à un emploi; taux m d'un emploi; salaire m pour un emploi*

rate (labour force participation) LFPR — *taux m d'activité*

rate (labour turnover) — *taux m de roulement de la main–d'oeuvre*

rate (loose) — *taux m de salaire gonflé*

rate (maximum) — *plafond m du salaire*

rate (minimum /occupational/) — *taux m de base*

rate (negotiated) — *salaire m conventionnel*

rate of absenteeism — *taux m d'absentéisme*

rate on the average (tendency to) — *tendance f à coter moyennement*

rate (overtime) — *taux m de salaire de surtemps (c); taux m des heures supplémentaires*

rate per hour — *taux m horaire*

rate (premium wage) — *taux m de salaire majoré*

rate (prevailing) — *taux m courant; taux m de salaire prépondérant; taux m en usage; taux m de salaire pratiqué; taux m de salaire régnant*

rate (probationary) — *taux m d'essai*

rate (probationary period) — *salaire m de période d'essai*

rate (quit) — *taux m d'abandon*

rate (random) — *taux m de salaire arbitraire*

rate (rising wage) — *taux m de salaire croissant*

rate (runaway) — *taux m de salaire gonflé*

rate (seasonally–adjusted unemployment) — *taux m de chômage désaisonnalisé*

rate (separation) — *taux m de départs*

rate (single) — *taux m de salaire uniforme*

rate (starting) — *taux m de salaire à l'embauchage; taux m /de salaire/ de débutant; taux m /de salaire/ de début*

/rate/ (straight–time) — *taux m horaire normal; taux m de base*

rate (subminimum) — *salaire m inférieur au minimum*

rate (substandard) — *taux m inférieur aux normes*

/rate/ (time–and–a–half) — *taux m majoré de moitié*

rate (trial) — *taux m d'essai*

rate (trial period) — *salaire m de période d'essai*

rate (unemployment) — *taux m de chômage*

rate (uniform wage) — *taux m de salaire uniforme*

rate (union) — *salaire m conventionnel; tarif m syndical*

rate (wage) — *taux m de salaire*

rate (work accident frequency) — *taux m de fréquence des accidents du travail*

rate (work accident severity) — *taux m de gravité des accidents du travail*

rates of pay — *échelle f des salaires*

ratification — *ratification f*

rating — *notation f ; allure f de référence*

rating by seniority — *classement m selon l'ancienneté*

rating (merit) — *évaluation f du mérite personnel; notation f du personnel*

rating /of work pace/ — *jugement m d'allure*

rating (seniority) — *classement m selon l'ancienneté*

ratio — *ratio m*

real cost — *coût m réel*

real income — *revenu m réel*

real wage — *pouvoir m d'achat; salaire m réel*

reassignment — *réaffectation f*

rebuttable presumption of law — *présomption f juris tantum; présomption f de droit simple*

rebuttal evidence — *contre–preuve f*

rebuttal testimony — *contre–preuve f*

recall — *rappel m au travail*

recall list — *liste f de rappel*

recall rights — *droit m de rappel*

recession — *récession f ; régression f*

reclassification — *reclassement m ; reclassification f*

recognition (application for union) — *demande f de reconnaissance syndicale*

recognition picketing — *piquetage m de reconnaissance (c)*

recognition strike — *grève f de reconnaissance*

recognition (union) — *reconnaissance f syndicale*

recognized association — *association f reconnue*

recognized union — *syndicat m agréé; syndicat m reconnu* recommendation — *recommandation f*

recommendation (letter of) — *lettre f de recommandation*

reconsideration — *reconsidération f ; révision f ; réexamen m*

reconsideration (petition for) — *requête f en révision*

reconversion (industrial) — *reconversion f industrielle*

record–keeping requirements — *obligation f de tenir des registres*

record of service — *états mp de service*

record system (work) — *sytème m d'enregistrement du travail*

records (bargaining) — *dossier m de négociation*

records (employee) — *fichier m du personnel; dossier m du personnel*

records (personnel) — *dossier m du personnel; fichier m du personnel*

recount (judicial) — *recensement m des suffrages*

recourse — *recours m*

recourse (cumulation of) — *cumul m des recours*

recourse (individual) — *recours m individuel*

recruiting — *recrutement m*

recruitment — *recrutement m ; embauche m*

recurring unemployment — *chômage m récurrent; chômage m périodique*

red circle — *classe f de retenue; employé m étoilé (c); poste m surévalué; salaire m étoilé (c); salaire m bloqué*

Red International of Labour Unions – RILU — *Internationale f syndicale rouge – ISR*

reduced workday — *travail m à horaire réduit*

reduced workweek — *semaine f /de travail/ réduite; travail m à horaire réduit; réduction f d'horaire; semaine f de travail comprimée*

reduction in jobs — *contraction f d'emplois*

reduction in staff — *compression f du personnel*

reduction in work force — *réduction f du personnel*

reduction of hours — *diminution f d'horaire; réduction f d'horaire*

reduction of level of production — *diminution f de production; réduction f de production*

reduction (staff) — *compression f du personnel; contraction f d'emplois*

redundancy — *chômage m partiel; réduction f du personnel*

redundancy (manpower) — *excédent m de main–d'oeuvre*

redundancy (personnel) — *personnel m excédentaire*

redundant personnel — *personnel m excédentaire*

re–employment — *réembauchage m ; réemploi m*

re–employment list — *liste f de rappel*

refer back (motion to) — *motion f de renvoi*

referee — *arbitre m*

reference (letter of) — *lettre f de recommandation*

reference man — *homme m de référence; homme m témoin*

reference period — *période f de référence*

reference (terms of) — *mandat m*

reference year — *année f de référence*

reference year for vacation with pay — *année f de référence pour congés payés*

references — *références fp*

referendum — *référendum m*

reformist unionism — *syndicalisme m réformiste*

refusal to bargain — *refus m de négocier*

regime — *régime m*

region (wage) — *région f de salaires*

regional bargaining — *négociation f régionale*

regional bargaining unit — *unité f de négociation régionale*

regional development — *aménagement m du territoire*

regional director — *directeur m régional*

regional planning — *aménagement m du territoire*

regional wage disparity — *disparité f régionale de salaire*

register (attendance) — *registre m des présences; feuille f d'émargement*

registered letter — *lettre f recommandée*

registered pension plan — *fonds m de pension enregistré*

registrar — *greffier m*

registration system (work) — *sytème m d'enregistrement du travail*

regrouping — *regroupement m*

regular attendance — *assiduité f*

regular average earnings — *gains mp moyens normaux*

regular hours — *heures fp normales*

regular increases — *majorations fp constantes*

regular job holder — *titulaire m d'un poste*

regular pay period — *période f normale de paye*

regular shift — *quart m normal*

regular union dues — *cotisations fp syndicales ordinaires*

regular weekly hours — *heures fp normales par semaine*

regular workday — *journée f normale*

regular work period — *durée f normale du travail*

regular worker — *travailleur m régulier*

regular working time — *période f normale de travail*

regular workweek — *semaine f normale de travail*

regularity of attendance — *assiduité f*

regulation — *réglementation f complémentaire*

regulations — *règlements mp*

rehabilitation — *réadaptation f professionnelle*

rehabilitation centre — *centre m de réadaptation professionnelle*

rehabilitation (vocational) — *réadaptation f professionnelle*

rehiring — *réemploi m ; réembauchage m*

reinstatement — *réinstallation f ; réintégration f*

reinstatement order — *ordonnance f de réintégration*

reintegration — *réintégration f*

reject — *malfaçon f ; pièce f manquée*

related benefits — *avantages mp accessoires*

related jobs — *famille f d'emplois; emplois mp connexes*

related motion — *proposition f incidente; proposition f connexe*

related trades — *famille f de métiers; emplois mp connexes*

related unemployment — *chômage m accidentel*

related workers — *travailleurs mp assimilés*

Relations Board – (Canada Labour) CLRB — *Conseil m canadien des relations du travail – CCRT*

relations (human) — *relations fp humaines*

relations (industrial) — *relations fp du travail; relations fp professionnelles; relations fp industrielles*

relations (labour) — *relations fp professionnelles; relations fp du travail*

relations (labour–management) — *relations fp du travail; relations fp professionnelles*

relations (public) – PR — *relations fp extérieures; relations fp publiques*

relations (work) — *relations fp de travail*

relationship (working) — *relations fp de travail*

relative majority — *majorité f relative*

release time — *temps m libre*

reliability — *fiabilité f*

relief fund — *caisse f de secours*

religious holiday — *fête f religieuse*

relocation — *relogement m ; relocalisation f ; réimplantation f* relocation of industry — *réimplantation f industrielle; relocalisation f industrielle*

remark — *observation f*

remedies (multiple) — *cumul m des recours*

remedy — *réparation f*

remittance (monthly) — *mensualité f*

remonstrance — *remontrance f*

removal from post — *révocation f*

remuneration — *rémunération f*

renewal (automatic) — *reconduction f ; renouvellement m automatique*

renewal by tacit agreement — *tacite reconduction f*

renewal clause — *clause f de renouvellement*

rental of services — *contrat m de louage de services*

renunciation — *renonciation f*

reopener — *clause f de réouverture; clause f de révision*

reopener (wage) — *réexamen m des salaires*

reopening clause — *clause f de réouverture; clause f de révision*

repetitive elements — *éléments mp répétitifs*

repetitive work — *travail m répétitif*

replacement (temporary) — *remplacement m temporaire*

report — *rapport m ; mémoire m*

report (annual) — *rapport m annuel*

report (final) — *rapport m final*

report (interim) — *rapport m provisoire*

report of activity — *rapport m d'activité*

report (progress) — *rapport m d'étape*

reporting pay — *indemnité f de présence*

representation — *représentation f*

representation allowance — *frais mp de représentation*

representation (exclusive) — *monopole m syndical*

representation (joint) — *démarche f collective*

representation (proportional) — *représentation f proportionnelle*

representation vote — *vote m de représentation; scrutin m de représentation*

representative — *représentant m*

representative (accredited) — *délégué m*

representative association — *association f représentative*

representative bargaining unit — *unité f majoritaire*

representative character — *représentativité f*

representative (international) — *représentant m international*

representative (union) — *permanent m syndical; représentant m syndical*

representative (union staff) — *conseiller m technique*

reprimand — *réprimande f*

reprimand (notice of) — *avis m de réprimande*

reprisal/s/ — *représailles fp*

reprise — *relance f*

request — *demande f ; requête f*

requirements (eligibility) — *conditions fp d'attribution; qualités fp requises; conditions fp à remplir; conditions fp d'admission*

requirements (job) — *qualification f requise; exigences fp de l'emploi; qualités fp requises; exigences fp de poste*

requisition — *réquisition f*

Rerum Novarum — Rerum Novarum

research — *enquête f*

research commission — *commission f d'enquête*

research department — *bureau m d'études*

Research Institute (Canadian Industrial Relations) CIRRI — *Institut m canadien de recherches en relations industrielles — ICRRI*

research (operational) — *recherche f opérationnelle*

reserve employee — *réserviste m (c)*

residual rights — *compétence f résiduelle; droits mp rémanents; droits mp résiduaires; droits mp résiduels; pouvoirs mp résiduaires; pouvoirs mp résiduels*

residual rights doctrine — *doctrine f des droits rémanents*

residual unit — *unité f résiduaire; unité f résiduelle*

resignation — *abandon m volontaire d'emploi; démission f ; départ m volontaire*

resignation (forced) — *démission f forcée; destitution f*

resignation (imposed) — *démission f forcée; destitution f*

resignation (informal) — *démission f implicite*

resignation (unofficial) — *démission f implicite*

res judicata — *chose f jugée*

resolution — *motion f ; résolution f*

resolutions committee — *comité m des résolutions*

resolutions (list of policy) — *cahier m des résolutions*

resolutions roll (general) — *cahier m des résolutions*

resource allocation — *allocation f des ressources; affectation f des ressources; répartition f des ressources*

resources — *ressources fp*

resources (allocation of) — *allocation f des ressources; répartition f des ressources; affectation f des ressources*

resources (human) — *ressources fp humaines*

resources (inventory of) — *inventaire m des ressources*

respite — *délai m*

respondent — *intimé m ; répondant m*

responsibility — *responsabilité f ; charge f*

responsibility (shared) — *responsabilité f partagée*

rest — *repos m*

rest allowances — *majorations fp de repos*

rest period — *période f de repos; pause f café; repos m intercalaire*

rest period (weekly) — *repos m hebdomadaire*

restaurant service — *service m de cantine*

restraint of trade (covenant in) — *clause f de non–concurrence*

restricted document — *document m réservé; document m à circulation limitée; document m à diffusion restreinte*

restriction of output — *freinage m /de la production/*

restriction (output) — *ralentissement m de travail*

restriction (work) — *ralentissement m de travail*

restrictions on output — *limitation f du rendement*

restrictive clause — *clause f restrictive*

restrictive covenant — *clause f de non–concurrence*

restrictive practices — *pratiques fp restrictives*

restrictive trade agreement — *clause f de non–concurrence*

restrictive work practice — *pratique f restrictive en matière de travail*

résumé — *curriculum vitae m*

Retail Merchants' Association of Canada – RMAC — *Association f des marchands détaillants du Canada – AMDC*

retired employee — *retraité m*

retired pensioner — *pensionné m ; retraité m*

retired (semi–) — *semi–retraité m*

retirement — *retraite f*

retirement age (normal) — *âge m normal de la retraite*

retirement age (standard) — *âge m normal de la retraite*

retirement age (usual) — *âge m normal de la retraite*

retirement (automatic) — *retraite f automatique*

retirement (compulsory) — *retraite f d'office; retraite f obligatoire*

retirement (delayed) — *retraite f différée*

retirement (early) — *préretraite f ; retraite f anticipée; avancement m de la retraite*

retirement (normal) — *retraite f à l'âge normal*

retirement pension — *pension f de retraite*

retraining — *recyclage m*

retraining (job) — *rééducation f professionnelle*

retraining (occupational) — *rééducation f professionnelle*

retraining (vocational) — *rééducation f professionnelle; réadaptation f professionnelle*

retraining (work) — *réadaptation f professionnelle*

retrenchment on staff — *compression f du personnel*

retroactive pay — *salaire m rétroactif*

retroactivity — *rétroactivité f (c)*

return on capital employed – ROCE — *rentabilité f des capitaux investis – RCI*

return to private ownership — *désétatisation f*

returns — *gain m*

revenue — *revenu m*

revenue (product) — *revenu m d'un produit*

review (wage) — *réexamen m des salaires*

revised statutes — *statuts mp refondus – Québec; statuts mp révisés – Canada*

revision — *révision f ; réexamen m*

revision (petition for) — *requête f en révision*

revisionist unionism — *syndicalisme m révisionniste*

revival action — *relance f*

revocable check–off — *précompte m révocable*

revocation — *révocation f*

revolutionary strike — *grève f révolutionnaire*

revolutionary unionism — *syndicalisme m révolutionnaire*

reward — *rétribution f*

rider — *avenant m*

right of assembly — *liberté f d'assemblée; liberté f de réunion*

right of association — *droit m d'association; liberté f syndicale*

right (seniority) — *droit m d'ancienneté*

right to go to law — *droit m d'ester en justice*

right to organize — *droit m d'association; liberté f syndicale*

right to strike — *droit m de grève*

right to take to court — *droit m d'ester en justice*

right to vote (with) — *voix f délibérative*

right to work — *droit m au travail*

rights — *droit/s/ m*

rights (abuse of) — *abus m de droits*

rights clause (exclusive) — *clause f d'exclusivité de service*

rights dispute — *conflit m de droits; conflit m juridique*

rights doctrine (residual) — *doctrine f des droits rémanents*

rights (exclusive bargaining) — *droit m exclusif de négociation*

rights (management) — *droits mp de la direction*

rights (recall) — *droit m de rappel*

rights (residual) — *compétence f résiduelle; droits mp rémanents; droits mp résiduaires; droits mp résiduels; pouvoirs mp résiduaires; pouvoirs mp résiduels*

rights (successor) — *obligation f du successeur*

rights (vested) — *droits mp acquis*

rise — *avancement m ; relance f*

rise in social scale — *promotion f sociale*

rising wage rate — *taux m de salaire croissant*

risk (occupational) — *risque m professionnel*

risk (social) — *risque m social*

ritual clause — *clause f de style*

rivalry (inter–union) — *concurrence f syndicale*

rivalry (union) — *rivalité f syndicale*

role — *rôle m*

roll (arbitration) — *rôle m d'arbitrage*

roll call vote — *vote m par appel nominal*

rolling canteen — *cantine f mobile*

room and board — *vivre m et couvert*

roster (arbitration) — *rôle m d'arbitrage*

roster (seniority) — *liste f d'ancienneté*

rotation (crew) — *roulement m des équipes*

rotating shift — *équipe f alternante; quart m rotatif*

rotating shift pattern — *grille f de roulement; cycle m d'alternance; tableau m de service*

rotating strike — *grève f tournante*

rotation (job) — *rotation f des postes de travail; rotation f d'emplois*

rotation (personnel) — *rotation f du personnel*

rough and ready compromise — *cote f mal taillée*

routine work — *travail m courant; travail m de simple exécution*

routing — *acheminement m*

roving picket — *piquet m mobile (c)*

royalties — *droits mp ; redevance f ; royautés fp (c)*

rule (no–solicitation) — *interdiction f de solliciter (c)*

rules of interpretation — *règles fp d'interprétation*

rules of law — *règles fp de droit; règles fp juridiques*

rules of order — *code m de règles de procédure*

rules of procedure — *règles fp de procédure*

rules of procedure code — *code m de règles de procédure*

rules (plant) — *règlement m d'atelier; règlement m intérieur*

rules (quota) — *règles fp de quota*

rules (shop) — *règlement m intérieur /de l'entreprise/; règlement m d'atelier*

rules (work) — *règles fp concernant l'exécution du travail*

run for election (to) — *briguer les suffrages*

run–off vote — *scrutin m de ballotage*

runaway rate — *taux m de salaire gonflé*

runaway shop — *atelier m amovible*

running costs — *charges fp d'exploitation*

running expenses — *charges fp d'exploitation*

running trades – railway — *personnel m itinérant*

rush hour — *heure f d'affluence*

S

sabbatical /leave/ — *congé m sabbatique*

sabbatical year — *année f sabbatique*

sabotage — *sabotage m*

safety (industrial) — *prévention f des accidents*

safety manager — *chef m du service de sécurité*

safety (occupational) — *sécurité f du travail*

safety (on-the-job) — *sécurité f du travail*

salaried employee — *salarié m ; employé m ; mensuel m*

salary — *traitement m ; rétribution f*

salary (annual) — *traitement m annuel; salaire m annuel*

salary (basic) — *traitement m de base; salaire m de base*

salary (fixed) — *appointements mp ; salaire m fixe*

salary guarantee deposit — *dépôt m de garantie de salaire*

salary insurance — *assurance-salaire f*

salary level — *niveau m de salaire*

salary progression curve — *courbe f d'augmentation de salaire*

salary scale — *grille f de rémunération; tarif m de rémunération; échelle f de rémunération*

salary (seizure of) — *saisie f du salaire*

sales volume — *chiffre m d'affaires*

sample — *échantillon m*

sampling — *échantillonnage m*

sanction — *sanction f*

satisfaction — *satisfaction f*

satisfaction (job) — *satisfaction f au travail; satisfaction f professionnelle; satisfaction f dans le travail*

satisfaction (occupational) — *satisfaction f professionnelle (c); clause f de sauvegarde*

satisfaction (work) — *satisfaction f au travail; satisfaction f dans le travail*

saving clause — *clause f de non–nullité (c); clause f de sauvegarde*

savings — *économies fp ; épargne f ; pécule m*

savings (contractual) — *épargne f contractuelle*

savings (forced) — *épargne f forcée; épargne f obligatoire*

savings plan (company) — *régime m d'épargne d'entreprise*

scab — *briseur m de grève; rat m (fam.)*

scale — *tarif m*

scale (basic) — *barème m de base*

scale (diseconomy) — *déséconomie f d'échelle*

scale economies — *économie f d'échelle*

scale (escalator) — *échelle f mobile*

scale (sliding) — *échelle f mobile*

scale (sliding wage) — *échelle f mobile de salaire*

scale (union wage) — *échelle f syndicale de salaire; tarif m syndical*

scale (wage) — *échelle f des salaires*

scales (economies of) — *économie f d'échelle*

schedule — *échéancier m ; calendrier m d'exécution; tarif m ; plan m de travail*

schedule (bargaining) — *calendrier m de négociation*

schedule (fixed work) — *horaire m fixe de travail*

schedule (flexible) — *horaire m flexible; horaire m flottant; horaire m dynamique; horaire m libre; horaire m mobile; horaire m personnalisé; horaire m sur mesure; horaire m à glissière; horaire m coulissant; travail m à la carte*

schedule job (fixed-) — *poste m à horaire fixe*

schedule of implementation — *calendrier m d'exécution*

schedule (pre-determined work) — *horaire m fixe de travail*

schedule (production) — *programme m de fabrication*

schedule (time) — *horaire m /de travail/*

schedule (variable) — *horaire m variable*

schedule (wage) — *échelle f des salaires; grille f des salaires*

schedule (work) — *horaire m /de travail/*

scheduling — *ordonnancement m ; programmation f*

scheduling of annual leave — *détermination f de l'ordre des départs /en congé/*

scheduling of work — *établissement m des horaires*

scheduling (production) — *programmation f de la production*

scheme — *programme m*

School Boards (Québec Association of Protestant) QAPSB — Québec Association of Protestant School Boards — QAPSB

school (trades) — *école f de métiers*

school (vocational) — *école f de métiers*

science (computer) — *informatique f*

scientific management — *organisation f scientifique de travail – OST; gestion f scientifique*

scope — *champ m d'application*

scope of agreement — *champ m d'application de la convention*

scrip — *jeton m de salaire*

scrutineer — *scrutateur m*

season (open) — *période f d'échappatoire*

seasonal adjustment — *désaisonnalisation f*

seasonal employee — *saisonnier m*

seasonal industry — *industrie f saisonnière*

seasonal job — *emploi m saisonnier*

seasonal tolerance — *tolérance f temporaire*

seasonal unemployment — *chômage m saisonnier*

seasonal unemployment benefits — *prestations fp saisonnières de chômage*

seasonal work — *travail m saisonnier*

seasonal worker — *travailleur m saisonnier*

seasonally adjusted rate — *taux m désaisonnalisé*

seasonally–adjusted unemployment rate — *taux m de chômage désaisonnalisé*

Second International — *Deuxième Internationale f ; Internationale f de Bruxelles*

second shift — *quart m de soirée; poste m de soirée*

secondary boycott — *boycottage m secondaire (c)*

secondary labour — *main–d'oeuvre f secondaire*

secondary picketing — *piquetage m secondaire (c)*

secondary sector — *secteur m secondaire*

secondary strike — *grève f secondaire*

seconder — *secondeur m (c)*

secrecy (professional) — *secret m professionnel*

secret ballot — *scrutin m secret*

secret vote — *scrutin m secret*

Secretariat (International Trade) ITS — *Secrétariat m professionnel international — SPI*

secretariats (international trade) — *internationales fp professionnelles*

secrets of the trade — *secrets mp du métier*

section — *article m*

sector — *secteur m*

sector bargaining — *négociation f par branche*

sector (parapublic) — *secteur m parapublic*

sector (primary) — *secteur m primaire*

sector (private) — *secteur m privé*

sector (public) — *secteur m public*

sector (secondary) — *secteur m secondaire*

sector (tertiary) — *secteur m tertiaire*

secular unionism — *syndicalisme m neutre; syndicalisme m non confessionnel* security — *caution f*

security (contributory social) — *sécurité f sociale contributive*

security (employment) — *sécurité f d'emploi*

security guard — *agent m de sécurité; gardien m*

security (income) — *sécurité f du revenu*

security (job) — *sécurité f d'emploi*

security (non–contributory social) — *sécurité f sociale distributive*

security (social) — *sécurité f sociale*

security (union) — *sécurité f syndicale*

seizure (government) — *saisie f gouvernementale*

seizure of salary — *saisie f du salaire*

seizure of wages — *saisie f du salaire*

selection — *sélection f*

selective incentive plan — *système m sélectif de salaire au rendement*

selective placement — *placement m sélectif*

selective service — *service m sélectif*

self actualisation — *auto–réalisation f*

self–assignment — *autoaffectation f*

self–employed work — *travail m artisanal*

self–employed worker — *travailleur m autonome; travailleur m indépendant; artisan m*

self–employment — *travail m à son compte*

self–financing — *autofinancement m*

self–financing (gross) — *autofinancement m brut*

self–financing (net) — *autofinancement m net*

self–management — *autogestion f*

self–sufficiency — *autarcie f*

semi–durable goods — *biens mp semi–durables*

semi–industrial union — *syndicat m semi–industriel*

semi–monthly — *bimensuel m*

semi–retired — *semi–retraité m*

semi–skilled worker — *manoeuvre m spécialisé; ouvrier m spécialisé*

senior citizens — *sages mp*

senior manager — *cadre m de direction; cadre m supérieur*

seniority — *ancienneté f ; année f de service*

seniority (accumulation of) — *accumulation f /du temps/ d'ancienneté; accumulation f /des années/ de service*

seniority area — *aire f d'ancienneté; champ m d'ancienneté; unité f d'ancienneté*

seniority area (demotional) — *unité f rétrogressive d'ancienneté (néol.)*

seniority area (promotional) — *unité f «promotionnelle» d'ancienneté*

seniority benefit — *prime f d'ancienneté*

seniority bonus — *prime f d'ancienneté*

seniority (company) — *ancienneté f d'entreprise*

seniority (computation of) — *calcul m de l'ancienneté*

seniority (corporation) — *ancienneté f d'entreprise*

seniority (departmental) — *ancienneté f de département*

seniority freeze — *blocage m de l'ancienneté; gel m de l'ancienneté*

seniority (job) — *ancienneté f de poste*

seniority list — *liste f d'ancienneté*

seniority (occupational) — *ancienneté f professionnelle*

seniority (plant) — *ancienneté f d'établissement*

seniority (preferential) — *ancienneté f privilégiée*

seniority (preferred) — *ancienneté f privilégiée*

seniority rating — *classement m selon l'ancienneté*

seniority (rating by) — *classement m selon l'ancienneté*

seniority right — *droit m d'ancienneté*

seniority roster — *liste f d'ancienneté*

seniority (sphere of) — *champ m d'ancienneté*

seniority standing — *rang m d'ancienneté*

seniority unit — *aire f d'ancienneté; champ m d'ancienneté; unité f d'ancienneté*

seniority zone (demotional) — *unité f rétrogressive d'ancienneté (néol.)*

separation — *cessation f d'emploi*

separation interview — *entrevue f de départ; entrevue f de fin d'emploi; entrevue f de cessation d'emploi*

separation notice — *avis m de départ*

separation pay — *indemnité f de fin d'emploi; indemnité f de cessation d'emploi; indemnité f de licenciement; indemnité f de départ*

separation rate — *taux m de départs*

separation (voluntary) — *abandon m volontaire d'emploi; départ m volontaire; cessation f volontaire d'emploi*

serious offence — *faute f lourde; faute f majeure*

servant — *domestique m*

service — *département m ; service m ; office m*

service (auxiliary) — *service m auxiliaire*

service certificate — *certificat m de travail*

service (civil) — *fonction f publique*

service clause (exclusive) — *clause f d'exclusivité de service*

service clause (full–time) — *clause f d'exclusivité de service*

service (community) — *service m communautaire*

service (continuous) — *service m continu*

service (contract of) — *contrat m de travail*

service credit — *crédits mp de service (c); états mp de service*

service employees — *personnel m de service*

service (employment) — *service m d'emploi; bureau m d'embauchage; service m d'embauchage; placement m*

service establishment — *établissement m de service*

service (extra) — *besogne f particulière; service m exceptionnel*

service (fee–for–) — *rémunération f à l'acte*

service (first date of) — *date f d'entrée en service*

service (hire of personal) — *contrat m de louage de services*

service (industrial health) — *service m de médecine du travail*

service (lease of personal) — *contrat m de louage de services*

service (length of) — *états mp de service*

service (professional) — *acte m professionnel*

service (public) — *fonction f publique*

service (record of) — *états mp de service*

service (selective) — *service m sélectif*

service slip — *fiche f de service*

service (support) — *service m de soutien*

service (years of) — *années fp de service*

session (closed) — *huis clos m*

session (study) — *journée f d'étude*

setting up — *installations fp*

setting (wage) — *fixation f des salaires*

settlement — *accord m*

settlement (package) — *règlement m global*

settlement (provisional) — *accord m provisoire*

seven–day operation — *travail m en continu; procédé m en continu*

severance fund — *fonds m de fin d'emploi*

severance pay — *indemnité f de cessation d'emploi; indemnité f de départ; indemnité f de fin d'emploi; indemnité f de licenciement*

share — *action f ; part f*

shared–cost insurance — *assurance f à cotisations; assurance f contributive; assurance f à quote–part*

shared responsibility — *responsabilité f partagée*

shareholder — *actionnaire m*

shareholder–owned company — *société f anonyme*

share in decision–making — *participation f à la décision*

shares (partnership limited by) — *société f en commandite par actions*

sharing /by workers/ (control) — *participation f de contrôle*

sharing (profit) — *participation f aux bénéfices; intéressement m*

sharing (time) — *temps m partagé*

sharing (work) — *partage m du travail*

sheet (attendance) — *registre m des présences; feuille f d'émargement*

sheet (instruction) — *fiche f d'instructions*

sheet (work) — *feuille f de travail; feuille f d'affectation /de travail/*

shelf — *tablette f (c); touche f*

sheltered workshop — *atelier m protégé*

shift — *équipe f ; poste m ; quart m /de travail/*

shift (alternate) — *quart m alternatif*

shift (alternating) — *équipe f alternante*

shift assignment (split–) — *affectation f fractionnée*

shift (day) — *quart m de jour; poste m de jour*

shift differential (night) — *prime f de nuit*

shift (evening) — *quart m de soirée; poste m de soirée*

shift (first) — *quart m de jour; équipe f de jour*

shift (fixed) — *équipe f fixe; quart m fixe*

shift (incoming) — *quart m /de travail/ entrant; équipe f /de travail/ entrante*

shift (night) — *quart m de nuit; équipe f de nuit; poste m de nuit*

shift (outgoing) — *quart m /de travail/ sortant; équipe f sortante*

shift pattern (rotating) — *grille f de roulement; cycle m d'alternance; tableau m de service*

shift pay (split–) — *prime f d'amplitude; prime f de quart brisé; prime f de quart fractionné*

shift preference — *préférence f de quart*

shift premium — *prime f de quart*

shift premium (night) — *prime f de nuit*

shift premium (split–) — *prime f d'amplitude; prime f de quart brisé; prime f de quart fractionné*

shift (regular) — *quart m normal*

shift (rotating) — *équipe f alternante; quart m rotatif*

shift (second) — *quart m de soirée; poste m de soirée*

shift (split) — *horaire m brisé; quart m brisé; quart m fractionné*

shift status — *régime m de quart*

shift (swing) — *quart m de relève*

shift system — *régime m de quart; régime m de travail posté*

shift (third) — *quart m de nuit*

shift work — *travail m par postes; travail m par quarts; travail m par roulement; travail m par équipes; travail m posté*

shop — *atelier m*

shop (agency) — *précompte m syndical généralisé; formule f Rand (c)*

shop agreement — *accord m d'usine*

shop committee — *comité m de travailleurs*

shop (compulsory agency) — *précompte m syndical généralisé et obligatoire; présyngob m (néol.)*

shop (dues) — *précompte m syndical généralisé; formule f Rand (c)*

shop floor — *atelier m*

/shop/ foreman — *chef m d'atelier*

shop manager — *chef m d'atelier*

shop (preferential) — *préférence f syndicale; atelier m préférentiel*

shop rules — *règlement m intérieur /de l'entreprise/; règlement m d'atelier*

shop (runaway) — *atelier m amovible*

shop steward — *délégué m d'atelier; délégué m du personnel; délégué m syndical*

shop steward (department) — *délégué m syndical de département*

short term planning — *planification f à court terme*

short time — *sous–temps m (?)*

shortage (labour) — *pénurie f de main–d'oeuvre; manque m de main–d'oeuvre*

shutdown (plant) — *fermeture f d'établissement*

sick leave — *congé m de maladie; congé–maladie m*

sick leave credit — *réserve f de congés de maladie; banque f de congés de maladie; crédits mp de congés de maladie (c); créance f de congés de maladie*

sick leave fund — *caisse f de congés de maladie*

sickness absenteeism — *absence–maladie f*

sickness–insurance benefit — *assurance–salaire f*

sideline — *à–côté m ; emploi m secondaire; jobine f (c) (fam.); emploi m parallèle*

similar employment — *emploi m similaire*

similar job — *emploi m similaire*

simo chart — *simogramme m*

simple majority — *majorité f ordinaire*

simplification (work) — *simplification f du travail*

sinecure — *sinécure f*

single–plant agreement — *convention f collective particulière*

single plant bargaining — *négociation f particulière*

single rate — *taux m de salaire uniforme*

sit–down strike — *grève f d'occupation; grève f des bras croisés; grève f sur le tas*

sit–in — *grève f des bras croisés; grève f d'occupation; grève f sur le tas*

site (building) — *chantier m ; emplacement m*

site (job) — *chantier m*

site (job without fixed) — *travail m sans localisation rigide*

site (work) — *chantier m*

sitting (in–camera) — *délibéré m*

situation — *conjoncture f*

skill — *adresse f ; habileté f ; dextérité f ; qualification f ; capacités fp*

skill substitution — *substitution f de compétence*

skill substitution (educational) — *substitution f de compétence conditionnée par la formation*

skill substitution (functional) — *substitution f fonctionnelle de compétence*

skill test — *test m d'exécution*

skilled job — *emploi m qualifié*

skilled trade — *corps m de métier*

skilled tradesman — *artisan m*

skilled worker — *ouvrier m qualifié*

skilled worker (semi–) — *manoeuvre m spécialisé*

skills analysis — *analyse f des aptitudes*

slack hours — *heures fp creuses*

slack period — *morte–saison f ; période f creuse; temps m mort*

slack time — *temps m mort; période f creuse; morte–saison f*

slave labour — *travail m forcé*

slide day — *jour m de relève*

sliding scale — *échelle f mobile*

sliding wage scale — *échelle f mobile de salaire*

slip (service) — *fiche f de service*

slogan — *slogan m*

slowdown — *grève f perlée; ralentissement m de la production; freinage m de la production; ralentissement m de travail*

slowdown (economic) — *récession f ; régression f*

slumps through /of the cycle/ — *dépression f*

small–scale work — *travail m artisanal*

snap strike — *grève f spontanée; grève surprise f*

social advancement — *promotion f sociale*

social aid — *aide f sociale*

social aid system — *système m d'aide sociale*

social allowance — *allocation f sociale*

social assistance — *assistance f sociale; aide f sociale*

social benefits — *prestations fp sociales*

social bureau — *secrétariat m social*

social category — *catégorie f sociale*

social cost — *coût m social*

social ethics — *éthique f sociale*

social facilities — *équipements mp sociaux*

social field — *champ m social*

social insurance — *assurance f sociale*

social mobility — *mobilité f sociale*

social partners — *partenaires mp sociaux*

social risk — *risque m social*

social security — *sécurité f sociale*

social security code — *code m de sécurité sociale*

social security (contributory) — *sécurité f sociale contributive*

social security (non–contributory) — *sécurité f sociale distributive*

social welfare benefit — *allocation f sociale*

socialism — *socialisme m*

Socialist International — *Internationale f de Bruxelles*

socialization — *socialisation f*

society — *société f ; société f globale*

society (affluent) — *société f d'abondance*

society (consumer) — *société f de consommation*

society (industrial) — *société f industrielle*

society (mutual benefit) — *mutuelle f ; société f mutuelle; société f mutualiste*

society (post–industrial) — *société f post–industrielle*

socio–economic status — *état m*

sociology (industrial) — *sociologie f du travail*

sociology of work — *sociologie f du travail*

soft labour market — *marché m du travail facile*

soldiering strike — *grève f camouflée*

soldier's pay — *solde f*

solicitation — *sollicitation f*

solidarity strike — *grève f de solidarité*

span of control — *étendue f des responsabilités*

spare — *réserviste m (c)*

spare employee — *employé m de réserve; surnuméraire m*

special arbitrator — *arbitre m spécial; arbitre m ad hoc*

special assessment — *contribution f syndicale spéciale; cotisation f spéciale*

special check–off — *précompte m spécial*

special committee — *comité m spécial; comité m ad hoc*

special deduction — *précompte m spécial*

special duties — *affectation f particulière*

special duty work — *travail m spécial*

special leave — *congé m spécial; congé m de circonstance*

special task — *besogne f particulière*

specific case — *cas m d'espèce*

specification/s/ — *devis m*

specification (job) — *spécification f d'un emploi; caractéristique f de poste*

specifications — *cahier m des charges*

specimen budget — *budget m type*

speech (free) — *liberté f de parole; liberté f d'expression*

speech (freedom of) — *liberté f de parole; liberté f d'expression*

speed–up — *accélération f ; cadence f accélérée; cadence f infernale; rythme m accéléré; speed–up m*

spendable earnings — *paye f encaissable; salaire m net*

spendable income — *revenu m disponible*

sphere of seniority — *champ m d'ancienneté*

split leave — *fractionnement m des congés*

split shift — *horaire m brisé; quart m brisé; quart m fractionné*

split–shift assignment — *affectation f fractionnée*

split–shift pay — *prime f d'amplitude; prime f de quart brisé; prime f de quart fractionné*

split–shift premium — *prime f d'amplitude; prime f de quart brisé; prime f de quart fractionné*

split vacation — *fractionnement m des congés*

split workday — *journée f fractionnée; journée f entrecoupée*

spontaneous strike — *grève f spontanée; grève surprise f*

sporadic work — *travail m intermittent*

sporadic worker — *travailleur m intermittent*

spot check — *enquête–surprise f*

spread effect — *effet m d'entraînement*

spread (wage) — *éventail m des salaires*

spreading strike — *grève f généralisée*

spreading (work) — *répartition f du travail*

spy (labour) — *indicateur m ; mouchard m*

spying (industrial) — *espionnage m industriel*

squad (flying) — *équipe f mobile; équipe f volante; escadron m volant*

squadron (flying) — *équipe f mobile; équipe f volante; escadron m volant*

stabilization (employment) — *stabilisation f de l'emploi*

stabilization (wage) — *stabilisation f des salaires*

staff — *personnel m ; cadres mp ; personnel m de cadre; état–major m ; hiérarchie f de conseil*

staff (char) — *personnel m d'entretien ménager*

staff (clerical) — *personnel m de bureau*

staff cutback — *compression f du personnel; réduction f du personnel*

staff (field) — *personnel m itinérant*

staff (indoor) — *personnel m sédentaire*

staff inventory — *inventaire m des effectifs*

staff (junior) — *personnel m subalterne*

staff management — *direction f du personnel*

staff (management) — *personnel m d'encadrement; personnel m dirigeant*

staff manager — *chef m du service du personnel; directeur m du personnel*

staff morale — *moral m du personnel*

staff organization — *organisation f horizontale; organisation f fonctionnelle*

staff reduction — *contraction f d'emplois; compression f du personnel*

staff (reduction in) — *compression f du personnel*

staff (retrenchment on) — *compression f du personnel*

staff (supervisory) — *cadres mp*

staff (support) — *personnel m auxiliaire; personnel m de soutien*

staff union — *syndicat m de cadres*

staffing — *dotation f en personnel*

stagflation — *stagflation f (néol.)*

staggered hours — *horaire m étalé*

staggered vacation — *congés mp par roulement*

staggering of employment — *étalement m du travail*

staggering of holidays — *étalement m des vacances*

staggering of vacations — *étalement m des vacances*

staggering of work schedule — *étalement m du travail*

staggering (working hours) — *étalement m   des heures de travail*

stakhanovism — *stakhanovisme m*

stand-by /duty/ — *disponibilité (/être/ en); garde (/être/ de); permanence (/assurer la/); piquet (/être/ de); faction (/être/ de)*

stand-by duty period — *période f de disponibilité*

stand-by pay — *taux m   de salaire de disponibilité*

stand for office (to) — *briquer les suffrages*

standard — *modèle m   ; norme f*

standard agreement — *convention f collective modèle*

standard average earnings — *gains mp   moyens normaux*

standard budget — *budget m   type*

standard cost — *coût m   normalisé; coût m   standard*

standard hours — *heures fp   normales*

standard (living) — *standard m   de vie*

standard minute — *minute f   standard*

standard of living — *niveau m   de vie; standard m   de vie*

standard pace — *allure f   de référence*

standard pay period — *période f   normale de paye*

standard retirement age — *âge m   normal de la retraite*

standard terms agreement — *contrat m   d'adhésion*

standard time — *temps m   normalisé; temps m   de référence*

standard wage — *salaire m   normal; salaire m   standard*

standard work period — *durée f   normale du travail*

standard workday — *journée f   normale*

standard workweek — *semaine f   normale de travail*

standardization — *normalisation f ; standardisation f*

standardization (job) — *normalisation f   des emplois*

standards (labour) — *normes fp   de travail*

standards of performance — *normes fp   d'exécution; normes fp   de rendement*

standards (performance) — *normes fp   d'exécution; normes fp   de rendement*

standards (production) — *normes fp   de production*

standing committee — *comité m   régulier; comité m   permanent*

standing injunction — *injonction f   permanente*

standing (seniority) — *rang m   d'ancienneté*

standing vote — *vote m   par assis et levés*

starting rate — *taux m   de salaire à l'embauchage; taux m   /de salaire/ de débutant; taux m   /de salaire/ de début*

starting time — *heure f   d'entrée*

state employer — *État employeur m*

state (welfare) — *État m   providence; État m   social;* welfare state *m*

statement — *communication f ; déclaration f*

statement of facts /of a case/ — *factum m*

statement of principles — *déclaration f   de principes*

statement (sworn) — *déclaration f   sous serment*

statement under oath — *déclaration f   sous serment*

Statistics Canada– SC; StatCan — *Statistique Canada– SC; StatCan*

status — *status m*

status (civil) — *état m   civil*

status (shift) — *régime m   de quart*

status (socio–economic) — *état m*

statute — *statut m*

statutes (revised) — *statuts mp   refondus – Québec; statuts mp   revisés – Canada*

statutory — *statutaire*

statutory committee — *comité m   statutaire; comité m   régulier*

statutory holiday — *congé m   statutaire; jour m   férié; congé m   réglementaire*

statutory increase — *augmentation f statutaire de salaire (c); augmentation f automatique de salaire*

statutory injunction — *injonction f statutaire*

statutory strike — *grève f sans arrêt de travail*

stay–in strike — *grève f des bras croisés; grève f sur le tas; grève f d'occupation*

steering committee — *comité m des pouvoirs et comités (c); comité m directeur; comité m de direction; comité m d'orientation*

steward (department shop) — *délégué m syndical de département*

steward (departmental) — *délégué m d'atelier*

steward (job–site) — *délégué m de chantier*

steward (shop) — *délégué m d'atelier; délégué m du personnel; délégué m syndical*

stick–and–carrot technique — *politique f de la carotte et du bâton*

stipend (student) — *présalaire m*

stipulation — *stipulation f ; disposition f ; clause f*

stock — *action f ; part f ; capital–actions m*

stock bonus plan — *prime f d'actionnariat*

stock option plan — *plan m optionnel d'achat d'options*

stock ownership plan (employee) — *régime m d'actionnariat*

stock ownership (workers') — *régime m d'actionnariat ouvrier*

stock plan — *régime m d'actionnariat*

stock purchase plan — *régime m d'actionnariat privilégié*

stock purchase plan (employee) — *régime m d'actionnariat ouvrier*

stockholder — *actionnaire m*

stool pigeon — *indicateur m ; délateur m ; mouchard m*

stoppage of limited duration (work) — *journée f d'étude*

stoppage (work) — *débrayage m ; arrêt m de travail; cessation f de travail*

store (company) — *magasin m de compagnie (c); économat m*

straight point system — *méthode f des points directs*

straight–time pay — *salaire m régulier*

straight–time /rate/ — *taux m de base; taux m horaire normal*

straight /–time/ rate — *taux m ordinaire*

stranger picketing — *piquetage m par des étrangers (c)*

strategic strike — *grève–bouchon f ; grève f thrombose*

strategy — *stratégie f*

strategy formulation — *élaboration f des stratégies*

straw boss — *assistant–contremaître m ; sous–contremaître m ; chef m d'équipe*

stretch out — *surcharge f*

strictly operational work — *travail m de simple exécution*

strife (inter–union) — *conflit m inter–syndical*

strife (intra–union) — *conflit m syndical interne*

strike — *débrayage m ; grève f*

strike (authorized) — *grève f autorisée*

strike benefit — *allocation f de grève; indemnité f de grève*

strike (camouflage) — *grève f camouflée*

strike clause (no–) — *interdiction f de grève; prohibition f de grève*

strike (contagious) — *grève f généralisée*

strike (coolie) — *grève f gestionnaire*

strike deadline — *délai m de grève*

strike (defensive) — *grève f défensive*

strike delay — *délai m de grève*

strike (deterrent) — *grève f préventive; grève f de dissuasion*

strike (disguised) — *journée f d'étude*

strike (economic) — *grève f économique*

strike (economic and defence of trade) — *grève f économico–professionnelle* strike (emergency) — *grève f susceptible de créer une situation d'urgence*

strike fund — *caisse f de grève; fonds m de défense professionnelle; fonds m de grève*

strike (general) — *grève f générale*

strike (hit–and–run) — *grève f d'escarmouche; grève f tournante*

strike (illegal) — *grève f illégale*

strike (immoral) — *grève f immorale*

strike (industry–wide) — *grève f de masse; grève f massive*

strike insurance — *assurance–grève f*

strike (insurrection) — *grève f insurrectionnelle*

strike (isolated) — *grève f particulière*

strike (jurisdictional) — *grève f de juridiction*

strike (justified) — *grève f morale; grève f juste*

strike (key) — *grève–bouchon f ; grève f thrombose*

strike (legal) — *grève f légale*

strike (lightning) — *grève éclair f ; grève surprise f*

strike (limited duration) — *grève f /à durée/ limitée*

strike (localized) — *grève f particulière*

strike (mass) — *grève f de masse; grève f massive*

strike (negative) — *grève f défensive; grève f négative*

strike (non–stoppage) — *grève f sans arrêt de travail*

strike notice — *avis m de grève*

strike (occasional) — *grève f occasionnelle*

strike of indeterminate duration — *grève f /à durée/ indéterminée; grève f /à durée/ illimitée*

strike (official) — *grève f autorisée*

strike (partial) — *grève f partielle*

strike pay — *allocation f de grève; indemnité f de grève*

strike (political) — *grève f politique*

strike (positive) — *grève f positive; grève f revendicative*

strike (prestige) — *grève f de prestige*

strike propensity — *propension f à la grève*

strike (public interest) — *grève f susceptible de créer une situation d'urgence*

strike (quickie) — *grève éclair f ; grève surprise f ; grève f spontanée*

strike (recognition) — *grève f de reconnaissance*

strike replacement — *briseur m de grève; rat m (fam.)*

strike (revolutionary) — *grève f révolutionnaire*

strike (right to) — *droit m de grève*

strike (secondary) — *grève f secondaire*

strike (sit–down) — *grève f d'occupation; grève f des bras croisés; grève f sur le tas*

strike (snap) — *grève f spontanée; grève surprise f*

strike (soldiering) — *grève f camouflée*

strike (solidarity) — *grève f de solidarité*

strike (spontaneous) — *grève f spontanée; grève surprise f*

strike (spreading) — *grève f généralisée*

strike (statutory) — *grève f sans arrêt de travail*

strike (stay–in) — *grève f des bras croisés; grève f sur le tas; grève f d'occupation*

strike (strategic) — *grève–bouchon f ; grève f thrombose*

strike (symbolic) — *grève f symbolique*

strike (sympathy) — *grève f de sympathie*

strike (systematic) — *grève f systématique*

strike (technically illegal) — *grève f techniquement illégale (c)*

strike threat — *menace f de grève*

strike (token) — *grève f d'avertissement*

strike (unauthorized) — *grève f non autorisée*

strike (unfair labour practice) — *grève f contre une pratique déloyale*

strike (unlimited) — *grève f /à durée/ indéterminée; grève f /à durée/ illimitée*

strike (unofficial) — *grève f non autorisée*

strike vote — *vote m de grève*

strike (warning) — *grève f d'avertissement*

strike (whipsawing) — *grève f de surenchère*

strike (widespread) — *grève f de masse; grève f massive*

strike (wildcat) — *grève f sauvage; grève f non autorisée*

strike (zeal) — *grève f du zèle*

strikebreaker — *briseur m de grève; rat m (fam.)*

strikebreaking — *brisage f de grève*

striker — *gréviste m*

string diagram — *diagramme m à ficelle*

strong-arm man — *fier-à-bras m ; gorille m*

struck-work clause — *clause f de refus de travail*

structural inflation — *inflation f structurale*

structural unemployment — *chômage m structurel*

structure — *structure f*

structure (authority) — *structure f d'autorité*

structure (formal) — *structure f formelle*

structure (informal) — *structure f informelle*

structure (wage) — *structure f des salaires*

student stipend — *présalaire m*

student unionism — *syndicalisme m étudiant*

study — *enquête f*

study (case) — *étude f de cas*

study commission — *commission f d'enquête*

study (fatigue) — *étude f de la fatigue*

study group — *cercle m d'études; groupe m d'étude*

study (methods) — *étude f des méthodes*

study (micro-motion) — *étude f des micromouvements*

study (motion) — *étude f des mouvements*

study (production) — *étude f de la production*

study session — *journée f d'étude*

study (time) — *étude f des temps*

study (work) — *étude f du travail*

sub-amendment — *sous-amendement m*

subcontracting — *sous-traitance f*

sub-contractor — *sous-entrepreneur m ; sous-traitant m*

sub-foreman — *assistant-contremaître m ; sous-contremaître m*

subject to — *assujetti ; régi par*

subjected to — *assujetti m*

subminimum rate — *salaire m inférieur au minimum*

submission — *mémoire m ; propositon f*

submission agreement — *accord m d'arbitrage*

subordinate employee — *subalterne m*

subordinate personnel — *personnel m subalterne*

subordinated work — *emploi m subalterne*

subordination — *subordination f*

subpoena — *assignation f*

subrogation — *subrogation f*

subscriber — *assuré m cotisant; cotisant m*

subscription — *cotisation f*

subsidiary — *filiale f*

subsistence allowance — *allocation f de subsistance*

subsistence wage — *salaire m de subsistance*

substandard rate — *taux m inférieur aux normes*

substandard work — *malfaçon f*

substitute — *remplaçant m ; suppléant m*

substitution (educational skill) — *substitution f de compétence conditionnée par la formation*

substitution (functional skill) — *substitution f fonctionnelle de compétence*

substitution (skill) — *substitution f de compétence*

successful applicant — *candidat m choisi; candidat m retenu*

successor — *successeur m*

successor company — *compagnie–successeur f (c); nouvel employeur m*

successor rights — *obligation f du successeur*

successor union — *syndicat–successeur m (c); nouveau syndicat m*

suffrage — *suffrage m*

suggestion — *suggestion f*

suggestion award — *prime f de suggestions*

suggestion award plan — *système m de suggestions*

suggestion bonus — *prime f de suggestions*

suggestion system — *système m de suggestions*

suitable employment — *emploi m approprié; emploi m convenable*

sum — *somme f*

summary conviction — *déclaration f sommaire de culpabilité*

summons — *mise f en demeure; assignation f ; citation f*

Sunday bonus — *prime f du dimanche*

superannuated rate — *salaire m de travailleur déclassé (?)*

superannuated worker — *travailleur m déclassé /en raison de son âge/*

superheating — *surchauffe f*

superintendent — *surintendant m ; chef m d'équipe*

superintendent (plant) — *chef m d'établissement*

Superior Labour Council — *Conseil m supérieur du travail*

supernumerary — *surnuméraire m*

supernumerary employee — *surnuméraire m*

superseniority — *ancienneté f privilégiée*

superstructure — *superstructure f*

supervision — *maîtrise f ; supervision f ; travail m de surveillance*

supervision (first line) — *personnel m de maîtrise*

supervisor — *superviseur m ; surveillant m ; contremaître m ; agent m de maîtrise*

supervisor (/first/ line) — *agent m de maîtrise; contremaître m*

supervisor (front line) — *agent m de maîtrise*

supervisors — *maîtrise f ; cadres mp inférieurs; cadres mp subalternes*

supervisory personnel — *personnel m de cadre; personnel m de maîtrise*

supervisory staff — *cadres mp*

supervisory work — *surveillance f ; travail m de surveillance*

supplementary benefit — *allocation f complémentaire*

supplementary earnings — *salaire m d'appoint*

supplementary unemployment benefit fund — *caisse f d'indemnité supplémentaire de chomage*

supplementary unemployment benefits – SUB — *prestations fp supplémentaires d'assurance–chômage – PSAC*

supply — *offre f*

supply (labour) — *offre f de travail*

support activities — *fonctions fp complémentaires*

support service — *service m de soutien*

support staff — *personnel m auxiliaire; personnel m de soutien*

supporter — *partisan m*

surplus manpower — *main–d'oeuvre f excédentaire*

surplus personnel — *personnel m excédentaire*

surrender of principle — *compromission f*

survey — *enquête f ; sondage m*

survey (manpower) — *dénombrement m des effectifs; relevé m des effectifs*

survey (membership) — *relevé m des effectifs; dénombrement m des effectifs; inventaire m des effectifs*

survey (personnel) — *dénombrement m des effectifs; relevé m des effectifs*

survivors' benefits — *assurance f réversible; prestations fp aux survivants; prestations fp de réversion*

survivors' benefits pension — *pension f de réversion*

suspension — *suspension f*

suspension (administrative) — *suspension f administrative*

sweating system — *sweating system*

sweatshop — *atelier m de pressurage*

sweetheart agreement — *accord m de compérage (néol.); compérage m ; contrat m bidon; contrat m de complaisance*

swing shift — *quart m de relève*

sworn statement — *déclaration f sous serment*

symbolic picketing — *piquetage m symbolique (c)*

symbolic strike — *grève f symbolique*

sympathy strike — *grève f de sympathie*

syndicalism — *anarcho–syndicalisme m ; syndicalisme m anarchiste*

syndicate — *union f ; syndicat m*

synthetic time — *temps m synthétique*

system — *plan m ; régime m ; système m*

system (annuities) — *régime m de rentes*

system (classification) — *méthode f des classes*

system (collective bargaining) — *régime m de négociation collective*

system (combined wage) — *système m de rémunération jumelée*

system (communication) — *système m de communication*

system (incentive wage) — *méthode f de rémunération au rendement; système m de rémunération au rendement*

system (industrial relations) — *régime m des relations du travail; système m de relations industrielles*

system (integrated management) — *système m intégré de gestion*

system (job evaluation) — *méthode f d'évaluation des emplois*

system (labour) — *régime m du travail*

system management — *direction f systématisée*

system (management) — *système m de direction*

system (pay) — *système m de rémunération*

system (pay–as–you–go) — *système m de répartition*

system (point) — *méthode f des points*

system (predetermined motion time)– PMTS — *méthode f des temps prédéterminés–PMTS*

system (qualitative job evaluation) — *système m qualitatif d'évaluation des postes de travail*

system (quantitative job evaluation) — *système m quantitatif d'évaluation des postes de travail*

system (ranking) — *méthode f de rangement*

system (shift) — *régime m de quart; régime m de travail posté*

system (social aid) — *système m d'aide sociale*

system (straight point) — *méthode f des points directs*

system (tripartite) — *tripartisme m*

system (tri–party) — *tripartisme m*

system (wage) — *salariat m*

system (wage–payment) — *système m de rémunération*

system (weighted point) — *méthode f des points pondérés*

system (welfare) — *système m d'aide social*

system—wide /bargaining/ unit — *unité f de négociation de réseau*

system (work) — *régime m de travail*

system (work inspection) — *système m d'inspection du travail*

system (work record) — *système m d'enregistrement du travail*

system (work registration) — *système m d'enregistrement du travail*

systematic strike — *grève f systématique*

systems and procedures — *méthodes fp administratives*

systems management — *gestion f par les systèmes*

T

table (bargaining) — *table f de négociation*

tactics — *tactique f*

take–home pay — *paye f encaissable; salaire m net; gains mp nets*

taking over one's duties — *entrée f en service; entrée f en fonction*

taking possession — *entrée f en jouissance*

talent — *capacité f*

talent fee — *cachet m*

tandem increase — *augmentation f jumelée de salaire*

tardiness — *retardatisme m (néol.); imponctualité f*

target — *objectif m*

tariff — *tarif m*

task — *poste m de travail; besogne f ; tâche f*

task force — *équipe f de travail; équipe f opérationnelle; groupe m d'étude; groupe m de travail*

task (special) — *besogne f particulière*

tax — *impôt m ; taxe f*

tax (income) — *impôt m sur le revenu*

tax (negative income) — *impôt m négatif*

taxation year — *année f d'imposition*

taxonomy — *taxonomie f*

taxpayer — *contribuable m*

taylorism — *taylorisme m*

Teachers' Corporation (Québec) — *Corporation f des enseignants du Québec – CEQ*

Teachers (Provincial Association of Catholic) PACT — Provincial Association of Catholic Teachers—PACT

Teachers (Provincial Association of Protestant) PAPT — Provincial Association of Protestant Teachers—PAPT

teach–in — *journée f d'étude*

team — *équipe f*

team leader — *chef m d'équipe*

team (work) — *équipe f de travail*

teamwork — *travail m d'équipe*

technical advisor — *conseiller m technique*

technical and vocational education — *enseignement m technique et professionnel*

technical irregularity — *vice m de procédure*

technical manager — *chef m de fabrication; directeur m technique*

technical unemployment — *chômage m technique*

technically illegal strike — *grève f techniquement illégale (c)*

technician — *technicien m*

technique (management) — *technique f de direction*

technique (stick–and–carrot) — *politique f de la carotte et du bâton*

technocrat — *technocrate m*

technocracy — *technocratie f*

technocratization — *technocratisation f*

technological change — *changement m technologique*

technological conduct — *conduites fp technologiques*

technological unemployment — *chômage m technologique*

technologist — *technologue m*

technology — *technologie f*

technology (computer) — *informatique f*

technostructure — *technostructure f*

telegraphing – voting — *substitution f de personne*

teller — *scrutateur m*

temporary disability — *incapacité f temporaire*

temporary employee — *temporaire m*

temporary job — *emploi m temporaire*

temporary replacement — *remplacement m temporaire*

temporary transfer — *déplacement m temporaire; remplacement m temporaire; mutation f temporaire*

temporary worker — *travailleur m temporaire*

tendency to rate hard — *tendance f à coter sévèrement*

tendency to rate on the average — *tendance f à coter moyennement*

tendency toward leniency — *tendance f à l'indulgence systématique*

tendency (wage) — *tendance f des salaires*

tentative agreement — *accord m préliminaire*

tentative proposal — *proposition f conditionnelle*

tenure — *permanence f*

term of a decision — *dispositif m*

term of office — *durée f du mandat; mandat m*

term of the agreement — *durée f de la convention*

terminal job — *poste m sans avenir; poste m sans issue; cul–de–sac m*

terminal point — *plafond m du salaire; salaire m limite*

termination — *expiration f*

termination of agreement — *expiration f de la convention; fin f de la convention*

termination of agreement (notice of) — *dénonciation f de convention*

termination of employment — *cessation f d'emploi; licenciement m*

terms and conditions of employment — *conditions fp de travail*

terms of reference — *mandat m*

territorial coverage — *champ m d'application territorial*

tertiary sector — *secteur m tertiaire*

test — *test m ; épreuve f*

test (achievement) — *test m d'exécution*

test (aptitude) — *test m d'aptitude*

test (attitude) — *test m d'attitude*

test case — *cas m type*

test hand — *travailleur m moyen; travailleur m représentatif*

test of knowledge — *test m de connaissances*

test (performance) — *test m d'exécution*

test (skill) — *test m d'exécution*

testimonial — *attestation f*

testimony (rebuttal) — *contre–preuve f*

tests (performance) — *essais mp de performance*

The Canada Gazette — *La Gazette du Canada*

the unemployed — *chômeur m*

theft — *chapardage m*

theory — *théorie f*

therblig — *therblig m*

Third International — *Troisième Internationale f*

third shift — *quart m de nuit*

threat (strike) — *menace f de grève*

ticket — *carte f de qualification*

ticket (job) — *fiche f de travail; relevé m d'opération*

tie card — *carte f multiprofessionnelle*

tight labour market — *marché m du travail serré*

tight paced work — *travail m à rythme lié*

time (allowed) — *temps m alloué*

time–and–a–half /rate/ — *taux m majoré de moitié*

time–and–motion study — *étude f des temps et des mouvements*

time (break–in) — *période f d'adaptation*

time (broken) — *journée f fractionnée*

time (call) — *délai m d'appel*

time card — *carte f de pointage; fiche f de présence; carte f de présence*

time (change–over) — *temps m de modification*

time clock — *horloge f pointeuse; horodateur m ; horloge f de pointage*

time (dead) — *temps m perdu*

time (down) — *période f d'arrêt technologique*

time (elapsed) — *temps m vrai*

time (finishing) — *heure f de sortie*

time (idle) — *temps m inoccupé; intervalle m d'inactivité*

time (ineffective) — *temps mp improductifs*

time (layover) — *temps m de suspension*

time (leisure) — *loisirs mp*

time (levelled) — *temps m égalisé*

time (lost) — *temps m perdu*

time (lunch) — *pause médiane f ; pause f repas*

time (machine attention) — *temps m de surveillance*

time (observed) — *temps m chronométré; temps m observé*

time–off (compensatory) — *période f de repos compensatoire*

time off for noon meal — *pause médiane f ; pause f repas*

time office — *bureau m des présences (c) (?)*

time–off in lieu — *période f de repos compensatoire*

time–off plan — *congé m compensatoire*

time pay (straight–) — *salaire m régulier*

time (quitting) — *heure f de sortie*

time rate (double) — *taux m double*

time /rate/ (straight–) — *taux m horaire normal; taux m de base*

time (regular working) — *période f normale de travail*

time (release) — *temps m libre*

time schedule — *horaire m /de travail/*

time series — *série f chronologique*

time sharing — *temps m partagé*

time (short) — *sous–temps m (?)*

time (slack) — *temps m mort; morte-saison f ; période f creuse*

time–stamp — *horodateur m*

time–stamping clock — *horodateur m*

time (standard) — *temps m normalisé; temps m de référence*

time (starting) — *heure f d'entrée*

time study — *chronométrage m ; étude f des temps*

time–study form — *feuille f d'observations*

time (synthetic) — *temps m synthétique*

time (under–) — *sous–temps m (?)*

time wage — *salaire m au temps*

time (wash–up) — *temps m de toilette*

time (wet) — *indemnité f d'intempéries*

time (work) — *temps m de travail*

time–work contract — *contrat m de travail à l'heure*

time work (part–) — *travail m à temps partiel*

timing — *chronométrage m*

tip — *gratification f ; pourboire m*

title — *titre m*

title (job) — *appellation f d'emploi*

Titles (Dictionary of Occupational) DOT — *Dictionnaire m des appellations d'emploi*

token picketing — *piquetage m symbolique*

token strike — *grève f d'avertissement*

tolerance (seasonal) — *tolérance f temporaire*

tool allowance — *allocation f d'outillage*

top management — *cadres mp supérieurs; haute direction f ; cadres mp dirigeants; haute fonction f*

top management approach — *optique f de la direction*

tort — *préjudice m*

total — *somme f*

total disability — *incapacité f totale*

total labour force — *main-d'oeuvre f totale*

total payroll — *masse f salariale*

town (company) — *ville f fermée (c)*

tractable trade–unionism — *syndicalisme m d'identification; syndicalisme m d'intégration*

trade — *métier m*

trade assignment jurisdictional dispute — *conflit m de juridiction de métiers*

trade association — *association f professionnelle; corps m de métier*

trade cycle — *cycle m économique*

trade (free) — *libre-échange m*

trade name — *raison f sociale*

trade–off — *harmonisation f des objectifs; substituabilité f ; relation f d'arbitrage*

trade qualification (multi–skilled) — *polyvalence f du personnel*

trade qualifications — *qualification f professionnelle*

Trade Secretariat (International) — ITS — *Secrétariat m professionnel international — SPI*

trade secretariats (international) — *internationales fp professionnelles*

trade (secrets of the) — *secrets mp du métier*

trade (tricks of the) — *secrets mp du métier*

trade–union — *syndicat m ; syndicat m ouvrier; syndicat m de salariés; organisation f syndicale; union f*

trade–union democracy — *démocratie f syndicale*

trade–union organization (international) — *internationale f syndicale*

trade–unionism — *syndicalisme m ; trade–unionisme m*

trade–unionism (confessional) — *syndicalisme m confessionnel*

trade–unionism (control) — *syndicalisme m de contrôle*

trade–unionism (denominational) — *syndicalisme m confessionnel*

trade–unionism (dominated) — *syndicalisme m d'identification; syndicalisme m d'intégration*

trade–unionism (horizontal) — *syndicalisme m horizontal*

trade–unionism (ideological) — *syndicalisme m de contestation*

trade–unionism (non–confessional) — *syndicalisme m neutre*

trade–unionism (non–denominational) — *syndicalisme m neutre*

trade–unionism (orderly) — *syndicalisme m d'acceptation*

trade–unionism (participative) — *syndicalisme m de participation*

trade–unionism (tractable) — *syndicalisme m d'identification; syndicalisme m d'intégration*

trade–unionism (transmission belt) — *syndicalisme m de soumission*

trade–unionism (vertical) — *syndicalisme m vertical*

trades (allied) — *famille f de métiers*

Trades and Labor Congress of Canada – TLCC — *Congrès m des métiers et du travail du Canada – CMTC*

trades (building) — *métiers mp de la construction; métiers mp du bâtiment*

trades council — *conseil m des métiers*

trades (related) — *famille f de métiers; emplois mp connexes*

trades (running) – railway — *personnel m itinérant*

trades school — *école f de métiers*

Trades Union Congress — TUC — Trades Union Congress — TUC

tradesmen — *gens fp du métier*

tradesmen (fellow) — *gens fp du métier*

trainee — *travailleur m à l'entraînement (c); stagiaire m*

trainee turnover — *rotation f des stagiaires*

training — *entraînement m (c); formation f ; perfectionnement m*

training agreement — *contrat m d'apprentissage*

training allowance — *allocation f d'études*

training (basic) — *formation f de base*

training (further) — *cours mp de perfectionnement*

training (in–plant) — *formation f en industrie; formation f sur le tas; formation f sur place; formation f en milieu de travail; formation f dans l'entreprise; formation f interne; formation f en cours d'emploi; entraînement m sur le tas (c)*

training method — *méhode f de formation*

training need — *besoin m de formation*

training officer — *directeur m de formation*

training (off–the–job) — *formation f extérieure; formation f institutionnelle*

training (on–the–job) — *formation f en milieu de travail; formation f en industrie; formation f sur le tas; formation f sur place; formation f interne; formation f en cours d'emploi; entraînement m sur le tas (c)*

training period — *stage m*

training (pre–vocational) — *initiation f à la profession*

training process — *procédé m de formation; technique f de formation*

training (vestibule) — *formation f en atelier–école*

training (vocational) — *formation f professionnelle*

training within industry program — TWI — *système m de formation en cascade*

transaction — *marché m ; transaction f*

transfer — *mutation f ; déplacement m*

transfer cost — *prix m de transfert*

transfer (temporary) — *déplacement m temporaire; remplacement m temporaire; mutation f temporaire*

transient — *travailleur m migrant*

transient work — *travail m sans localisation rigide*

transmission belt trade–unionism — *syndicalisme m de soumission*

transport — *transport m*

transportation — *transport m*

transportation allowance — *allocation f de déplacement; indemnité f de transport*

transportation costs — *frais mp de transport; frais mp de déplacement; frais mp de voyage*

travel accident — *accident m de trajet*

travel allowance — *allocation f de déplacement; allocation f de trajet; allocation f de voyage*

travel expenses — *frais mp de voyage; frais mp de déplacement; frais mp de transport*

travel injury — *accident m de trajet*

travel pay — *allocation f de trajet; allocation f de déplacement*

travel status (accident while on) — *accident m en cours de route*

travelling card — *carte f de transfert syndical*

Treasury Board — *Conseil m du Trésor*

Treasury (The) — *fisc m*

trend (wage) — *tendance f des salaires*

trial–and–error method — *pifomètre m (fam.)*

trial examiner — *commissaire–enquêteur m*

trial period — *période f d'essai; stage m probatoire; période f probatoire; période f de probation*

trial period rate — *salaire m de période d'essai*

trial rate — *taux m d'essai*

trial run — *expérience f*

tribunal (administrative) — *tribunal m administratif*

tribunal (arbitration) — *tribunal m d'arbitrage*

tribunal (lay member of) — *assesseur m*

tricks of the trade — *secrets mp du métier*

trip allowance — *allocation f de voyage*

tripartite committee — *comité m tripartite*

tripartite system — *tripartisme m*

tri–party system — *tripartisme m*

trouble–maker — *agitateur m ; fauteur m de troubles*

truce — *trêve f*

true copy — *copie f conforme*

true copy (certified) — *copie f certifiée conforme; vidimus m*

trust — *fiducie f*

trust company — *compagnie f de fiducie*

trustee — *fiduciaire m*

trusteeship — *mise en tutelle f*

trusteeship (union) — *tutelle f syndicale*

trustees (board of) — *conseil m de surveillance*

tuition payment plan — *régime m de perfectionnement*

turnover (labour) — *renouvellement m de la main–d'oeuvre; roulement m de la main–d'oeuvre*

turnover (trainee) — *rotation f des stagiaires*

twice monthly — *bimensuel m*

Two–and–one–half International — *Deuxième Internationale et demie f*

two–handed process chart — *graphique m des deux mains*

type — *type m*

U

umpire — *arbitre* m

umpire (permanent) — *arbitre* m *permanent*

unaffiliated union — *syndicat* m *indépendant*

unauthorized absence — *absence* f *non autorisée*

unauthorized strike — *grève* f *non autorisée*

unclassified document — *document* m *communicable*

unconditional offer — *offre* f *inconditionnelle*

under advisement — *en délibéré*

undercutting — *action* f *unilatérale; undercutting* m

underemployment — *sous–emploi* m

underspread pay — *prime* f *de chevauchement*

undertaking — *entreprise* f

under–time — *sous–temps* m *(?)*

unemployed worker — *sans–travail* m *; chômeur* m

unemployed /worker/ (hard–core) — *chômeur* m *chronique*

unemployed /worker/ (long–term) — *chômeur* m *chronique*

unemployment — *chômage* m

unemployment (accidental) — *chômage* m *accidentel*

unemployment (aggregate) — *chômage* m *global*

unemployment assistance — *assistance–chômage* f

unemployment benefit — *allocation* f *de chômage*

unemployment benefit fund (supplementary) — *caisse* f *d'indemnité supplémentaire de chômage*

unemployment benefits — *prestations* fp *de chômage*

unemployment benefits (seasonal) — *prestations* fp *saisonnières de chômage*

unemployment benefits (supplementary) SUB — *prestations* fp *supplémentaires d'assurance–chômage – PSAC*

unemployment (chronic) — *chômage* m *chronique; chômage* m *endémique*

unemployment (concealed) — *chômage* m *déguisé*

unemployment (cyclical) — *chômage* m *cyclique*

unemployment (deficient–demand) — *chômage* m *dû à l'insuffisance de la demande*

unemployment (disguised) — *chômage* m *camouflé; chômage* m *déguisé*

unemployment (fictitious) — *chômage* m *camouflé*

unemployment (frictional) — *chômage* m *de frottement; chômage* m *frictionnel; chômage* m *résiduel*

unemployment (hard–core) — *chômage* m *chronique; chômage* m *endémique*

unemployment (hidden) — *chômage* m *camouflé; chômage* m *déguisé*

unemployment (incidental) — *chômage* m *accidentel*

unemployment insurance — *assurance–chômage* f

unemployment insurance account — *compte* m *d'assurance–chômage*

Unemployment Insurance Act — *Loi* f *sur l'assurance–chômage*

unemployment insurance benefits — *prestations* fp *d'assurance–chômage*

Unemployment Insurance Commission– UIC — *Commission* f *d'assurance–chômage – CAC*

unemployment insurance fund — *caisse* f *d'assurance–chômage*

unemployment level — *niveau* m *de chômage*

unemployment (long–term) — *chômage* m *chronique; chômage* m *endémique*

unemployment rate — *taux* m *de chômage*

unemployment rate (seasonally–adjusted) — *taux* m *de chômage désaisonnalisé*

unemployment (recurring) — *chômage* m *récurrent; chômage* m *périodique*

unemployment (related) — *chômage m accidentel*

unemployment (seasonal) — *chômage m saisonnier*

unemployment (structural) — *chômage m structurel*

unemployment (technical) — *chômage m technique*

unemployment (technological) — *chômage m technologique*

unfair discharge — *congédiement m abusif; rupture f abusive de contrat*

unfair labour practice — *manoeuvre f déloyale; pratique f déloyale de travail*

unfair labour practice strike — *grève f contre une pratique déloyale*

unforeseen circumstances — *circonstances fp imprévues; circonstances fp imprévisibles*

unforseeable circumstances — *circonstances fp imprévisibles*

uniform benefit pension plan — *plan m de pension à prestations uniformes*

uniform wage rate — *taux m de salaire uniforme*

unilateral action — *action f unilatérale*

unilateral pension plan — *plan m de pension unilatéral*

union — *association f de salariés; association f de travailleurs; syndicat m ; union f*

union (accredited) — *syndicat m accrédité (c)*

union activity — *action f syndicale; activité f syndicale*

union activity discharge — *congédiement m pour activité syndicale*

union activity (dismissal for) — *congédiement m pour activité syndicale*

union advisor — *conseiller m syndical*

union (affiliated) — *syndicat m affilié*

union allegiance — *appartenance f syndicale; affiliation f syndicale; allégeance f syndicale*

union amalgamation — *amalgamation f de syndicats (c)*

union (appropriate) — *syndicat m approprié*

union assembly — *congrès m syndical*

union (associated–crafts) — *syndicat m de métiers associés*

union (autonomous) — *syndicat m autonome*

union autonomy — *autonomie f syndicale*

union badge — *insigne m syndical; vignette f syndicale; macaron m /syndical/*

union (bona fide) — *syndicat m de bonne foi (c); syndicat m de fait*

union bureau — *secrétariat m syndical*

union card — *carte f syndicale*

union certification — *accréditation f syndicale (c)*

union certification (application for) — *demande f d'accréditation syndicale (c)*

union (certified) — *association f accréditée (c); syndicat m accrédité (c)*

union check–off — *décompte m syndical; précompte m syndical; retenue f des cotisations syndicales; retenue f syndicale (c)*

union (closed) — *syndicat m fermé*

union (closed shop with closed) — *atelier m fermé discriminatoire (c)*

union (company) — *syndicat m de boutique (c); syndicat m d'entreprise; syndicat m jaune; syndicat m maison; syndicat m fantoche*

union competition (inter–) — *concurrence f syndicale*

union (compulsory) — *syndicat m obligatoire*

union conflict (inter–) — *rivalité f syndicale*

Union Congress (Trades) TUC — Trades Union Congress — TUC

union convention — *congrès m syndical*

union (craft) — *syndicat m de métier; syndicat m professionnel*

union (credit) — *caisse f d'épargne et de crédit*

union demands (list of) — *cahier m de revendications*

union democracy — *démocratie f syndicale*

Union des producteurs agricoles – UPA — *Union f des producteurs agricoles – UPA*

union (direct–chartered) — *syndicat m à charte directe (c); syndicat m directement affilié (c)*

union dispute (inter–) — *conflit m intersyndical; conflit m de rivalité syndicale; litige m intersyndical*

union dispute (intra–) — *conflit m syndical interne*

union (dominated) — *syndicat m dominé*

union dues — *cotisations fp syndicales; contributions fp syndicales (c); retenue f syndicale*

union dues (regular) — *cotisations fp syndicales ordinaires*

union education (labour) — *éducation f syndicale; formation f syndicale*

union election — *élection/s/ f syndicale/s/*

union emblem — *insigne m syndical*

union (employers') — *syndicat m patronal; association f patronale; association f d'employeurs; organisation f d'employeurs*

union (expulsion from) — *expulsion f du syndicat*

union (federal) — *syndicat m à charte directe (c); union f fédérale (c)*

union (free) — *syndicat m libre*

union (general) — *syndicat m général; syndicat m interprofessionnel*

union hiring hall — *bureau m d'embauchage syndical*

union (house) — *syndicat m dominé; syndicat m maison*

union (incumbent) — *syndicat m en place*

union (independent) — *syndicat m indépendant*

union (industrial) — *syndicat m industriel*

union insignia — *insigne m syndical; vignette f syndicale; macaron m /syndical/*

union (international) — *syndicat m américain (c); syndicat m international; union f internationale (c)*

union (joint) — *syndicat m mixte*

union jurisdiction — *compétence f syndicale; juridiction f syndicale*

/union/ jurisdictional dispute — *conflit m de juridiction syndicale*

union label — *étiquette f syndicale; label m*

union (labour) — *syndicat m ouvrier; syndicat m de salariés; syndicat m*

union leader — *dirigeant m syndical*

union leave — *absence f pour fins syndicales; congé m pour activité syndicale*

union legislation — *droit m syndical*

union levy — *cotisations fp syndicales ordinaires*

/union/ (local) — *syndicat m /local/; section f locale*

union (majority) — *syndicat m majoritaire*

/union/ member — *syndiqué m ; membre m ; adhérent m*

union member (active) — *militant m de base; militant m syndical; syndicaliste m*

union membership application form — *formule f d'adhésion syndicale*

union merger — *fusion f de syndicats; fusion f syndicale*

union monopoly — *monopole m syndical*

union movement — *mouvement m syndical*

union (multi–craft) — *syndicat m multi–métiers*

union (multi–industry) — *syndicat m multi–industriel*

union (national) — *fédération f*

union (near) — *quasi–syndicat m*

union office — *secrétariat m syndical*

union officer — *dirigeant m syndical; militant m syndical; membre m du bureau syndical; responsable m syndical*

union officer (local) — *militant m de base; agent m de section locale*

Union (One Big) OBU — One Big Union – OBU

union (open) — *syndicat m ouvert*

union organization — *organisation f syndicale*

union organizer — *organisateur m syndical; recruteur m syndical*

union practice (anti–) — *action f antisyndicale*

union preference — *préférence f syndicale*

union (professional) — *syndicat m professionnel*

union propagandist — *propagandiste m syndical*

/union/ rank–and–file — *base f /syndicale/*

union rate — *tarif m syndical; salaire m conventionnel*

union recognition — *reconnaissance f syndicale*

union recognition (application for) — *demande f de reconnaissance syndicale*

union (recognized) — *syndicat m agréé; syndicat m reconnu*

union representative — *délégué m syndical; permanent m syndical; représentant m syndical*

union rivalry — *rivalité f syndicale*

union rivalry (inter–) — *concurrence f syndicale*

union security — *sécurité f syndicale*

union security clause — *clause f de sécurité syndicale*

union (semi–industrial) — *syndicat m semi–industriel*

union-shop card — *attestation f d'atelier syndical*

union shop (complete) — *atelier m syndical parfait (c)*

union shop (full) — *atelier m syndical parfait (c)*

union shop (modified) — *atelier m syndical imparfait (c)*

union (staff) — *syndicat m de cadres*

union staff (full–time) — *permanent m syndical; fonctionnaire m syndical*

union staff representative — *conseiller m technique*

union steward — *délégué m syndical*

union strife (inter–) — *conflit m intersyndical*

union strife (intra–) — *conflit m syndical interne*

union (successor) — *syndicat–successeur m (c)*

union (trade) — *syndicat m ouvrier; organisation f syndicale; syndicat m de salariés; syndicat m ; union f*

union trusteeship — *tutelle f syndicale*

union (unaffiliated) — *syndicat m indépendant*

union wage scale — *échelle f syndicale de salaire; tarif m syndical*

union wages — *salaire m conventionnel*

unionism (business) — *syndicalisme m d'affaires*

unionism (confessional trade–) — *confessionnalité f syndicale*

unionism (denominational trade–) — *confessionnalité f syndicale*

unionism (neutral) — *syndicalisme m neutre; syndicalisme m non confessionnel*

unionism (plural) — *pluralisme m syndical*

unionism (protest) — *syndicalisme m d'opposition*

unionism (reformist) — *syndicalisme m réformiste*

unionism (revisionist) — *syndicalisme m révisionniste*

unionism (revolutionary) — *syndicalisme m révolutionnaire*

unionism (secular) — *syndicalisme m neutre; syndicalisme m non confessionnel*

unionism (student) — *syndicalisme m étudiant*

unionism (uplift) — *syndicalisme m réformiste*

unionist — *syndicaliste m*

unionizable — *syndicable (néol.) (c)*

unionization — *implantation f syndicale; syndicalisation f*

unionized shop — *atelier m syndiqué*

unions (allied–crafts) — *syndicat m de métiers connexes*

Unions (International Federation of Christian Trade) IFCTU — *Confédération f internationale des syndicats chrétiens – CISC*

unit (bargaining) — *groupement m de négociation; groupement m négociateur; unité f de négociation; groupe m distinct*

unit (minority) — *unité f minoritaire*

unit production — *travail m par unité*

unit (residual) — *unité f résiduaire; unité f résiduelle*

unit (seniority) — *aire f d'ancienneté; champ m d'ancienneté; unité f d'ancienneté*

unit (work) — *unité f de travail*

Unitary General Confederation of Labour — *Confédération f générale du travail unitaire – CGTU*

universal franchise — *suffrage m universel*

universal social assistance plan — *prestations fp universelles; régime m d'assistance sociale universelle*

unlimited strike — *grève f /à durée/ indéterminée; grève f /à durée/ illimitée*

unmarked ballot — *bulletin m de vote blanc*

unofficial resignation — *démission f implicite*

unofficial strike — *grève f non autorisée*

unpaid worker — *volontaire m ; bénévole m*

unrest (labour) — *agitation f ouvrière*

unskilled labour — *main-d'oeuvre f non qualifiée*

unsplit workday — *journée f anglaise; journée f continue*

upgrading — *avancement m temporaire*

upgrading course — *cours mp de perfectionnement*

uplift unionism — *syndicalisme m réformiste*

upper limit — *plafond m*

upswing (/economic/) — *relance f*

upturn — *relance f*

upward information — *information f ascendante*

upward integration — *intégration f descendante*

urgent work — *travail m d'urgence*

usage — *coutume f ; usage m*

use — *coutume f*

usual retirement age — *âge m normal de la retraite*

utilities (public) — *services mp publics*

utility (public) — *société f d'intérêt public; entreprise f d'utilité publique; entreprise f d'intérêt public; entreprise f de service public*

V

vacancy — *vacance f ; emploi m disponible; emploi m vacant; poste m vacant*

vacant position — *poste m vacant; vacance f*

vacation — *vacances fp ; congés mp payés*

vacation bonus — *gratification f de vacances*

vacation compensation — *indemnité f compensatrice de congé payé*

vacation pay (extra) — *gratification f de vacances*

vacation period (annual) — *période f des vacances annuelles; période f des congés annuels*

vacation plan (extended) — *régime m de vacances prolongées*

vacation with pay (annual) — *congés mp annuels payés; vacances fp payées*

vacation with pay (reference year for) — *année f de référence pour congés payés*

vacation year — *période f de référence pour congés payés*

vacations (staggering of) — *étalement m des vacances*

valid ballot — *bulletin m de vote valide; vote m valide*

value added — *valeur f ajoutée*

variable — *facteur m*

variable allowances — *majorations fp variables*

variable cost — *coût m variable*

variable elements — *éléments mp variables*

variable expenses — *frais mp variables*

variable schedule — *horaire m variable*

variable work — *travail m changeant*

variance — *écart m*

variance analysis — *analyse f des écarts; analyse f de variance*

verbal agreement — *accord m verbal*

verbal contract — *contrat m verbal*

verdict — *jugement m*

verification — *vérification f*

verification of membership — *vérification f des effectifs*

vertical concentration — *concentration f verticale*

vertical integration — *concentration f verticale; intégration f verticale*

vertical trade–unionism — *syndicalisme m vertical*

vested rights — *droits mp acquis*

vestibule training — *formation f en atelier–école*

vesting — *dévolution f*

viability — *rentabilité f*

view (minority) — *dissidence f*

vigilance committee — *conseil m de surveillance*

violation of contract — *manquement m au contrat*

violation of contract (fine for) — *amende f pour violation de contrat*

vocation — *activité f professionnelle*

vocational counsellor — *conseiller m d'orientation professionnelle*

vocational guidance — *guidance f professionnelle (néol.); orientation f professionnelle – OP*

vocational guidance counsellor — *conseiller m d'orientation professionnelle*

vocational orientation — *initiation f à la profession*

vocational rehabilitation — *réadaptation f professionnelle*

vocational retraining — *réadaptation f professionnelle; rééducation f professionnelle*

vocational school — *école f de métiers*

vocational training — *formation f professionnelle*

vocational training centre — *centre m de formation professionnelle*

Vocational Training Commission (Manpower) MVTC — *Commission f de la formation professionnelle de la main–d'oeuvre – CFPMO*

voluntarism — *gompérisme m ; volontarisme m*

voluntarist doctrine — *doctrine f volontariste*

voluntary arbitration — *arbitrage m volontaire*

voluntary association — *corps m intermédiaire*

voluntary check–off — *précompte m volontaire; retenue f volontaire des cotisations syndicales*

voluntary coverage — *assurance f facultative; assurance f volontaire*

voluntary deposit of wages — *dépôt m volontaire du salaire*

voluntary help — *bénévole m*

voluntary insurance — *assurance f facultative; assurance f volontaire*

voluntary overtime — *heures fp supplémentaires facultatives; surtemps m volontaire (c)*

voluntary separation — *abandon m volontaire d'emploi; départ m volontaire; cessation f volontaire d'emploi*

voluntary termination of employment — *abandon m volontaire d'emploi; départ m volontaire; démission f*

voluntary withdrawal — *retrait m facultatif*

voluntary worker — *bénévole m*

volunteer — *bénévole m ; volontaire m*

vote — *scrutin m ; suffrage m ; voix f ; vote m*

vote by list — *scrutin m de liste*

vote by proxy — *vote m par procuration*

vote by show of hands — *vote m à main levée*

vote (cancelled) — *vote m annulé*

vote cast — *suffrage m exprimé*

vote (casting) — *vote m prépondérant; voix f prépondérante*

vote–catching manoeuvre — *manoeuvre f électorale*

vote (compulsory) — *suffrage m obligatoire; vote m obligatoire*

vote count — *recensement m des suffrages*

vote (deciding) — *voix f prépondérante; vote m prépondérant*

vote /declared/ null and void — *vote m annulé*

vote (mandatory) — *suffrage m obligatoire; vote m obligatoire*

vote (nil) — *vote m nul*

vote (null) — *vote m nul*

vote of confidence — *vote m de confiance*

vote (popular) — *suffrage m universel*

vote (pre–hearing) — *scrutin m d'avant–audition; vote m d'avant–audition*

vote (proxy) — *vote m par procuration*

vote (public) — *scrutin m public*

vote (quashed) — *vote m annulé*

vote (representation) — *vote m de représentation; scrutin m de représentation*

vote (roll call) — *vote m par appel nominal*

vote (run–off) — *scrutin m de ballotage*

vote (secret) — *scrutin m secret*

vote–split — *partage m des voix*

vote (standing) — *vote m par assis et levés*

vote (strike) — *vote m de grève*

vote (with right to) — *voix f délibérative*

voter — *votant m ; électeur m*

votes (counting of the) — *dépouillement m du scrutin*

voting — *vote m*

W

wage — *salaire* m

wage adjustment — *rajustement* m *des salaires*

wage adjustment (general) — *rajustement* m *général de salaire*

wage (advance) — *salaire* m *anticipé*

wage (allowed time) — *salaire* m *au temps alloué*

wage and price control — *contrôle* m *des salaires et des prix*

wage and salary administration — *administration* f *des salaires*

wage area — *région* f *de salaires; zone* f *de salaires*

wage (average) — *salaire* m *moyen*

wage award — *salaire* m *fixé par arbitrage*

wage bill — *masse* f *salariale; coût* m *des salaires*

Wage Board (Minimum) MWB — *Commission* f *du salaire minimum – CSM*

wage bracket — *catégorie* f *des salaires; fourchette* f *des salaires; créneau* m *des salaires; palier* m *des salaires; groupe* m *des salaires*

wage ceiling — *plafond* m *du salaire; salaire* m *limite*

wage comparison — *comparaison* f *de salaires*

wage (compensatory) — *salaire* m *compensatoire*

wage compression — *compression* f *des salaires*

wage–cost — *charge* f *salariale; salaire–coût* m

wage curve — *courbe* f *de salaire*

wage cut — *baisse* f *de salaire; coupure* f *de salaire*

wage (deferred) — *salaire* m *différé*

wage determination — *fixation* f *des salaires*

wage differential — *différence* f *de salaire*

wage differential (narrowing of) — *compression* f *des salaires*

wage disparity — *disparité* f *de salaire*

wage disparity (geographical) — *disparité* f *géographique de salaire*

wage disparity (interplant) — *inégalité* f *inter–établissements*

wage disparity (regional) — *disparité* f *régionale de salaire*

wage docket — *bordereau* m *de paye*

wage drift — *glissement* m *des salaires*

wage–earner — *salarié* m

wage–earners — *salariat* m

wage earning — *salariat* m

wage–earning class — *salariat* m

wage (entrance) — *salaire* m *à l'embauchage; salaire* m *de début; salaire* m *de débutant*

wage–floor — *plancher* m *des salaires*

wage for the job — *salaire* m *attaché à un emploi; salaire* m *pour un emploi*

wage freeze — *blocage* m *des salaires; gel* m *des salaires*

wage fund — *fonds* m *des salaires*

wage (group) — *salaire* m *collectif*

wage (guaranteed) — *salaire* m *garanti*

wage (guaranteed annual) — *salaire* m *annuel garanti*

wage (hourly) — *salaire* m *horaire*

wage (illegal) — *salaire* m *illégal*

wage (incentive) — *rémunération* f *au rendement; salaire* m *au rendement; salaire* m *stimulant*

wage increase — *augmentation* f *de salaire; relèvement* m *de salaire; majoration* f *de salaire; hausse* f *de salaire*

wage increase (deferred) — *accroissement* m *différé de salaire; augmentation* f *différée de salaire*

wage increase (general) — *augmentation* f *générale de salaire*

wage increase (pattern) — *augmentation* f *de salaire type*

wage (indexed) — *salaire* m *indexé*

wage (indirect) — *salaire* m *indirect*

wage (individual) — *salaire* m *individuel*

wage (investment) — *salaire m d'investissement; épargne f contractuelle*

wage (job) — *salaire m à forfait; salaire m à la tâche*

wage (journeyman) — *salaire m de travailleur qualifié*

wage leader — *salaire m pilote*

wage (legal) — *salaire m légal*

wage level — *niveau m de salaire*

wage (living) — *salaire m naturel*

wage–loan — *avance f sur salaire*

wage method (incentive) — *méthode f de rémunération au rendement; système m de rémunération au rendement*

wage (minimum) — *salaire m minimum; salaire m minimal; plancher m des salaires*

wage (money) — *salaire m nominal*

wage (monthly) — *salaire m mensuel*

wage (nominal) — *salaire m nominal*

wage (non–activity) — *salaire m de non–activité*

wage parity — *parité f de salaire*

wage pattern — *grille f de salaire*

wage (pattern) — *salaire m type*

wage–payment system — *système m de rémunération*

wage plan — *système m de rémunération*

wage plan (constant–) — *régime m de salaire constant*

wage plan (incentive) — *méthode f de rémunération au rendement; système m de rémunération au rendement*

wage policy — *politique f salariale; politique f des salaires*

wage policy (government) — *politique f gouvernementale des salaires*

wage (premium) — *majorations fp de salaire*

wage–price guidelines — *directives fp salaire–prix*

wage rate — *taux m de salaire*

wage rate (arbitrary) — *taux m de salaire arbitraire*

wage rate (ascending) — *taux m de salaire croissant*

wage rate (average) — *taux m de salaire moyen*

/wage/ rate cutting — *diminution f du taux de salaire; réduction f du taux de salaire*

wage /rate/ decrease — *diminution f du taux de salaire; réduction f du taux de salaire*

wage rate (escalating) — *taux m de salaire croissant; taux m de salaire indexé*

wage rate (premium) — *taux m de salaire majoré*

wage rate (rising) — *taux m de salaire croissant*

wage rate (uniform) — *taux m de salaire uniforme*

wage (real) — *pouvoir m d'achat; salaire m réel*

wage region — *région f de salaires*

wage reopener — *réexamen m des salaires*

wage review — *réexamen m des salaires*

wage scale — *échelle f des salaires*

wage scale (sliding) — *échelle f mobile de salaire*

wage scale (union) — *échelle f syndicale de salaire; tarif m syndical*

wage schedule — *échelle f des salaires; grille f des salaires*

wage setting — *fixation f des salaires*

wage sharing — *rémunération f participatoire*

wage spread — *éventail m des salaires*

wage stabilization — *stabilisation f des salaires*

wage (standard) — *salaire m normal; salaire m standard*

wage structure — *structure f des salaires*

wage study (co–operative) CWS — *co-operative wage study – CWS*

wage (subsistence) — *salaire m de subsistance*

wage system — *salariat m*

wage system (combined) — *système m de rémunération jumelée*

wage system (incentive) — *méthode f de rémunération au rendement; système m de rémunération au rendement*

wage tendency — *tendance f des salaires*

wage (time) — *salaire m au temps*

wage trend — *tendance f des salaires*

wage (weekly) — *salaire m hebdomadaire*

wage zone — *région f de salaires*

wages — *salaires mp ; gages mp*

wages (advance against) — *avance f sur salaire*

wages (advance on) — *avance f sur salaire*

wages (bill of) — *liste f de salaires*

wages (bootleg) — *salaire m clandestin*

wages (catch–up) — *salaire m de rattrapage*

wages (garnishment of) — *saisie f du salaire*

wages (gross) — *salaire m brut*

wages (make–up) — *salaire m de rattrapage*

wages (retrenchment on) — *compression f des salaires*

wages (union) — *salaire m conventionnel*

wages (voluntary deposit of) — *dépôt m volontaire du salaire*

Wagner Act — Wagner Act *m*

waiting period — *délai m de carence; période f d'attente*

waiver — *désistement m ; renonciation f*

walkout — *débrayage m ; grève surprise f*

want — *indigence f*

warning — *avertissement m*

warning (fair) — *avertissement m formel*

warning strike — *grève f d'avertissement*

warrant — *mandat m*

wash–up time — *temps m de toilette*

watchman — *gardien m*

way of life — *genre m de vie; mode m de vie*

way of living — *mode m de vie; genre m de vie*

ways and means committee — *comité m du budget; comité m des finances; comité m des voies et moyens*

weather allowance (hard) — *indemnité f d'intempéries*

wedding leave — *congé m de mariage*

week (pay by the) — *salaire m à la semaine*

weekly hours (regular) — *heures fp normales par semaine*

weekly hours (standard) — *heures fp normales par semaine*

weekly rest period — *repos m hebdomadaire*

weekly wage — *salaire m hebdomadaire*

weighted point system — *méthode f des points pondérés*

weighting — *pondération f*

welfare — *aide f sociale; assistance f sociale*

welfare benefit (social) — *allocation f sociale*

welfare benefits — *prestations fp sociales*

welfare case — *assuré m indigent*

welfare fund — *caisse f de prévoyance sociale*

welfare payments — *prestations fp sociales*

welfare state — *État m providence; État m social;* welfare state *m*

welfare system — *système m d'aide sociale*

wet time — *indemnité f d'intempéries*

whereas — *considérant m*

whipsaw bargaining — *surenchère f*

whipsawing strike — *grève f de surenchère*

white–collar workers — *cols blancs mp*

white–collarites — *cols blancs mp*

white–collars — *cols blancs mp ; employés mp*

white paper — *livre m blanc*

Whitley Council — *Conseil m Whitley*

wholesale price index — *indice m des prix de gros*

widespread strike — *grève f de masse; grève f massive*

wildcat strike — *grève f sauvage; grève f non autorisée*

withdrawal — *retrait m ; désistement m ; désengagement m*

withdrawal of agreement — *annulation f de contrat*

withdrawal of candidacy — *retrait m de candidature*

withdrawal option — *option f de retrait*

withdrawal (optional) — *retrait m facultatif*

withdrawal (voluntary) — *retrait m facultatif*

with right to vote — *voix f délibérative*

wording — *libellé m*

work — *ouvrage m ; besogne f ; emploi m ; occupation f ; travail m*

work accident — *accident m du travail*

work accident frequency rate — *taux m de fréquence des accidents du travail*

work accident notice — *avis m d'accident du travail*

work accident notification — *déclaration f d'accident du travail*

work accident severity rate — *taux m de gravité des accidents du travail*

work allocation — *distribution f du travail*

work (allocation of available) — *distribution f du travail disponible*

work (assembly–line) — *travail m par série*

work assignment — *attribution f d'un travail*

work assignment dispute — *conflit m d'attribution des tâches; conflit m de distribution du travail*

work assignment jurisdictional dispute — *conflit m de juridiction de métiers*

work at fixed pace — *travail m à rythme lié*

work at home — *travail m à domicile*

work at one's own pace — *travail m à rythme libre*

work (bad) — *malfaçon f*

work (botched) — *travail m bâclé; travail m bousillé (fam.)*

work by contract — *travail m à forfait*

work card — *carte f de classification*

work (casual) — *travail m occasionnel*

work (catch–up) — *travail m de rattrapage*

work certificate — *attestation f de travail*

work (changing) — *travail m changeant*

work conflict — *conflit m de travail*

work (craft) — *travail m artisanal*

work (custom) — *travail m à l'unité*

work cycle — *cycle m de travail*

work (damaged) — *pièce f manquée*

work (day) — *emploi m de jour*

work (dead) — *travail m mort*

work distribution — *répartition f du travail*

work (emergency) — *travail m d'urgence*

work environment — *milieu m de travail*

work (equal pay for equal) — *à travail m égal, salaire égal*

work evaluation — *évaluation f du travail*

work force (non–agricultural paid) — *main-d'oeuvre f salariée non agricole*

work force (reduction in) — *réduction f du personnel*

work (fragmentary) — *travail m parcellaire*

work (fragmented) — *travail m parcellaire*

work (full–time) — *travail m à plein temps; travail m à temps plein*

work group — *équipe f de travail*

work hazard — *risque m professionnel*

work (hours of) — *durée f du travail*

work injury — *accident m du travail*

work injury frequency rate — *taux m de fréquence des accidents du travail*

work injury rate — *taux m des accidents du travail*

work injury severity rate — *taux* *m* *de gravité des accidents du travail*

work in progress — *travail* *m* *en cours*

work inspection — *inspection* *f* *du travail*

work inspection program — *système* *m* *d'inspection du travail*

work inspection system — *système* *m* *d'inspection du travail*

work (intellectual) — *travail* *m* *intellectuel*

work (intermittent) — *travail* *m* *intermittent*

work (level of) — *niveau* *m* *de travail*

work load — *charge* *f* *de travail; somme* *f* *de travail*

work (make–ready) — *travail* *m* *d'apprêt; apprêts* *mp*

work (make–up) — *travail* *m* *de rattrapage*

work (managerial) — *travail* *m* *de direction*

work (manual) — *travail* *m* *manuel*

work measurement — *mesure* *f* *du travail*

work (monotonous) — *travail* *m* *répétitif*

work movement (back–to–) — *mouvement* *m* *de retour au travail*

work (night) — *emploi* *m* *de nuit; travail* *m* *de nuit*

work (non–routine) — *travail* *m* *d'initiative*

work (on–site) — *travail* *m* *à pied d'oeuvre*

work organization — *organisation* *f* *du travail*

work (outright) — *travail* *m* *à forfait*

work pace — *cadence* *f* *de travail; rythme* *m* *de travail*

work (part–time) — *travail* *m* *à temps partiel*

work period — *durée* *f* *du travail*

work period (normal) — *durée* *f* *normale du travail; période* *f* *normale de travail*

work period (regular) — *durée* *f* *normale du travail*

work period (standard) — *durée* *f* *normale du travail*

work permit — *permis* *m* *de travail*

work (poor) — *travail* *m* *bâclé; malfaçon* *f* *; travail* *m* *bousillé (fam.)*

work practice (restrictive) — *pratique* *f* *restrictive en matière de travail*

work (process) — *travail* *m* *par processus*

work psychology — *psychologie* *f* *du travail*

work rationalization — *rationalisation* *f* *du travail*

work record system — *sytème* *m* *d'enregistrement du travail*

work registration system — *sytème* *m* *d'enregistrement du travail*

work relations — *relations* *fp* *de travail*

work (repetitive) — *travail* *m* *répétitif*

work restriction — *ralentissement* *m* *de travail*

work retraining — *réadaptation* *f* *professionnelle*

work (right to) — *droit* *m* *au travail*

work (routine) — *travail* *m* *courant; travail* *m* *de simple exécution*

work rules — *règles* *fp* *concernant l'exécution du travail*

work satisfaction — *satisfaction* *f* *au travail; satisfaction* *f* *dans le travail*

work schedule — *horaire* *m* */de travail/*

work schedule (fixed) — *horaire* *m* *fixe de travail*

work schedule (pre–determined) — *horaire* *m* *fixe de travail*

work schedule (staggering of) — *étalement* *m* *du travail*

work (scheduling of) — *établissement* *m* *des horaires*

work (seasonal) — *travail* *m* *saisonnier*

work (self–employed) — *travail* *m* *artisanal*

work sharing — *partage* *m* *du travail*

work–sharing practice — *distribution* *f* *du travail disponible*

work sheet — *feuille* *f* *de travail; feuille* *f* *d'affectation* */de travail/*

work (shift) — *travail* *m* *par postes; travail* *m* *par quarts; travail* *m* *par roulement; travail* *m* *par équipes; travail* *m* *posté*

work simplification — *simplification f du travail*

work site — *chantier m*

work site (fixed) — *travail m à emplacement fixe*

work (small–scale) — *travail m artisanal*

work (sociology of) — *sociologie f du travail*

work (special duty) — *travail m spécial*

work (sporadic) — *travail m intermittent*

work spreading — *répartition f du travail*

work stoppage — *arrêt m de travail; cessation f de travail; débrayage m*

work stoppage of limited duration — *journée f d'étude*

work (strictly operational) — *travail m de simple exécution*

work structuring — *ressort m du travail; restructuration f du travail*

work study — *étude f du travail*

work–study elements — *éléments mp de rationalisation du travail*

work (subordinated) — *emploi m subalterne*

work (substandard) — *malfaçon f*

work (supervisory) — *surveillance f ; travail m de surveillance*

work system — *régime m de travail*

work team — *équipe f de travail*

work (tight paced) — *travail m à rythme lié*

work time — *temps m de travail*

work to rule — *freinage m /de la production/; grève f du zèle*

work (transient) — *travail m sans localisation rigide*

work unit — *unité f de travail*

work (urgent) — *travail m d'urgence*

work (variable) — *travail m changeant*

workday — *journée f de travail*

workday (reduced) — *travail m à horaire réduit*

workday (regular) — *journée f normale*

workday (split) — *journée f fractionnée; journée f entrecoupée*

workday (standard) — *journée f normale*

workday (unsplit) — *journée f anglaise; journée f continue*

worked hours — *heures fp travaillées*

worker — *salarié m ; travailleur m ; ouvrier m*

worker (assembly–line) — *ouvrier m spécialisé*

worker (available) — *travailleur m en disponibilité*

worker (average) — *travailleur m moyen*

worker (casual) — *travailleur m occasionnel*

worker (clerical) — *employé m de bureau; préposé m aux écritures*

worker control — *contrôle m ouvrier*

worker (fly–by–night) — *noctambule m ; cumulard m*

worker (frontier) — *frontalier m*

worker (full–time) — *travailleur m à plein temps; travailleur m à temps plein*

worker (handicapped) — *travailleur m à capacité réduite; travailleur m handicapé*

worker (home) — *travailleur m à domicile*

worker (hourly paid) — *travailleur m horaire*

worker (immigrant) — *travailleur m immigrant*

worker induction — *initiation f au travail; introduction f au travail*

worker (intellectual) — *travailleur m intellectuel*

worker (irregular) — *travailleur m intermittent*

worker (manual) — *manuel m*

worker (migratory) — *travailleur m migrant*

worker (non–manual) — *travailleur m non manuel*

worker (older) — *travailleur m âgé*

worker (part–time) — *travailleur m à temps partiel*

worker (permanent) — *permanent m*

worker (probationary) — *travailleur m à l'essai*

worker (production) — *travailleur m à la production*

worker (production-line) — *ouvrier m spécialisé*

worker (professional) — *travailleur m intellectuel*

worker (qualified) — *ouvrier m représentatif*

worker (rank-and-file) — *travailleur m du rang*

worker (regular) — *travailleur m régulier*

worker (seasonal) — *travailleur m saisonnier*

worker (self-employed) — *travailleur m autonome; travailleur m indépendant; artisan m*

worker (semi-skilled) — *manoeuvre m spécialisé; ouvrier m spécialisé*

worker (skilled) — *ouvrier m qualifié*

worker (sporadic) — *travailleur m intermittent*

worker (superannuated) — *travailleur m déclassé /en raison de son âge/*

worker (temporary) — *travailleur m temporaire*

worker (unemployed) — *sans-travail m ; chômeur m*

worker (unpaid) — *volontaire m ; bénévole m*

worker (voluntary) — *bénévole m*

workers' association — *association f de travailleurs*

workers (blue-collar) — *cols bleus mp*

workers (clerical) — *personnel m de bureau*

workers' committee — *comité m de travailleurs*

workers' council — *conseil m ouvrier*

workers' education — *éducation f ouvrière; formation f ouvrière*

workers' morale — *moral m du personnel*

workers participation — *participation f ouvrière*

workers promotion — *promotion f ouvrière*

workers (related) — *travailleurs mp assimilés*

workers' stock ownership — *régime m d'actionnariat ouvrier*

workers (white-collar) — *cols blancs mp*

working class — *classe f ouvrière*

working class consciousness — *conscience f ouvrière*

working class (industrial) — *prolétariat m*

working conditions — *conditions fp de travail*

working day — *jour m ouvrable*

working employer — *patron-artisan m*

working hours — *heures fp ouvrables; heures fp de travail*

working-hours spread — *étalement m des heures de travail*

working hours (staggering) — *étalement m des heures de travail*

working language — *langue f de travail*

working owner — *propriétaire m actif*

working party — *groupe m de travail*

working proprietor — *propriétaire m actif*

working relationship — *relations fp de travail*

working time (regular) — *période f normale de travail*

workload distribution — *répartition f de la charge de travail*

workman — *ouvrier m*

workman's accident — *accident m du travail*

workmen's compensation — *indemnisation f des accidents du travail; réparation f des accidents du travail*

Workmen's Compensation Act — *Loi f des accidents du travail*

Workmen's Compensation Board - WCB — *Commission f des accidents du travail - CAT*

Workmen's Compensation Commission - WCC — *Commission f des accidents du travail - CAT*

workmen's compensation insurance — *assurance-accident f du travail; assurance f contre les accidents du travail*

workplace bargaining — *négociation f particulière*

works — *exploitation f*

works committee — *comité m d'entreprise*

works council — *comité m d'entreprise*

works manager — *directeur m d'usine; gérant m d'atelier; gérant m d'établissement; chef m d'établissement*

workshop — *atelier m*

workshop (domestic) — *atelier m familial*

workshop (home) — *atelier m familial*

workshop (sheltered) — *atelier m protégé*

workweek — *semaine f de travail; durée f hebdomadaire du travail*

workweek (five–day) — *semaine f anglaise*

workweek (fluctuating) — *semaine f variable /de travail/*

workweek (reduced) — *semaine f /de travail/ réduite; travail m à horaire réduit; réduction f d'horaire; semaine f de travail comprimée*

workweek (regular) — *semaine f normale de travail*

workweek (standard) — *semaine f normale de travail*

World Confederation of Labour – WCL — *Confédération f mondiale du travail – CMT*

World Federation of Trade Unions — WFTU — *Fédération f syndicale mondiale — FSM*

/writ of/ mandamus — *mandamus m*

written agreement — *accord m écrit*

written contract — *contrat m écrit*

written notice — *avis m écrit; notification f*

written notification — *avis m écrit; notification f*

Y – Z

yardstick — *critère m d'appréciation; moyen m d'évaluation*

year (base) — *année f de référence*

year (calendar) — *année f civile*

year (company) — *année f sociale*

year (fiscal) — *année f budgétaire; année f financière; exercice m financier*

year (reference) — *année f de référence*

year (sabbatical) — *année f sabbatique*

year (taxation) — *année f d'imposition*

year (vacation) — *période f de référence pour congés payés*

years of experience — *années fp d'expérience*

years of service — *année f de service*

yellow–dog contract — *contrat m de jaune; le document m*

yield — *rendement m*

zeal strike — *grève f du zèle*

zipper clause — *clause f de non–ouverture (c)*

zone (demotional seniority) — *unité f rétrogressive d'ancienneté (néol.)*

zone (pay) — *zone f de salaires; régions fp de salaires*

zone (wage) — *région f de salaires*

Annexe I

Organisations nord-américaines - *North American Organizations*

    1 - Organisations professionnelles - *Professional Organizations*
    2 - Organisations gouvernementales - *Government Organizations*

Organisations européennes et internationales
International and European Organizations

    1 - Organisations professionnelles - *Professional Organizations*
    2 - Organisations gouvernementales - *Government Organizations*

Divers - *Miscellaneous*

Les sigles des termes français ou anglais sont présentés par ordre alphabétique et on trouvera à la suite de chacun des termes le sigle correspondant dans l'autre langue lorsqu'il existe une traduction.

Nous indiquons aussi, dans le cas des syndicats ouvriers canadiens, la centrale à laquelle ils appartiennent. La liste des groupements affiliés au Congrès du travail du Canada avec leur nom et sigle tant en français qu'en anglais est celle qui a été officiellement établie par cet organisme.

French or English abbreviations are presented alphabetically. Following the term is the abbreviation in the other language when there is a translation.

For labour organizations, the central body to which they are affiliated is indicated. The list of organizations affiliated to the Canadian Labour Congress with their name and initials in English as well as in French has been prepared by the CLC.

ORGANISATIONS NORD-AMÉRICAINES
NORTH AMERICAN ORGANIZATIONS

1 - Organisations professionnelles - *Professional Organizations*

AAA	American Arbitration Association (E.U.)
AAPFP	Association des administrateurs du personnel de la fonction publique - PPA
AAPM	Association des administrateurs de personnel de Montréal - MPA
ACALO	Association canadienne des administrateurs de législation ouvrière - CAALL
ACC	Association canadienne des consommateurs
ACC	Association canadienne de la construction - CCA
ACCL	All-Canadian Congress of Labor - CPCT
ACCTA	Association canadienne du *contrôle du trafic aérien* (CTC) - CATCA
ACE	Association canadienne d'éducation
ACEF	Association coopérative d'économie familiale
ACELF	Association canadienne des éducateurs de langue française
ACETA	Association canadienne des employés du transport aérien (CTC) - CALEA
ACFAS	Association canadienne-française pour l'avancement des sciences
ACFP	Association canadienne de la formation professionnelle - CVA
ACM	Association de la construction de Montréal - MCA
ACNOR	Association canadienne de normalisation - CSA
ACPPP	Association canadienne des producteurs de pâtes et papiers - CPPA
ACPSBA	Association canadienne des *préposés aux services de bords aériens* (CTC) - CALFAA
ACQ	Association de la construction de Québec
ACQ	Association des collèges du Québec
ACRGTQ	Association des constructeurs de routes et grands travaux du Québec - QRBHCA
ACRV	Association canadienne des *régulateurs des vols* (CTC) - CALDA
ACSJ	Alliance canadienne des syndicats de journalistes
ACTE	Association of *Commercial and Technical Employees* (CLC) - ATEC
ACTR	Association des *artistes* canadiens de la *télévision et de la radio* (CTC) - ACTRA
ACTRA	Association of Canadian *Television and Radio Artists* (CLC) - ACTR
ACTU	Association of Catholic Trade-Unionists
ACWA	Amalgamated *Clothing Workers* of America (CLC) - TAVA
ADA	Association des détaillants en alimentation
ADETPQ	Association des directeurs de l'enseignement technique et professionnel du Québec
ADGE	Association des directeurs généraux des écoles
AEA	*Actors'* Equity Association (CLC)
AEQ	Association d'éducation du Québec
AFGM	American Federation of *Grain Millers* (CLC) - FAM
AFL	American Federation of Labor - FAT
AFL	Alberta Federation of Labour (CLC) - FTA
AFL-CIO	American Federation of Labor-Congress of Industrial Organizations - FAT-COI
AFM	American Federation of *Musicians* of the United States and Canada (CLC) - FMEC

AFPC   Alliance de la *Fonction publique* du Canada (CTC) - PSAC
AFPTNO   Association de la Fonction publique des Territoires du Nord-Ouest
              (CTC) - NWTPSA
AFTE   American Federation of *Technical Engineers* (CLC) - FATI
AFTRA   American Federation of Television and Radio Artists - Fédération
              américaine des artistes de la télévision et de la radio (AFL - CIO)
AGVA   American Guild of *Variety Artists* (CLC) - GAAV
AHP   Association des hôpitaux privés
AHPQ   Association des hôpitaux de la province de Québec
AID   Association internationale des *débardeurs* (CTC) - ILA
AIES   Association des institutions d'enseignement secondaire (Québec)
AIEST   Alliance internationale des *employés de la scène et de la télévision*
              (CTC) - IATSE
AIIA   Association internationale des isolateurs en amiante (CTC) - HFIAW
AIM   American Institute of Management
AIM   Association internationale des *machinistes* et des travailleurs de
              l'aéroastronautique (CTC) - IAM
AIP   Association internationale des *pompiers* (CTC) - IAFF
AIPEQ   Association des institutions de niveau préscolaire et élémentaire du
              Québec
AIS   Association internationale des sidérographes (CTC) - IAS
AITMF   Association internationale des *travailleurs du métal en feuille* (CTC) -
              SMWIA
AITP & FSO   Association internationale des *travailleurs en ponts, en fer structural
              et ornemental* (CTC) - BSOIW
AMA   American Management Association
AMAN   Association des *modeleurs* de l'Amérique du Nord (CTC) - PML
AMAQ   Association des mines d'amiante du Québec - QAMA
AMC   Association médicale canadienne - CMA
AMC   Association des manufacturiers canadiens - CMA
AMDC   Association des marchands détaillants du Canada - RMAC
AMMQ   Association des mines et métaux du Québec - QMMA
ANCH   Association nationale des constructeurs d'habitations
ANESE   Association nationale des employés de la sécurité économique (CTC)
              - ESENA
ANG   American Newspaper Guild - Guilde des journalistes d'Amérique
AOC   Association ouvrière canadienne - CLA
APEUM   Association des professeurs d'éducation de l'Université de Montréal
APEUQ   Association des professeurs d'éducation des universités du Québec
APFC   Association internationale des *plâtriers et des finisseurs en ciment* du
              Canada et des États-Unis (CTC) - OP & CM
API   Association professionnelle des industriels (aujourd'hui Centre des
              dirigeants d'entreprise - CDE)
APPBS   Association du personnel des *pools du blé* de la Saskatchewan (CTC)
              - SWPEA
APPQ   Association des policiers provinciaux du Québec
APULFQ   Association des professeurs des universités de langue française au
              Québec
ARTEC   Association of Radio and Television Employees of Canada (CLC) -
              Association des employés de la radio et de la télévision du Canada
              (CTC)

ASB	Association des *souffleurs de bouteilles* de verre des États-Unis et du Canada (CTC) - GBBA
ATEC	Association des techniciens et employés de commerce (CTC) - ACTE
ATU	Amalgamated *Transit* Union (CLC) - SUT
AU	Agriculture Union (CLC) - SA
AUCC	Association des universités et collèges du Canada - AUCC
AUCC	Association of Universities and Colleges of Canada - AUCC
AUIPT	Association unie des compagnons et apprentis de l'industrie de la *plomberie et de la tuyauterie* des États-Unis et du Canada (CTC) - PPF
Barbers	*Barbers', Hairdressers'* and Allied Industries International Association (CLC) - (Coiffeurs)
BBB	Better Business Bureau - Bureau d'éthique commerciale
BBF	International Brotherhood of *Boilemakers, Iron Ship Builders* Blacksmiths, Forgers and Helpers (CLC) - FICCNF
BCDSFU	*B.C. Deep Sea Fishermen's* Union (CLC) - SPHCB
BCFL	British Columbia Federation of Labour (CLC) - FTCB
BCGEU	*B.C. Government Employees'* Union (CLC) - SFPCB
BCTD	Building and Construction Trades Department
BCW	*Bakery and Confectionery* Workers' International Union of America (CLC) - UITBCA
BFCSD	International Union of United *Brewery, Flour, Cereal, Soft Drink and Distillery* Workers of America (CLC) - UIOB
BMP	*Bricklayers', Masons' and Plasterers'* International Union of America (CLC) - UIBM
BMWE	Brotherhood of *Maintenance of Way* Employees (CLC) - FPEV
BNARA	British North American Research Association
BRASC	Brotherhood of *Railway, Airline and Steamship Clerks,* Freight Handlers, Express and Station Employees (CLC) - FCCF
BRC	Brotherhood of *Railway Carmen* of the United States and Canada (CLC) - FWCF
BRS	Brotherhood of *Railroad Signalmen* (CLC) - FSCF
BSCP	Brotherhood of *Sleeping Car Porters,* Train, Chair Car, Coach Porters and Attendants (CLC) - FPWL
BSOIW	International Association of Bridge, Structural and Ornamental *Iron Workers* (CLC) - AITP & FSO
BSW	*Boot and Shoe* Workers' Union (CLC) - STC
CAAE	Canadian Association for Adult Education (homologue de l'ICEA)
CAALL	Canadian Association of Administrators of Labour Legislation - ACALO
CADRE	Centre d'animation de développement et de recherche en éducation (Québec)
CALDA	Canadian *Air Line Dispatchers'* Association (CLC) - ACRV
CALEA	Canadian *Air Line Employees'* Association (CLC) - ACETA
CALFAA	Canadian *Air Line Flight Attendants'* Association (CLC) - ACPSBA
CALPA	Canadian Air Line Pilots' Association - Association canadienne des pilotes de lignes aériennes (IND)
Camionneurs	Fraternité Internationale d'Amérique des camionneurs, chauffeurs, préposés d'entrepôts et aides (IND) - Teamsters
CATCA	Canadian *Air Traffic Control* Association (CLC) - ACCTA

CBRT & GW	Canadian Brotherhood of *Railway, Transport and General* Workers (CLC) - CBRT & GW ou FCCET & AO
CCA	Canadian Construction Association - ACC
CCC	Chambre de commerce du Canada - CCC
CCC	Canadian Chamber of Commerce - CCC
CCCL	Canadian and Catholic Confederation of Labour - CTCC (aujourd'hui CNTU - CSN)
CCF	Canadian Cooperative Federation
CCQ	Conseil de coopération du Québec
CCQ	Chambre de commerce du Québec
CCRSS	Conseil canadien de recherche en sciences sociales - SSRCC
CCTC	Conseil canadien des *travailleurs en communication* (CTC) - CCWC
CCU	Confederation of Canadian Unions - CSC
CCUS	Chamber of Commerce of the United States
CCWC	Canadian *Communications Workers'* Council (CLC) - CCTC
CDE	Centre des dirigeants d'entreprise
CECM	Commission des écoles catholiques de Montréal
CECQ	Commission des écoles catholiques de Québec
CEE	Conseil d'expansion économique
CEQ	Centrale de l'enseignement du Québec (autrefois CIC)
CEU	Customs Excise Union (CLC) - UDA
CFAW	Canadian *Food* and Allied Workers (CLC) - TCA & AI
CFIA	Canadian Federation of Independent Associations - FCAI
CFL	Canadian Federation of Labor - FCT
CFP	Centre de formation professionnelle - VTC
CFPPFW	Canadian Federation of Pulp and Paper and Forest Workers - FCTPP
CIO	Congress of Industrial Organizations - COI
CIRRA	Canadian Industrial Relations Research Association - ICRRI
CJA	United Brotherhood of *Carpenters and Joiners* of America (CLC) - FUCMA
CLA	Canadian Labor Association - AOC
CLAC	Christian Labour Association of Canada (IND)
CLC	Canadian Labour Congress - CTC
CLGW	United *Cement, Lime and Gypsum Workers'* International Union (CLC) - SITCCG
CMA	Canadian Medical Association - AMC
CMA	Canadian Manufacturers Association - AMC
CMEQ	Corporation of Master Electricians of Quebec - CMEQ
CMEQ	Corporation des maîtres électriciens du Québec - CMEQ
CMIUA	*Cigar Makers'* International Union of America (CLC) - SIC
CMOU	Canadian *Marine Officers'* Union (CLC) - UCOM
CMSG	Canadian *Merchant Service* Guild (CLC) - GMMC
CMTC	Congrès des métiers et du travail du Canada - TLCC
CNCT	Conseil national canadien du travail - NCCL
CNTU	Confederation of National Trade Unions (autrefois CCCL) - CSN
COI	Congrès des organisations industrielles - CIO
Coiffeurs	Syndicat international des *coiffeurs, cosmétologues* et assimilés (CTC) - (Barbers)
CPCT	Congrès pancanadien du travail - ACCL
CPPA	Canadian Pulp and Paper Association - ACPPP
CPPPQ	Conseil des producteurs de pâtes et papiers du Québec

CPQ	Conseil du patronat du Québec
CPU	Canadian Paperworkers Union (CLC) - SCTP
CRI	Conseiller en relations industrielles
CRLA	Canadian Railway Labour Association - Association des syndicats de cheminots du Canada
CSA	Canadian Standards Association - ACNOR
CSC	Confédération des syndicats canadiens - CSC
CSAO	Civil Service Association of Ontario (IND)
CSD	Centrale des syndicats démocratiques
CSN	Confédération des syndicats nationaux (autrefois CTCC) - CNTU
CSWU	Canadian *Seafood Workers'* Union (CLC) - SCIP
CTC	Congrès du travail du Canada - CLC
CTCC	Confédération des travailleurs catholiques du Canada (aujourd'hui CSN) - CCCL
CTF	Canadian Teachers Federation
CTI	Canadian Textiles Institute - ICT
CTM	Conseil du travail de Montréal
CTQ	Conseil du travail de Québec
CUOE	Canadian Union of Operating Engineers (IND)
CUPE	Canadian Union of *Public Employees* (CLC) - SCFP
CUPW	Canadian Union of *Postal Workers* (CLC) - SPC
CVA	Canadian Vocational Association - ACFP
CWOC	Communications Workers of Canada - TCC
DPWC	Department of Public Works Component (CLC) - ETP
DRWAW	*Distillery, Rectifying, Wine* and Allied Workers' International Union of America (CLC) - UIDA
DVAC	Department of Veterans' Affairs Component (CLC) - SMAAC
EN	Élément national (CTC) - NC
ENAP	École nationale d'administration publique (Québec)
ENET	École nationale d'enseignement technique (Québec)
EPC	Élément des Postes-Communications (CTC) - PCC
ESENA	Economic Security Employees' National Association (CLC) - ANESE
ESG	Élément du Solliciteur général (CTC) - SGC
ETP	Élément des Travaux publics (CTC) - DPWC
FAAC	Federation of *Authors and Artists* of Canada (CLC) - FAAC
FAAC	Fédération des *auteurs et artistes* du Canada (CTC) - FAAC
FAM	Fédération américaine des *meuniers* (CTC) - AFGM
FAPUQ	Fédération des associations de professeurs d'université du Québec
FAT	Fédération américaine du travail - AFL
FAT-COI	Fédération américaine du travail - Congrès des organisations industrielles - ALF-CIO
FATI	Fédération américaine des *techniciens-ingénieurs* (CTC) - AFTE
FC	Fédération du commerce Inc. (CSN)
FCAI	Fédération canadienne des associations indépendantes - CFIA
FCCET & AO	Fraternité canadienne des *cheminots, employés des transports* et autres ouvriers (CTC) - CBRT & GW
FCCF	Fraternité des *commis de chemin de fer, de lignes aériennes et de navigation, manutentionnaires* de fret, employés de messageries et de gares (CTC) - BRASC
FCESP	Fédération canadienne des employés de services publics Inc. (CSN)
FCII	Fédération canadienne de l'imprimerie et de l'information (CSN)

FCM	Fédération des *travailleurs des chantiers* et autres industries maritimes assimilées (CTC) - MWF
FCQ	Fédération de la construction du Québec
FCSCQ	Fédération des commissions scolaires catholiques du Québec
FCT	Fédération canadienne du travail - CFL
FCTPP	Fédération canadienne des travailleurs des pâtes et papiers et de la forêt (CSN) - CFPPFW
FCTT	Fédération canadienne des travailleurs du textile (CSD)
FICCNF	Fraternité internationale des chaudronniers, constructeurs de navires en fer, forgerons, forgeurs et aides (CTC) - BBF
FICH	Fraternité internationale des *chauffeurs et huileurs,* aides et manoeuvres d'ateliers ferroviaires (CTC) - IBFO
FICQ	Fédération des ingénieurs et cadres du Québec (CSN)
FIOE	Fraternité internationale des *ouvriers en électricité* (CTC) - IBEW
FIP	Fraternité internationale des potiers et métiers connexes (CTC) - IBOP
FJCCF	Fédération des jeunes chambres du Canada français
FMEC	Fédération des *musiciens* des États-Unis et du Canada (CTC) - AFM
FNBB	Fédération nationale des syndicats du bâtiment et du bois Inc. (CSN)
FNEQ	Fédération nationale des enseignants québécois (CSN)
FNS	Fédération nationale des services Inc. (CSN)
FNTV	Fédération nationale des travailleurs de l'industrie du vêtement (CSD)
FPMC	Fraternité des *peintres* et métiers connexes (CTC) - IBPAT
FPEV	Fraternité *des préposés à l'entretien des voies* (CTC) - BMWE
FPWL	Fraternité du *personnel des wagons-lits* et des préposés aux trains de voyageurs (CTC) - BSCP
FSCF	Fraternité des *signaleurs des chemins de fer* (CTC) - BRS
FTA	Fédération des travailleurs de l'Alberta (CTC) - AFL
FTCB	Fédération des travailleurs de la Colombie-Britannique (CTC) - BCFL
FTFQ	Fédération des travailleurs forestiers du Québec (UCC)
FTIPE	Fédération des travailleurs de l'Ile du Prince-Edouard (CTC) - PEIFL
FTM	Fédération des travailleurs du Manitoba (CTC) - MFL
FTMMP	Fédération des travailleurs de la métallurgie, des mines et des produits chimiques (CSN)
FTNB	Fédération des travailleurs du Nouveau-Brunswick (CTC) - NBFL
FTNE	Fédération des travailleurs de la Nouvelle-Ecosse (CTC) - NSFL
FTO	Fédération des travailleurs de l'Ontario (CTC) - OFL
FTQ	Fédération du travail du Québec (CMTC) - QFL
FTQ	Fédération des travailleurs du Québec (CTC) - QFL
FTTCB	Fédération des travailleurs du *téléphone de Colombie-Britannique* (CTC) - FTW of BC
FTS	Fédération des travailleurs de la Saskatchewan (CTC) - SFL
FTTN	Fédération des travailleurs de Terre-Neuve (CTC) - NFL
FTW of BC	Federation of *Telephone Workers of British Columbia* (CLC) - FTTCB
FUCMA	Fraternité unie des *charpentiers et menuisiers* d'Amérique (CTC) - CJA
FUIQ	Fédération des unions industrielles du Québec - QIUF
FWCF	Fraternité des *wagonniers de chemins de fer* des États-Unis et du Canada (CTC) - BRC
GAAV	Guilde américaine des *artistes de variétés* (CTC) - AGVA
GAU	*Graphic Arts* International Union or Graphic Arts - SAG
GBBA	*Glass Bottle Blowers'* Association of the United States and Canada (CLC) - ASB

GJ   La guilde des journalistes (CTC) - TNG
GMMC   Guilde de la *marine marchande* du Canada (CTC) - CMSG
HC & MW   United *Hatters', Cap and Millinery* Workers' International Union (CLC)
               - UICC
HFIAW   International Association of *Heat and Frost Insulators and Asbestos
               Workers* (CLC) - AIIA
HREIU   *Hotel and Restaurant Employees' and Bartenders'* International Union
               (CLC) - UIEHR
IAFF   International Association of *Fire Fighters* (CLC) - AIP
IAM   International Association of *Machinists* and Aerospace Workers (CLC)
               - AIM
IAS   International Association of *Siderographers* (CLC) - AIS
IATSE   International Alliance of *Theatrical Stage Employees and Moving
               Picture Machine Operators* of U.S. and Canada (CLC) - AIEST
IBEW   International Brotherhood of *Electrical Workers* (CLC) - FIOE
IBFO   International Brotherhood of *Firemen and Oilers,* Helpers,
               Roundhouse and Railway Shop Laborers (CLC) - FICH
IBOP   International Brotherhood of *Operative Pottery* and Allied Workers
               (CLC) - FIP
IBPAT   International Brotherhood of *Painters* and Allied Trades (CLC) - FPMC
ICAP   Institut canadien des affaires publiques
ICEA   Institut canadien d'éducation des adultes (Montréal)
ICRRI   Institut canadien de recherches en relations industrielles - CIRRA
ICT   Institut canadien des textiles - CTI
ICWU   International *Chemical* Workers' Union (CLC) - UITIC
ILA   International *Longshoremen's* Association (CLC) - AID
ILGPNWU   International *Leather Goods, Plastics and Novelty* Workers' Union
               (CLC) - UOCPN
ILGWU   International *Ladies' Garment* Workers' Union (CLC) - UIOVD
ILWU   International *Longshoremen's* and *Warehousemen's* Union (CLC) -
               SIDM
IMAW   International *Molders'* and Allied Workers' Union (CLC) - UIM
IPPA   International *Printing Pressmen* and Assistants' Union of North
               America (CLC) - UIPA
IPPDS & EU   International *Plate Printers', Die Stampers' and Engravers'* Union of
               North America (CLC) - SIGM
IPSP   L'Institut professionnel du service public du Canada - PI
IRC   Industrial Relations Counselors Inc. (E.U.)
IRRA   Industrial Relations Research Association (E.U.)
IS & EU   International *Stereotypers'* and *Electrotypers'* Union (CLC) - SIC
ITU   International *Typographical* Union (CLC) - UIT
IUD   Industrial Union Department (AFL-CIO) (E.U.)
IUDTP & AP   International Union of *Dolls, Toys, Playthings, Novelties and* Allied
               Products of the United States and Canada (CLC) - STJN
IUE   International Union of *Electrical, Radio and Machine* Workers (CLC) -
               SITE
IUEC   International Union of *Elevator Constructors* (CLC) - UICA
IUOE   International Union of *Operating Engineers* (CLC) - UIOML
IWA   International *Woodworkers* of America (CLC) - SITBA
JIC   Joint Industrial Council (E.U.)

JWU	International *Jewelry* Workers' Union (CLC) - SIB
LCUC	*Letter Carriers'* Union of Canada (CLC) - UFC
LIU	*Labourers'* International Union of North America (CLC) - UIJA
LIU	*Wood, Wire and Metal Lathers'* International Union (CLC) - UIL
LRI	Labor Relations Institute (E.U.)
LWIU	*Laundry, Dry Cleaning and Dye House Workers'* International Union (CLC) - SIB
MCA	Montreal Construction Association - ACM
MFL	Manitoba Federation of Labour (CLC) - FTM
MIU	Manpower and Immigration Union (CLC) - SMI
MPA	Montreal Personnel Association - AAPM
MPBP & AWIU	*Metal Polishers', Buffers', Platers', and Helpers'* International Union (CLC) - SIPMP
MTA	Montreal Teachers Association
MTC	Mouvement des travailleurs chrétiens
MUA	*Mineurs* unis d'Amérique (CTC) - UMWA
MUA	*Métallurgistes* unis d'Amérique (CTC) - USWA
MUA-50	Mineurs unis d'Amérique, district 50 - UMW-50
MWF	*Marine Workers'* Federation (CLC) - FCM
NAA	National Academy of Arbitrators (E.U.)
NABET	Association nationale des *employés et techniciens en radiodiffusion* (CTC) - NABET
NABET	National Association of *Broadcast Employees and Technicians* (CLC) - NABET
NAM	National Association of Manufacturers (E.U.)
NBFL	New Brunswick Federation of Labour (CLC) - FTNB
NBPEA	New Brunswick Public Employees' Association (IND)
NC	National Component (CLC) - EN
NCCL	National Council of Canadian Labour - CNCT
NFL	Newfoundland Federation of Labour (CLC) - FTTN
NHWU	National Health and Welfare Union (CLC) - SSNBS
NIC-IRG	National Industrial Council - Industrial Relations Group (E.U.)
NICB	National Industrial Conference Board (aujourd'hui Conference Board)
NILE	National Institute of Labor Education (E.U.)
NPA	National Planning Association (E.U.)
NSFL	Nova Scotia Federation of Labour (CLC) - FTNE
NWTPSA	Northwest Territories Public Service Association (CLC) - AFPTNO
OCAW	*Oil, Chemical and Atomic Workers'* International Union (CLC) - SITIPCA
OFL	Ontario Federation of Labour (CLC) - FTO
OP & CM	*Operative Plasterers' and Cement Masons'* International Association of the United States and Canada (CLC) - APFC
OPEIU	*Office and Professional Employees'* International Union (CLC) - UIEPB
OUE	Ouvriers unis de l'électricité, de la radio et de la machinerie d'Amérique (CTC) - UE
OUTA	Ouvriers unis des *textiles* d'Amérique (CTC) - UTWA
OUVC	Ouvriers unis du *verre et de la céramique* de l'Amérique du Nord (CTC) - UGCW
PACT	Provincial Association of Catholic Teachers
PAPT	Provincial Association of Protestant Teachers
PAT	Personnel Association of Toronto

PCC	Postal-Communications Component (CLC) - EPC
PEIFL	Prince Edouard Island Federation of Labour (CLC) - FTIPE
PI	Professional Institute of the Public Service of Canada - IPSP
PML	*Pattern Makers'* League of North America (CLC) - AMAN
PPA	Public Personnel Alliance (E.U.)
PPA	Public Personnel Association - AAPFP
PPAC	Private Planning Association of Canada
PPF	United Association of Journeymen and Apprentices of the *Plumbing and Pipe Fitting* Industry of the United States and Canada (CLC) - AUIPT
PSAC	*Public Service* Alliance of Canada (CLC) - AFPC
PSBGM	Protestant School Board of Greater Montreal
QAMA	Quebec Asbestos Mining Association - AMAQ
QAPSB	Quebec Association of Protestant School Boards
QFL	Quebec Federation of Labour (CLC) - FTQ
QFL	Quebec Federation of Labour (TLCC) - FTQ
QIUF	Quebec Industrial Unions Federation - FUIQ
QMMA	Quebec Metal Mining Association - AMMQ
QRBHCA	Quebec Road Builders and Heavy Construction Association - ACRGTQ
RCIA	*Retail Clerks'* International Association (CLC) - UIEC
RMAC	Retail Merchants' Association of Canada - AMDC
RWDSU	*Retail, Wholesale and Department Store* Union (CLC) - UEGDMR
SA	Syndicat de l'agriculture (CTC) - AU
SAG	Syndicat international des *arts graphiques* (CTC) ou arts graphiques - GAU
SAM	Society for the Advancement of Management (E.U.)
SAS	Syndicat des Approvisionnements et Services (CTC) - SSU
SCAI	Société des comptables en administration industrielle du Canada - SIA
SCFP	Syndicat canadien de la *fonction publique* (CTC) - CUPE
SCIP	Syndicat canadien de l'industrie des *poissons et fruits de mer* (CTC) - CSWU
SCTP	Syndicat canadien des travailleurs du papier (CTC) - CPU
SECC	Syndicat des *employés de commerce* canadiens (CTC) - UCRE
SEIU	*Service Employees'* International Union (CLC) - UIES
SFL	Saskatchewan Federation of Labour (CTC) - FTS
SFPCB	Syndicat des *fonctionnaires* provinciaux de la Colombie britannique (CTC) - BCGEU
SFPQ	Syndicat des fonctionnaires provinciaux du Québec - (IND)
SGC	Solicitor General Component (CLC) - ESG
SGCT	Syndicat général du cinéma et de la télévision
SGEA	Saskatchewan Government Employees' Association (IND)
SGW of BC	*Shipyard General Workers* of British Columbia (CLC) - SOCCB
SI	Syndicat de l'Impôt (CTC) - TC
SIA	Society of Industrial Accountants of Canada - SCAI
SIB	Syndicat international des *bijoutiers* (CTC) - JWU
SIB	Syndicat international des *buandiers, dégraisseurs et teinturiers* (CTC) - LWIU
SIBOG	Syndicat international des *briquetiers et ouvriers de la glaise* (CTC) - UBCW

SIC	Syndicat international des *cigariers* (CTC) - CMIUA
SIC	Syndicat international des *clicheurs* (CTC) - IS & EU
SIDM	Syndicat international des *débardeurs et magasiniers* (CTC) - ILWU
SIFP	Syndicat interprofessionnel de la fonction publique
SIGM	Syndicat international des *graveurs et matriceurs* (CTC) - IPPDS & EU
SIMC	Syndicat international des *marins* canadiens (CTC) - SIU
SIPMP	Syndicat international des *polisseurs de métal et plaqueurs* (CTC) - MPBP & AWIU
SITBA	Syndicat international des *travailleurs du bois* d'Amérique (CTC) - IWA
SITCCG	Syndicat international des travailleurs unis des industries du *ciment, de la chaux et du gypse* (CTC) - CLGW
SITE	Syndicat international des travailleurs de l'*électricité, de la radio et de la machinerie* (CTC) - IUE
SITIPCA	Syndicat international des travailleurs des industries *pétrolière, chimique et atomique* (CTC) - OCAW
SITT	Syndicat international des *travailleurs du tabac* (CTC) - TWIU
SIU	*Seafarers'* International Union of Canada (CLC) - SIMC
SJM	Syndicat des journalistes de Montréal - (CSN)
SMAAC	Syndicat du ministère des Affaires des anciens combattants (CTC) - DVAC
SMI	Syndicat de la Main-d'oeuvre et de l'Immigration (CTC) - MIU
SMWIA	*Sheet Metal Workers'* International Association (CLC) - AITMF
SOCCB	Syndicat des *ouvriers de chantiers navals* de Colombie Britannique (CTC) - SGW of BC
SPC	Syndicat des *postiers* du Canada (CTC) - CUPW
SPE	Syndicat professionnel des enseignants
SPHCB	Syndicat des *pêcheurs hauturiers* de la Colombie-Britannique (CTC) - BCDSFU
SPIC	Syndicat professionnel des infirmiers catholiques
SPTA	Syndicat des *pêcheurs* et travailleurs assimilés (CTC) - UFAW
SSJB	Société Saint-Jean-Baptiste
SSNBS	Syndicat de la Santé nationale et du Bien-être social (CTC) - NHWU
SSRCC	Social Science Research Council of Canada - CCRSS
SSU	Supply and Services (CLC) - SAS
STC	Syndicat des travailleurs de la *chaussure* (CTC) - BSW
STJN	Syndicat international des travailleurs des industries du *jouet, des nouveautés* et produits assimilés (CTC) - IUDTP & AP
SUT	Syndicat uni du *transport* (CTC) - ATU
SWPEA	*Saskatchewan Wheat Pool Employees* Association (CLC) - APPBS
TAVA	Travailleurs amalgamés du *vêtement* d'Amérique (CTC) - ACWA
TC	Taxation Component (CLC) - SI
TCA & AI	Travailleurs canadiens de l'*alimentation* et d'autres industries (CTC) - CFAW
TCC	Travailleurs en communication du Canada - CWOC
Teamsters	International Brotherhood of Teamsters, Chauffeurs, Warehousemen and Helpers of America (IND) - Camionneurs
TLCC	Trades and Labor Congress of Canada - CMTC
TNG	The *Newspaper* Guild (CLC) - GJ
TT	Travailleurs unis du *télégraphe* (CTC) - UTW
TUA	Syndicat international des travailleurs unis de l'*automobile,* de l'aéronautique, de l'astronautique et des instruments aratoires d'Amérique (CTC) - UAW

TUE	Travailleurs unis d'Amérique de l'électricité, de la radio et de la machine (IND) - UEW
TUIC	Travailleurs unis de l'industrie de la *Chaussure* d'Amérique (CTC) - USW
TUP	Syndicat international des *travailleurs unis du papier* (CTC) - UPIU
TUT	Travailleurs unis des *transports* (CTC) - UTU
TUVA	Travailleurs unis du *vêtement* d'Amérique (CTC) - UGWA
TWUA	*Textile* Workers' Union of America (CLC) - UOTA
TWUI	*Tobacco* Workers' International Union (CLC) - SITT
UAW	United *Automobile,* Aerospace and Agricultural Implement Workers of American International Union (CLC) - TUA
UBCW	United *Brick and Clay* Workers of America (CLC) - SIBOG
UCC	Union catholique des cultivateurs
UCET	Union canadienne des Employés des Transports (CTC) - UCTE
UCJLF	Union canadienne des journalistes de langue française
UCOM	Union canadienne des *officiers de la marine marchande* (CTC) - CMOU
UCRE	Union of Canadian *Retail Employees* (CLC) - SECC
UCTE	Union of Canadian Transport Employees (CLC) - UCET
UDA	Union Douanes Accise (CTC) - CEU
UE	United *Electrical, Radio and Machine Workers* of America (CLC) - OUE
UEDN	Union des Employés de la Défense Nationale (CTC) - UNDE
UEGDMR	Union des *employés de gros, de détail et de magasins à rayons* (CTC) - RWDSU
UEW	United Electrical, Radio and Machine Workers of America (IND) - TUE
UFAW	United *Fishermen* and Allied Workers Union (CLC) - SPTA
UFC	Union des *facteurs* du Canada (CTC) - LCUC
UGCW	United *Glass and Ceramic* Workers of North America (CLC) - OUVC
UGWA	United *Garment* Workers of America (CLC) - TUVA
UIBM	Union internationale des *briqueteurs, maçons, maçons en marbre, poseurs de tuile et ouvriers en terrazo* (CTC) - BMP
UICA	Union internationale des constructeurs d'*ascenseurs* (CTC) - IUEC
UICC	Union internationale des *chapeliers et casquettiers* unis (CTC) - HC & MW
UIDA	Union internationale des *distillateurs* d'Amérique et assimilés (CTC) - DRWAW
UIEC	Union internationale des *employés de commerce* (CTC) - RCIA
UIEHR	Union internationale des *employés d'hôtel, motel et restaurant* (CTC) - HREIU
UIEPB	Union internationale des *employés professionnels et de bureau* (CTC) - OPEIU
UIES	Union internationale des *employés des services* (CTC) - SEIU
UIJA	Union internationale des *journaliers* d'Amérique du Nord (CTC) - LIU
UIL	Union internationale des *latteurs* (CTC) - LIU
UIM	Union internationale des *mouleurs* et des travailleurs associés (CTC) - IMAW
UIOB	Union internationale des ouvriers unis *des brasseries, farine, céréales, liqueurs douces et distilleries* d'Amérique (CTC) - BFCSD

UIOML	Union internationale des *opérateurs de machines lourdes* (CTC) - IUOE
UIOVD	Union internationale des ouvriers du *vêtement pour dames* (CTC) - ILGWU
UMWA	United *Mine Workers* of America (CLC) - MUA
UIPA	Union internationale des *pressiers et assistants* (CTC) - IPPA
UIR	Union internationale des *rembourreurs* de l'Amérique du Nord (CTC) - UIU
UIT	Union internationale des *typographes* (CTC) - ITU
UITBCA	Union internationale des travailleurs en *boulangerie et en confiserie* d'Amérique (CTC) - BCW
UITIC	Union internationale des travailleurs des industries *chimiques* (CTC) - ICWU
UIU	*Upholsterers'* International Union of North America (CLC) - UIR
UMW-50	United Mine Workers, District 50 — MUA-50
UNDE	Union of National Defence Employees (CLC) - UEDN
UOCLA	Union des ouvriers unis du *caoutchouc, liège, linoléum et plastique* d'Amérique (CTC) - URW
UOCPN	Union internationale des ouvriers du *cuir, plastique et nouveautés* (CTC) - ILGPNWU
UOTA	Union des *ouvriers du textile* d'Amérique (CTC) - TWUA
UPIU	United Paperworkers' International Union (CLC) - TUP
URW	United Rubber, *Cork, Linoleum and Plastic* Workers of America (CLC) UOCLA
USW	United *Shoe* Workers of America (CLC) - TUIC
USWA	United *Steelworkers* of America (CLC) - MUA
UTU	United *Transportation* Union (CLC) - TUT
UTW	United *Telegraph* Workers (CLC) - TT
UTWA	United *Textile* Workers of America (CLC) - OUTA
VTC	Vocational Training Center - CFP

2 - Organisations gouvernementales - *Governmental Organizations*

ACLM	Advisory Council on Labour and Manpower (Québec) - CCTM
ALES	American Labor Education Service (E.U.)
ARDA	Office de l'aménagement rural et du développement agricole (Québec)
BAEQ	Bureau d'aménagement de l'Est du Québec
BES	Bureau of Employment Security (E.U.)
BFS	Bureau fédéral de la statistique (Canada) (aujourd'hui Statistique Canada) - DBS
BLS	Bureau of Labor Statistics (E.U.)
CAC	Commission de l'assurance-chômage (Canada) - UIC
CASIC	Comité des avantages sociaux de l'industrie de la construction - CISBC
CAT	Commission des accidents du travail (Québec) - WCB
CCAT	Comité consultatif de la Commission des accidents du travail (Québec)
CCRO	Conseil canadien des relations ouvrières (désigné aujourd'hui Conseil canadien des relations du Travail) - CLRB
CCRT	Conseil canadien des relations du Travail - CLRB
CCTM	Conseil consultatif du travail et de la main-d'oeuvre (Québec) - ACLM
CD of L	Canada Department of Labour - MTC
CDSNOQ	Conseil du développement social du Nord-Ouest québécois
CEC	Conseil économique du Canada - ECC
CEE	Conseil d'expansion économique (Québec)
CFPMO	Commission de la formation professionnelle de la main-d'oeuvre - MVTC
CGI	Conseil général de l'industrie (Québec)
CIC	Commission de l'industrie de la construction - Construction Industry Commission - CIC
CISBC	Construction Industry Social Benefits Committee - CASIC
CLRB	Canada Labour Relations Board - CCRO; CCRT
CMC	Centres de la main-d'oeuvre du Canada - CMC
CMC	Canada Manpower Centres - CMC
COEQ	Conseil d'orientation économique du Québec
CPDQ	Conseil de planification et de développement du Québec
CPR	Commission des prix et des revenus - PIC
CRO	Commission des relations ouvrières
CRTFP	Commission des relations du travail dans la fonction publique (Canada) - PSSRB
CRTQ	Commission des relations de travail du Québec - QLRB
CSM	Commission du salaire minimum (Québec) - MWB
CST	Conseil supérieur du travail (Québec) aujourd'hui - CCTM
DBS	Dominion Bureau of Statistics (Canada) (now Statistics Canada) - BFS
DGMO	Bureau de la direction générale de la main-d'oeuvre (Canada) - MBO
DLS	Division of Labor Standards (E.U.)
ECC	Economic Council of Canada - CEC
FMCS	Federal Mediation and Conciliation Service (E.U.)
GICQ	General Investment Corporation of Quebec - SGF
GPO	Government Printing Office (E.U.)
MBO	Manpower Branch Office (Canada) - DGMO

MTC	Ministère du travail du Canada - CD of L
MVTC	Manpower Vocational Training Commission - CFPMO
MWB	Minimum Wage Board (Québec) - CSM
NJBFSJD	National Joint Board for Settlement of Jurisdictional Disputes (Washington)
NLRB	National Labor Relations Board (E.U.)
NMB	National Mediation Board (E.U.)
OEC	Ontario Economic Council
OLRB	Ontario Labour Relations Board
OMAT	Office of Manpower, Automation and Training (E.U.)
OPES	Opération participation employeurs - salariés (Québec)
OSR	Office des salaires raisonnables (Québec)
PIC	Prices and Income Commission - CPR
PRB	Public Review Board (E.U.)
PSSRB	Public Service Staff Relations Board (Canada) - CRTFP
QLRB	Quebec Labour Relations Board - CRTQ
QPB	Quebec Pension Board - RRQ
RAMQ	Régie de l'assurance-maladie du Québec
RRQ	Régie des rentes du Québec - QPB
SC	Statistique Canada - Statistics Canada - SC; StatCan
SGF	Société générale de financement (Québec) - GICQ
SPQ	Service de placement du Québec
StatCan	Statistique Canada - Statistics Canada
UIC	Unemployment Insurance Commission (Canada) - CAC
USD of L	United States Department of Labour
USWMC	U.S. War Manpower Commission
USWPB	U.S. War Production Board
WCB	Workmen's Compensation Board (Québec) - CAT
WCC	Workmen's Compensation Commission - CAT

ORGANISATIONS EUROPÉENNES ET INTERNATIONALES
INTERNATIONAL AND EUROPEAN ORGANIZATIONS

1 - Organisations professionnelles - *Professional Organizations*

AFNOR	Association française de normalisation
AIO	Alliance internationale ouvrière - IWPA
AIPLT	Association internationale pour la protection légale des travailleurs - IALL
AIRP	Association internationale des relations professionnelles - IIRA
APIC	Association des patrons et industriels de Belgique
CBI	Confederation of British Industry
CEIF	Council of European Industrial Federations - CFIE
CES	Confédération européenne des syndicats - ETUC
CFDT	Confédération française démocratique du travail
CFIE	Conseil des fédérations industrielles d'Europe - CEIF
CFPC	Centre français du patronat chrétien
CFTC	Confédération française des travailleurs chrétiens
CGC	Confédération générale des cadres (France)
CGSLB	Centrale générale des syndicats libéraux de Belgique - GFLTUB
CGT	Confédération générale du travail (France) - GCL
CGT-FO	Confédération générale du travail-Force ouvrière (France)
CGTU	Confédération générale du travail unitaire (France)
CISC	Confédération internationale des syndicats chrétiens - IFCTU (aujourd'hui CMT)
CISL	Confédération internationale des syndicats libres - ICFTU
CJP	Centre des jeunes patrons (France)
CLASC	Confédération latino-américaine syndicale chrétienne
CMT	Confédération mondiale du travail (autrefois CISC) - WCL
CNBOS	Comité national belge de l'organisation scientifique
CNPF	Conseil national du patronat français
COSE	Centre d'organisation scientifique de l'entreprise (France)
CSC	Confédération des syndicats chrétiens (Belgique) - FCTU
ECTUS	European Community Trade Union Secretariat - SSE
ETUC	European Trade Union Confederation - CES
FCTU	Federation of Christian Trade Unions (Belgique) - CSC
FEPAC	Fédération des patrons catholiques (Belgique)
FGTB	Fédération générale des travailleurs belges - GFLB
FIP	Fédérations internationales professionnelles
FSI	Fédération syndicale internationale - IFTU
FSM	Fédération syndicale mondiale - WFTU
GCL	General Confederation of Labor (France) - CGT
GFLB	General Federation of Labour of Belgium - FGTB
GFLTUB	General Federation of Liberal Trade Union of Belgium - CGSLB
IALL	International Association for Labor Legislation - AIPLT
ICFTU	International Confederation of Free Trade Unions - CISL
IFCTU	International Federation of Christian Trade Unions (aujourd'hui WCL) - CISC
IFTU	International Federation of Trade Unions - FSI
IIAS	International Institute of Administrative Sciences - IISA
IIHLP	International Institute for Human Labor Problems - IIPHT

IIPHT	Institut international pour les problèmes humains du travail - IIHLP
IIRA	International Industrial Relations Association - AIRP
IISA	Institut international des sciences administratives - IIAS
IOE	International Organization of Employers - OIE
ISLLSL	International Society for Labor Law and Social Legislation - SIDTSS
ISR	Internationale syndicale rouge - RILU
ITS	International Trade Secretariat - SPI
IUCEA	International Union of Catholic Employers Association - UNIAPAC
IWPA	International Working People's Association - AIO
JOC	Jeunesse ouvrière chrétienne
LO	Lands Organization — Confédération générale du travail (Suède)
MOC	Mouvement ouvrier chrétien
OE-CMT	Organisation européenne de la Confédération mondiale du travail
OIE	Organisation internationale des employeurs - IOE
ORIT	Organisation régionale interaméricaine
RILU	Red International of Labour Unions - ISR
SACO	Confédération des associations de professionnels (Suède)
SAF	Swedish Employers' Confederation — Confédération des employeurs suédois
SIDTSS	Société internationale de droit du travail et de la sécurité sociale - ISLLSL
SPI	Secrétariat professionnel international - ITS
SSE	Secrétariat syndical européen - ECTUS
TCO	Confédération générale des fonctionnaires et employés en Suède
TUC	Trade Union Congress (Grande-Bretagne)
UIL	Unione italiana di lavoro (union italienne du travail)
UNIAPAC	Union internationale des associations patronales catholiques - IUCEA
WCL	World Confederation of Labour - CMT
WFTU	World Federation of Trade Unions - FSM

2 - Organisations gouvernementales - *Governmental Organizations*

ACI	Alliance coopérative internationale
AID	Association internationale de développement - IDA
AISS	Association internationale de sécurité sociale
BENELUX	Union douanière Belgique, Pays-Bas, Luxembourg
BIRD	Banque internationale pour la reconstruction et le développement
BIT	Bureau international du travail - ILO
BTE	Bureau des temps élémentaires
CEE	Communauté économique européenne - EEC
CEGOS	Commission d'études générales de l'organisation scientifique
CEPAL	Commission économique pour l'Amérique latine
CIDSS	Comité international pour la documentation des sciences sociales - ICSSD
CIT	Conférence internationale du travail - ILC
EEC	European Economic Community - CEE
FAO	Food and Agriculture Organization - Organisation pour l'alimentation et l'agriculture
FMI	Fonds monétaire international
GATT	General Agreement on Tarriff and Trade
ICSSD	International Committee for Social Sciences Documentation - CIDSS
IDA	International Development Association - AID
IIES	Institut international des études sociales - IILS
ILLS	International Institute for Labour Studies - IIES
ILC	International Labour Conference - CIT
ILO	International Labour Organization - OIT
ILO	International Labour Office - BIT
ISO	Organisation internationale de normalisation - International Organization for Standardization
NATO	North Atlantic Treaty Organization - OTAN
OCDE	Organisation de coopération et de développement économique - OECD
OECD	Organization for Economic Cooperation and Development - OCDE
OIT	Organisation internationale du travail - ILO
OMS	Organisation mondiale de la santé - WHO
ONU	Organisation des nations unies - UNO
ONUDI	Organisation des nations unies pour le développement industriel
OTAN	Organisation du traité de l'Atlantique Nord - NATO
SDN	Société des nations
UNESCO	Organisation des nations unies pour l'éducation, la science et la culture
UNO	United Nations Organization - ONU
WHO	World Health Organization - OMS

DIVERS - *MISCELLANEOUS*

AC	Actual Cost
Admin.	Administration
ADP	Automatic Data Processing - TAD
AER	Anticipated Earned Rate
AF	Analyse fonctionnelle - FA
AR	Absence Rate
AR	Accession Rate
ASA	American Standard Association
ASR	Accident Severity Rate
Assoc.	Association
Bus.	Business
CAE	Classification des activités économiques - SIC
CAE	Classification Average Earnings
CALURA	Corporations and Labour Unions Act - Loi sur les déclarations des corporations et des syndicats ouvriers
CAP	Career Assignment Program - CAP
CAP	Certificat d'aptitude professionnelle
CAP	Cours d'affectation et de perfectionnement - CAP
CCDO	Canadian Classification and Dictionary of Occupations - CDCP
CDCP	Classification et Dictionnaire canadiens des professions - CCDO
CE	Comité d'entreprise - Works Council
CEGEP	Collège d'enseignement général et professionnel
Cie	Compagnie
CITI	Classification internationale type, par industrie, de toutes les branches d'activité économique - ISIC
CITP	Classification internationale type des professions - ISCO
Co.	Company
COINS	Computerized Information System - Système d'information par ordinateur
COLA	Cost of Living Allowance - Indemnité de vie chère
CO-OP	Coopératives
Comm.	Commerce
Const.	Construction
CP	Comité paritaire - PC
CPI	Consumer Price Index - IPC
CPM	Critical Path Method - Méthode du chemin critique
CT	Code du travail - LC
CTI	Classification type des industries
CWIPP	Canada-Wide Industrial Pension Plan (Canada)
CWS	Cooperative Wage Study
Départ.	Département
DG	Directeur général
DN	Dépense nationale
DNB	Dépense nationale brute - GNE
DOT	Dictionary of Occupational Titles - Dictionnaire des appellations d'emploi
DP	Displaced person - Personne déplacée

DPO	Direction « participative » par des objectifs - MBO
EDP	Electronic Data Processing - TEI
EM	Étude des méthodes
ESC	Expected Standard Cost
FA	Functional Analysis - AF
Fed.	Federal
GAI	Guaranteed Annual Income - RAG
GAW	Guaranteed Annual Wage - SAG
GED	General Education Development
GNE	Gross National Expenditure - DNB
GNP	Gross National Product - PNB
GOM	General Office Manager
GT	Gazette du travail - LG
HLM	Habitation à loyer modéré
Ind.	Industry
Indust.	Industrial
IPC	Indice des prix à la consommation - CPI
IPM	Integrated Project Management
IQ	Intelligence Quotient - QI
ISC	Ideal Standard Cost
ISCO	International Standard Classification of Occupations (ILO Genève 1969) - CITP
ISIC	International Standard Industrial Classification of all Economic Activities - CITI
IVD	Indemnité viagère de départ
JDI	Job Description Index
JIMS	Job Information Matrix System
JIT	Job Instruction Training
JMT	Job Methods Training
JRT	Job Relations Training
JST	Job Safety Training
LC	Labour Code - CT
LFPR	Labour Force Participation Rate - Taux d'activité
LG	Labour Gazette - GT
Mach.	Machine or Machinery
Manuf.	Manufacture
MBO	Management by Objectives - DPO
MCD	Months for Cyclical Dominance - MDC
MDC	Mois de dominance cyclique - MCD
Mfg.	Manufacturing
Mfrs.	Manufacturers
MIS	Management Information System - SIM
MLR	Monthly Labor Review (E.U.)
MO	Manoeuvre ordinaire, main-d'oeuvre
M et O	Méthodes et organisation - O and M
MRA	Multiple Regression Analysis
MS	Manoeuvre spécialisé
MT	Mesure du travail
MTM	Method Times Measurement - Méthode des tables de mouvement
N.a.é.	Non autrement énuméré
N.é.a.	Non énuméré ailleurs

NCA	Non classé ailleurs - NEC
NDA	Non déclaré ailleurs - NOR
NEC	Not elsewhere classified - NCA
NES	Not elsewhere specified
NI	National Income - RN
NIF	Not in factory
NNI	National Net Income - RNN
NOR	Not otherwise reported - NDA
NP (fr)	Non précis
NS	Not stated
NV	Normal Volume
OD	Organizational Development
OHQ	Ouvrier hautement qualifié
OJT	On-the-Job Training
O and M	Organization and Methods - M et O
OP	Ouvrier professionnel
OP	Orientation professionnelle - Vocational Guidance
OQ	Ouvrier qualifié
OR	Operations or Operational Research
Org.	Organization
OS	Ouvrier spécialisé
OST	Organisation scientifique du travail - Scientific Management
PA	Personnel Administration
PC	Parity Committee - CP
PDG	Président directeur général
PERT	Program Evaluation and Review Technique (Research Task)
PI	Programmed Instruction
PMTS	Predetermined Motion Time System - Méthodes des temps prédéterminés
PNB	Produit national brut - GNP
PPBS	Planning, Programming and Budgeting System - RCB
PPP	Perfectionnement pratique du personnel
PRO	Public Relations Officer - Conseiller en relations publiques
Prov.	Provinces or Provincial
PSAC	Prestations supplémentaires d'assurance-chômage - SUB
QC	Quality Control
QI	Quotient intellectuel - IQ
QVP	Qualité de la vie professionnelle - QWL
QWL	Quality of Working Life - QVP
RAG	Revenue annuel garanti - GAI
RCB	Rationalisation des choix budgétaires - PPBS
RCI	Rentabilité des capitaux investis - ROCE
RCI	Récupération du capital investi - Capital Employed Payback
R et D	Recherche et développement - R and D
R and D	Research and Development - R et D
RN	Revenu national - NI
RNB	Revenu national brut
RNN	Revenu national net - NNI
RO	Recherche opérationnelle - OR
ROCE	Return on Capital Employed - RCI
SA	Société anonyme

SAG	Salaire annuel garanti - GAW
SARL	Société à responsabilité limitée
SdT	Simplification du travail
Ser.	Service
Serv. (fr)	Services
SIC	Standard Industrial Classification Manual 1970 - CAE
SIG	Système intégré de gestion
SIM	Système d'information de management - MIS
SMAG	Salaire minimum agricole garanti
SMIG	Salaire minimum interprofessionnel garanti
SMNP	Salaire minimum national professionnel
SNP	Salaire national professionnel
SUB	Supplementary Unemployment Benefits - PSAC
SVP	Specific Vocational Preparation
TAD	Traitement automatique des données - ADP
TAT	Thematic Aperception Test
TEI	Traitement electronique de l'information - EDP
TEMP	Thematic Evaluation of Management Potential
TWI	Training Within Industry
VST	Vestibule School Training

Annexe II

BIBLIOGRAPHIE

AVIS, W.S., DRYSDALE, P.D., GREGG, R.J. and SCARGILL, M.H., *Dictionary of Canadian English - The Senior Dictionary,* Scarborough, Ont., W.J. Wage Limited, 1967, 1284 pp.

BACK, Harry, CIRCULLIES, Horst, MARQUARD, Günter, *POLEC,* Dictionnaire de politique et d'économie (anglais, français, allemand) 2e édition, Berlin, Walter de Gruyter & Co., 1967, 1038 pp.

BAILLY, René, *Dictionnaire des synonymes de la langue française,* Paris, Librairie Larousse, 1947, 626 pp.

BARRAINE, Raymond, *Dictionnaire de Droit,* Paris, P. Pichon et R. Durand-Auzias, 1967, 325 pp.

BAUDHUIN, Fernand, *Dictionnaire de l'économie contemporaine,* Paris, Marabout service, Economie moderne, 1968, 301 pp.

BELISLE, Louis-A., *Petit dictionnaire canadien de la langue française,* Montréal, Les Editions Aries, 1969, 644 pp.

BENAC, Henri, *Dictionnaire des synonymes,* Paris, Librairie Hachette, 1956 1026 pp.

BIROU, Alain, *Vocabulaire pratique des sciences sociales,* Paris, Economie et humanisme, Les Editions Ouvrières, 1966, 314 pp.

BOISSONNAT, Jean, *Petite encyclopédie politique,* Paris, Seuil, 1969, 301 pp.

CASSELMAN, P.H., *Labor Dictionary,* New York, Philosophical Library, 1949, 541 pp.

CHARTIER, Roger, *Répertoire alphabétique des matières de relations industrielles,* Québec, Département des relations industrielles, Faculté des sciences sociales, Université Laval, mars 1962, 169 pp.

COLPRON, Gilles, *Les anglicismes au Québec,* Montréal, Librairie Beauchemin Ltée, 1970, 247 pp.

COVENEY, James and MOORE, Sheila J., *Glossary of French and English Management Terms - Lexique de termes anglais français de gestion,* London, Longman, 1972, 146 pp.

DAGENAIS, Gérard, *Dictionnaire des difficultés de la langue française au Canada,* Montréal, Editions Pedagogia Inc., 1967, 679 pp.

DOHERTY, Robert E., *Industrial and Labor Relations Terms,* Ithaca, N.Y.,
New York State School of Industrial and Labor Relations, Cornell University,
1962, 32 pp.

DUBUC, Robert, *Vocabulaire de gestion,* Montréal, Editions
Leméac-Radio-Canada, 1974, 135 pp.

DULONG, Gaston, *Dictionnaire correctif du français au Canada,* Québec,
P.U.L., 1968, 255 pp.

FERGUSON, Robert H., *Wages, Earnings and Incomes: Definition of Terms
and Sources of Data,* Bulletin 63, Ithaca, N.Y., New York State School of
Industrial and Labor Relations, Cornell University, 1971, 65 pp.

GILPIN, Alan, *Dictionary of Economic Terms,* London, Butterworths, 1966,
222 pp.

GUILHAUMOU, J., *Lexique de l'information,* Paris, Entreprise moderne
d'édition, 1969, 121 pp.

GUILLIEN, Raymond et VINCENT, Jean, *Lexique de termes juridiques,* Paris,
Dalloz, 1972, 353 pp.

LAMBERT, Denis-Clair, *Terminologie économique et monétaire,* (Initiation
économique), Paris, Economie et Humanisme, Les Editions Ouvrières, 1970,
326 pp.

LAUZEL, P., *Lexique de la gestion,* Paris, Entreprise moderne d'édition,
1970, 237 pp.

LEBEL, Wilfrid, *Le dictionnaire des affaires,* Montréal, les Editions de
l'Homme, 1967, 77 pp.

LEMEUNIER, Francis, *Dictionnaire juridique, économique et financier,* Paris,
Editions J. Delmas et Cie., 1969, 366 pp.

MALIGNON, Jean, *Dictionnaire de politique,* Paris, Editions Cujas, 1967,
455 pp.

MAQUET, Charles, *Dictionnaire analogique,* Paris, Librairie Larousse, 1936,
591 pp.

MUCHIELLI, A et R., *Lexique de la psychologie,* Paris, Entreprise moderne
d'édition, Editions sociales françaises, 1969, 184 pp.

MUCHIELLI, A et R., *Lexique des sciences sociales,* Paris, Entreprise
moderne d'édition, Editions sociales françaises, 1969, 196 pp.

PERON, Michel, *Dictionnaire français anglais - anglais français des affaires,*
Paris, Librairie Larousse, 1968, 246 pp.

PUJOL, Rosemonde, *Petit dictionnaire de l'économie,* Paris, Denoël/Gonthier, 1970, 254 pp.

ROBERT, Paul, *Dictionnaire alphabétique et analogique de la langue française,* Paris, Presses universitaires de France, 1953-1965, (6 volumes).

ROBERTS, Harold S., *Roberts' Dictionary of Industrial Relations,* Washington, BNA Books, 1966, 486 pp.

ROMEUF, Jean, *Dictionnaire des sciences économiques,* 2 vol., Paris, P.U.F., 1956.

SERVOTTE, J.V., *Dictionnaire commercial et financier,* Paris, Marabout service, 1963, 446 pp.

SUAVET, Thomas, *Dictionnaire économique et social,* (initiation économique), Paris, Economie et Humanisme, Les Editions ouvrières, 1962, 453 pp.

TEZENAS, J., *Dictionnaire de l'organisation et de la gestion,* Paris, Les Editions d'organisation, 1968, 233 pp.

THOMAS, Adolphe V., *Dictionnaire des difficultés de la langue française,* Paris, Librairie Larousse, 1971, 435 pp.

VAUGHAN, Clifford F. and M., *Glossary of Economics in English, American, French, German, Russian,* Paris, Dunod, 1966, 201 pp.

Canadianismes de bon aloi, Québec, Office de la langue française, Hôtel du gouvernement, (diffusion du français - no 1), 1970, 11 pp.

Dictionnaire anglais-français, La Division Howard Smith, Domtar Pulp and Paper Limited, 1948, 194 pp.

Glossaire des termes medico-hospitaliers, par le Comité d'étude des termes de médecine, Québec, Office de la langue française, Hôtel du gouvernement, 1968, 50 pp.

Glossaires bilingues de la terminologie américaine, Ambassade de France aux Etats-Unis, Le Conseiller Commercial, Service d'Analyse Industrielle, 2e édition, 183 pp.

Glossario Del Lavoro, Milano, Associazone Industriale Lombarda, 1964, 1335 pp.

Glossary of Trade Union Terms, International Confederation of Free Trade Unions, Brussels, 1972, 158 pp.

Guide du journaliste, Montréal, La Presse Canadienne, 1969, 127 pp.

Harrap's Standard French and English Dictionary, London, Toronto, Wellington, Sydney, George G. Harrap & Company, Ltd., 1965, (2 volumes).

Labour Terms Canadian, Don Mills, ONT., CCH Canadian Limited, 1962, 94 pp.

La Terminologie syndicale, Confédération internationale des syndicats libres, Bruxelles, 1965, 152 pp.

Lexique, Québec, Assemblée nationale, Journal des Débats, 5e édition, mai 1970, 138 pp.

Lexique des principaux termes marxistes, par l'Institut Confédéral d'études et de formation C.F.D.T. (C.F.T.C.), *Formation,* nouvelle série, 23e année, no 90, nov-dec. 1970, 79 pp.

Liste commune des descripteurs, Paris, O.C.D.E., Développement économique et social, 1969, 307 pp.

Organisation industrielle, Ambassade de France aux Etats-Unis, Le Conseiller Commercial, Service D'Analyse Industrielle, 3e édition, 125 pp.

Répertoire des termes et expressions utilisés en relations industrielles et dans des domaines connexes, Ottawa, Direction de l'Economique et des Recherches, Ministère du travail du Canada, 1967, 206 pp.

Service de linguistique, Chemins de fer Nationaux du Canada, *Vocabulaire des conventions collectives* anglais-français *Collective Agreement Vocabulary* English-French, Montréal, 1972, 111 pp.

Vocabulaire des assurances sur la vie, Québec, Office de la langue française, Hôtel du gouvernement, 1970, no 2, 14 pp.

Vocabulaire des élections, Québec, Cahiers de l'Office de la langue française, no 5, Hôtel du gouvernement, 1970, 36 pp.

Vocabulaire des imprimés administratifs. Terminologie de la gestion. Québec, Office de la langue française, Hôtel du gouvernement, 1974, 311 pp.

Vocabulaire des termes bancaires (anglais-français), Banque Royale, 1971, 9 pp.

Webster's Seventh New Dictionary, Springfield, Massachusetts, G. (and) C. Meniam Company, 1971, 1221 pp.

A Standard List of Subject Headings in Industrial Relations, Princeton, New Jersey, Industrial Relations Section, Princeton University, second edition, 1963, 136 pp.

Terminologie française dans les relations du travail, chronique publiée de mai 1964 à juin 1968 dans *Québec-Travail,* Ministère du travail du Québec, Québec.

Fiches du Canadian National, mai, juin 1970.

Fiches du Comité de linguistique de Radio-Canada, Montréal.

Achevé d'imprimer
le 18 février
mil neuf cent soixante-quinze
aux ateliers de
L'Action Sociale Limitée
à Québec
pour
Les Presses de l'Université Laval

320 F 1280

avantages mp **sociaux** — *fringe benefits*
Syn. – Avantages accessoires; avantages d'appoint; compléments sociaux; avantages annexes; avantages hors salaire

avant–projet m — *draft*
Document provisoire

avenant m — *additional clause; rider*
Annexe

avertissement m — *warning; notice*
Remontrance; réprimande; observation; avis de réprimande

avertissement m **formel** — *formal notice; fair warning*

avertissement (piquetage m **d')** — *dry–run picketing*

avis m — *notice*
Convocation; notification

avis m — *counsel; advice*
Syn. – Conseil

avis m **d'accident du travail** — *work accident notice*

avis m **de congédiement** — *notice of dismissal*
Délai de préavis

avis m **de convocation** — *notice of convocation; notice of meeting*

avis m **de départ** — *separation notice*
Délai congé; préavis

avis m **de désaccord** — *notification of disagreement*
Syn. – Notification de désaccord

avis m **de grève** — *strike notice*
Délai de grève

avis m **d'élection** — *election notice; notification of election*

avis m **de licenciement** — *layoff notice*

avis m **de licenciement collectif** — *mass layoff notice*
Fermeture d'usine

avis m **de lock–out** — *lock–out notice*

avis m **de modification** — *notice of amendment*

avis m **de motion** — *notice of motion*

avis m **d'emplois vacants** — *notice of job openings*
Syn. – Affichage des emplois

avis m **de rencontre** — *notice of meeting*
Convocation

avis m **de réprimande** — *notice of reprimand*
Avertissement; remontrance; réprimande; observation

[**avis** m **de séparation**] — *separation notice; notice of dismissal*
Avis de licenciement

avis m **écrit** — *written notice; written notification; notification*

avoir m — *property; assets*
Actif

axe m **hiérarchique** — *line; chain of command*
Syn. – Chaîne hiérarchique; ligne d'autorité; ligne hiérarchique; structure hiérarchique

ayant droit m — *beneficiary*
Bénéficiaire; prestataire; indemnitaire

ayants droit (prestations fp **aux)** — *beneficiaries' benefits*

B

baisse f **de salaire** — *wage cut*
Syn. – Coupure de salaire

balance f **des comptes /internationaux/** — *balance of payments*
Balance des paiements /internationaux/

balance f **des paiements /internationaux/** — *balance of payments*
Balance des comptes /internationaux/

balises fp **(néol.)** — *guideposts; guidelines*
Syn. – Lignes directrices; principes directeurs
● Indicateurs des prix et des salaires; directives salaires–prix; normes

banque f **de congés de maladie** — *sick leave credit*
Syn. – Réserve de congés de maladie; crédit de congés de maladie; créance de congés de maladie

banque f **de données** — *data bank; computer bank*

barème m **de base** — *basic rate; basic scale*
Syn. – Salaire de base ● Traitement de base; taux de base; taux de salaire de référence; taux de salaire repère

base (convention f **collective de)** — *master agreement*

base (convention f **de)** — *master agreement*

base (formation f **de)** — *basic training*

base (militant m **de)** — *active union member; local union officer*

base (salaire m **de)** — *base wage; base rate; base pay; basic salary*

base f **/syndicale/** — */union/ rank-and-file*

base (taux m **de)** — *base rate; straight–time /rate/; minimum /occupational/ rate; basic rate*

base (traitement m **de)** — *basic salary; base pay*

bâtiment (code m **du)** — *building code*

bâtiment (Code m **national du)** — *National Building Code*

behaviorisme m — *behaviourism*
Comportement

bénéfice m — *living*
Salaire; traitement; rémunération; rétribution

bénéfice m — *benefit*

[**bénéfice** m **aux ayants droit**] — *beneficiaries' benefit*
Prestations aux ayants droit

[**bénéfice** m **aux survivants**] — *survivors' benefit*
Prestations aux survivants

bénéfice m **brut** — *gross earnings; gross profit*
Gains bruts; salaire brut

bénéfice m **net** — *net earnings; net profit*
Syn. – Gains nets

[**bénéfice** m **réversible**] — *survivors' benefit*
Pension de réversion

[**bénéfice** m **transmissible**] — *survivors' benefit*
Pension de réversion

bénéfices mp — *earnings; profit*
Syn. – Profit; gain

[**bénéfices** mp **marginaux**] — *fringe benefits*
Avantages sociaux; avantages d'appoint

bénéfices (participation f **aux)** — *profit sharing*

bénéfices (répartition f **des)** — *distribution of profits*

bénéficiaire m — *beneficiary*
Ayant droit; prestataire; indemnitaire; allocataire

bénévole m — *volunteer; voluntary worker; unpaid worker; voluntary help*
Volontaire

besogne f — *work; task; job; duties*
Syn. – Travail; tâche ● Charge de travail; somme de travail

besoin m **de formation** — *training need*

besoin m **en main–d'oeuvre** — *manpower need/s/; manpower requirement/s/*

besoins mp — *needs*

besoins personnels (majorations fp **pour)** — *personal allowances*

biens mp — *goods*
Produits

biens mp **commerciaux** — *commercial goods*
Syn. – Article

biens mp **de consommation** — *consumer goods*
Syn. – Biens d'usage

biens mp **de production** — *capital goods; producers' goods; production goods*

biens mp **d'équipement** — *capital goods*
Biens de production; équipement; installations

biens mp **durables** — *durable goods*
Syn. – Biens non fongibles

biens mp **d'usage** — *consumer goods*
Syn. – Biens de consommation

biens mp **fongibles** — *non–durable goods*
Syn. – Biens non durables; biens périssables

biens mp **industriels** — *industrial goods*
Syn. – Biens intermédiaires; produits industriels

biens mp **intermédiaires** — *industrial goods*
Syn. – Biens industriels; produits industriels

biens mp **non durables** — *non–durable goods*
Syn. – Biens périssables; biens fongibles

biens mp **non fongibles** — *durable goods*
Syn. – Biens durables

biens mp **périssables** — *perishables*
Syn. – Biens non durables; biens fongibles

biens mp **semi–durables** — *semi–durable goods*

bilan m — *balance sheet*

bimensuel m — *twice monthly; semi–monthly; bimonthly*
Quinzaine

bimestriel m — *bimonthly*
Bimensuel

blocage m **de l'ancienneté** — *seniority freeze*
Syn. – Gel de l'ancienneté ● Calcul de l'ancienneté

blocage m **de l'embauchage** — *employment freeze*
Syn. – Gel de l'embauchage

blocage m **des prix** — *price freeze*
Syn. – Gel des prix

blocage m **des salaires** — *wage freeze*
Syn. – Gel des salaires

bon plaisir (selon) — *at the discretion of; at discretion; at pleasure*
Durant bonne conduite

boni m — *bonus; premium*
Syn. – Prime ● Gratification; indemnité; prestation; allocation; revenant–bon; stimulant; intéressement

[**boni** m **de vie chère**] — *cost of living bonus*
Indemnité de vie chère

bonne conduite (durant) — *during good behaviour*
Selon bon plaisir

bonne foi f — *good faith*
Association de bonne foi; association de fait

[**bonus** m] — *bonus*
Boni; prime; gratification

bordereau m **de paye** — *payroll; wage docket; paylist*
Feuille de paye; livre de paye; liste de paye; masse salariale; bulletin de paye; enveloppe de paye

[*boss* m] — *boss*
Patron; contremaître; chef

boulwarisme m **(néol.)** — *boulwarism*

bourse f **du travail** — *labour exchange; labour chamber*
Centrale syndicale; secrétariat syndical; confédération

boycottage m — *boycott*
Syn. – Mise à l'index

boycottage m **de consommation** — *consumer boycott*

boycottage m **de production** — *production boycott*
Grève

boycottage m **de produits** — *product boycott*

boycottage m **primaire** — *primary boycott*

boycottage m **secondaire (c)** — *secondary boycott*
Articles mis à l'index; clause de refus de travail; marchandise boycottée; grève de solidarité; grève de sympathie

brainstorming m — *brainstorming*
Syn. – Remue–méninges; conférence–choc; conférence d'idées; creuset à idées

braintrust m — *braintrust*
Conseillers–experts

branche (convention f **collective par)** — *industry–wide agreement*

branche (négociation f **par)** — *industry–wide bargaining*

breffage m **(néol.)** — *briefing*
Syn. – *Briefing*

brevet (cession f **de)** — *patent assignment; assignment of invention*

brevet (contrat m **de)** — *patent agreement*

briefing m — *briefing*
Syn. – Breffage

briguer les suffrages — *to run for election; to stand for office*

[bris m **de contrat]** — *breach of contract; breach of agreement*
Violation de contrat

brisage m **de grève** — *strikebreaking*

briseur m **de grève** — *strikebreaker; scab; strike replacement*

budget m — *budget*

budget (comité m **du)** — *ways and means committee*

budget m **type** — *standard budget; specimen budget*

bulletin m **de paye** — *pay slip; pay sheet*
Syn. – Fiche de paye ● Bordereau de paye; feuille de paye; liste de paye; enveloppe de paye

[bulletin m **de présentation (c)]** — *nomination paper*
Déclaration de candidature

bulletin m **de vote** — *ballot*

bulletin m **de vote blanc** — *blank ballot; unmarked ballot*

bulletin m **de vote valide** — *valid ballot*
Syn. – Vote valide

bulletin m **d'information** — *information bulletin; news sheet; news bulletin*

[bumping m **]** — *bumping*
Evincement; supplantation

bureau m — *office; bureau*
Office; commission; agence; service; conseil; comité; état–major; département

bureau m — *board; executive /board/; board of directors*
Conseil d'administration

bureau m **administratif** — *administrative agency; administration office*
Syn. – Office; agence gouvernementale; service gouvernemental

bureau m **d'embauchage** — *employment office; employment service; hiring office*
Syn. – Service d'emploi; bureau de recrutement

bureau m **d'embauchage mixte** — *joint hiring hall*

bureau m **d'embauchage préférentiel** — *preferential hiring hall*

bureau m **d'embauchage syndical** — *union hiring hall*
Atelier fermé

bureau m **de placement** — *employment agency*
Syn. – Service de placement

bureau m **de placement payant** — *fee–charging employment agency*

bureau m **de placement sans fin lucrative** — *non–profit employment agency*

bureau m **de recrutement** — *employment office*
Syn. – Service d'emploi; bureau d'embauchage

bureau m **de scrutin** — *poll; polling station; polling booth*
Syn. – Bureau de vote

bureau m **des présences (c) (?)** — *time office*

Bureau m **d'éthique commerciale** — **BBB**— *Better Business Bureau* — *BBB*

bureau m **d'études** — *research department*

bureau m **de vote** — *poll*
Syn. – Bureau de scrutin

bureau m **du personnel** — *personnel office; personnel department*
Service du personnel

bureau (employé m **de)** — *office employee; clerical worker; clerk*